# 未成年人亚道德文化生活研究

宋晔 等/著

教育学河南省第九批重点学科建设项目
河南省高等学校哲学社会科学创新团队"当代中国的　　资助
道德教育困境与出路"（编号：2015-CXTD-06）

科学出版社
北京

## 内 容 简 介

本书从文化的视角来审视未成年人群体，并基于未成年人的德性生长与文化之间的内在关联来观照未成年人的成长特性，较为系统地描述和分析未成年人的亚道德文化现状和未成年人道德教育的文化责任。本书从文化的视角描述当代未成年人的文化生态和道德镜像，并在此基础上检视未成年人真实的道德教育状况。然后通过对亚文化和主流文化关系的梳理，将完整的文化生态融入未成年人的道德生活和道德教育过程。最后通过实证研究从网络生活、偶像崇拜、消费行为、失范行为和生命观五个领域对未成年人的亚道德文化状况进行客观、真实的展示。

本书对教育行政人员、学校管理人员，教育学类的本科生、研究生，以及大学和研究机构的教育研究人员有重要的参考价值。

---

图书在版编目（CIP）数据

未成年人亚道德文化生活研究/宋晔等著. —北京：科学出版社，2018.5

ISBN 978-7-03-056436-8

Ⅰ. ①未⋯　Ⅱ. ①宋⋯　Ⅲ. ①青少年-思想政治教育-研究-中国　Ⅳ. ①D432.62

中国版本图书馆 CIP 数据核字（2018）第 017265 号

责任编辑：邓　娴 / 责任校对：孙婷婷
责任印制：吴兆东 / 封面设计：无极书装

科 学 出 版 社 出版
北京东黄城根北街 16 号
邮政编码：100717
http://www.sciencep.com
北京京华虎彩印刷有限公司 印刷
科学出版社发行　各地新华书店经销
\*

2018 年 5 月第 一 版　开本：720×1000 B5
2018 年 5 月第一次印刷　印张：19
字数：372 000

定价：130.00 元
（如有印装质量问题，我社负责调换）

# 前　言

本书是国家社会科学基金项目"未成年人亚道德文化生活研究"（07BZX074）的成果。

未成年人是祖国的未来和希望，作为一个特殊的亚文化群体，其道德生活状况不仅对其一生的发展有着重要影响，而且也影响到整个社会道德的走向。同时，未成年人的成长及其亚文化发展也有其自身的特点和规律，如何引导他们走出困惑和迷茫，积极健康地发展和成长，不仅是德育理论研究和深化的需要，而且也是现实生活的呼唤。

青少年文化是一种典型的亚文化，青少年在接受主流文化（dominant culture）的同时，也在建构着自己所独特的亚文化。他们或者对主流文化进行提升和补充，或者对主流文化进行反叛和背离。同样，在青少年中也存在着亚道德文化现象。我们的学校道德教育多从倡导主流道德出发，往往忽视了存在于学生之中的、更具有鲜活生命力的亚道德。亚道德文化现象的存在既会对我们的道德教育产生积极影响，也会对我们的道德教育产生消极影响。

关于未成年人亚文化问题，国内学者研究较多。对亚道德问题，国内的学者已经有所注意，但还没有从理论角度进行系统梳理，对实践中的亚道德生活本身也关照不够。国内学者沈贵鹏教授较早对学生"亚道德"进行了研究，他认为，"青少年亚道德是相对于主流道德而言的，是社会主流道德的一种补充，是由青少年群体所独有的道德取向、道德规范、道德价值等构成的一种道德体系"。

本书立足于这样一种亚道德概念，通过对存在于未成年人中的网络生活、偶像崇拜、消费行为、失范行为和生命观等亚道德现象进行系统的理论研究和实践研究，试图探索其演变规律以便进行有效的教育干预，帮助他们道德成长，提升未成年人亚文化的道德品性，引领未成年人过一种有道德的生活，使得道德教育真正成为关涉未成年人生活和幸福的教育。

课题研究的过程是克服困难不断创新的过程。一方面，相关文献不足，未成年人亚道德文化生活是一个崭新而特殊的研究领域，未成年人的亚道德究竟包括哪些方面？课题组经过反复讨论，将其聚焦在几个有代表性的领域：对未成年人如何面对网络虚拟世界进行研究；对未成年人的偶像崇拜现象进行研究；对未成年人好面子相互攀比高消费的现象进行研究；对未成年人追求自我、彰显个性而产生的反叛心理和行为现象进行研究；对未成年人不理解生死的意义，轻易放弃生命的现象进行研究；等等。另一方面，研究样本量大，分析困难。本书调查对

第五节　未成年人的失范行为 …………………………………… 209
　　第六节　未成年人的生命观 ……………………………………… 218
　　第七节　小结 ……………………………………………………… 228
**结语** ………………………………………………………………………… 237
　　指向公民教育的道德教育——我们的教育学立场和主张 ………… 237
**附录** ………………………………………………………………………… 246
　　附录1　青少年日常生活调查问卷（农村小学版）……………… 246
　　附录2　青少年日常生活调查问卷（城市小学版）……………… 255
　　附录3　青少年日常生活调查问卷（农村初中版）……………… 264
　　附录4　青少年日常生活调查问卷（城市初中版）……………… 275
　　附录5　青少年日常生活调查问卷（高中版）…………………… 287

# 未成年人亚道德文化生活研究导论

## 一、选题缘由

我国自古至今都有重视道德教育、关心未成年人道德生成状况的传统，未成年人的道德成长关乎社会的道德风貌。未成年人亚道德文化是社会文化中的重要维度，对它的研究既关涉未成年人的幸福成长，也关涉社会的稳定发展。我国社会正处于转型时期，未成年人所处的社会文化环境对于其道德成长利弊共在、优劣并存，既有机遇又有挑战。作为在这个历史时期形成的特殊文化类型——亚道德文化，与未成年人的德性生成及发展存在紧密的关联。它们既有与社会主流文化保持一致的方面，也有与社会主流文化相背驰的一面。对未成年人亚道德文化的研究，意在为未成年人的道德成长探寻一条健康之路。我们的研究即缘于这样一种现实焦虑。

### （一）困厄：文化因素在未成年人生活世界中的退隐

人所共知，文化是人本质性的存在方式。人类之所以与动物不同，即在于人类拥有文化。文化既是人的本质属性，更是人的生存需要。法国伟大的哲学家阿尔贝特·施韦泽在20世纪初就发出了"文化衰落"的感叹，他怀着痛切的心情呼唤文化的回归。这一哀叹如今依然映照着我国现代社会，在未成年人的生活世界中文化因素也在不断隐退：终极信仰缺失导致的工具理性猖獗、精神世界贫瘠导致的物质主义泛滥以及道德底线突破导致的道德敬畏丧失等，无一不影响着未成年人的生活和成长。

#### 1. 终极信仰的缺失——工具理性的猖獗

信仰是指对某种主张、主义、宗教、某人或某物极其相信和尊敬，拿来作为自己行动的指南或榜样。在中国的语境里，信仰区别于西方语境里单纯的宗教信仰，更多地表现为对某种主张和价值观念的坚持。信仰某种程度上在于昭示存在的意义，正如克尔凯郭尔所言："你如何信仰，就如何存在，信仰就是存在。"

信仰是一种集体的精神存在，是一种支撑社会凝聚的软力量。一个社会缺乏信仰，就有可能导致集体的涣散。信仰不仅体现着个体对某种价值观念的精神归属，而且从根本上影响着人的价值观念和社会行动。由于中国的历史原因，加之外来文化的涌入，现代大部分中国人的精神信仰正面临着各种内外挑战。信仰对个人和社会都极其重要。信仰缺失的直接后果就是个体价值混乱，自身定位和自身追求陷入迷惘的境地，以及对自我归属产生质疑。没有价值观念或者价值观念混乱的人就犹如天空里的浮云，没有方向地行走，最后无疾而终。严重的自我归属的迷失可能会使个体脱离社会，成为社会之外的孤岛。社会整体的信仰的丢失必将会使社会文化遭到破坏，严重的可能会导致社会的涣散。

随着经济的快速发展，商品经济模式改变了中国一大部分人的观念。科学和理性成为现代人生活的方式，也成为现代人的信仰。相信科学是一个进步的观念，唯科学信仰却是科学给人类挖下的陷阱。唯科学信仰使人精于量化处理，使人成为一种工具性存在。这是"工具理性"价值观支配下的结果。"工具理性"即通过实践的途径确认方法和手段的有用性，从而追求事物的最大功效，为实现某种功利性目的而服务。工具理性在某种程度上是工具崇拜的价值观，是一种以工具和技术为导向的价值取向。德国社会学家马克斯·韦伯曾经将理性分为两种，即价值理性和工具理性。顾名思义，价值理性的核心是价值，这个价值不是以数字为计算单位计算出的分量的多少，而是强调行为的精神价值性。而工具理性是指行动追求功利，注重的是过程的计算和行动的效果。前者更关注个体的情感和精神，后者更关注个体的效率和能力。工具理性是现代社会的产物，商品经济时代，每一个商业链上的分子都无时不刻地在计算和衡量利益。价值，尤其是精神价值，变得微不足道或者它的出现显得与经济发展格格不入。社会文化也被物质生产和经济发展拉拢成为其帮手。在工具理性的世界中，一切都被计算安排好了。在我们的生活中，思想情感及其表达形式差不多都被量化地处理好了，我们没有更多的自我和主动，我们不得不过着这样一种理性的生活。可悲的是这种理性生活掩没了我们的精神世界。在现代理性的生活里，我们只能无奈地感叹：精神信仰，那不过是人类乌托邦里的存在罢了。

## 2. 精神世界的贫瘠——物质主义的泛滥

现代生活以科学和经济的繁荣发展为标签，这是人类文明发展至今的丰硕成果。但是相应的，却让我们失去了本应有的精神乐园。在享受现代文明的同时，我们也成了它的奴隶。跟随着现代的步伐，我们的生活无不以前所未有的速率"被现代化"，同时现代化也在不断地削弱我们作为人类自身所具有的能力，容易使人变成生产流水线上不能思考的机器。现代生活极大地满足了我们对物质的需求，却也给我们带来了物质主义泛滥的尴尬。我们无法想象没有了楼房、没有了汽车、没有了电话的生活是什么样的。我们创造了现代的生活，却也在现代便捷的生活中无法自拔。自我们出生之时起，就被告知了要为幸福奋斗。但究竟什么是幸福？

古希腊哲学家赫拉克利特就说过："如果幸福在于肉体的快感，那么就应当说，牛找到草料吃的时候就是幸福。"赫拉克利特形象地指出，物质享受不是真正的幸福，否则人类与动物无异。因此，单纯地把物质享受作为人生追求的目标，首先就使人丧失了作为人的尊严。人作为高级的动物，区别于动物的明显标志就是人的精神性存在。人精神世界的富有是人之所以作为人的最高尊严。

黑格尔说："精神生活在其朴素的本能的阶段，表现为无邪的天真和淳朴的信赖。但精神的本质在于扬弃这种自然朴素的状态，因为精神生活之所以异于自然生活，特别是异于禽兽的生活，即在其不停留在它的自在存在阶段，而力求达到自为的存在。"狄尔泰认为有两个世界：一个是物理世界，一个是精神世界。精神世界是人类生命的纯粹世界，这里充满了智慧、情感等精神因素，生命是精神的真正对象。海德格尔认为精神是人生存的本质规定性。"世界总是精神性的世界。动物没有世界，也没有周围世界的环境。"现代社会的人们却受到拜金主义、享乐主义等的诱惑和影响，而对精神世界有所遗忘。拜金主义、享乐主义就是社会上出现的以物质追求为宗旨的价值观念。这是人类文明创造发展至今的悲剧。现代文明解放了我们，我们从中获得了最大的自由，也从中获得了在世界上生活的无限制权力。我们成了生活世界的主人，但一定要防止成为物质的奴隶。人是自觉的存在，是精神性的存在，人没有了精神，就是与动物没有区别的存在。人的精神存在不仅对个体来说是一个标志性存在，对于社会文化来说也是有着支撑作用的存在。社会文化就是由形形色色的人类精神而构成的文化复合体。没有人的精神，人和人的世界都将不复存在。

### 3. 道德底线的突破——道德敬畏的丧失

"敬畏"二字就其字面意思来理解，包含了两层含义：敬指敬仰，尊敬；畏指惧怕，畏惧。敬畏是一种既崇敬又畏惧的情感体验，对内心崇敬的事物心存敬重，并有些畏惧地不敢逾越。道德敬畏是一种对道德的敬仰和畏惧的情感。道德敬畏实质上是一种道德情感，指道德主体内心对道德的崇敬和畏惧之情。

社会是一个有组织、有条理的集体，形成一个社会必定有其规范制约。道德和法律是约束社会成员行为的两种有效手段。道德力量使社会成员自愿地由内而外遵守社会规则，法律力量强制地使社会成员由外而内遵守社会规则。敬畏感使一个人约束自己的行为，规范自己的思想。道德敬畏是一种道德情感，是道德主体面对道德制约和伦理规范时产生的约束自己行为的内心秩序。个体的道德敬畏有助于完善个体的道德修养体系。出于对规范伦理的敬畏，个体在面临道德事件时，会做出积极的选择。但作为人的情感的一种，道德敬畏有其自主性。道德敬畏的心理机制是在后天的不断启发教育中形成的。道德敬畏也是随着个体的发展而不断变化的。

随着现代文明的不断演进，科学世界的不断推进，物质社会的不断发展，社会上一些不良的价值观念，如金钱至上、唯科学论、功利取向等在不断降低人们的道德底线，从而削弱人们的道德敬畏对个体道德行为的控制力。道德底线的一再退让使道德失去了其原有的威严，道德敬畏也由此产生了缺口。中国一直以来都是一个对道德心存敬畏的民族。中国古代社会从唐代起，中国人对孔儒学派的尊崇到了极限，上到国家之治，下到个人之修都离不开孔儒思想的引导。中国的道德秩序也是以孔儒学派的思想框架而建构起来的。正如古人所言，"大学之道在于格物、致知、诚意、正心、修身、齐家、治国、平天下。"而随着封建王朝的轰然倒塌，支撑其生命的孔儒思想从"王子"被贬为"庶民"。信奉了几千年的孔儒思想遭到了批判，而中国人对于道德敬畏的核心思想也在一定程度上被否定。处于社会转型期的中国，旧的道德伦理价值体系不能再继续被国人认同，新的价值体系还在进一步完善中，一部分中国人难免缺乏对法则和信念的敬畏之心。所以一部分道德观念本就不够根深蒂固的人，道德底线出现了不断滑坡。

### （二）焦虑：未成年人的道德失范

所谓"道德失范"是指道德观念和行为规范不能够作为有效的控制力来约束社会成员，使得社会成员的行为处在一种规范真空的社会状态中。道德失范是一个社会处于亚健康状态的表现，是一个社会的价值观体系混乱的表现。

#### 1. 对传统文化的反叛

随着我国改革开放的顺利进行，我国的经济、政治甚至文化都在以一个前所未有的速度融入整个社会发展变革的浪潮之中。在这个崭新的机遇和挑战并存的世纪里，世界其他地方的文化系统和价值观念随着全球化的浪潮长驱直入地进入我国的视线，影响和改变着我国长久以来的文化传统和人民的价值观念。中国人在此之中经历着各种价值观的洗礼，在不同的价值谱系之间徘徊，陷入价值选择的困惑。西方价值观念的涌入，不断冲击着国人的精神和灵魂；西方文化对国人的吸引力不断增强，而被我们歌颂了几千年的孔儒文化则遭到了一定程度的忽视。中国的传统文化逐渐地被边缘化，其独特魅力也被人们渐渐遗忘了。

然而，中国的传统文化不应该成为现代价值体系的边缘。它是几千年来历代国人整体精神的提炼，反映的是中国的本体精神。中国的传统文化是以孔儒思想为框架，糅合其他文化类型而形成的中国特有的文化。中国的传统文化代表的是历代国人的价值凝结、思维方式、精神气质、观念形态等。我们遵循这样一个文化模式几千年了，所以它有存在的合理性。中国历经几千年的沧桑依然显示其雄壮的面貌，这与其文化存在是分不开的。现在社会上出现的一部分"拿来主义"，即效仿西方的思维和行为方式，犹如没有根基的大厦，纵然高大美丽，却经不起任何考验。一定范围的文化变革会推动社会的进步，但要建立在一定的文化基础上。盲目地全面否定过去和全面照搬只会导致自身的溃败。个人的进步如此，文化的演进亦如此。

2. 对道德标准的挑战

文化和道德天然地存在于一个谱系之中。文化是道德的基础，有什么样的文化类型就有什么样的道德标准。不一样的文化视角对道德的审视是不同的。中国一直以来都是一个统一的国家，统一不仅仅体现在国土领域上，更体现在文化层面上，中国民众遵从同一个道德伦理体系。道德标准的统一有助于国家和社会的安定，同时对于个体而言，也提供了一个价值判断的参考。在一元文化传统的社会中，道德准则是围绕着一元文化而建立起来的。由于我国的多民族和广地域的国情，可能存在有其他的社会文化。但这些都是被作为国家主流文化的辅助文化而存在，这些文化存在于公众视野的边缘。随着现代文明的到来，我国接受外来事物的速度和广度都发生了翻天覆地的变化。其他地域和视域的文化，广泛地被民众接受。多元文化价值观念的广泛传播，冲击着社会主流文化的价值观念和思维方式，使得传统的一元价值观念受到质疑和挑战，道德的唯一标准也随之消失。

随着西方文化价值观念的潜入，东方世界以孔儒思想为核心价值观念的传统文化受到了挑战。西方文化以个体为本位，东方文化显示的是集体取向。核心文化的不同直接反映在个体上就是价值观念的不同。例如，东方文化对于为了集体利益而牺牲自己的这种行为是大加褒奖的，而在西方文化的视域里，这是不可思议的、泯灭人性的事情，因为这侵犯了个人最基本的生存权利。道德标准是个体进行道德判断、实施道德行为的参照体。道德标准的不同，使个体在道德情景里所做出的道德判断和道德选择亦不同。道德标准的相对主义的确使道德主体的发展获得最大自由，但显然道德标准的不确定性必然会使生活在其中的人成为主观主义者。道德标准的相对性会使个体的道德呈现出一种茫然状态，没有确定的道德标准，个体的道德判断会受到影响，个体的道德行为亦无从进行。道德标准的相对性，必然会引起个体道德观念的变化。

3. 对道德责任的漠视

中国传统社会是以自给自足的小农经济为经济基础建立起来的，这种经济体制在特定的历史时期能够促进经济的发展，但对于现代的商品经济发展来说，并不能满足市场需求。但是中国的小农经济最大的优点在于民众跟随着一种相对缓慢的生活节奏，从而在生存的细缝中体验生活。我国的市场经济走过了几十载，民众生活质量得到提高。我们享受着物质文明给我们带来的幸福，同时我们的精神领域也被这种情绪占领了。我们忙着为物质世界的文明不断奉献自己，我们没有时间去体验生活。精神匮乏的状态使我们成为生产的工具。我们不断地创造物质文明，同时也在不断地遗失我们所建立起来的精神文明。道德是精神文明的组成部分，道德作为一种社会文化在不断地走出人们的视野，成为社会文化的边缘。道德责任的缺失也正在成为人类文明的遗憾。道德现今已经不再是判断一个人优劣的主要标准，在物质生产成为生活主调的今天，能否为物质生产产生效力成为社会判断的主要参考。道德责任成了一个遥远的话题。

现代社会的道德责任意识渐趋弱化，而道德冷漠现象却越来越多。对道德的漠视，其实就是对道德责任的漠视。对道德责任的漠视，是一种推卸责任的行为。它虽不是不道德行为，但是长此以往，没有了道德责任感，道德便到达了个人生活的边缘。由于道德感长期处于被漠视的状态，道德成为个体的陌路只是时间问题；而当道德成为个体的陌路，其道德机制已经毁坏，在面临道德情境时就无法做出符合道德的选择。例如，社会上出现的"小悦悦事件"，我们鄙夷道德不端的行为，但是对于介于道德和不道德之间的情境，"现代人"都在逃避。我们不能说不去实施道德行为就是一种不道德的行为。但是这明显是一种道德责任感的缺失。道德没有能力给予个体在物质世界以丰厚的回报，但是它却能够使个体成为精神世界的巨人。道德应该成为一种责任，道德责任感应该被我们重新纳入生活领域。

### 4. 对道德良心的颠覆

道德良心作为一种重要的道德情感体验，它的存在对人的道德形成起着至关重要的作用。道德良心即个体对道德事件产生的心灵上的同情、行动上的责任感等情感体验。道德良心是道德内化于个体的重要表现，是个体转向自律性道德的标志之一。道德良心的形成对个体道德体系的形成有至关重要的作用。它对个体的道德行为起着督导的作用，肩负着发起善的行为和谴责恶的行为的使命。道德良心是一个人进行正确的道德判断的前提。道德行为是一种自发性行为，只有个体在内心产生认同感，才能产生道德行为。良心是个人对自己应尽的社会义务和社会责任的主观认同，是个人的自我意识在道德方面的表现，是个人以自律准则的形式积淀下来的道德判断力和自制力[①]。可以说道德良心在某种程度上就决定了道德行为。

现今社会出现了一些不良的现象，道德责任的缺失以及道德冷漠等现象日趋严重。这些道德失范现象给道德良心的泯灭创造了条件。道德良心的泯灭是一个重大的社会问题，这是社会文化遭到破坏的表征。道德良心的泯灭同时是个体丧失其精神性的表现，而人区别于动物的正是精神性存在，所以这也是个体人性泯灭的表现。良心在个体道德中的作用是不容忽视的，良心的丧失必然会对道德产生影响。道德良心的颠覆，会使个体内心产生价值混乱，没有善恶之分，没有好坏之分，道德判断机制也因此陷入混乱。个体内部评价体制出现问题，在其外显上就是行为的错乱，如不道德行为的出现，或者在自身没有认知的情况下出现不道德行为。良心的缺失，

---

① 田克俭. 良心在道德行为中的作用及良心的形成[J]. 道德与文明, 2004, (1): 29-31.

不仅仅对个体内部的评价机制产生影响，同时也会对个体自我监督产生影响。没有道德良心的约束，个体行为就少了一个自律性的约束力，这往往会造成个体行动的自由化倾向，从而对个体的成长和社会的有序发展产生影响。

（三）检视：道德教育的"主流偏执"与亚道德文化生成

道德教育肩负宣扬和传递社会主流道德的责任和使命，然而其更深刻的使命在于调节个体的内心秩序。现今，我国社会的主流文化过于强势，从而对学生的亚道德文化的生成造成了困扰。因此，教育特别是道德教育实然上应该起到一个引导行为的作用，即对主流价值的宣讲是有必要的，但是也应该关注学生的亚道德文化的生成，这正是对学生生活世界的关照。

1. 道德教育的偏执：宣讲主流道德，高扬道德理想主义

从人的生物意义上来说，人具有"未完成性"。正是因为这样，人在社会中的生存才体现出适应和超越的特性。人与动物不同，动物的生理特征决定了它的体能特征就是为了适应生存环境，如鱼能在并且只能在水中生活。而人没有特定的能够在固定环境中生存的生物条件，决定了人必定会对生存条件进行改造。人所生活的世界不像动物一样具有被动性，人还可能生存在一种"理想"的生活世界中。人正是因为其生物的不完整性，才有了对生活的理想，由此产生对自身的超越。教育的作用正是由此产生，教育是为了不断地使人接近其理想生活而进行的人类自身的改善和提高。教育理想是人类存在的必要，是为了促进教育的发展和生活的幸福。教育理想是需要有的，但教育脱离实践而产生的极端理性割裂了理想和实践，成为不可能实现的空中楼阁。

道德的产生一是社会需求，二是个体内部需求。相对的，道德的作用有两种：一种是维护社会，一种是调节个体内心世界。道德教育的作用不外如此。道德教育现今成了社会主流价值观念的号召者，忽视了对个体价值的引导。教育特别是道德教育在社会发展和个人发展的天平上倾斜了。主流道德是社会取向的价值观念的集合。过多地宣讲社会主流道德，忽视了道德的个人价值，使个人在社会中找不到自我，其必然会对社会主流价值观产生抵触。主流价值观念有助于个体形成强烈的自我归属，但过分突出其作用，势必会对个体价值有所忽视。个体没有自我意识，不仅是社会的罪恶，同时也是对人类文化的嘲笑。

2. 道德教育的纠偏：回归学生生活，关注亚道德文化生成

教育从社会生活中分离出来，是通过历史的推演，有其进步性和优越性。教育的出现是为了促进美好生活的实现。教育是社会文化的分支，是社会的一部分。它的相对独立给繁荣发展提供了条件。教育优先发展已被我们列入章程，教育的优先发展有助推动社会的进步，推动文化的前进。教育应该成为乌托邦，是由于

令，不是因为我们必须有所作为，或者因为这些作为有多么重要，而不过是因为它命令我们而已[①]。道德是人类社会长久以来形成的行为规范的总和。既然是规范，相应的就必然具备一致性和权威性，是一种人人都要遵守，人人都要敬畏的行事规则。道德的存在具有天然的权威特性，在人类的蒙昧时代，总是披着宗教或者鬼神的外衣作为权威。随着现代文明的发展，道德的遮蔽不断被科学、理性褪去。道德千百年来约束人类行为的力量并没有改变，只是在这样一个时代，道德的约束力在形式上发生了转变。道德的外在权威丢失，道德只能依靠其自身作为一种权威来规范社会行为。所谓规范和约束就是指道德作为一种限制力，必须实现对行为的统一和规范。在这种意义上来说，道德演变成为一种必要恶，一种从外而内的约束力量。

道德是一种约束人行为的规范力量，道德教育则成为制造这种力量的工厂。青少年时期，正是个体处于道德成长阶段之他律性道德阶段的时期。青少年成长的环境大多是家庭和学校，家长和教师习惯性地以一种成熟差的视角来约束青少年的行为。处在教育环境中的教育者以为，他们早于青少年获得社会生存知识，他们当然拥有对青少年的指导权。教育渐渐演变成外在的强制指导，而忽视学生内心成长需求的模式。道德教育也是如此，成为一种满足社会需要的制造工具。道德教育成为一种满足社会要求的宣读机，忽视了学生的自觉能力。道德必须经过内化作用，才能使其发挥真正的效用。道德教育指向外在，而忽视学生的内化，这必然只能成为一种形式教育。

3. 道德教育的应然：关注当下与未来的幸福

亚里士多德曾经指出，幸福是最高的终极善，其他的善都将以此为目标。幸福是人类生活的目的，教育是为了生活。因此教育与幸福的关系是显而易见的。教育与幸福的关系，大致分为两种：其一是教育指向幸福，其二教育存在于幸福。教育指向幸福，也就是说教育是为了幸福，教育是人通往幸福的手段。道德教育直指人的精神成长，是人为了美好生活的主动选择。道德从其产生来看，是人类为了弥补自身的缺憾而形成的自我调整。道德教育的目的正是使人类的生活获得完满和幸福。道德存在于幸福是指，道德本身就是人类幸福生活的组成。人类生活世界中存在着道德，因此人类生活是幸福的。道德是人的一种精神追求，道德于个体的内化使个体精神得到巨大满足，因此拥有道德的人是幸福的。

幸福是人类社会的终极追求，教育作为人类活动的一种，其终极追求也应该是幸福。道德教育关涉人的精神教育，那么对于幸福而言，道德教育是与其更相近的概念。道德教育不仅仅是束缚人行为的工具，它应该是指向人和为人的。道德教育应该关注人的生活，关注人的幸福和未来。诺丁斯也曾经指出，"幸福与

---

① 涂尔干 E. 道德教育[M]. 陈光金，沈杰，朱谐汉，等译. 上海：上海人民出版社，2001：37.

教育具有内在的一致性，幸福应当成为教育的目的"[①]。道德教育不能只为了单纯的教育，教育应然在幸福这一终极目标之下，否则教育将失之灵魂和信仰，成为没有意义的活动。对青少年幸福和未来的关注，应然成为道德教育的目标。也许有人指责说这是一种理想化的教育，但是不可置否，道德教育因其特殊的性质，必然是生于生活、高于生活的。道德教育应然含着一种乌托邦的精神追求，才能实现对人类精神和灵魂的构建[②]。因此，道德教育在应然上，应满足青少年的幸福追求和未来发展的需求。

## 二、相关研究回顾

本书是关于未成年人亚道德文化的研究，前人关于文化和道德的研究为本书奠定了坚实的基础。现对前人的研究进行一定的整理、总结和融会贯通，并进行一定的综合分析和评价。

与本书相关的内容主要包括文化、大众文化与主流文化的研究，亚文化与青少年文化的研究，主流道德与亚道德的研究，以及道德生活和生活道德等的研究，现综述如下。

### （一）文化、大众文化与主流文化

"文化"一词源自《易经》里的一句话："观乎天文，以察时变，观乎人文，以化成天下。"它的意思是按照人文来进行教化。国内外学者关于文化的研究较为广泛，涉及诸多领域。笔者在对文化概念历史演进进行梳理时发现，人类学家、社会学家、民族学家、心理学家等对"文化"做出的定义多达164个，总体来看分为广义和狭义两类。广义的"文化"，着眼于人类与一般动物、人类社会、人类社会与自然界的本质区别，着眼于人类卓立于自然的独特生存方式，其涵盖面非常广泛，所以又被称作"大文化"（largeer culture）；狭义的"文化"，排除人类社会—历史生活中关于物质创造活动及其结果的部分，专注于精神创造活动及其结果，所以又被称作"小文化"（smaller culture）。[③]

文化作为科学概念的提出，始于西方18世纪的启蒙思想家，他们把文化视为使人发展完善的物质和精神要素的统一体，将文化定义为人类社会发展的剪影，将文化理解为人类社会自原始、分散、孤立的人群发展为彼此联系的统一整体的过程，是对人类生活形成的具有明显辨识性的因素的传承。

广义的文化是一种抽象概念，是人类社会的整体表现，是人类生活的精神凝练，是人类生活的绵延方式，是"将动物的人变为创造的人、组织的人、思想的

---

[①] 扈中平. 教育何以能关涉人的幸福[J]. 教育研究，2008，11：30-36.
[②] 檀传宝，班建武. 实然与应然：德育回归生活世界的两个向度[J]. 教育研究与实验，2007，（2）：1-4.
[③] 张岱年，方克立. 中国文化概论[M]. 北京：北京师范大学出版社，2001：1.

人、说话的人以及计划的人"①。人类学家认为文化的概念应是不作分化的整体性概念,"(文化)是通过某个民族的活动而表现出来的一种思维和行动方式,一种使这个民族不同于其他任何民族的方式"②。广义文化包含了人类生活的一切方面,是一种意义符号系统,"一种体现于符号中的意义的历史性的传承模式,是一种以符号形式表达的概念的传承体系,由此人们能够交流、保存和发展他们的生活知识和生活态度"③。文化作为人类历史的记录,见证着人类社会发展的阶段与特点。在国内,不少学者将文化作为整体进行结构划分。庞朴先生最早提出三结构说,"从结构来说,可以把文化分为三个层面:第一个层面为物质的层面,第二个层面是心理的层面,第三个层面是二者的统一,即物化了的心理和意识化了的物质,包括理论、制度、行为等"④,也有物质、制度、风俗习惯、思想与价值四层次说,物质、社会关系、精神、艺术、语言符号、风俗习惯六大子系统说等。不同层次文化结构的有机组合,能够更好地诠释广义文化的整体性特质。

由于自然环境、气候、地域的差异,人类社会的生活方式、风俗习惯等亦有不同,因此,文化的研究出现分化的趋势。狭义的文化是一种具体概念,是人类社会的群体或个体表现。19世纪英国人类学家泰勒提出,"文化,或文明,就其广泛的民族学意义来说,是包括全部的知识、信仰、艺术、道德、法律、习俗以及作为一个社会成员的人所掌握和接受的任何其他的才能和习惯的复合体"⑤。这是狭义"文化"早期的典型定义。文化的发展是逐渐进步和完善的,在社会发展进程中,文化本身是社会各个阶段发展的产物,同时又对未来产生一定的影响。不同阶段的文化将人类社会的进程连接为不可分割的系列,之后关于"文化"概念的解释,多是在泰勒定义的基础上予以补充、修改和完善。例如,20世纪30年代英国人类学家马凌诺夫斯基在《文化论》中继承并发展了泰勒的思想,认为"文化是指那一群传统的器物、货品、技术、思想、习惯及价值而言的,这概念包含着及调节着一切社会科学"⑥。狭义的"文化"从逻辑上将"文化"划分为诸多类型,包括哲学文化、艺术文化、教育文化、历史文化、心理文化等方面,是对特定领域历史传统的积累,表征了时代的特点。"文化作为一个描述性概念,从总体上看是指人类创造的财富积累:图书、绘画、建筑以及诸如此类,调节我们环境的人文和物理知识、语言、习俗、礼仪系统、伦理、宗教和道德,这都是通过一代代人建立起来的"⑦。狭义"文化"是将人类社会的特质类别化,是人类生活方

---

① 庄锡昌. 多维视野中的文化理论[M]. 杭州:浙江人民出版社,1987:107.
② 埃尔 V. 文化概念[M]. 康新文,晓文译. 上海:上海人民出版社,1988:5.
③ 霍尔 J R. 乔尼兹 M. 文化:社会学的视野[M]. 周宪,许均译. 北京:商务印书馆,2004:20.
④ 庞朴. 文化的民族性与时代性[J]. 北京社会科学,1986,(2):4-11.
⑤ 泰勒 E. 原始文化[M]. 连树声译. 南宁:广西师范大学出版社,2005:12.
⑥ 马凌诺夫斯基 B. 文化论[M]. 费孝通译. 北京:华夏出版社,2002:56.
⑦ 克洛依伯 A,克勒克洪 C. 文化:概念和定义述评[M]. New York:Vintage Books,1963:83.

式具体表现的写实，与广义文化相互联系，密不可分。

大众文化是狭义文化的一种表现形式，是现代社会生活的掠影。大众文化不是由于大众，是由于他人而得到其身份的认同，"它主要是指兴起于当代都市的，与当代大工业密切相关的，以全球化的现代传媒（特别是电子传媒）为介质大批量生产的当代文化形态，是处于消费时代或准消费时代的，由消费意识形态来筹划、引导大众的，采取时尚化运作方式的当代文化消费形态。"①大众文化是工业社会和信息社会的产物，与消费时代和大众传媒紧密相连。在现代社会，大众文化替代了传统的民间文化，相对于精英文化、高雅文化拥有广泛的受众群体及世俗的内涵，是社会变迁过程中衍生的最具通俗性及平民特点的文化。利维斯提出大众文化是民间文化的灾难，因为它割断了传统和过去，"我们失去的是有机的社团以及它所蕴含的活生生的文化。民间歌谣、民间舞蹈、乡间小屋和手工艺产品，都是一些意味深长的符号和表现形式。它们是一种生活的艺术，一种生存的方式，源出于遥不可测的远古经验，呼应着自然环境和岁月的节奏"②。大众文化研究的起初，伯明翰中心学派的文化主义观点强调，"文化是普通平凡的，大众文化真实表达了社会受支配集团或阶级的兴趣和价值观"；结构主义视大众文化为一种意识形态机器，"其炮制俨如法律的规则，专横统治大众的思想，一如索绪尔专横统治具体言语行为的'语言'总系统"③。这是对大众文化研究的客观、中立的视角，此外，诸多学者对大众文化持轻蔑和谴责态度。麦克唐纳指出，"它是一种低级的、琐细的文化，同时出空了深层现实（性、死亡、失败、悲剧）和质朴自然的快感……麻木接受大众文化以及它所销售的商品，来替代那些游移无定、无以预测，因而也是不稳定的欢乐、悲剧、巧智、变化、独创性以及真实生活的美"④。威廉斯认为大众文化等同于"低等次的作品（如大众文学、大众出版商，以区别于高品位的出版机构）；可以炮制出来以博取欢心的作品（如有别于民主新闻的大众新闻，或大众娱乐）"⑤。斯特里纳蒂批评大众文化的存在，"首先是剥夺了时间和精力，而这些时间和精力本应是用在更有建设性、更有用的追求上面去的，如艺术、政治或更新万象的民间文化。其次是大众文化确凿无疑对其观众施与了有害影响，使他们麻木不仁、衰弱且失却抵抗力，如此成为控制和剥削的牺牲品"⑥。法兰克福学派对大众文化的批判最为激烈，认为大众文化制造出的"文化工业"向大众提供了一种"虚假的需要"，"文化工业的整体效果是种反启蒙的效果，其间本应

---

① 金元浦. 定义大众文化[M]. 中华读书报[N]. 2001-07-26.
② 约翰生 L. 文化批判家[M]. London：RoutLedge and Kegan Paul, 1979：96.
③ 陆扬. 大众文化理论[M]. 上海：复旦大学出版社, 2008：4.
④ 麦克唐纳 D. 大众文化理论[M]. Glencoe：Free Press, 1957：72-73.
⑤ 威廉斯 R. 关键词：文化和社会词汇表[M]. London：Fontana, 1976：199.
⑥ Strinati D. An Introduction to Theories of Popular Culture[M]. London：Rout Ledge, 1995：42.

是进步的技术统治的启蒙，变成了一场大骗局，成为束缚意识的桎梏"[①]。综观对大众文化的批评，认为大众文化是人类追求人文精神的终极价值的最大阻碍，大众文化的娱乐性、虚幻性、复制性、消费性及普及性使人类沉浸在"自我"及"他人"创造的文化游戏中。尹鸿揭示了大众文化的娱乐性是"借助于现代文化工业日臻完美的传播技术和复制手段，为人们所提供的一种消遣性的'原始魔术'。它通过对观众无意识欲望的调用，为大众制造出一个又一个快乐原则的狂欢节"[②]。这种娱乐性使大众放弃了对超越价值、生命本质、精神意义的孜孜以求，忽视文化作为人类社会延续的济世救民效用，把大众文化当作人类赖以生存的精神鸦片。

在西方文化研究理论界，也不乏为大众文化辩护的声音。波德利亚否定传统批判理论指责大众文化被限定在极度的消费主义之中，认为大众文化终结旧的文化形式，将符号和消费引入自身地位的界定之中。葛兰西的霸权理论指出，"大众文化既不是大众的文化扭曲，也不是他们文化的自身肯定，或者说他们自己的自我创造；相反，它是一块角力场，体现的是那些互为冲突的压力和倾向形构而成的关系"[③]。大众文化的出现改变了传统文化的精神束缚现象，也使文化的精神意义逐渐湮灭。无论是对大众文化的批判还是辩护，皆表明大众文化在现代社会中根深蒂固，而现代社会中大众文化也在继续引导大众关心各种感官的刺激性、吸引力和迎合性。

大众文化是民间文化的代表，而主流文化则是官方文化的代表，在社会文化中占主导地位。主流文化是一个在政治阶层中出现频率很高的词，常见诸政策性、纲领性研究文本中，或是使用于中央主要党政媒体语言中。在关于"主流文化"的研究中，多以上层建筑的视角定义主流文化，蒋海生在《如何实现主流文化对大众文化的引导——"易中天现象"对思想政治工作的启示》一文中指出，"主流文化是在国家意识形态指导下、以国家的意识形态为内核建构、由政府推动的文化形式，它表达国家意愿与根本利益，传达一个国家意识形态和社会道德的基本观念，是一种处于支配地位的主流价值观"[④]。主流文化引领、支配社会文化的发展方向，体现一定区域或时代的主导思想，活跃于社会主流阶层，具有较强的政治色彩。综观主流文化的研究，中国与西方的主流文化、古代与现代的主流文化存有差异，主要集中在三个方面。

第一，主流文化是由执政者倡导的，反映统治阶级的意识形态。有学者将主流文化的研究与意识形态研究相结合，《中国大百科全书·哲学》一书提出，意识

---

① Adorno T M. Culture Industry[M]. London: Rout Ledge, 1991: 92.
② 尹鸿. 大众文化时代的批判意识[J]. 文艺理论研究, 1996, (3): 76-79.
③ 陆扬. 大众文化理论[M]. 上海: 复旦大学出版社, 2008: 72.
④ 蒋海升. 如何实现主流文化对大众文化的引导——"易中天现象"对思想政治工作的启示[J]. 政工研究动态, 2008, (9): 13-15.

形态是"系统地、自觉地、直接地反映社会经济形态和政治制度的思想体系,是社会意识诸形式中构成观念上层建筑的部分。在阶级社会中,意识形态具有阶级性,集中体现一定阶级的利益和要求"[1]。意识形态反映的是统治阶级的根本思想,这与主流文化有着内在的联系,共同体现执政者的统治心理。不同时代、不同地域的执政者重视主流文化的推广,主张通过宣扬其主流文化(或者说意识形态)来稳固自身的统治地位,实现国家的长治久安。

第二,主流文化直接承载着国家的根本利益,为统治阶级的思想根基服务。主流文化是随着执政者、统治阶级的交替而变化的。因此,不同历史时期的主流文化所承载的国家利益的重点也会发生改变。主流文化不仅体现统治者的思想根基,还通过大众的认同与接纳实现国家的根本利益,这需要主流文化发挥意识形态的效用,透射社会成员的共同利益,显示其"主流"价值。马克思在《德意志意识形态》一书中写到,"每一个企图取代旧统治阶级的新阶级,为了达到自己的目的就不得不把自己的利益说成是社会全体成员的利益,抽象地讲就是赋予自己的思想以普遍性的形式,把它们描述成唯一合理的、有普遍意义的思想"[2]。由于执政者的驱使,主流文化与国家利益紧密相连,统治阶级通过国家利益的认知来凝聚社会大众。

第三,主流文化符合社会的发展要求与前进方向,具有积极意义。在西方,对主流文化意义的研究有褒义和贬义之分(即有的学者认为其有积极意义,有的学者认为其有消极意义),社会主义国家倾向于褒义或是中性,这与社会主义国家的政治体制有关。主流文化是动态性的,刘明君等在《多元文化冲突与主流意识形态建构》一书中分别从我国社会主义意识形态建设的曲折发展、多元文化冲突对我国主流意识形态的影响、社会转型对主流意识形态的挑战等方面揭示主流意识形态的建构,该书是论证主流文化符合社会发展与前进方向的力作。主流文化必须具有积极意义,赵笺在其博士论文中指出"第二次世界大战中的邪恶轴心国起主导作用的法西斯主义、军国主义、种族主义等等所谓的'主流文化',无一不是反人类的战争文化、侵略文化,是与人类的全面利益和基本价值观相违背的。无论意识形态还是国家利益,都并非无往不利的通行证;一旦不受限制,最终都可能引火烧身,并造成不可估计的恶劣后果"[3]。不符合社会发展要求的主流文化难以生存,主流文化的建构应能真正体现符合历史发展和社会进步方向这一价值判断标准,发挥主导、支配社会文化的积极效用。

(二)亚文化与青少年亚文化

"亚文化"术语最早是由芝加哥学派提出,出现于 20 世纪 40 年代中期。亚

---

[1] 刘明君,郑来春,陈少岚. 多元文化冲突与主流意识形态建构[M]. 北京:中国社会科学出版社,2008:41.
[2] 北京大学中文系文艺理论教研室. 论文艺[M]. 北京:人民文学出版社,1980:35.
[3] 赵笺. 主流文化对 20 世纪以来中国油画的影响研究[D]. 南京艺术学院博士学位论文,2008.

文化也称作次文化,它是通过风格化的和另类的符号对主导文化进行挑战从而建立认同的附属性文化[①]。大量的亚文化理论文献中,"风格"一词出现频率极高,直接反映出亚文化的意义建构,具有鲜明的符号特点,霍尔等指出,"对风格的解读实际上就是对亚文化的解读",伯明翰学派很重视风格研究,因为风格表达了差异和建立认同的重要意义,也是亚文化风格被学者广泛关注的根源。对风格的研究有助于揭示亚文化的特质,亚文化的科学研究经历了三个阶段:第一个阶段是20世纪初期的芝加哥学派和美国社会学界的亚文化研究,第二个阶段是20世纪中期的英国伯明翰学派的青年亚文化研究,第三个阶段是20世纪后期关于亚文化理论的反思与探究。在第一阶段,芝加哥学派和美国社会学界的亚文化研究集中在越轨文化的研究,科恩将亚文化的产生归结于社会某一类型成员解决问题的方式,越轨文化甚至反文化的产生是由于文化主体与统治阶级的工作、生存和金钱的价值观理解出现差异,产生了"地位挫折"现象,文化主体采用越轨或犯罪的方法予以拒绝或反抗。亚文化的产生与社会主流文化对边缘群体的忽视、冷漠有关,"行动者只有在与自己共享价值观的人的互动中,才能找到其信仰的社会合法性及其生活方式的社会回报,群体的持续存在以及与其成员的友好交流对行动者而言是有价值的。"这种群体之间的合作与交换关系进一步加剧了群体与主流文化的偏离,巩固了亚文化产生的根基。贝克尔在《局外人:越轨社会学研究》一书中指出,亚文化群体的越轨或异常是通过社会主流文化或主导阶级对少数弱势群体贴上的"越轨"标签,而所谓"越轨"的亚文化也源自人们的界定,并通过特定规则的实施促使亚文化主体的"越轨"行为,使亚文化群体成为"局外人"。在第二阶段,伯明翰学派的亚文化研究集中于各个阶级青年亚文化的研究,诸如工人阶级亚文化研究、媒介文化影响下的亚文化研究等。从亚文化理论脉络看,伯明翰学派的亚文化研究与芝加哥学派的越轨社会学联系密切。菲尔·科恩在《亚文化冲突和工人阶级社会》一文中提出,亚文化本身不是一种问题文化,而是解决问题的方法。科恩通过对伦敦东区工人阶级的亚文化现象的调查发现,任何一个社会、区域内存在不平等、压迫等现象,亚文化就会自然而然地产生,这是基于人类的本能抵抗意识。伯明翰学派中关于青年亚文化的研究在后面的青少年亚文化中有详细叙述。在第三阶段,20世纪后期的亚文化研究较之前两阶段出现了新的亚文化类型——互联网亚文化。伯明翰学派时期的亚文化研究注重亚文化的符号、风格、越轨、抵抗等方面,其中一些观点也遭到20世纪后期亚文化研究的质疑。在这个阶段,由于20世纪社会发展的特殊性,亚文化的研究有了新的视角。罗伯茨在《全球性地下文化札记:亚文化和全球化》一文中认为,亚文化的研究忽视了全球化进程的含义,尤其是互联网对亚文化生产和实践的影响。罗伯茨将亚文

---

① 陶东风,胡疆锋. 亚文化读本[M]. 北京:北京大学出版社,2011:3.

化定位为一种文化产业形式，由于新的文化产业形式的出现，原有的亚文化边界正不断地被亚文化产业所侵蚀，其研究视角关注了跨国流通和符号转换，并与通过消费实现的亚文化身份融合起来。斯达尔在《亚文化理论的趣味革新：为一种新的模式创造空间》中对伯明翰学派亚文化研究的种种界限进行描绘，指出虚拟社会亚文化的研究语境发生新的变化，变化了的语境决定了社会空间关系介入其活动场所的方式、位置和理由。

20世纪后期亚文化的研究具有了一个崭新的视角，脱离社会特点的亚文化研究是片面的，脱离了社会时代语境的联系，后亚文化研究将失去其本真性意识。对亚文化的理论研究梳理，一般秉持两种观点：一种认为亚文化是对主流文化的彻底反动，与主流文化对立；另一种认为亚文化与主流文化、反文化等共生于社会文化中，是文化生态的有机组成部分。本书赞同后者观点，认为对亚文化的研究需持一种理解态度，亚文化的产生有一定的被动性。默多克在《仪式抵抗》一书中认为，20世纪中期"反主流文化"的兴起，将亚文化主体视为社会变革先锋的观点缺乏客观性，忽视了阶级维度和不平等与亚文化群体生活风格之间的紧密联系。在多元文化共存的时代中，亚文化是文化主体参与、建立自己社会生活方式的手段，而被边缘化的群体往往实践着文化的真正本质，并非对主流文化的反抗、越轨。因此，研究者应给予亚文化及其群体客观、辩证的态度，超越主流思想的禁锢。

青少年亚文化是亚文化研究的一个分支，在期刊网输入"青少年文化"，查阅到125篇文献；输入"青少年亚文化"，查阅到23篇文献。就查阅到的文献而言，青少年亚文化与青少年文化研究的对象基本一致，因为青少年文化本身就是一种亚文化。对于青少年亚文化的研究，主要集中在以下几个方面：第一，青少年越轨文化；第二，青少年网络文化；第三，青少年流行文化；第四，青少年文化认同。青少年作为社会的特殊群体，有其独特的气质。由于青少年群体的边缘性和弱势性，体现着对成人社会主导文化和主流价值观的反叛和挑战，因此，在对青少年亚文化的研究中多将与主流价值观不一致的亚文化视为越轨文化。社会学关于青少年越轨文化的定义比较客观，认为青少年越轨文化是"违背群体规则的行为视为越轨"。青少年的越轨文化不同于犯罪文化或反动文化，是指青少年的文化风格超越了主流文化的界限或要求。奥布赖恩在《大众文化中的亚文化和反文化》一文中指出，"反文化的目标是取代多数人的价值观，代之以自己的社会政治观念和信仰，他们认为多数人的价值观有失公正、歧视严重、限制压抑人。反文化在更大程度上要求通过从根本上修正生活行为方式，来表达自己的文化政治"[①]。反文化具有很强的政治色彩，这与青少年越轨文化存在本质区别。

---

① 陶东风，胡疆锋. 亚文化读本[M]. 北京：北京大学出版社，2011：42-43.

性的能动作用进行的。道德感性与理性的合理分配是道德生活的基础，道德生活源自人对理性目标（道德理想、实践理性、生活规则）的自由追逐，基于自觉自主的选择。然而，只有道德理性的指引，道德生活无法正常开展，还需要感性的参与使得道德生活更有意义。生活是对人类行为的整合，包括精神和物质两方面。德性论一般认为，道德与生活是息息相关的，是统一的整体。道德生活是人类社会特有的生活形式，如苏格拉底、亚里士多德等认为道德生活是从理性出发，是对道德知识的合理运用。苏格拉底将道德生活视为个人道德成长的过程，是个人道德品质的完善过程；亚里士多德认为道德生活的主体应拓展至社会生活，不应局限于个体生活。

根据本书的研究需要，重点对青少年道德生活的研究进行综述。青少年道德生活是道德生活研究的具体形式，对青少年道德生活研究的梳理，主要有直接的道德生活研究和间接的道德生活研究。直接的对青少年道德生活的研究是基于学校的道德生活，薛晓阳教授的博士后出站报告《学校制度情境中的学生道德生活》，针对的是学校生活中的道德教育和学校教育中的道德生活，以教育学的视角强调创建道德的学校生活。此报告强调学校的制度情境，研究学校制度中、教师控制下的学生道德生活形态，没有将学校道德生活与社会道德生活融合。学生的道德生活不仅与学校有关，更与社会有关。也就是说，关注青少年道德生活的影响因素以及与社会道德生活有机的互动，将青少年道德生活融入社会，更具有现实可行性与可操作性。高月萍在其硕士论文《班级里的道德生活》中提出，道德生活是整体性的，是学生对课堂道德知识学习与社会道德生活实践的内化，并强调生活对于道德来说具有本体性地位，道德源于生活、在生活之中且为了生活。作者指出道德生活包含学校生活、日常生活、社区生活、公民生活、家庭生活、文化生活、经济生活等方面，并通过一个班级的人种志的研究方法深入分析，呈现出班级里的道德生活原貌。关于道德生活直接的研究视域不是基于社会全景，学校或班级的道德生活是青少年道德生活的一个分支，在一定程度上反映道德生活的实质，要深入的解读道德生活，应将研究视域扩展到社会生活的各个系统中。

间接的青少年道德生活研究是从社会学、哲学、管理学等视角分析青少年的道德生活，通过相关的研究揭示青少年道德生活的不同表现，反映道德生活的片段。王家军在《学校道德生活的管理透视》一书中通过哲学、伦理学、管理学、新制度经济学、管理伦理学等多学科视角展开研究，对学校德育现状进行反思，关注青少年的道德困惑，关心青少年的道德需求，引导青少年的道德生活，提升青少年的道德人格。他提出学校对青少年道德生活的管理过分科学化、科层化、标准化，忽视人文精神的涵濡，重视道德生活管理的目的性、工具性及功利性。班华教授在《学校道德生活教育模式的探寻与思考》一书中，通过对德育发展趋势与德育模式研究历史的回顾，建构新时期学校德育文化与德育模式，从理论角度对学校道德生活的教育模式进行思考。甘剑梅的《学校道德生活的现代性问题辨析》一书是在理论辨析的基础上寻求学校道德生活现代转型与重构的方法论策略，对学校道德生活的转型进行辨析，揭示学校道德生活的现代性重构。诸多对青少年道德生活的研究集中于学校视域，本书将青少年道德生活的视域扩展到社会中，从青少年道德生活的学校生活、网络生活、消费生活、信仰生活等方面进行研究，对青少年的道德生活进行更加全面、深入的解读。

生活道德是德育回归生活、生命理念的体现，在传统道德教育中侧重道德知识的灌输，重视道德神圣理念的传递，是一种"无人"的德育。道德源自生活，在关于生活道德的研究中，以生活的视角对道德教育进行解读。易连云教授在《传统道德中的生命意义解读——论"生命·实践"道德体系的构建》中指出，学校道德教育问题的实质是道德的意义被异化，将道德教育视为一种知识教育，忽略了道德的"为人"特征，使道德的生命意义缺失。高德胜的《生活德育论》一书视生活德育为一种整体性德育，关注生活的整体性、德性的整体性，认为生活道德依托的是生活的整体性及道德的整体性，否定德育就是道德知识的教育，生活德育研究视角应定位于师生交往中、学生的终身生活中。唐汉卫在《生活道德教育论》中对生活和道德教育之间的关系、道德教育之生活基础的特点进行了深入、系统的反思，以生活道德的基本思路对生活道德教育的可行性路径进行构想。在近几年道德教育改革的浪潮中，道德教育回归生命的呼声越来越高，对生活道德理论的研究也成为当代德育走出唯理性世界困境的普遍追寻。道德是为了生活更具有意义和价值，并非禁锢、约束生活，道德是对生命实践、生活方式的理解与选择，是对生活的解释中介，使人对生活的理解更加合理、深刻。德性论一般都认为，道德与生活是不可分的，是个统一的整体，在生活过程中形成的德性是人的"第二性"。诸多道德教育家都认为，道德是构成生活的本质要素，也是人类生活的特质，生活作为道德的"基础事实"，无法与道德相分离，没有生活化的理念，道德就成了僵死的条文和抽象的原则。邓海霞的硕士论文《道德教育生活化——新世纪中国学校道德教育的发展趋势》是从哲学角度对生活道德进行全面阐释，认为生活是道德教育的本源、学生是道德教育的主体，道德教育的改革要以生活化的德育为依据，道德教育理念、道德教育目标、道德教育内容、道德教育方法及道德教育评价等五方面要以生活化为核心进行德育改革。综观生活道德的研究发现，生活与道德是相互融通的。道德的缺失，生活是低层次的、迷失的；生活的缺少，道德是干涸的、脆弱的。我们的研究正是基于这样的一种视角，青少年道德成长促进生活的和谐与美好，生活是道德发展的根本路径，在生活中感悟道德、体验道德、实践道德，才能使青少年的道德不"被成长"，有效地发挥生活作为道德载体的作用，改变青少年的生活方式并提升其生活境界。

### 三、基本概念廓清

未成年人亚道德文化生活研究是基于未成年人的视角观照其道德生活，对未成年人道德生活中形成的亚道德生活文化进行辩证、审慎的探究，并予以客观性、生态性的理解。概念厘定是研究的基础，本书中涉及的"亚文化""亚道德""道德教育的文化性格"概念有特定的含义，需要进一步指明。

#### （一）亚文化

"亚文化"一词最早出现于20世纪40年代中期，由芝加哥学派最早使用，是通过风格化的和另类的符号对主导文化进行挑战从而建立认同的附属性文化[①]。在文化研究的视野中，亚文化被称为"次文化"，相对于主流文化而言，居于弱势地位。亚文化一般具有三个特点。

第一，亚文化具有"对抗性"。亚文化的对抗性与亚文化群体的特殊性密切相关，亚文化群体通常是社会中的弱势群体，他们被迫执行主流社会制定的规则，而打破规则的人被视为特殊群体或"局外人"，与社会主流群体对立。主流文化在社会中占有主导性地位，是主流阶级通过各种宣传工具对社会群体进行文化覆盖，用于表达、实现主流阶级的统治思想。亚文化的形成是对主流文化的冲击与抵抗，源于社会主流文化对边缘群体的忽视、冷漠，与社会主流文化的强制性、主导性密切相关。亚文化对主流文化的对抗体现在两个方面，一方面当亚文化群体对主流文化的价值观产生认同差异，对主流文化的主导地位、权威性持有排斥、叛逆心理时，更加激发亚文化群体坚定的亚文化信念，并促使其他的亚文化类型形成，以"强大"的亚文化群对主流文化进行抵抗；另一方面主流文化将亚文化与反文化、越轨文化等视为一种"病态"的文化，是"健康"社会发展中出现的"疾病"，主流文化用强势的舆论甚至法律进行约束、压制，亚文化群体遭遇特殊处境，便与主流文化发生"具体矛盾"，呈现出异端、抵抗的倾向。亚文化的"对抗性"是主流文化通过标签的张贴使其成为一种社会的长期、固定现象，因此，主流文化在亚文化的生成过程中具有"不可推卸"的责任。

第二，亚文化具有"边缘性"[①]。在现代社会，亚文化群体总是以创新的行为表达自己对主流社会规则的抗议，采取前卫的生活方式、态度和行为，打破主流社会制定的规范。亚文化群体常常处于"地下"状态，居于主流社会之外，以隐藏的枝节形式生存于非寻常的空间，以确保自己的安全空间。因此，他们具有社会边缘化的特点。亚文化种类繁多，诸如种族亚文化、草根阶层亚文化、移民亚文化等，亚文化群体对文化价值意识的践行通常区别或背离社会主流文化，自然成为主流文化趋避或抑制的对象。亚文化边缘性的表现有两点：其一，抽象地说，

---

① 陶东风，胡疆锋. 亚文化读本[M]. 北京：北京大学出版社，2011：3.

人类通过各种文化群体的参与寻找社会归属感，亚文化作为被主流文化忽视的群体，自发寻找特定的组织形式参与社会、感知归属，这些群体的成员数量有限，不能与主流文化形成鲜明的对比，常处于弱势地位；其二，亚文化本身糅合了多种文化形式，通过特有的"风格化"演绎，释放自己的情感、心理，对主流文化予以挑战，部分亚文化在挑战的过程中被主流文化"中和"，并在主流文化的消费过程中发生流变，部分亚文化继续在"狭小"的空间生存直至消失。亚文化尽管真实地反映社会的本质，"充满了神秘难解的意味，它暗示着秘密、共济会誓约和'地下世界'"，但与主流文化的不同使其自然地处于边缘、弱势等特殊地位。

第三，亚文化具有"伦理失范性"。文化具有三个层次，整体性的文化、作为符号意义的文化及体现主体价值规范的文化，亚文化的"伦理失范性"源于第二层次的文化与第三层次的文化之间的矛盾冲突。在亚文化理论研究中出现频率较高的关键词：抵抗、阶级、道德恐慌、风格、同构等，是对亚文化"伦理失范性"的表达与归结，主要体现在两方面：其一，亚文化群体是社会边缘人，他们的文化价值观、生活方式和态度折射出对主体价值规范体系的抗拒与失范。伦理是主流价值规范体系对社会群体形成的客观道德约束，亚文化群体通过种种失范行为传递着对社会伦理的挑战。"足球流氓""嬉皮士""油脂群"等群体演绎着社会的文化危机，同时也反映了社会边缘阶级的一定核心价值，而主流文化与亚文化之间愈加强烈的矛盾冲突，促使象征着阶级行动解决方案的亚文化诞生。因此，亚文化自产生初期就具有了"伦理失范性"。其二，主流文化对社会负载了强烈的伦理、道德及文化责任，用主体规范的价值观念塑造社会的个体或群体，极易引起亚文化群体的各种伦理失范行为对主流文化予以对抗。激进的亚文化群体通过践踏伦理规范、蔑视道德要求争夺文化的领导权与话语权，在每一次的斗争中，亚文化群体重复践行着伦理失范行为。

以上对亚文化的分析是基于西方的文化理论研究观点，本书中将亚文化定义为：亚文化与主流文化、大众文化等文化类型共生于人类社会，是整个文化生态的有机组成部分，是未成年人特有的生活方式、价值观念的体现。本书分别从上网行为、偶像崇拜、消费行为、问题行为、生命观五个方面阐明未成年人亚文化的特征及其内涵，表现为以下几方面。

第一，本书中的亚文化是指在未成年人生活中自主形成的文化，是未成年人文化价值观、道德观、生活观的体现，是对社会主流文化、大众文化及反文化的吸收与演绎。文化是人类社会生活的积累与凝练，不是简单的社会结构反映，由于文化内部生成许多辩证的内在联系，需要彼此不断地协商。未成年人亚文化是未成年人在自我的生活世界中对文化进行意义建构、价值选择，是未成年人为掌控话语权而斗争的场所，是进行自我表征的场所。未成年人亚文化分为两类，一类是与社会主流文化平行共生于文化生态整体，一类是对社会主流文化的抵抗。

创新与抵抗，是未成年人自发的群体行为。未成年人对传统学校道德教育中抽象的、超越的道德知识进行自我选择，创造着自己的亚道德文化，而这些亚道德文化中不乏主流道德取向和道德规范的成分，也包含与主流道德抵抗的亚道德甚至反道德成分。据此而论，未成年人在进行着道德的内化与创造，其创造的结果分为两方面：一方面，未成年人对主流道德进行现代化演绎，尽管表现方式不同，但不是对主流道德的反抗，而是对主流道德的自我表征，这种创造结果对主流道德的地位不产生影响，也不被主流道德压制、收编；另一方面，未成年人受现代社会多元文化价值的影响，对主流道德一元的价值选择产生排斥、抵抗的情绪，通过建构自我的亚道德行为模式演绎社会主流道德，或许存在一定的反道德成分，这种创造结果动摇社会主流道德的地位，被主流道德压制、收编。本书中的未成年人亚道德是以未成年人的视角观照传统主流道德，是以未成年人亚文化为母体，是一种道德文化，是对主流道德进行现代化的审视。社会、道德转型为未成年人亚道德的生成提供了客观条件，而未成年人群体对社会生活的主体参与意愿及日益呈现的地位与作用为其道德创造奠定了基础。此外，网络社会渗透至现实生活的各个领域，使未成年人处于虚拟与真实的生活世界的选择之中，也为道德生活领域增添了创新与建构的内容，是对社会主流道德的现代性践行，进一步促使亚道德的生成及向社会主流道德的渗透。

第二，对未成年人亚道德现象要持有辩证理解态度，不以单纯的"恶"来概括；要以开放、自由、包容的观点观照未成年人亚道德现象，要"礼遇"未成年人亚道德。在诸多关于未成年人亚道德研究的声音中，倾向于对未成年人亚道德进行批判、压制，这种态度不利于未成年人的道德成长及社会道德规范的完善。本书通过对未成年人的实证调查，详细分析了未成年人亚道德的特点、作用及影响，客观、辩证地审视未成年人亚道德现象，给予未成年人亚道德合理的评价。未成年人亚道德具有创造性、反逆性、前喻性、享用性、不稳定性、个性化、分裂性和边缘性等特点，人们往往夸大未成年人亚道德的反逆性、分裂性及边缘性等特点的消极影响，而未成年人亚道德的创造性、前喻性、享用性等特点的积极影响却往往被忽视。

未成年人亚道德的存在对社会主流道德是一种补充，对社会主流道德及未成年人的道德成长施加积极和消极的影响，其中，未成年人亚道德对社会主流道德的积极影响，包括：①未成年人亚道德提高了道德体系中现代性的比重。未成年人亚道德是对社会主流道德的现代反思，标志着社会道德发展的现代性方向。②未成年人亚道德中蕴含着"文化反哺"的因子。社会科技的发展、进步改变了原有的德育模式，在"后喻文化"时代，未成年人与年长者之间存在"文化反哺"现象，这是未成年人对成年人主宰的社会主流道德规范进行的挑战，也是未成年人道德主体意识和观念求新意识的增强。不可否认的是，未成年人亚道德对社会主流道德存在消极影响，一方面未成年人对传统道德过度否定，甚至将传统道德中的优秀品质视为落后的道德禁锢予以排斥；另一方面，"西方道德思想至上"的观点使未成年人不加选择地接纳西方道德思想，其中的糟粕成分侵蚀着未成年人的道德成长。

此外，要辩证地审视未成年人亚道德对未成年人道德成长的积极与消极影响。未成年人亚道德为道德创新和德育创新提供了素材，向未成年人展示了更宽阔的价值视野，为新行为方式的形成提供了更宽松的空间，也加速未成年人社会化的进程。同时，未成年人亚道德为无原则的道德相对主义提供了市场，也加剧了社会转型期未成年人的价值空心化。未成年人亚道德就像一把"双刃剑"，在社会转型过程中为未成年人的社会化开拓广阔的发展前景，也为未成年人提供多元的价值选择。因此，在本书中，我们倡导要礼遇"亚道德"。一元的价值选择暗含多元的价值冲突，表面的"和谐"潜藏着"对抗"的危机，未成年人亚道德的合理存在是对主流道德"一元"现象的警示，只有允许未成年人多元价值选择，允许未成年人的道德创造，才能培养未成年人道德判断及价值选择能力，才能使未成年人亚道德由"无序"走向"有序"，才能符合未成年人道德发展的客观要求，才能在尊重未成年人亚道德的同时更好地引领未成年人的道德成长。

第三，未成年人亚道德是社会道德规范多元价值选择的体现，也是对社会多元文化的适应，有利于现代社会道德规范的健康发展。未成年人亚道德，就其内在性而言，是未成年人在群体内在规范和群体间交往的影响下生成的道德规范和道德价值观，它对主流道德规范与价值观的"抽象化"要求进行选择性认同，将主流道德与自我道德选择的冲突与对峙隐藏于亚道德行为中，包含对主流道德权威的挑衅及渴望被主流道德理解与关注。在全球化的进程中，信息技术引起全球社会政治、经济、文化和道德等全方位的深刻变革，也使未成年人通过网络平台接受不同的文化观念、政治立场、道德标准、生活方式、价值取向及一些糟粕的信息，改变了传统德育单向传授的教育方式。

社会多元文化的存在使未成年人的主体意识增强，摈弃传统社会一元文化占主导地位的局面，倡导在文化价值选择过程中自我权利的彰显。在现代社会中，后现代主义文化弥漫在整个文化生态环境中，未成年人极易被后现代主义的文化假象所蒙骗，主流道德对未成年人的一味批判、压制与后现代主义文化倡导的"精神享乐"形成鲜明对比，使未成年人在享用后现代主义文化的同时丢弃对社会的使命与责任、对生活的形而上学思考及对生命的终极意义关怀。后现代主义引发的未成年人亚道德现象，一方面由于后现代主义文化的劣质性，另一方面是主流道德将未成年人"逼"向后现代主义文化，剥夺未成年人多元价值文化选择的权利、压制未成年人亚道德的生存空间等方式，使未成年人不得不投向后现代主义的怀抱。一元的文化现象对社会道德文化的发展是不利的，在当今教育国际化趋

## 2. 文化使命

丹尼尔·贝尔认为："文化本身是为人类生命过程提供解释系统，帮助他们对付生存困境的一种努力。"[①]文化是人类自身生存状态的一种体现，是人类实现理想生活的途径之一，道德教育作为人的精神文化教育，帮助和引领人类建构具有超越性的意义世界，在这个意义上，道德教育具有深刻的文化性格。对道德教育文化性格的探析，旨在通过道德教育完善时代赋予的文化使命，促进未成年人亚道德文化的理性发展，因此，道德教育的文化性格隐含着道德教育的文化使命。道德教育的文化使命主要包括文化自觉、文化对话、文化融通、文化创新四个方面。

第一，文化自觉。文化自觉是道德教育在遭受全球化的挑战时做出的一种文化选择，是对民族文化及传统道德文化认同与保护的警醒心态。所谓文化自觉，是指"生活在一定文化中的人对其文化有'自知之明'，明白它的来历，形成过程，所具的特色和它发展的趋向，不带任何'文化回归'的意思，不是要'复旧'，同时也不主张'全盘西化'或'全盘他化'。自知之明是为了加强对文化转型的自主能力，取得决定适应新环境、新时代文化选择的自主地位"[②]。道德教育要了解传统道德文化的内涵，增强文化自主意识和辨别意识，理性地看待未成年人亚道德文化，梳理未成年人亚道德文化的形成原因、背景，绝不能简单地"文化回归"或"复旧"。道德教育的文化自觉不仅是文化认知上的自觉，还包含文化过程和文化创新上的自觉。文化过程的自觉是一个动态的过程，它要求道德教育要认识自己的文化优劣，理解所接触的多元文化，经过自主的选择与建构，取其精华，去其糟粕，建立一个具有广泛认同感、适应多元文化的道德文化体系。文化创新的自觉不是对传统文化的全盘否定，也不是对西方文化的崇拜至极，而是要指向社会未来发展、促进文化繁荣。道德教育的文化自觉要求道德教育无论是本体意义上的觉醒，还是对现实社会生活和文化环境清晰的自我意识，都要明确道德教育发展中的文化难题，用文化的逻辑思考道德文化和道德教育，追寻文化精神的变革，不盲目追随劣质的文化逻辑，异化道德教育。

第二，文化对话。道德教育的文化对话是道德教育文化自觉的深化和延伸，是文化自觉过程的体现，是增强道德教育文化自我发展、提升文化自觉品质的有效途径。"从20世纪80年代末起，在文化领域出现了马斯洛热、弗洛伊德热、尼采热、海德格尔热、罗尔斯热，'热'的东西都是西方文化的。自五四运动以来，很多情况下中国的文化状况就是西方刮什么风，中国就下什么雨，文化的屋顶一旦掀掉，只要风云变化，倾盆大雨就会长驱直入，无遮无挡。如此，中国人的精

---

[①] 贝尔 D. 资本主义文化矛盾[M]. 严蓓雯译. 南京：江苏人民出版社，2007：24.
[②] 费孝通. 反思·对话·文化自觉[J]. 北京大学学报（哲学社会科学版），1997（3）：15-22.

神，好像就没有'屋顶'，没有归宿"①。这种文化对话丢弃传统道德文化的立场，在追寻文化多样性的同时失去了"文化自我"的地位。道德教育的文化对话要秉持文化生态的视角给予各种文化平等、包容、理解的态度；要培养未成年人尊重文化、辨别文化的素养；警惕文化中心、文化殖民及文化霸权主义。道德教育的发展要把握文化的差异和边界，文化差异的存在不能成为文化发展的阻碍，"文化之间的特殊差异性有可能导致文化冲突，但差异本身并不意味着冲突。它同样可以成为，而且更应该成为相互交往和对话的理由：因为差异，才有相互了解和理解的必要。因为需要相互了解和理解，才必须展开相互间的交流和对话"②。道德教育要给予各种文化平等、包容、理解的态度，每一种文化都有存在的理由，不能以一概全地代替、诋毁甚至泯灭其他文化，要允许有不同的文化声音，有文化选择及辨别的权利及能力。道德教育不仅是传递道德文化，还应培养未成年人理解与尊重文化的差异，通过文化对话的方式保护多元文化的生存空间，促成不同文化间的共同价值，在尊重、理解道德价值的基础上遵循不同文化的共同价值。毫无疑问，文化中心、文化殖民及文化霸权主义是多元文化发展过程中最大的障碍，其本质上是不平等的文化交流，是发达国家的强势文化以文化侵略的方式对发展中国家的弱势文化进行文化渗透与文化控制。道德教育要警惕文化发展中的桎梏，引导未成年人辩证理解文化间的差异，倡导多元文化间的商讨、对话。

第三，文化融通。道德教育的文化融通是文化对话的结果和目标，是道德教育文化使命的重要环节。在当今全球化的时代中，文化的借鉴、互渗、融通，不仅是道德教育的文化使命，更是文化自身生存和发展的要求。"多元文化时代不是各种文化的诸侯割据，而是一个文化的'多元'和'共享'并存的时代。越是在一个价值互渗、文化多元的时代里，越要注意普遍伦理的基础性或德育的导向性"③。在文化融通的过程中，道德教育要培养未成年人辨别道德相对主义和道德虚无主义迷茫的能力，具备相互借鉴、吸收多元文化的能力，在此基础上对文化新生做出贡献。道德教育的文化融通要坚持多元文化、伦理与本土文化、伦理相统一；要吸收全球文化中的先进理念，培养未成年人的世界公民意识。在全球化的进程中，各种文化理念对中国文化的影响有积极意义，也有消极作用。一方面，西方自由、民族的文化理念、自觉和创造的文化精神深深启发了中国人的道德文化思考；另一方面，后现代主义文化思潮中的功利主义、消费主义、工具理性等思想使中国人逐渐沉浸在物质世界的牢笼中，难以自拔。这种现象引导道德教育的深刻反思，道德教育要以本土社会的文化、伦理为根基，有机地结合全球文化、伦理，积极吸收全球文化、伦理中的先进成分，摈弃劣质成分，将本土文化与全球文化统一

---

① 樊浩. 文化与安身立命[M]. 福州：福建教育出版社，2009：108.
② 万俊人. 寻求普世伦理[M]. 北京：商务印书馆，2001：564.
③ 张人杰. 学生道德社会化内容的应有之义："共享"抑或"多元"[J]. 教育研究，2007，(6)：20-25.

起来实现文化融通，而不是文化颠覆。道德教育的文化目标是通过学校、社会文化的共生、共存，使未成年人在全面接触多元文化的同时能够平等地尊重其他文化，建构和谐的校园文化，培养具有世界文化意识的人。文化融通要求以开放的视角审视全球文化与本土文化，同样也要求道德教育的内容与目标包含全球文化特质，道德教育的文化融通不能只有形式而缺乏内容，因此，文化融通要求道德教育吸收全球文化、伦理中的先进因素，培养未成年人的世界公民意识，使中国文化真正实现与全球文化的相互吸收、借鉴、融通。

第四，文化创新。道德教育的文化创新是道德教育文化使命的最高要求，也是文化自觉的最终目的与题旨。道德教育的文化创新要建立在文化对话、文化融通的基础上，要通过文化上的反省和自觉，在文化价值和立场的选择后，生成高度自觉、自省的行为活动，之后对道德教育活动有所开创与拓新。人是道德教育的主体，是文化的载体，道德教育文化创新的实质是道德教育主体的创造性。过程是人的基本存在方式，道德教育的过程在时间作用下进行单向流动，道德教育的内容和形式或许发生重复，但同一人对不同的道德文化及不同的人对相同道德文化的理解是有差异的，这与人的生理发展、心理发展、观念、思想等方面的区别有关。"人作为一个过程，有着内在成长发展的需要，且这种成长永远处于未完成状态，即一种积极的势力或能力——向前生长的力量"[①]。正是这种积极的力量促使道德教育主体自然地具有创造性，也是道德教育文化创新的基础。文化创新是动态的过程，是在传统文化与现代文化之间的碰撞和冲突中凝结的，要求道德教育辩证地审视传统文化与现代文化的利弊，选择性地汲取文化精华。道德教育的文化创新不是对传统道德文化的覆盖，而是在传统文化发展中对现代文化明证、选择、吸收、生成的过程。"文化虽然永远在不断变动之中，但是事实上却没有任何一个民族可以尽弃其文化传统而重新开始。离开文化传统的基础而求变求新，其结果必然招致悲剧。"道德教育的文化创新必须以中国优秀的传统道德文化为根基，从中汲取充足的养分、挖掘丰富的精神资源，摈弃"复旧""复兴"思想的诋毁；同时，也要以全球化的文化视野观照西方文化，更新传统的文化价值系统；二者的结合才能真正促使道德教育文化创新的实现。

## 四、研究方法

第一，文献分析法。该方法是本书最基本的方法。本书查阅了大量的国内外资料，对文化、主流文化、亚文化、主流道德、亚道德等基本概念进行了认真的梳理，从当代未成年人的文化生态切入，探讨了当代未成年人的道德教育境况，郑重提出未成年人的道德教育应该以文化进行观照，具有道德教育的文化性格。

---

① 杜威. 民主主义与教育[M]. 王承绪译. 北京：人民教育出版社，1990：50.

第二，实证研究法。本书进行了大样本的调查问卷和访谈。首先样本考虑到地域差异，分别在东北、西北、中原和华南四个地方进行问卷调查和访谈；其次考虑到年龄差异，分别在小学、初中和高中进行问卷调查和访谈；再次考虑到城乡差异，样本取自农村和城市学校；最后考虑了性别差异。

# 第一章 当代未成年人的文化生态

"未成年人"是一个特定的群体。这一群体在看似杂乱无序的生活状态下，有着自身的生存规则、生活样态和生命特性。在当下情景下，从文化的角度来重新审视这一特定群体的生活世界、精神世界尤其是其道德生活世界，显得十分有意义也十分紧迫！然而，"文化"这个十分熟悉又陌生的概念，在被广泛使用的同时，却又充满了种种幻象。"文化"如果流于形式则难免肤浅，"文化"如果无所不包，则将什么也难以说明。因此，我们需要从某个特定的研究视域来重新界定"文化"的含义。因此，本章将以对"未成年人"与"文化"的概念肌理廓清为基本的逻辑起点，并延伸到未成年人不同层面的文化生态中去，这不仅是一种学术整理，也是一种实践检视。

## 第一节 未成年人与文化

从文化的视角来审视未成年人群体，基于未成年人的德性生长与文化之间的内在关联来观照未成年人的成长特性，具有特殊的意义，尤其在文化退隐、"人文精神荒漠化"的当下社会。那么，未成年人与文化之间有着什么样的内在联系呢？这让我们从未成年人学理厘定与成长特性廓清，以及文化的基本含义分析入手，重新解读未成年人的文化论域。

### 一、未成年人的特性

无疑"未成年人"有较之"成年人"所不同的特性，无论从思维方式、价值观念、道德人格方面，还是从其行为方式、价值抉择、做事风格等方面，都有他们自己的基本特性。在现代性建构历程中的当下社会里，未成年人又呈现何种特性呢？

#### （一）"未成年人"之何谓

"未成年人"的日常理解是相对于"成年人"而言的。其显著特点在于其年龄、思维方式、价值观念和行为模式尚未成熟。在这个意义上，未成年人即成长过程中的、有待进一步成熟的人。从学理的角度来观照未成年人这一群体，可以从未成年人的社会地位与角色、未成年人的文化属性、未成年人的成长特性以及未成年人的生活态度与生活方式等方面来分析。

从社会地位与角色担承方面来看,未成年人往往是指承载着民族希望与社会未来并担当社会进步潜在力量的那部分群体。不管他们自身是否明了,在成年人的眼中,他们总是肩负着一定的希冀(这种希冀可能是家庭范围的,也可能是国家民族范围的)。正如美国心理学家埃里克森所说:"在任何时期,青少年首先意味着各民族喧闹的和更为引人注目的部分"。[1]在社会变迁的过程中,面对社会出现的种种问题乃至于危机,父辈在无能为力之时总是寄托成长中的子辈来实现自己未竟的事业。由此可知,无论是从社会地位还是从角色担承方面而论,未成年人都是特定社会中最具潜质、最能代表未来、最具民族灵魂寄托的那部分群体(从教育的角度来说,我们的重要使命之一在于,使未成年人明了自身的社会地位与角色担承)。

从文化属性的角度来看,未成年人是各种文化层次的复合体,他们的文化属性尚不稳定,既有着主流文化的统摄性影响,又有着大众文化以及自身亚文化的深刻影响,是各种文化都能够产生作用并在产生着作用的特定群体。但是,未成年人的文化属性往往能够反映出文化发展的基本价值走向,反映出文化的传统沉积与文化的时代风格之间的"碰撞"与"交织",也能在某种程度上反映出社会精神与伦理的人文现状。对青年亚文化研究有着重要国际影响的伯明翰学派的斯图亚特·霍尔等认为,"青年文化最能够反映社会变化的本质特征"[2]。这无疑是十分中肯的。未成年人的文化"特性"是任何时期都不容忽视的重要视域,因为在某种意义上来说,未成年人的文化属性恰恰是本民族未来的精神气质的集中体现,缘此,梁启超在百年前就呐喊出"少年强则中国强"的发聩之音。所以,从文化属性的角度来看,尽管未成年人身上呈现出多种文化的复合体,是杂糅的,但是,也反映出一定社会的文化本质,并代表着这个社会的文化未来走向和人文所指。

从成长特性方面来看,未成年人是极具变化性、不确定性、无规则性又极具可塑性、生成性和造就性的特殊群体。未成年人的价值观念、伦理范式、德性修为以及精神境界等内在的累积尚十分薄弱和不稳定。因此,他们的行为方式、价值抉择和处事能力也充满了"无序"、"善变"乃至"诡异"。从一个乃至几个方面来看,未成年人是成长特性极不规则、无章可循的,但是,如果从整体的角度来看,未成年人又具有他们自身所特有的成长规律,在某种意义上,这就是他们的"成长范式"。因此,从成长特性来看,未成年人是无序中的有序者,是错综复杂中可以拨冗现丝的特定群体(在教育的角度上,我们恰恰需要顺性而教,这个"性"

---

[1] 埃里克森 E H. 同一性:青少年与危机[M]. 孙名之译. 杭州:浙江教育出版社,1998:12.
[2] Hall S, Jefferson T. Resistance Through Rituals: Youth Subcultures in Post-war Britain[M]. London: Hutchinson, 1976:27.

在很大程度上即未成年人的"成长特性")。

从生活态度与生活方式方面来看，未成年人是指生活态度缺乏恒稳、冷静乃至坚毅品质的"在路上"的群体。作为内在"参照系"的价值观念善变，决定了其生活态度的"潮流化"、"情绪化"和"风格化"，与成人世界中所谓正统生活态度格格不入的异质性生活态度，对于他们来说是"司空见惯"的。在生活方式方面，未成年人在采取行动之前，总是对其自身的处境和面临的问题分析不够、认识不清，更重要的是，由于他们的"参照系"或者价值观体系尚不稳健，处于徘徊不定中，因此，他们的生活方式难免会与所谓的"传统"、"正统"或者"主流"格格不入。而这恰恰是应当引起我们重视的。

总之，未成年人既是一个成长过程，又是一个成长结构，尤其是对于处在现代性积极建构历程中的当下中国社会，我们应从多个维度来认识这一特定的社会群体，而不能将之简单化、模式化、定格化，更不能对之漠视、疏离和边缘化。

（二）"未成年人"的时代特征

自启蒙运动以降，现代性以其对人的真实自我以及人的主体性的解放、对人的此岸世界的观照以及对人的理性的合法性赋予、对人的自由的合理性诉求等，越来越广泛地获得认同与接纳。毋庸置疑，现代社会已经成为我们真实的生活背景。中国现代性建构的历程是命运多舛的，但是，现代性在中国已经是无法规避的事实，它不但不是被终结的话语，而且是在某种程度上需要继续启蒙和继续解放的理性与理想。现代性所演绎出的现代社会具有较为复杂的基本形态。对它的描述除了全球化、信息化、网络化、数字化之外，还有市场主义、消费主义、物质主义、商业主义等。但是无论是褒抑或贬，现代社会给现代人带来了极大的器物繁荣，给人的生存环境带来了极大的便利和改善，给人增添了驾驭自然、驾驭自身未来的巨大力量！

但是，现代性获得演绎和话语权的同时，也裹挟着许多吊诡的事情。首先是工具理性对价值理性的僭越，造成了人的理性的野蛮与自负；其次是功利主义的泛滥与人文主义的退隐，造成了人被物役，人臣服于物，在物的威逼利诱下，人的公德和私德都受到了前所未有的挑战；再次是受市场主义、消费主义、商业主义等泛化的影响，人与人之间的情感疏离、道德冷漠、真诚稀缺；最后是人类中心主义与个人中心主义的合法化，造成了人与自然的重重危机、人与人的重重危机、人与自我的重重危机。因此，现代社会给我们带来的并不尽是文明，不皆是福祉。现代人也许处在快感与灾难之间，或者喜忧参半吧。

未成年人就是"被抛"到这样一个世界上来的。他们无法挣脱这个社会赋予他们的枷锁。他们在周遭"熙熙攘攘皆为利往"的社会环境中，在精神信仰失却、道德价值观紊乱、社会情感疏离的人文情境中，在人与人之间充满不信任、相互工具化利用、相互算计的人际环境中，耳濡目染，他们的心灵被"争来夺去"，学校里的主流文化影响、主流道德教育，让他们向真善美无限接近，而社会真实生活的假恶丑的一面，又让他们不得不浸淫其中，无可奈何地撕扯着自己稚嫩的灵魂。再加上网络资源的丰富多彩，信息接收途径的多样化，他们被驳杂的信息覆盖，善恶难辨，美丑难分。这让未成年人形成了特有的时代性格。

其实，归纳未成年人的时代特性是件很不容易的事情。因为，他们的性格本身是变动不居的。善变且难以捉摸是其重要的时代特性之一。但是，为了研究之便，我们还是尝试性地归纳出未成年人的时代特性：首先，他们很聪明，但缺乏智慧。聪明在于他们对新鲜事物的接受，较为快捷，较为直接，也较为容易"喜新厌旧"。缺乏智慧在于他们容易走向某种程度的偏执，缺乏理性的分析，对铺天盖地的信息缺乏智慧的眼光；其次，他们很张扬，但是缺乏谦慎。张扬个性，是朝气蓬勃的一种体现，现代社会为人们个性的张扬提供了宽阔的舞台，未成年人敢于冲破种种保守之陈规陋习，而表现出个性张扬的气度，这本身是值得肯定的。但是，当这种张扬走向某种程度的极端的时候，过于残酷的竞争，让人们意识到他们亟须养成另一种品质，那就是谦谨；再次，他们很自我，缺乏包容。自我实现是现代性极力提倡的价值追求，自我实现的合法化，让现代人获得了靠自我拼搏而达至自我成就的勇气和决心。未成年人在这样的客观境遇中存在，不仅渴求自我价值的尊重和提升，还逐渐走向了自我眷顾的偏执，即走向了自我中心的范畴。这使他们缺乏必要的容忍和包容，缺乏换位思考的习惯，更缺乏为了他者利益而让渡自我利益的基本气度。同时，他们很开放，却往往缺失理智。现代人对"开放"充满向往，"开放"意味着新鲜事物层出不穷，意味着"多元化"正在被广泛接纳。未成年人对新鲜事物充满了无限向往，对多元文化和多元价值观积极捍卫，这在某种程度上，实现了社会的多元发展。但是，未成年人对日新月异的新鲜事物，往往缺乏必要的批判，缺乏理智的选择，总是被吸引、被困厄、被迷茫，致使被伤害。总之，现代社会的演进之路，给现代人，尤其是给现代未成年人创设了前所未有的梦幻般的景象，这种景象又促使他们产生了具有时代印痕的独特特征。

## 二、文化的内涵

从词源学分析来看，"文化"一词源自《易经》里的一句话："观乎天文，以察时变，观乎人文，以化成天下。"它的意思是按照人文来进行教化[1]。关于文化的研究涉及文化学、人类学、社会学、心理学、民族学、教育学等诸多领域，因此，对其概念及内涵的把握不一而足，仁智各见。我们主要是以研究之需要，从

---

[1] 黄成忠. 大众文化对当代大学生价值观的影响探析[J]. 高教探索, 2011, (4): 143-145.

文化的基本意蕴和文化的时代特征两个方面来剖析文化的内涵，并进一步分析未成年人在德性生成过程中的文化境况。

## （一）"文化"的基本意蕴

"文化"是一个范围极其宽广、含义极其丰富、意蕴极其深厚的概念。被誉为"人类学之父"的英国人类学家泰勒（Edward Burnett Tylor）在其名著《原始文化》中指出，"文化或文明，就其广泛的人种志的意义来看，乃是一个复杂的整体，它包括知识、信仰、艺术、道德、法律、习俗以及人作为一个社会成员所获得的任何其他能力和习性"[①]。这一概念相对全面，但略显抽象。在我们看来，文化就是人存在的一种基本生活形态，也就是说，人创制了文化，同时，又时刻被文化所创制着。文化其实就存在于我们周围的生活空间之中，一点也不遥远。正如英国著名文化人类学家保罗·威利斯（Paul Willis）所指出的："文化……不是矫揉造作和礼貌规矩，不是预备的节日服装，不是下雨的午后和音乐厅，它正是我们的日常生活的那些素材，是我们最平凡的思想的砖瓦和灰泥"。[②]不过，仅仅从概念上来理解文化的含义，难免陷入文字游戏的无聊之中，我们仍需要进一步从文化的本质与文化的分类两方面来理解文化的基本含义。

就文化的本质而言。首先，文化是向着人而生、向着人而发展的，文化应当融入人的存在方式与生活方式之中，文化不仅仅是一种外在的"质料"，文化与人结合才是其存在的最根本的价值。其次，文化的人文意蕴，不仅关涉人生命存续的外在现实境遇，关涉人的安身之策，更要在道德上、精神上、伦理上以及价值观念上对人的内在生成产生切实的润泽与关切，也就是说文化应当关切人的终极福祉，这个"福祉"在很大程度上主要是人精神的富足、心灵的愉悦和思想的丰富。再次，在社会的层面上，文化应当是一个社会的精神基础，代表着一定社会的民族性格、价值理想和开拓气质，一定社会的经济、政治运营模式，应当有相应的文化体系与之相匹配并引领该社会走向更加文明和高阶。质言之，文化不仅是一种外在可视的功用性存在，更是一种内在潜隐的人文性存在。文化被人所创造，又使人过上了属于人所特有的生活形态；文化不仅是社会基本结构的有机组成部分，也是社会和谐圆融的精神气质。这就是文化本质。

当然，一定社会的文化总是存在不同的层次和类型。从不同的维度上来看，文化大体可以从物质文化与精神文化、世俗文化与神圣文化（此岸文化与彼岸文化）、实体文化与虚拟文化等多个层面进行划分，也可以从器物文化、制度文化与观念文化等类型划分，还可以从主流文化与亚文化、精英文化与大众文化等角度划分。不过，一个毋庸置疑的事实在于，文化是一个复杂的复合体，绝不能从某

---

① Tylor E B. Primitive Culture[M]. New York: Henry Holt and Company, 1889: 1.
② Willis P. Working Class Culture: Studies in History and Theory[M]. London: Hutchinson, 1979: 185-186.

一个视角来认识这个复杂的存在体系，更不能本末倒置地将文化归于肤浅，将可视的商业化、实用化、功利化的文化视为文化的全部，而将观念的、精神的、伦理和道德的等最具本真性与规定性的文化形态视若无睹。需要说明的是，为了研究之便，我们简单地以主流文化与亚文化为维度来洞悉其基本意蕴，将文化的生态视为这两种文化的复合体，虽有过于粗浅之嫌，但也是在承认文化复杂性的基础上，为后续的研究做理论的铺垫。

主流文化的基本意蕴在于弘扬一个社会的主旋律，不仅有行为规范、道德伦理规范以及价值观规范的引领和规约成分，还有意识形态的形塑与嵌入，用意识形态的基本元素来化育人的内在人格，并实现对统治阶级文化的自觉认同。主流文化往往蕴含着一个国度里的核心价值观体系，它有造就一个国度里国民基本文化取向的基本意蕴；亚文化是相对于主流文化而言的另一种文化存在形态。它对人的个性自由舒展充满关爱，亚文化不一定反叛主流文化，但是，它并不是对主流文化唯唯诺诺地接纳，它具有自身相对的独立性，有自身的文化价值观，并把具有自身风格的参照系融合到亚文化群体的日常生活中去，形成相对"另类"的生活方式。亚文化没有传承某种核心价值观的义务，只是形成开放自由多元的文化意蕴。

基于上述理解，我们有必要进一步追问"文化"的现时代意蕴。

## （二）"文化"的现时代意蕴

现代性获得名声并赢得认同与尊重的重要途径是文化的普及、精神的启蒙与理性的张扬。现代性文化方案首先是对人的价值的觉解与礼遇，对人的理性的唤醒与自觉，是人本主义精神的高度弘扬。在这一文化范式的引领下，现代人在人与自然的关系方面迅速占据了主体地位，现代科技的迅猛发展彻底改变了人类社会的基本面貌：工业化、全球化、信息化、网络化层出不穷，传统的农业文明乃至工业文明都在逐步蜕变，而后工业文明的基本轮廓愈发凸显。这样一来，现代性文化方案在解构了以自然本体论探寻为基本特征的文化范式之后，创立了以人为价值中心的新的人文性文化范式。

然而，这种范式对人、对个体的人、对人的单面性的过度关注，也给现代社会带来了较为深重的内部危机，即现代社会在技术理性的自负僭越下，又陷入了空前的人道主义危机，人与自然、人与人、人与自我之间的危机灾难深重、难以调和。这无疑暴露了现代性文化方案自身的劣根性危机：第一，理性化原则的全面贯彻导致了科学万能论盛行，人自身的价值、精神、自由在日益物化的社会中被消解和宰制，人沦落为只满足于物质欲望的"单面人"；第二，随着科学技术的发展和人们物质生活条件的改善，人与人之间的关系开始取代人与自然之间的关系而成为人类社会和人类历史发展中的首要问题，人直接受到的自然力的压迫逐步减轻,相反,人受到的自身创造的文化世界的束缚和压迫却日益严重;第三,西方的现代化具有巨大的影响力和示范效应,资本主义文明的火种传播到了每一个文明的角落,以"资本逻辑"为内涵的资本主义文化的强大征服力得到充分展示[1]。因此,现代性文化方案所致使的现代社会的精神气质,开始受到质疑、侵蚀和动摇,进而文化寻根、文化抵抗、文化保守与文化拒斥等运动也成为较为真实的社会文化情境。

置身于其中的文化生态,开始走向多质的分野。基于现代生产力并秉持现代性主题捍卫(政治体制捍卫、经济体制捍卫、科技理性捍卫等)的主流文化体系,与反主流、反本质、反规训、反宰制的亚文化体系,共同构成了现代社会的文化谱系。主流文化体系与亚文化体系之间,展开了旷日持久的争夺。主流文化凭借主流媒体、主流教育形态、主流影响力等,把他们认为经过论证的、符合时代发展方向、符合人类文明福祉的文化价值观融入国民生活的现实场域之中,以期实现人的内在思想结构的有序统一。亚文化体系在主流文化体系的夹缝中生存,但却是十分真实的存在。它以自身独特的风格,鼓励人们坚持多元的价值观念,允许异质性声音的存在,提倡不同的信仰,不同的处事方式,倾听他者的声音等。亚文化体系的魅力在于解放人的自由个性,因此赢得了越来越多的人,尤其是未成年人的广泛青睐。

因此,在现时代,文化的范式在发生着深刻的变革。主流文化与亚文化的争夺已经成为较为真实的文化生态。

## 三、未成年人的文化性

人从自然人、自在人走向自为人、自觉人必须借助于文化的力量,文以化人、文以化成天下是人生成的最本质的特征。未成年人的人性展开,更应该有文化的介入与引领。因此,基于上述对未成年人的理解、对文化含义的理解,本节有必要将未成年人与文化进行有机的融合,分析其内在的关系。

### (一)未成年人成长的文化观照

如上所述,人的成长不能离开文化的润泽。在文化的浸染中,人才能一步步摆脱"兽性"并逐步丰盈自身的"灵性"。尤其是对于未成年人,从成长特性上来说,他们的价值观念、伦理范式、德性修为以及精神境界等必须获得进步文化的引领,才能向真善美无限接近。在文化的介入和积极引导下,未成年人的内在性才会从飘渺虚无、游离不定走向渐趋沉稳并有所坚守。只有有了内在观念结构的稳健,他们的思维和行为,才会回归"正常",才会趋向"成熟"。从未成年人的文化本性来说,未成年人需要在文化的氛围中进行文化性的养成,这种文化性是

---

[1] 陈树林. 当代文化哲学范式的回归[J]. 哲学研究, 2011, (11): 118-123.

其人性完善与成熟的必然要求和基本特征。同时，只有文化性的个体生成，才能促进民族文化的公共性弘扬与传承。在未成年人成长过程中，缺失文化观照，不仅是一种资源浪费，更是一种不负责任。在未成年人"不良文化污染"尚浅之时，进行必要的文化摄入，用经过认真遴选的文化资源，渗入未成年人的生活世界之中，提领其人格走向文明，这是未成年人走向文化性的应然之途。从未成年人的生活态度与生活方式的角度来看，文化的观照让他们的认识走向深刻，在真善美和假恶丑面前，他们开始逐渐具有了理性的审视，并不断增添沉稳、坚毅、求进的内在元素。以此为据，他们的生活方式将会发生质的变迁，他们不再那么随意与格格不入，他们对主流的认同和理解会逐渐增强，并渐趋走向符合大众口味的价值行为选择。从社会地位和角色担承方面来看，文化观照使未成年人更加明白自身的使命，明白自身对民族精神与凝聚力的时代担承，从而在增强使命感的同时，摆脱文化迷惘的困顿。总之，文化向未成年人生活世界与精神世界的融入与观照，不仅是未成年人自身成长的需要，也是社会更加文明和谐的需要。

当然，这种有意识的融合，理应包括主流文化的融合与亚文化的融合，理想层面上应该是两种融合有效地、有机地形成正能量意义上的合力。主流文化在未成年人的学习生活中创设，让未成年人有明朗的奋斗方向和积极向上的精神气质，亚文化在未成年人的学习生活中存在，让他们不再感到虚无缥缈而有了真实的文化氛围和与他们生活息息相关的文化情结。总之，未成年人文化性的真实诉求，需要两种文化相互支持、相互促进，共同完成对未成年人的精神世界与内在结构的养育与提领。

（二）当前社会未成年人成长过程中的文化缺失

然而，当前中国社会的文化稀缺化已经成为不争的事实。这主要表现在以下三个方面：首先，中国传统文化的断裂与隔离。中国现代社会以来，文化历程坎坷，其中，影响深远的是五四运动的文化激进主义、"文化大革命"时期的文化虚无主义、改革开放以来的文化实用主义。伴随着这一坎坷历程的是，中国传统文化的断裂、抽离、退隐与被隔。其次，西方文化的冲击与侵蚀。我们在文化创新的源头似乎已经发生了一种可怕的文化转移，无论是在学术上还是在其他文艺表现形式上，都是将西方文化的话语模式和西方文化的价值理念简单复制和嫁接，西方文化的逻辑总是在重新篡改中国文化，像美国人编制拍摄的《花木兰》《功夫熊猫》等涉及中国传统文化的视频影像，除了其表面的中国文化元素外，其内在的所隐藏和裹挟的主要是西方文化的价值观念、信仰体系和思维逻辑。最后，市场经济中文化的异化。"市场社会"已经成为我们真实的生活背景和话语语境。在物质主义、功利主义、消费主义已经成为宰制人们生活现场的具体模式之时，文化的姿态也在逐渐走向功利、实用与商业化，从而偏离了其人文性本质。这种异化直接导致了伦理的失范和道德的危机，正如鲍曼所言："这样一个社会由于放任自私自利的动机而破坏了自己的根基，并将败于一场经济、政治和道德的危机。对个人来说，'市场暴虐'永无止境地扩张破坏了道德的行为取向，耗尽了对于行之有效的市场关系必不可缺的'道德资本'。"[①]这无疑是中国现代性建构历程中所遭遇的惨痛教训。上述文化性在中国现代性建构历程中稀缺化的事实，导致了两种尴尬的文化现象：主流文化缺乏有效的认同机制，成为虚假的参天大树；亚文化缺乏适度的引导和规约，成为疯长的灌木；而介于其间的种种劣根文化、低俗庸俗媚俗文化等却恣意蔓延，污浊了人的灵魂。

未成年人的成长过程正好遭遇了如此的文化尴尬。主流文化对未成年人的有意引导，往往基于想当然的价值预设，以一种真理在我的姿态，向未成年人居高临下地灌输一种知识性的道德价值观。这种素来被称为假大空的做法，不仅没有实现预期的价值期待，反而引起诸多未成年人的内心反感与抵制。亚文化在未成年人群体中的滋生已经无法遏制，他们对非主流极其崇拜，对超越时代的时尚充满向往与盲从。亚文化的引导缺失以及被主流文化所漠视，造成了未成年人亚道德人格的养成，即使被批判乃至被管制，也无法改变他们对"自我"无拘无束地展示向往与追求。因此，主流文化的弱化、亚文化的边缘化，在未成年人的世界里产生了文化的空位和文化润泽的缺位。没有文化的一代，往往与颓废的一代之间有千丝万缕的联系。

因此，文化性稀缺必然造成未成年人的道德失范，必然会给他们的健康成长产生负能量的阻力。所以，在未成年人的成长过程中进行必要的文化观照已经成为十分紧迫的战略性任务。这也是我们从文化的视角研究未成年人道德及其教育的重要原因之一。接下来，我们将分别就未成年人与主流文化、未成年人与亚文化之间的关系展开详细的论述，以期描绘出当代未成年人翔实真切的文化生态。

## 第二节 未成年人与主流文化

未成年人的文化性建设，必然是一项艰巨而宏大的时代工程。在其成长过程中，嵌入文化性元素，他们才会成为"文化人"，才会更加智慧，才会让自我的内在世界更加丰富，外在世界更加完善。如前所述，在未成年人的文化生态中，主流文化与亚文化是两个无法回避的文化维度。分析它们与未成年人成长过程中的应然与实然关系，是我们接下来的主要任务。

---

① 鲍曼 M. 道德的市场[M]. 肖君，黄承业译. 北京：中国社会科学出版社，2003：15.

## 一、主流文化之何谓

主流文化不是自发形成的文化体系，它基于相应历史阶段政治经济发展的客观要求，在统治阶级的积极建构和大力倡导下，才逐渐生成。主流文化的含义不仅要容括主流意识形态的召唤，还要有主流道德规范的倡导、主流审美情操的培育、主流精神境界的提升等。主流文化要关照的不仅是个体人的生活世界与精神世界的丰满与秩序，而且要关照社会发展的健康和谐与秩序。

### （一）主流文化的含义

从法律意义上来说，主流文化是一个国家在特定历史时期所极力倡导的具有合法性的主要文化形式、意识形态、道德规范、价值观念和伦理体系等。它往往蕴含了执政者的政治抱负、精神导向、价值理想和终极追求。它的政治意义在于导向、统摄、规约和引领。在这个意义上，主流文化应当是"一元"的，也就是说，一定的历史时期里，一个国家中具有合法性的"主流文化"应当是唯一的核心价值体系。它如同汽车的方向盘，方向盘只能是唯一的，否则，前进的方向将会遭到质疑。从文化的形式来看，主流文化应当是亨廷顿意义上的"高文化"（dominant culture），它常常用来指一个社会的知识、音乐和文学成就[①]。从文化的类型来看，笔者以为，主流文化应当是既具有世俗性又超出世俗性含有"彼岸意义"的文化，也就是说，主流文化既具有通俗性又具有高雅性，而本质上应当是高雅性的文化体系，它的宏旨在于作用于人的精神世界。主流文化让人们的价值坐标更加明确，让人们的行为导向更加规范，让人们的道德成长找到参照，让人们的精神生活找到家园，让人们在"修己"的同时能够"安人"，找到安身立命的根基。同时，从文化的属性来说，主流文化应当是自觉、自信、自强的文化，是先进的文化，这种先进既要具有符合时代发展潮流的开拓精神，也要具有传统文化精粹的文明积蕴。总之，从概念的角度来定义主流文化，主流文化就是具有合法性的、高雅的、先进的文化。那么，主流文化应当具有何种属性呢？

在笔者看来，主流文化应当具有以下几个方面的属性：首先，主流文化应当具有先进性。也就是说，主流文化应当代表人类文明进步的前进方向，能凭借自身的优势来获得绝大多数国人的心理认同，从而实现教化与引领的作用。其次，主流文化应当具有包容性。也就是说，主流文化不应当是自我封闭、固执保守的，它理应具有接纳和包容的胸怀，具有对话与开放的姿态，在广泛吸纳、博采众长的同时，具有自己执着的价值守望。最后，主流文化应当具有传承性。也就是说，主流文化不能是无根的，不能与本民族的文化传统人为割裂，应当在坚持民族性格的基础上有所创新。因此，主流文化应当具有先进性、包容性、传承性等基本

---

[①] 亨廷顿 S.P. 文化的重要作用——价值观如何影响人类进步[M]. 北京：新华出版社，2010：8.

属性。

需要指出的是，主流文化不等同于大众文化。主流文化是"高于"大众文化的文化体系。主流文化具有官方倡导性，大众文化具有民众自发性。主流文化往往反映了一定社会的意识形态，并通过各种途径，试图融入广大民众的价值观念、思维模式以及行为态度中，从而影响到国民的性格和实践理念，并进一步规范其价值行动。正如苏西·奥布莱恩等所指出的，"主流"不是参与所有大众行为的人构成的真正群体，而是一种文化建构，它规范着人们的行为举止，使社会形成普遍的行为模式[①]。而大众文化是指存在于民众中的一种自发的、潮流性、风俗性乃至非理性的文化形态，它有着较为"广泛且真实"的受众，很容易被大众所接纳和服从。但是，大众的文化，往往不一定是高雅的文化，也有庸俗、媚俗的可能性，甚至具有反主流文化的冲击性和现实抵制性。尤其是在"市场社会"，"大众文化外在的娱乐消遣形式及其内在的追求利润的根本目的决定了它本身的物质主义、享乐主义、消费主义的价值取向和对于非理性主义的狂热追捧，在这种情况下，它就很难有任何道德的坚守和对于崇高价值理想的不懈追求"[②]，"更不会去主动支持任何时代都不可缺失的人文理想"[③]。对于主流文化的认同性工程来说，这无疑是一个不可规避的现实问题。

必须说明的是，主流文化还必须具有时刻省思自我的品质。主流文化需要时刻省思自己存在的合法性与合理性。省思自己是否具有教化的作用，是否具有获得解释和认同的可靠空间，是否具有接纳和包容的胸怀。省思自己是为谁存在的、为何存在的、如何存在的、存在的限度在哪里。只有具有省思、审查、检视和自我修正的品质，主流文化才能获得存在、修正、引领个体价值观念和社会精神风尚的资格和空间。

## （二）主流文化关照什么

主流文化具有相对的积极资源优位，它以社会正统体系为价值所依，秉承某种积极向前的精神姿态，可以凭借主流媒体的宣传优势。总之，主流文化的自身属性决定了它"尊贵"的身份地位。但是，主流文化到底应该关照什么呢？

在笔者看来，主流文化首要的应当是关照人。文化对人的关照，主要是形成人的某种具有社会性的行为规范、价值观念、内在品性、道德人格、精神世界以及终极信仰等。主流文化以其自身的本体资源优势，应该关照个体的行为规范内化、价值观念修正、内在品性建构、道德人格养成、精神世界丰富以及终极信仰坚定等。主流文化的人性关照应该是其存在的基本前提，也是其存在的合理性条

---

① 陶东风，胡疆锋. 亚文化读本[M]. 北京：北京大学出版社，2011：3.
② 顾友仁. 论新中国思想政治教育的文化生态[J]. 探索，2011，（4）：121-126.
③ 孙卫卫，华丽. 文化生态变迁的道德意蕴[J]. 求索，2005，（10）：115-117.

件。它只有对人产生影响，对人的逻辑批判与实践引领产生效果，才能彰显其存在的价值，才能在某种程度上缓解统治意志的某种压力。所以，主流文化存在的最根本的价值使命在于获得尽可能广泛的民众的心灵认同，使人养成主流文化的认同自觉，并由此转化为一种生活态度和价值实践，如果文化自觉与行动自觉达到了膜拜之的程度，那就是主流文化自身及其影响力的最高境界。

另外，主流文化应当关照社会。社会是人存在的现实家园。如果社会是杂乱无章的，人根本就无幸福可言。主流文化要为社会的井然有序，为社会的健康和谐，为社会的欢乐祥和贡献源自文化自身的积极资源。主流文化要关照社会的公共道德，关照社会的精神气质，关照社会的共通性，关照社会基于共通性的健康和谐秩序的发展。公共道德的建构是一个集体智慧的结晶，没有共同接纳的道德范式，很难养成有效的公德风范。而道德自身就秉持某种文化性格，因此，主流文化的张扬与主流道德的建设之间，自然就是相互成就、相互促进的。社会的精神气质，表现为一个社会前进中的动力之源和价值所指，它外显为一种民族凝聚力，内显为一种朝气蓬勃的精神风貌。主流文化必然蕴含其核心价值观体系，蕴含民族精神和时代精神，因此社会精神气质的养成，应当有赖于社会主流文化的合理性与影响力。社会共通性在于社会成员与成员之间、团体与团体之间的某种心理默契，在于他们之间的相互体谅、相互退让、相互理解、相互接纳与相互包容。没有共通性的社会是无根的社会，是难以共在、不适合人居的社会。主流文化所唤起的人们对主流价值体系的认同与接纳，在某种意义上就是为了社会共通性的建立。总之，主流文化关照社会，就是要在社会公德建设、社会精神气质培育、社会共通性建立等方面彰显作为。

不过，主流文化的人的关照与社会的关照之间，并非是相互割裂的。恰恰相反，他们之间必然是相互成就、相得益彰的。主流文化的两种关照是其存在的价值理想，也是其存在的价值基础。基于此，也基于我们的研究，我们需要追问的是，主流文化与未成年人之间，又是何种应然与实然关系呢？

## 二、未成年人与主流文化之间的关系

主流文化首要的是关照人，关照人的行为规范、价值观念、内在品性、道德人格、精神世界以及终极信仰等。那么主流文化对未成年人关照并产生影响的应然层面又当如何呢？其实际的情况又是如何的呢？

### （一）未成年人和主流文化之间的应然关系

如上所述，主流文化存在的最根本的价值在于获得尽可能广泛的民众的心灵认同，并由此转化为一种生活态度和价值实践。未成年人与主流文化之间不具有天然的默契性（当然，也不具有天然的对峙性）。也就是说，主流文化所倡导的价值理念和意识形态,不可能轻而易举地融入未成年人的内在理念和结构之中。这需要主流文化的倡导者通过教育等途径,将其核心价值观念逐步内化到未成年人的思维模式和结构中去。

从应然意义上来说,主流文化与未成年人的生长轨迹之间应当是相互成就、相互认同、相互影响、相互作用的。未成年人文化性的养成、人性的完满、人格的健全离不开主流文化的积极作用,而主流文化的意识形态、价值旨归和精神气质要获得承续也需要在未成年人身上延续和弘扬。

详细地说,一方面,主流文化所蕴含的道德规范在帮助未成年人尽快社会化的同时,也促成其内在意义的生成。"一定时期占主导地位的规范体系,既制约着人们的行为,也从社会价值观念等方面制约着人格的取向"[1]。未成年人在成长的过程中会逐渐发现,与主流文化的规范体系和价值体系一致,将会获得相应程度的好处,如赞许、接纳和认同等。作为"他者"的主流文化,在未成年群体的眼界中,充满神秘和诱惑,这个"他者"将在自我的延展过程中,扮演越来越重要的角色,并逐渐改变和修正自己的内在价值"参照系"。"对于面临着无法在已有文化参照系内得到解决的适应调节问题的行动者而言,他人对行动者而言的每一种反应都是一种指引:变革是以和他人意趣相投的方式继续发展,还是朝着缺乏社会支持的方向发展。……我们自己对某种想法的接受程度取决于他人对它的接受程度。改变他人是改变自己过程的一部分"[2]。

另一方面,主流文化在作用于未成年人的内在参照系与外在价值行为的同时,也在被未成年人所影响和改变。如前所述,主流文化具有先进性、包容性和传承性等基本属性。未成年人作为国家和社会的未来希望和价值寄托,其文化创新和生成性是时代发展的基本标志,因此,用一成不变的主流文化来"涵括"变动不居的未成年人群体,是不现实的也是不可能的。所以,主流文化必须在未成年人的成长过程中有所调整、有所变迁、有所改进,在与时俱进的同时,给未成年人更为广阔的接受空间和理解空间。未成年人对主流文化不断地接受、修正、认同与内化,这本身就是主流文化存在的一个基本形态之一。

总之,未成年人的成长过程必须有主流文化的积极介入、健康引导,使未成年人的生活世界和精神世界都获得提升和充盈;主流文化在未成年人身上得到延展才能保持"青春"与"活力",并能把民族精神的气质一代代传承下去。没有主流文化关照的未成年人将是空虚的、价值迷惘的、精神困厄的、道德失范的,没有未成年人接纳和内化的主流文化,将会失去其存在的价值基础,甚至其合法性也将失去。因此,他们之间是相互成就、相互影响的。

---

[1] 杨国荣. 论规范[A]//陈嘉映. 教化:道德观念研究[C]. 上海:华东师范大学出版社,2009:16.
[2] 陶东风,胡疆锋. 亚文化读本[M]. 北京:北京大学出版社,2011:9.

## （二）未成年人与主流文化之间的实然状态检视

应然的未成年人与主流文化之间的关系是相互成就、相互影响的，未成年人的内在精神世界的丰富和充盈，不可能离开主流文化的内在嵌入和积极引导；未成年人外在的实践和行为抉择也不可能离开主流文化的具体规约，并在主流文化所涵括的价值规范范围内做出适宜的实践行为。同时，主流文化的核心价值观和道德伦理规约必须获得未成年人的内在认同并最终转化为价值实践和行为抉择，才能获得真正意义上的承续和指向未来的希望。然而，未成年人与主流文化在当代中国是一种什么样的存在状态呢？

首先，主流文化的时代性失落。这种失落具体体现在以下几个方面：文化的荒漠化、道德的失范化、核心价值观的疏离化以及终极精神境界的冷漠化。具体而言，文化的荒漠化是指传统文化被人为割裂，我们民族性格的传统文化在与自身断裂的同时，在现代语境中颠沛流离，传统文明被清退了，而适宜现代生活的匹配性文化尚未建立。再加上市场社会所造成的文化实用化、功利化、商业化和消费化，致使人文本真的文化形式陷入空前的"荒漠化"境地。道德的失范化是指作为文化的本质内涵之一的道德理性、伦理规范和风俗礼仪等在现代市场社会中正悄然退却，而在利益主导下，道德伦理被漠视或者人为搁置了。核心价值观的疏离化主要是指在多元主义、个人主义、相对主义等极度僭越的时代，维系共同体存在之根的"一元"的核心价值观体系被抵制和拒斥。再加上核心价值观教育的表面化、肤浅化、形式化、虚饰化等，致使其真切影响力和统摄力遭到一定程度的解构，处于疏离化之境。例如，作为人类核心价值的"真诚"，就在以惊人的速度流逝，它并没有随人类文明进化而一同融入人们的血脉之中，真诚在社会境遇中被人们疏离了。终极精神境界的冷漠化主要是指人们在当下世俗的生活世界中，享受着身体欲望的快乐，不再追问终极福祉和终极精神境界的提升了。面对主流文化的时代性失落，卡洪曾无奈地说："我们的文化已经土崩瓦解了。它不是纯粹的多样性，那倒是件好事；它四分五裂，变成了相互之间越来越不能交往的各种组成部分"。[①]这无疑是时代的可悲，我们用牺牲文化的坚守为代价，换来了器物的繁荣，这是否符合人类的终极福祉所指呢？

其次，未成年人与主流文化之间的"隔阂"。主流文化与未成年人之间的"隔阂"主要体现在主流文化对未成年人真实生活的"高远"或"疏离"以及未成年人对主流文化的抵制和拒斥上。作为"高文化"的主流文化，在某种程度上与未成年人的生活世界脱节，未成年人所渴望的亦即其真实的生活世界、未成年人群体的生活"潜规则"在主流文化的理论与现实视域中，都遭到不同程度的忽略。"主流文化"的正统性、高远性游离于未成年人生活世界之外，未成年人对之可望而

---

① 卡洪 L E. 现代性的困境——哲学、文化和反文化[M]. 王志宏译. 北京：商务印书馆，2008：9.

不可即。即使是主流价值观教育,也往往由于其形式化、虚空化、矫饰化等原因,未能切实融入未成年人的内在精神世界和真实生活世界,主流文化与未成年人之间的"隔阂"愈来愈明显,并最终演化成未成年人对人为的主流文化的道德价值观教育等产生了内心的拒斥。正如有论者所指出的:"向来声称具有促使并保证道德个体获得人格自足性的'社会'本身,却隐含着一种'公共性道德发育不良'的危险,人们难免有一种深刻的文化伦理上的困惑和深重的'道德疏离感'。"[①]从而,与"主流意见的不一致"已经成为未成年人获得自我体认的一种方式,或者用另一句话说,叛逆主流似乎成为一种未成年人亚文化的典型风格,在叛逆中获得自我满足或者所谓的"英雄气概"被当成了一种时尚。这显然是对二者之间应然关系的亵渎与背离。如果这种"隔阂"得不到应有的控制和弥补,那么,这不仅是未成年人生命成长过程中的一种文化提领的虚无和不作为,而且也是主流文化如何承继与弘扬所面临的十分尴尬和现实的问题。

最后,未成年人成长过程中的文化困厄。主流文化的时代性失落和主流文化与未成年人之间"隔阂"加深这一严酷的事实,酿制了未成年人文化性的空前危机,未成年人的道德观念、价值观念、伦理观念、精神观念、信仰观念等陷入极度困厄之中。追本溯源,造成如此困厄之势的主要原因在于:一方面,具有公共价值品质的共同体——核心价值观体系的影响力在渐趋消解;另一方面,未成年人在"多元""自由""经济主宰"的社会现实境遇中,对道德自我要求和精神自我要求的底线日趋突破。前者让未成年人的文化生活无所依靠、无根可凭。这种主流文化与核心价值的断层,使得亨廷顿所言的"最危险的冲突是沿着文明的断层线发生的那些冲突"[②]正在一步步获得验证。后者使未成年人的文化生活抽离了道德、价值、伦理和精神的元素,从而没有了内心的束缚。阿尔贝特·施维泽对道德底线突破的乱象曾直言,"一个不自由的人,一个浮躁的人,一个不完整的人,一个迷失于非人道之中的人,一个把自己的精神独立和道德判断出卖给组织化的社会的人,一个在任何方面都遭遇到文化信念障碍的人;现代人就这样在一个昏暗的时代走着昏暗的路"[③]。现代人的生活如此,现代未成年人的现实生活又何尝不是如此呢?丢弃伦理层面、文化向度的现代性生活方式和状态,使得未成年人和现代成年人一样,生活在双重分裂的社会现实中,一重是身体空间和欲望空间的无限渴望自由、张扬和疯狂追逐,另一重是伦理道德、文化精神的迅速退隐与消解。"道德被众多的游戏和各种可能的审美态度所替代,甚至道德变成了娱

---

① 袁祖社. 文化的伦理本质与现代德性生活的价值真理——公共生活中"诚"与"真"品质的回归[J]. 北京大学学报(哲学社会科学版),2011,(7):37-46.
② 亨廷顿 S P. 文明的冲突与世界秩序的重建[M]. 周琪,刘绯,张立平,等译. 北京:新华出版社,1998:7.
③ 施维泽 A. 文化哲学[M]. 陈泽环译. 上海:上海人民出版社,2008:60.

乐和意向，并以审美形式存在着"①。总之，未成年人本应在文化的氛围中接受着良好的文化陶冶和引导，而牺牲了人文精神和文化元素的现代社会，却使他们在"文化恐慌"的时代陷入了文化的困厄之中。

上述是我们从主流文化与未成年人之间的关系进行的应然与实然分析，而从亚文化的角度来审视又会是何情形呢？这正是我们下一节的核心任务。

## 第三节 未成年人与亚文化

如前所述，从我们的研究旨趣着手，试图将存在于社会中的文化生态（尤其是未成年人成长过程中所面临的真实的文化生态）划分为"主流文化"和"亚文化"。主流文化在文化生态中是一种显见的或者是"高雅"的文化形态，容易引起人们的关注和理解。而亚文化却是相对内隐的或者在某种意义上与主流文化有所"抵触"的文化形态，也容易造成人们对它的存在空间和作用的忽视与误解。但是，无论人们的态度如何，亚文化都是真实存在的文化事实，都在真切地影响着未成年人的身心发展，影响着其道德人格的建构。因此，本节将就亚文化的含义、未成年人与亚文化之间的应然关系与实然关系等几方面入手，进行相关的论述和阐释。

### 一、亚文化之何谓

亚文化是文化生态中真实存在的文化形式之一。尽管主流文化、主流道德等试图将主流文化、主流道德所蕴含的核心价值观通过媒体或者是通过教育的形式渗透到未成年人的成长过程之中，并企图在他们的主体结构中留下深刻的印痕，但是，亚文化还是以其与未成年人真实生活世界的亲密联系，真实地影响着未成年人的德性形成、生活方式、价值选择等。那么，亚文化的具体含义何在呢？它应当关照什么维度呢？

（一）亚文化的含义

所有的文化都是起于生活、达于精神且成于社会的。亚文化体系的生成往往带有某种程度的自发性。但是，它也是因人而生，并缘于社会发展的某种失衡现象，毋庸置疑亚文化是文化多元化发展态势所导致的必然结果。多元文化为解除文化专制和霸权提供了理论和现实空间，也为其他非主流文化的衍生提供了合法性依据和可能。"所谓多元文化，意指文化的多样性，其含义可以大致归为以下

---

① 蒙加蒂尼 C. 后现代性的意识形态[J]. 陈彪, 郝逸译. 理论·文化与社会（英），1992,（9）：22-27.

两类：一是就文化的地域和空间而言，指的是不同民族文化的彼此宽容、共存发展；二是就文化发展的时间性而言，指的是传统文化与其他文化的共时态存在"[1]。就前者而论，西方文化中的不同思潮在改革开放中被裹挟进入中国现代社会的文化现实场域，其风格、符号与意义在很大程度上与我们的主流文化不相符合，但却很容易作为时尚和潮流被未成年人所接受，并逐步内生为一种亚文化风格；就后者来说，传统文化在现代社会中的话语权消退，而其他文化却乘机占领了文化市场，并在未成年人群体中形成一种特殊的与传统文化"相隔"的文化形式。因此，在主流文化因为种种原因渐趋失去其影响力之时，亚文化便以自己所特有的姿态出现了。那么，作为一种文化形态的亚文化究竟是何种含义呢？

对亚文化的研究，以英国伯明翰学派的亚文化理论研究中心最具代表性。约翰·欧文等把亚文化群定义为：一整套以一种使之能与它们作为其组成部分的主体文化区别的方式集中在一起的行为规范[2]。迈克尔·布雷克认为，亚文化就是运用"底层文化"的解释方式来得到概念的解释，亚文化赋予了越轨行为一种意识形态和一种表达形式，威胁着人们对符号整体的明确的共识[3]。而在亚文化方面成果卓越并被广泛接受的迪克·赫伯迪格则从抵抗、风格与收编等几个维度来分析亚文化存在的理论、现实根据及其功能，但就亚文化的内涵来说，他认为"风格"是其最核心的关键词。他说："亚文化的意义向来不乏争议，而风格是对立的定义以最喜剧性的力量相互冲突的领域"[4]。这一点也获得了伯明翰学派的另一位干将霍尔的认同，霍尔等认为："风格问题，更确切地说是一个时代的风格问题，对战后青年亚文化的形成至关重要"，"对风格的解读实际上就是对亚文化的解读"[5]。其实，在伯明翰学派一脉相承的观点看来，"风格"不仅是一种群体性的生活方式和价值行为，更是在传递一种重要意义并以此为据建立一种价值认同，而这恰恰是所有引人注目的亚文化风格的关键所在。总之，在西方研究者看来，不管从何种角度出发，亚文化总是指代特定历史时期在特定的社会范围内具有特定风格特色的一个与"高文化"或者是"大文化"相对应而言的"低文化"（sub-culture）或者"小文化"。在西方亚文化研究中，其关键词可以概括为：阶级、抵抗、问题解决、风格、挪用、同构、拼贴、收编、道德恐慌、标签、亚文化资本等。

国内对亚文化的研究并不多见。亚文化理论一般秉持两种观点：一种是亚文化是对主流文化的彻底对抗、反动和颠覆，另一种是亚文化是相对于主流文化而

---

[1] 薛桂波. 多元文化背景下的德育生态观及其价值选择[J]. 电子科技大学学报（社会科学版），2011，(4)：102-105.
[2] 道格拉斯 J D. 越轨社会学概论[M]. 张宁，朱欣民译. 石家庄：河北人民出版社，1987：96.
[3] 布雷克 M. 越轨青年文化比较[M]. 岳西宽，张谦，刘淑敏译. 北京：北京理工大学出版社，1989：23.
[4] 赫伯迪格 D. 亚文化：风格的意义[M]. 陆道天，胡疆锋译. 北京：北京大学出版社，2009：3.
[5] Hall S. Resisrance Through Ritual：Youth Subculture in Post-war Britain[M]. London：Hutchinson，1976：52，203.

言的文化生态的有机组成部分。前者认为,亚文化的存在对社会秩序等是一个危害,它不利于未成年人的健康成长,更不利于主流文化的积极引导和有效摄入。他们往往将亚文化妖魔化,并企图将亚文化收编。在笔者看来,这种态度不利于全面认识文化生态,"将亚文化变成奇观,则提供了一种无效的描述工具,模糊了当代文化实践的复杂性,这种复杂性既构成了全球文化经济的偶然后果,又由各种偶然后果所构成"[1]。因此,整体而论,我们赞同后一种观点,即亚文化是文化生态中一个不容忽视的组成部分。

亚文化,尤其是未成年人的亚文化,并不必然地对抗主流文化。它们之间的联系主要是通过实践的流行文化的表征而建立起来的。在某种意义上可以说,亚文化是主流文化内部的分支,当在同一环境中的个体感到被主流社会孤立或轻视之时,亚文化就出现了。因此,亚文化应当获得其存在的地位和价值空间。亚文化的功能不仅在于丰富文化生态,还在于警示主流文化的时代性变迁。没有反对声音的社会,不一定就是健康的社会。当然,亚文化的生成,尤其是在未成年群体中的生成,有其客观的原因和背景(这在后续研究中将详细分析),它具有非主流的天然品性。但是,正因为如此,更需要所谓主流的关注而不是冷漠,需要在尊重的基础上引领,而不是强制性割裂或者收编。在当下社会境遇中,亚文化与各种媒介、消费、风格、潮流相结合,在未成年群体中已经成为一个不容规避的真实存在,任何简单粗暴的干涉,都会无济于事。无论是教育理论研究者还是教育实践工作者,面对亚文化的客观存在,都应当在秉持承认、尊重的基础上,做好引领和提升的工作。

综上所述,为研究之便,我们可以将亚文化的含义概括为以下几方面:第一,亚文化是整个文化系统中的一个子系统,整个文化生态中的一个组成部分;第二,亚文化有其自身所内在认同的群体、价值观念和行为方式;第三,亚文化在某种程度上存在对主流道德规范和价值观念的不满和挑战;第四,亚文化及其群体为实现自身的目标按照自己的文化逻辑和思维方式来进行问题解决。

(二)亚文化关照什么

缘于对主流文化的叛逆,或者对主流文化强制性介入生活、主流道德教育强制性灌输的不满,未成年人用自己的生活风格催生了亚文化的文化形态,亚文化又借助于网络等媒介、借助于非主流的时尚影响、借助于抵制压迫性的生活方式等,塑造着未成年人的性格特征。因此,亚文化首先要关照的依然是人,尤其是未成年人。亚文化通过实物的形态、通过自身约定俗成的规则、通过自己涵括的价值理念,把未成年人吸引到自己的体系之中,并把上述风格潜移默化地渗透到未成年人的人格结构、价值观念、生活方式之中。亚文化对未成年人关照的重点

---

[1] 陶东风,胡疆锋. 亚文化读本[M]. 北京:北京大学出版社,2011:386.

往往是主流文化所疏忽或者所反对的那个层面。例如，主流文化反对未成年人抽烟，亚文化却将未成年人抽烟视为很酷的行为，不仅不反对，反而以其自由的魅力，让未成年人趋之若鹜。亚文化还关照未成年人的独立个性，越是在主流文化与主流道德以强势姿态压抑未成年人个性舒展的情况下，亚文化就越鼓励未成年人坚持自己的个性特征，哪怕是特立独行，也要坚守自己的价值态度、思维特点、行事风格、生活方式。例如，主流文化要求的整齐划一的发型，亚文化却认为发型的别致，往往意味着性格的多样，应该保护而非强制性分离。亚文化还关照未成年人真实的生活世界，当未成年人为了迎合成年人的价值期待，而违心地选择着自己不得不选择的选择时，亚文化对其表示同情和关怀，并鼓励未成年人有自己的私密空间，并建议他们在自己的私密空间里，过自己任意选择的生活。总之，亚文化被未成年人所创造，又创造着未成年人。它以自己特有的体系，影响着未成年人的内在价值结构和外在处世风格。

当然，亚文化体系也关注社会。不过，它主要关照到社会的"另一面"，它通过对强权的抵制、对主流的质疑、对压迫的抵抗、对不公平的抗议、对自由的呼唤等，向社会表达另一种诉求。这不仅促进主流文化与主流道德体系的自我反思，促进社会管理部门的自我矫正，还促进社会公平正义、促进社会阶层的流动、促进普通民众声音的表达。其次，亚文化还关照到社会风尚的转型，社会潮流的变迁，让社会充满勃勃生机，让社会生活总是呈现不断涌动和日新月异之势。再次，亚文化对社会的关照，还将被漠视的群体纳入文化的引导之中，让这些群体有文化的陶冶，有真切的关照，从而维持社会的秩序和谐。总之，亚文化关照社会，让社会发展趋于合理，趋于健康。

亚文化关照人，并通过对人的关照而实现对社会的启迪与引导，这不仅是其存在的合理性基础，也是其存在的价值所在。接下来，基于对亚文化内涵的理解、对亚文化的关照对象的分析，我们将具体讨论未成年人与亚文化之间的应然关系和实然关系。

## 二、未成年人与亚文化之间的关系

如前所述，亚文化存在的合理性基础在于它对人的关照。那么，亚文化以什么样的姿态接近未成年人、以什么样的方式引导未成年人、以什么样的风格融入未成年人才是积极健康的呢？实际的亚文化与未成年人之间又呈现何种样态呢？

### （一）未成年人和亚文化之间的应然关系

亚文化终归是人的亚文化，终归要在人（个体或群体）身上体现、表征和印证。广义而论，亚文化不仅仅是一种青年文化或者是未成年人文化，在成人世界中也存在着亚文化的特性和基本元素。但正如美国心理学家埃里克森所说："在任何时期，青少年首先意味着各民族喧闹的和更为引人注目的部分"。因此，我们的研究旨趣主要集中在未成年人的亚文化与亚道德（后文论及）领域。除此之外，我们还必须承认，未成年人群体是十分容易生成"亚文化风格"的群体。这是因为：首先，未成年人内在文化素质的不健全和不稳定性。主流文化元素的累积需要一个时间过程，未成年人整体的主流文化印痕要少一些，因此亚文化容易在未成年群体中生成。其次，未成年人成长过程中的叛逆性。未成年人，尤其是在当下多元化时代的影响下，往往具有叛逆性，或者在某个成长时期具有较强的叛逆性，亚文化中包含的非主流因素更容易为之接受。再次，未成年人的易潮流化。潮流或者说时尚，总是通过媒体等途径，对人们施以影响。未成年人群体的各种价值观都在成长过程中，很容易被动接受时尚或者潮流的影响，很容易带着敬畏之情膜拜后现代"千年盛世的崇高"，也容易在各种变动不居的潮流中形成较为超前的亚文化风格。最后，大众文化总是积极在未成年人中"抢占市场"。如前所述，大众文化不同于主流文化，既可能是高雅的，也可能是庸俗的，而这种文化以其容易接纳的形式，十分容易被未成年人接受，并很快次生为一种亚文化表征。总之，亚文化与未成年人之间有着十分紧密的内在关联。

其实，未成年人在表面的无序生活形态下，总是蕴含着自身的独特规则。在笔者看来，这种规则或者说一种"无序中的有序"，就是一种亚文化。未成年人的亚文化形态渴望关注，而一旦其被关注，又拒绝别人按照常规理解。因此，未成年人亚文化研究者势必要站在未成年人的生活情景中，来理解他们的亚文化风格。

从未成年人的价值观方面来看，其亚文化风格在于不确定性和散碎性。未成年人的价值观更容易从自我的非理性因素出发，陷入情绪化的情形，呈现不确定性和散碎性特征。他们想随心所欲地选择自我的生活方式，却又被长辈或者老师所监督，因此，他们很容易陷入价值观的困厄之中。他们在价值选择的时候，要么顺从长辈或者主流的指示（往往因此而受到表扬），要么接受一种与长辈或者主流相悖的同伴间的规则（往往因此而被视为叛逆）。尽管主流文化的力量是笼罩在其周围的"强大"的力量，但是，比较而言，同伴间的价值规则却更具有吸引力。而一旦这种风格形成了，亚文化的影响力就实现了。亚文化中本有的对主流的抵制，在潜移默化地影响着未成年人的每一个价值选择和价值行为（其实，每个选择都是一种行为，每个行为都是一种选择）。

从未成年人的道德伦理方面来看，其亚文化风格在于去传统性与非主流化。传统力量在未成年人身上的影响，速度总是会缓慢些。未成年人对传统伦理道德的接受需要十分贴切的方式和较为漫长的过程。未成年人在传统道德伦理与现代生活背景之间存在一个盲区。也就是说，置身在当下，很难使他们理解、认同和接纳传统道德伦理。他们更容易拒斥传统的道德伦理范式，受到当下道德伦理范式的左右。因此，在当下传统文明有断裂的背景中，道德伦理的"去传统化"在未成年人身上表现得十分明显。所谓"非主流化"，主要是指面对主流文化所倡导的道德规范和伦理模式，未成年人总是有一种被规约的感觉，并试图逃离这种规约，表现为未成年群体对"高尚道德规范"的不屑与抵触和对"高雅伦理模式"的抵制与自我创制等。

基于上述情况，内在价值导向和道德伦理往往使得未成年人的行为举止也具有亚文化的"风格意义"。他们渴望被尊重，但是反对以传统和主流的方式获得尊重；他们有梦想，但是这种梦想往往与主流格格不入，显得稀奇古怪、荒诞不经；他们渴望刺激的生活，这种生活在他们看来不应该是一成不变的，或者是落入窠臼的；他们的价值选择和价值行为除了迎合成年人的赞赏，更想成为一种自己做主的"我行我素"。总之，在未成年人与亚文化之间，内在精神世界系统的影响和外在行为世界的影响综合为一种"特色化"的风格。

（二）未成年人与亚文化之间的实然状态检视

需要说明的是，亚文化与未成年人之间并不存在必然的关联，至少不是和所有未成年人存在必然关联。现实中，有不少未成年人在主动（或被动）地"接纳着"主流文化和主流道德规范的陶冶和引导，并成长为成年人认同的人。叛逆是存在的，但不是人人处处都存在。不过，如果因此就认为存在反抗与叛逆性格的亚文化是个别现象而漠视到忽略不计的地步，那不仅是十分不负责任的，也是十分危险的。因此，我们有必要认真检视未成年人与亚文化之间的实然关系，从而为未成年人生长的真实文化生态分析做好相对充足的准备。

在笔者看来，未成年人与亚文化之间的实然状态至少表现为以下三个方面。

首先，被漠视的亚文化及其群体。也就是说，主流文化对未成年人亚文化、亚道德的漠视与排挤。主流文化的存在是必要的。在某种意义上，它规约着这个共同体存在的基本价值导向、精神信仰和行为范式。但主流文化应当具有理解和包容的气度。不过，现实中主流文化往往对亚文化采取漠视或排挤的态度，甚至否定或者收编亚文化存在的空间。主流文化要么要求亚文化顺应它的价值规范，要么以规则制定者的身份，对亚文化贴上"越轨"的标签。"不仅某一社会类型成员资格的认可，而且他人对我们的尊重，都因我们持有的信仰和遵守的规范与他人的规范和信仰的一致性而定，不管我们口头上对容忍多样性和尊重差异多么强调，我们仍不得不从他人与我们的一致性的角度来衡量和评价他人"[①]。这里的"他人"其实可以理解成"他者"，理解成"共同体的规范"或者"主流文化、主流价值观"。关于越轨行为，有论者将"越轨"定义为"某一社会群体的成员判定是违

---

[①] 陶东风，胡疆锋. 亚文化读本[M]. 北京：北京大学出版社，2011：7.

反其准则或价值观念的任何思想、感受或行动"[①]。也有论者认为"越轨"就是对制度性要求的偏离,是人们在社会结构中两大重要元素——文化目标与制度性规范的张力中感到明确的压力而导致的非遵从行为[②]。其实上述两者是一体两面的,都是主流文化以宰制者的姿态对亚文化的简单理解、漠视和排斥。在这一情形下,未成年人总是在单向度地、被动地接受着与自己生活世界异质性的抽象化的"高文化"熏染。这难免有失其本真意义。

其次,漂泊流变的亚文化及其群体。大众文化经常影响亚文化群体的风格和自我表征。大众文化既可能是民风民俗,也可能是时尚潮流;既可能是世俗文化,也可能是庸俗、媚俗文化。总之,大众文化总是飘忽不定的。这种"流变性"的文化最容易影响到亚文化的风格生成,并被未成年人所接纳、拒斥、重新接纳、重新拒斥。尤其在当下时代背景中,多元交汇、相互碰撞,未成年人群体在应接不暇的大众文化及其媒体传播的诱导下,总是在经意或不经意间流逝了自己的文化性。未成年人所面对的世界及其所处的背景与它们所建构的意义之间存在严重的失衡。而亚文化与大众文化的犬牙交错,又使得未成年人的文化性变得更加无序。尤其是内在的思想、价值观、精神信仰等终极意义上的东西,对于成长中的孩子们来说,已经变得十分虚无缥缈了。

最后,被误解的亚文化及其群体。也就是说,主流文化和成人世界总是对亚文化充满偏见,并以自己世界的规则为坐标,要求和规范未成年人群体。要么异端化亚文化,认为具有"反抗性"的都是偏离主流的,都是错误的,都不应具有存在的合法性与资格;要么收编亚文化,认为亚文化应当从属于主流文化,必须通过适当的途径收编为自己的文化系统。这样就造成了亚文化主要群体——未成年人的误读误解:他们被迫按照成人的思维逻辑来行事,否则即为"叛逆";他们必须接受抽离其真实世界的文化价值观,否则即为"越轨"。现实中,这种误解已经广为存在,十分不利于了解亚文化的真实形态和未成年人生活世界的真实形态。

总之,实然的未成年人与亚文化之间的关系是一种被宰制的状态,然而,这种宰制的结果并不是人们希望达到的理想化的驯服,恰恰是背离初衷的更加叛逆。因为,当"越轨"成为一种时尚并逐渐获得存在空间的时候,个体越轨行为就会演变成一种"群体越轨行为"。而这种现象又作为一种"文化现象",并进一步"吸引"更多的越轨者。所以,亚文化应当具有抵抗的意义,这种抵抗本身就是有意义的,它在促成自我特色的同时,警示着主流文化的存在特色和存在形式。而没有抵抗或者反对声音的社会,将会是缺乏生机的社会。因此,我们不得不承认,

---

① 道格拉斯 J D. 越轨社会学概论[M]. 张宁,朱欣民译. 石家庄:河北人民出版社,1987:12.
② 默顿 R K. 社会理论和社会结构[M]. 唐少杰,齐心译. 南京:译林出版社,2006:261.

实然的两者关系的存在状态是有问题的。

接下来，我们的任务是分析当下未成年人真实的"文化生态"。

## 第四节 未成年人的文化生态

研究未成年人真实世界中的文化生态，是我们基于文化的视角来分析未成年人亚文化道德的研究前提。因为只有把握好这个基本的"生态"，才能厘清我们的研究基础，才能指向未成年人文化意义建构的真实有效之境。

"文化生态"最早是由美国文化人类学家 J.斯图尔特于 20 世纪 50 年代提出来的，"意在说明文化的进化就是文化对生态环境的'适应'过程，具体的文化形式是与具体的生态环境相融合的结果"[1]。这个概念比较侧重于宏阔地廓清文化的生态意义。我国有学者指出，文化生态是指"在一定历史时期，一定社会文化大系统内部各个具体文化样式之间相互影响、相互作用、相互制约的方式和样态"[2]。这个概念比较侧重于微观的文化内部的相互勾连。出于研究目的需要，我们在这里使用后一种理解。因为，在任何纷繁复杂的社会中，都会存在几种不同层面的文化，文化并存是社会结构的常态现象。在笔者看来，文化生态不仅要观照到社会、民族和国家层面的意义，也要观照到个体、个体的生活世界以及精神世界层面的意义。因为，"从本质上说，文化生态作为一种具有现实影响力的文化系统，其在社会宏观领域即表现为一种文化国力，表征着国家的软实力；而在个体的微观方面则表现为一定的文化素质和文化权利，展示着个人的精神风貌"[3]。如前所述，为研究之便，我们将文化生态的有机组成部分归纳为主流文化和亚文化。这两种文化形式都应当关照到上述国家与个体两个层面。

那么未成年人在两种文化的张力场中又处于何种情形？这种文化生态在未成年人生活世界、精神世界中产生何种影响？作为实际存在的文化生态稀缺问题又当做何种反思呢？

### 一、未成年人"两种世界"中的文化生态

将完整的生命个体分开成两种世界，本身是有问题的。生活世界和精神世界的有机统一才构成人的完整生命。这里我们并不赞同这种"二元对立"的研究方式。但是，为了较为明了清晰地说明问题，我们这里暂时"一分为二"地展开探析。

---

[1] 史徒华 J H. 文化变迁的理论[M]. 张恭启译. 台北：远流出版事业股份有限公司，1989：49-50.
[2] 孙卫卫，华丽. 文化生态变迁的道德意蕴[J]. 求索，2005，(10)：115-117.
[3] 顾友仁. 论新中国思想政治教育的文化生态[J]. 探索，2011，(4)：121-126.

（一）未成年人生活世界中的文化形态

文化与社会、生活之间有着天然的渊源。文化总是在"照看着"自然、社会、人及其生活。"'文化'一词的发展记录了我们对社会、经济、政治生活领域的这些变革所做出的一系列重要而持续的反应，因此，'文化'本身就可以看作是一幅特殊的地图，借助它，我们可以对这种历史变革的本质进行探索"[1]。因此，属人的社会应当是文化的社会，人应当在这样的社会里创造着文化又被文化所创造。这个"创造"与"被创造"的过程，恰恰是人生成自身文化性的过程。未成年人生活世界中的这种"文化性"又呈现何种情景呢？

伴随着改革开放巨大的成就，器物的繁荣已经成为显见的伟业。这是毋庸讳言的伟大进步。然而，裹挟着这个进步进程的是文化性在现代化过程中的渐趋流逝，文化性在逐步地让渡给器物性和工具性，在市场社会所鼓动的物质主义、功利主义和消费主义之中，文化性遭致了边缘化的境地。文化的重要元素道德、伦理、价值观等，面对器物的诱惑已经丧失了支撑性地位。正如有论者所言："不断加深和加重的社会道德疏离化的现实表明，既有的伦理话语系统似乎丧失了对世风日下、人欲横流的群体性道德精神麻痹状态的批判和反省能力。现代社会需要寻找新的价值支撑点和道德纽带。因为仅有自由，不足以保证现代人的心灵和精神的丰盈和完整"[2]。在这样的社会背景中，未成年人生活世界中理应蕴含的人文意蕴和文化道德风尚等都表现得十分稀缺。在最近一项调查问卷中，面对"金钱、地位、美貌、名誉、诚信"这五个价值选项，未成年人（主要是初中生）选择前三项的占75%，而最后一个选项所占的比例是19%。这个结果在证明了这个社会的功利化已经发展至非常严重的地步的同时，也在证明着，文化性——诚信在某种意义上代表着中国传统文化的重要价值观之一——在当今社会的渐趋流逝。这在成人世界中是可怕的，在未成年人世界中也是十分危险的。因为，文化性至少表明一个社会的文明程度和未来发展的精神指向，而文化性的流逝，尤其在未成年人生活世界中的流逝，可以说是逆文明发展之潮流。在文化性缺失的世界，即使器物再繁荣，也不能被真正称为文明。

生活中文化性的流逝，无疑会造成未成年人自身内在素养结构中文化性的迷惘与失衡，未成年人具体的生活方式中文化元素的退隐。也就是说，未成年人在现实的生活世界中，充满了选择的随意性、自由性、世俗性与生物欲望的满足性，这种情形不仅是未成年人自由与压制之间张力的失衡所致，也是文化性在他们生活世界中流逝从而失去了应有的文化影响力所致。而文化性的稀缺，却让他们的

---

[1] 威廉斯 R. 文化与社会[M]. 高晓玲译. 长春：吉林出版集团有限责任公司，2011：5.
[2] 袁祖社. 文化的伦理本质与现代德性生活的价值真理——公共生活中"诚"与"真"品质的回归[J]. 北京大学学报（哲学社会科学版），2011，(7)：37-46.

生活抉择失去了价值参照系和最基本的规范之根。他们的生活方式中的文化性元素退隐，也就成了必然的趋势。

（二）未成年人精神世界中的文化生态

"文化生态"也是一种人文关怀，不仅在生存上、生命上关怀，更要在道德上、精神上关怀。因为，人类真正的幸福要求关照人的内心精神追求，幸福的满足绝不仅仅是在物质享乐的层面上做浅层次的轮回循环。在笔者看来，人们精神世界的基本特质应当是文化，构成这个世界的基本维度应当包括道德、伦理、价值观、信仰等。在当下现实生活世界中文化性流逝的社会背景中，人们精神世界中的文化性也同样陷入了十分严峻的境地，精神世界的流离失所与颓废失落，已经成为当前人文危机的主要表征。这在未成年人的精神世界中也表现得十分明显。

未成年人的精神世界本应当是丰富多彩和充满人文幻象的。然而事实他们却是充满了对自我的极度张扬、对欲望的浅薄满足和对深刻性文化的不屑一顾。他们要么在"伪文化"的知识世界中为了应试而浮浮沉沉，要么在"羞耻感游离"的现实世界中表现出与传统文化规范和主流文化规范格格不入的"文化景观"。他们在道德规范方面倾向于对"崇高"的轻视和对真善美之境的虚无感增强，在社会对道德信任感质疑的氛围中，未成年人对道德的"规范力量"表现出要么内心拒斥被动接受，要么不屑一顾我行我素的基本态度；伦理需要内心坚定的道德定律，由于内心道德定律的虚无和模糊，他们在日常伦理方面总是在"突破底线"，表现为对长辈的"不服从"、对教师的"不尊重"、对同伴的"挑衅"和对异性的"僭越"等；在价值观方面，他们的价值观处于成长、修正、不稳定与不健全的阶段，表现出内在价值抉择的困厄、迷惘与虚无等；在信仰方面，随着社会信仰体系的渐趋解构，未成年人很难形成坚定的内心信仰，对崇高理想的信奉往往被当下功利性的现实阻隔，终极性的内在追求代替不了当下欲望满足的诱惑。总之，精神世界的虚无已经成为现代人的文化写照，而未成年人在这个方面的文化关照缺失已经成为不可规避的现实。对主流文化的内心排斥、对亚文化的不加批判的选择、对物质主义的过分青睐、对流行与时尚的趋之若鹜，造成未成年人精神世界的文化空隙或者文化异化等，这就是未成年人当下精神世界中文化生态的基本写照。

## 二、未成年人文化生态关照的稀缺与反思

无论从未成年人的生活世界观照，还是从其精神世界洞悉，我们都能深刻感觉到文化生态在其成长过程中呈现稀缺之势。这造成了文化性流失的一代青年。彻底反思陷入此境的根本原因，是对孩子成长负责的一种应然姿态。

## （一）"文化性"流失的未成年人

对现实生活世界和精神世界中文化性流逝危机的关注，是我们对未成年人文化生态关注的基本现实依据。其实，从主流文化与亚文化的角度来审视，这种文化性的流逝不仅体现在主流文化遭致解构与抵制上，也体现在亚文化遭致误解和压制上。在"精神的荒原"和"文化的荒漠"已经成为一种现实的"文化写照"的时候，想想未成年人的成长过程和他们所肩负的有关未来的时代使命，不能不引起我们的时代性忧虑。

正如有论者所忧虑的："我们一直处于一个'精神的荒原''文化的荒漠'之中，找不到合理的道德信念，找不到可以安身立命的文化根基"[1]。主流文化的时代缺失，造成了未成年人生活秩序的慌乱和精神世界的虚空，亚文化的被误解，造成了未成年人生活世界真实性的歪曲和矫饰下的不快乐。这不仅是未成年个体的危机，也是社会发展的当下和潜在危机。因为，任何社会，只有使其人得到内心的文化认同，才能维系其稳定并获得发展的积极动力，否则，这个社会注定要在风雨飘摇中最终走向颠覆。我国古人对此早有论述，"故法不能独立，得其人则存，失其人则亡。法者，治之端也；人者，治之源也。故有人（贤人君子、受过教育之人），法虽省，足以遍矣；若无人，法虽具，足以乱矣。故明主急得其人也。得其人则身逸而国治，功大而名美，若夫失人则身劳而国乱，功废而名辱"[2]。有人从文化与人文缺失的角度在总结苏联亡党亡国的教训时指出了三点教训："其一，经济结构严重畸形，造成生存关怀的缺乏，抑制了人民生活水平的提高。其二，政治制度高度集权，造成民主和权利关怀的缺位，挫伤了广大人民参与国家建设的积极性和创造性。其三，教条主义和文化禁锢，造成精神关切的缺失，使人们精神文化生活难以得到满足"[3]。这对我们的国家文化建设、对以文化为切入点的未成年人道德教育来说，既是一个十分深刻的警示，也是一个十分重要的启示。

当下的文化生态与未成年人的成长需要还不匹配。"我们曾经有过与我们的文化相匹配的道德。但是，在后来的发展中，这种意义的道德丧失了。我们被迫进入一种对于中国民众而言完全陌生化的公共生活情境，面对的是一种与这种文化相适应的全新的文化伦理的展现方式——市场社会的伦理文化，道德知识以及与之相适应的道德情感、道德信仰等"[1]。在利益主导的市场社会背景下，文化生态失去平衡，不仅主流文化的传统"强势"遭致质疑乃至拒斥，而且亚文化也在夹缝中走向扭曲和误读误解。面对利益宰制的文化迷离的时代，英国社会学家鲍曼

---

[1] 袁祖社. 文化本质的"伦理证成"使命与精神生活的道德价值逻辑[J]. 道德与文明, 2011, (4): 9-13.
[2] 引自《荀子·君道》.
[3] 周薇. 社会主义现代化进程中的人文关怀[J]. 广东社会科学, 2011, (4): 108-116.

曾忧心忡忡地说:"然而,如果一个世俗的以利益为导向的社会不能依靠自身的力量提供它维持自己生存所必需的'伦理道德',反而要摧毁这种'伦理道德',这样一个社会在现实中如何得以存在呢?"① 这一追问,不仅是一种忧虑,更应当引起我们的反思。

### (二)对未成年人成长过程中文化生态稀缺的反思

未成年人是任何一个国度里最具潜力也最具未来代表性的群体,对他们的文化关照、引领、嵌入等,不仅是未成年人个体健康成长的必然要求,也是社会走向秩序、规范、和谐的基本价值所指。因此,文化生态在未成年人成长过程中的稀缺是个体成长中的危机,也是社会发展中的危机。必须认真反思造成这种现象的根本原因,才能为未成年人个体内在价值结构的完善、道德人格的丰满、精神世界的丰富等找到一条适切的出路。

反思这一悖论性现象,至少可以总结出以下几方面原因。

首先,文化体系的疏离与滞后。中国的现代化进程,裹挟着十分吊诡的问题,中国的现代性文化方案还没有完全整体性地建立,就遭到了来自多重力量的诘难与挑战,在中国现代社会中,前现代文化、现代文化、后现代文化等多元并存,互相非难,并没有为现代性文化方案的精神系统建构创设一个适宜的背景。同时,这种吊诡还表现为,对经济体系和政治体系的高度关注,而对文化体系的相对疏离。现代性社会,应当是经济、政治和文化的综合的现代性,任何单向度的僭越,都会对社会发展造成某种程度的失衡,都会酿成灾难深重的危机。正因为这种疏离,人们把精力过多分配给了外在于自身的经济满足,而对内在结构的丰富与完善,却相对漠视,从而造成了精神文化滞后于物质文化,给现代社会带来了文化荒漠化的落魄景观。文化体系的疏离与滞后,为未成年人的成长之路创设了一个文化关照失落的背景。

其次,主流文化的结构单一,造成主流价值观的泛意识形态化,未能实现其真正的人格启蒙与引导的价值预期。主流文化应当是多个层面相互交融的结构体系,它至少应当包括代表民族精神的传统文化、代表国家意志的意识形态文化和代表人性健康成长的价值参照系文化等。主流文化多重复合,共同影响个体的健康,才能实现主流文化自身的价值预期。但是,我们的主流文化结构过于单一,主要集中在意识形态的解读与灌输上,这种纯粹的意识形态说教,抽离了未成年人可感知的生活世界,也遭到了他们内心的拒斥。

最后,亚文化的自由放任,缺乏必要的规约和引导,造成未成年人价值观的多元与相对,以至于陷入虚无与紊乱。亚文化总是在与主流文化相对应的视域中产生。但是,主流文化总是对亚文化采取漠视与抵制的态度,总是企图将它收编

---

① 鲍曼 M. 道德的市场[M]. 肖君,黄承业译. 北京:中国社会科学出版社,2003:30.

到自己的体系，总是试图令其臣服于自己的价值所指。而亚文化从来就是一个不甘顺从的有叛逆精神的"孩童"。他不习惯被打压，也不习惯被贴标签，但是，他却需要适度的介入和适切的引导，否则将失去其存在的价值方向，而陷入相对与虚无。

　　总之，文化生态的健康标志，应当是现代文化方案与政治体系和经济体系的统筹协调发展，应当是主流文化体系和亚文化体系这两种文化体系的有机整合。完整的文化生态在未成年人生活世界与精神世界中产生文化影响，是文化反哺的必经之途。

# 第二章　当代未成年人的道德镜像

康德说："有两样东西，我们愈经常愈持久地加以思索，它们就愈使心灵充满日新又新、有加无已的景仰和敬畏：在我之上的星空和居我心中的道德法则。"[1]道德，是最集中揭示人的社会性本质、最深刻标记每一社会的人文精神的话语。

未成年人有自身独特的价值认知方式，他们掌控着未来时代的话语权。因此把握未成年人这一个群体的道德发展动态，就可对主流道德的未来变化趋势进行预测，从而推动传统道德精神的转型、实现现代道德精神的建构。

社会转型是我们所处时代的一个重要特征。社会转型对未成年人的道德生活产生深刻的影响，并从客观上提出让未成年人作为道德主体参与社会新道德建构的要求。

未成年人具有社会适应性强、思维活跃、价值多元化等特点，因此，在社会新道德的建构中，未成年人这一特殊的群体有非常充足的条件来担任重要的角色；与成人相比，因其思维的活跃性、获取信息途径的多样性等，未成年人更容易形成一些富有时代特征的道德新质，这些道德新质恰恰代表了现代道德发展的趋势。当然，随着中国社会转型特点的深化，未成年人也会产生许多"反叛"社会主流道德的亚道德问题，如自我中心、崇尚权势、享乐等不良倾向，这既影响着未成年人道德的健康发展，也不利于社会主流道德的整合。

## 第一节　中国现代社会变迁与现代人的道德

中国社会自改革开放以来发生了翻天覆地的变化，社会变迁带给现代人物质生活和精神生活的双重影响。物质社会的丰富自不必多言，道德世界的变迁更惹人注目。经济、政治、文化、社会等无一不在经历着前所未有的转变，也催生着现代人的道德。

### 一、中国历时性的现代社会变迁

随着我国社会结构从计划经济向市场经济转型，从农业社会向工业社会转型，

---

[1] 康德 I. 实践理性批判[M]. 韩水法译. 北京：商务印书馆，1999：177.

由不太发达国家向现代化国家转型，社会思想、文化教育也开始转型。与其他国家和社会相比，中国的社会转型具有特殊的复杂性，转型中包含着许多相对特殊的矛盾和问题。

## （一）经济全球化的浪潮

经济全球化浪潮来势汹汹，席卷了我国社会生活的方方面面，带来了我国经济体制转型、消费文化和后现代主义的泛滥。

### 1. 经济全球化与我国经济体制转型

经济全球化主要表现为经济资源跨越国家的疆界在全世界范围内自由流动或配置。经济全球化的浪潮早已席卷了地球上的每个角落，我国紧闭多时的国门于20世纪70年代末被迫打开，正因如此，我国的经济体制改革自始就必须带有世界眼光，实现由"计划经济"向"市场经济"的转型。马克思指出："物质生活的生存方式制约着整个社会生活、政治生活和精神生活的过程。不是人们的意识决定着人们的存在，相反，是人们的社会存在决定人们的意识。"[①]随着社会经济的发展，社会流动不断加快，人口从乡村向城市流动，人们也逐步摆脱了由血缘、地缘和由依附群体所联结起来的人对人的依赖关系与隶属关系，人们的文化观念已经不再是狭隘和偏执，参与社会活动时努力追寻自主、独立、理性、平等的人格。由此，市场经济促使新型的人与人之间关系的出现。它首先为我国道德转型开拓出了新的可能空间。另外，我国经济体制从"计划经济"向"市场经济"的转型，使得传统道德规范的约束力相对弱化。在计划经济时代，社会生活秩序的稳定需要行政命令、行政权力，大众缺乏主体意识，属于"权威型"的道德选择方式。经济体制转型后，人们的主体意识逐渐增强，人格的独立性更加凸显，利益主体走向了多元化，利益差距日益扩大，道德失范日渐加剧，从而加剧了道德冲突。

### 2. 经济全球化与消费文化的兴起

全球化以劳务、商品、技术、资本和信息为要素，强化了世界范围内的社会关系，"这种关系以这样一种方式将彼此相距遥远的地域连接起来，即此地所发生的事件是由许多英里以外的异地事件而引起，反之亦然"[②]。20世纪50年代以来，消费文化在西方逐渐成为一种社会风尚，并对西方人的价值观念和生活方式产生了巨大的影响。自改革开放后，我国封闭的国门打开，在短短三四十年的时间里，西方发达国家的社会意识形态潜移默化地对我国产生了不小的影响，消费文化以商品、资讯等为载体，在中国长驱直入并迅速生根发芽，占领了国人的市场。作

---

[①] 中共中央马克思恩格斯列宁斯大林著作编译局. 马克思恩格斯全集(第2卷)[M]. 北京：人民出版社，1995：32.

[②] 吉登斯 A. 现代性的后果[M]. 田禾译. 南京：译林出版社，2000：56-57.

为最耀眼的、全球化的世俗人文景观,消费文化已成为当下中国社会显性的文化图景,"与主流文化偏重教化性、精英文化注重审美性不同,它偏重娱乐性,表现出更多的形而下的、关注世俗人生、追求消费至上、愉悦至上等特征"①。这种文化暗合了我国改革开放现代化进程中强调经济建设为中心的内在动力,尤其满足了年轻人的物质与精神追求。未成年人的成长过程与中国城市文化的发展与转型同步进行着,他们的时尚观和消费理念、理想追求等,包括他们的价值观与生活现实已远远不是他们的父辈们所构成的成人社会所能轻易理解的。这一代人的共同特征表现为"对表面化、流行风潮的崇尚,不论是文化创造或是生活享受抑或是生命投入,追求那种功利性、实用性、简便性的生存方式,热衷于快餐文化的便捷性。他们充分信仰个人的私有性;这个观念为他们随意地消费一切提供了行动的依据,同时,也为以怎样的方式消费自己、支付什么样的精神形式甚至丢掷自己,提供了生命论的前提"②。

### 3. 经济全球化与后现代主义的泛滥

"全球化的释义中最普遍的是这样一些观念:通过一种技术的、商业的和文化的趋同,世界正在变得更加一致和更加标准化,而这种趋同倾向发源于西方;而且全球化与现代化联系在一起"③。未成年人成长于我国的现代化进程中,必然被浸润着现代性的社会意识形态。另一方面,西方国家对极端理性的利益追求的反现代性审视,在我国也有所展现。后现代性"意味着与现代性的断裂"④。在我国广袤的土地上,现代性的实现还很不充分,现代性的生活秩序尚未完全建立起来,后现代性便出现了。"后现代主义是现代主义中代表欲望、本能与享乐的一种反规范倾向,它无情地将现代主义的逻辑冲泻到千里之外,加剧着社会的结构性紧张与恶化"④。作为一种强势的文化思潮,后现代主义对当代中国未成年人话语方式、行为模式、审美取向和价值观念产生的影响毋庸置疑,它对既定权威的抵抗和对反叛的提倡,与未成年人傲视权威的秉性相契合,从而绝对地充当着基础性价值和规范性引导的作用。后现代主义这把双刃剑,因为在其引导下产生的"对主流意识形态的消解,文化上的无政府主义、多元主义、虚无主义和怀疑精神也是当代青年文化流浪意识的渊源,它消解了青年的文化归属感,使许多青年放弃了原则、无视规范,追求及时行乐和'过把瘾就死'的精神快感,助长了道德虚无主义和'反道德'现象的滋生。"⑤而这一切,都的的确确是经济全球化的副产品。

---

① 于文秀. 当下文化景观研究[M]. 北京:人民出版社,2007:1.
② 马钦忠. 卡通一代与消费文化[M]. 长沙:湖南美术出版社,2002:147.
③ 皮斯特 J N. 作为杂合的全球化[A]//梁展. 全球化话语[C]. 上海:上海三联书店,2002:103.
④ 费瑟斯通 M. 消费文化与后现代主义[M]. 刘精明译. 南京:译林出版社,2000:4.
⑤ 于文秀. 当下文化景观研究[M]. 北京:人民出版社,2007:218-219.

## （二）民主化进程中的政治环境

政治环境对道德生存产生更为直接的影响，它通过某种手段来干预人们的思想、信仰、价值标准，甚至来操纵人们的行为方式。我国的政治环境一直以来较为森严，尤其在封建社会，统治阶级建立自己的政治合法性认同，维护自己的统治思想，通常都是通过高压手段，不管是"焚书坑儒"还是"罢黜百家、独尊儒术"，都说明了集权政治对确立超稳定社会结构和正统道德规范的重要作用。中华人民共和国成立后，我国的政治气氛一度强调以政治挂帅，"以阶级斗争为纲"，"因为作为个体或不占支配地位的年龄群体难以自由表达其意愿、态度和行为，一切都被既定的，无所不在且要求高度整合的政治力量所支配和统一"①。

在改革开放的新时期，我国的政治环境发生了很大的改变，在高层听取民意、社会事件的意见表达、突发性事件的社会参与等方面凸显了民主的改革进程。这种政治环境一方面有利于我国文化更加开放，促进中外文化的交流、互动、融合、共生，另一方面也唤醒了人们尘封已久的主体意识，为人们自由表达自己的情绪、意愿、态度和行为提供了契机。

## （三）多元共生的文化环境

多元共生的文化环境是当前我国社会的重要特征之一，也是社会变迁的重要体现。

### 1. 文化多元化

"20世纪是意识形态的世纪，是社会主义、共产主义、自由主义、独裁主义、法西斯主义、民主主义互相竞争的世纪。现在，虽然我们还没有达到历史的终结，但至少我们已经达到了意识形态的终结。21世纪是作为文化的世纪开始的，各种不同文化之间的差异、互动、冲突走上了中心舞台，这已经在各个方面变得非常清楚。在一定程度上，学者、政治家、经济发展官员、士兵和战略家都转向把文化作为解释人类的社会、政治和经济行为最重要的因素。"②

改革开放以前，我国的社会意识形态领域是一元化状态，社会文化、社会价值观基本上是一元化、单一化，主流文化、主流价值观借助于政治权力影响着人们的思想。改革开放以后，随着经济全球化的深入和社会主义市场经济体制的逐步建立，这种状况发生了根本性的变革。中外文化交流与互动日益密切，中外文化合作项目日益丰富，如中外互办文化年、文化节等，促进了我国文化的大发展与大繁荣，但与此同时，中西方文化的冲突与碰撞尤为突显。"一般在开放型社会

---

① 董敏志. 接受与超越：青年文化论[M]. 上海：复旦大学出版社，1993：220.
② 朱希祥. 当代文化的哲学阐释[M]. 上海：华东师范大学出版社，2006：1-2. 转引自：亨廷顿 S P. 再论文明的冲突[J]. 马克思主义与现实，2003，（1）：39-44.

中，各种文化，特别是有很大差异的东西文化的交汇、冲撞加速了各文化内的分子运动。冲撞带来的能量使带有较多传统色彩的社会主导文化不能重走封闭的内循环和自我复演之路"[1]。

## 2. 网络时代的来临

网络，伴随互联网技术的不断发展和普及，已经根植到生活的角角落落。作为人类最伟大的发明之一，网络的意义"可以和远古先民燧木取火来烹煮食物、驱散黑暗相提并论。在虚拟的网络世界，'观古今于须臾，抚四海于一瞬'，已不再是神话和梦幻，而成为亿万网民活生生的日常体验……网络缔造了人类有史以来新的神话"[2]。网络，深深改变了人类交往的既往模式，大大拓宽了人们的社交广度，不断为人际交往充实新的内容，而且在某种程度上改变了人与人、人与社会的各种社会关系。网络交往自由、开放、平等，常常发生于虚拟空间，网络交往很特殊，表现在：交往可以发生在纯熟人之间，而且大量陌生的、不同民族、地区、阶层、语言的人，都可以发生网络交往。[3]网络的开放性、民主性、交互性等特征以及强大的信息传播功能，对喜欢求新求异、富于想象力和创造性的年轻人有着天然的吸引力。网络为他们提供了前所未有的学习、交流、消费、娱乐、表演、发泄、狂欢、恶作剧的舞台，他们可以利用网络聊天、交友、下载音乐、玩游戏、购物、看新闻、查资料、写日志、发帖子……总之，网络已经成为当代未成年人生命中的一个重要组成部分。网络交往的平等、自由、自主、开放、隐匿的特点，使得面对面的道德舆论抨击很难实行，"熟人社会"中有道德他律的原则，在网络平台中这种原则已经很难发挥作用。

## 3. 媒体多元化

新媒体以网络为第四媒介，传统的媒介环境被改变，传统媒介居于主导地位的格局被打破。媒体的力量在今天的社会不容小觑，它具有强大渗透力，它似乎无所不能，它能刻意营造我们的生活环境，制造各种看点，以吸引人们的眼球而获得注意力经济利益。"其实，这就是一种新的媒介生态，正是这一新的媒介生态环境造成了上述那些奇奇怪怪的新闻现象。类似这种'故意犯规'是传媒业界残酷竞争的结果。随着市场竞争的日益加剧，媒介要抢夺受众注意力必然要有独家的媒介内容，而在和平时期重大事件不是常有的，除了肆意渲染某些事件外，另一下策就是造假"[4]。"在互动的媒介环境和多元的文化环境中成长起来的'网上一代'，他们的文化接受方式及文化建构模式都发生了天翻地覆的变化。一方面，

---

[1] 董敏志. 接受与超越：青年文化论[M]. 上海：复旦大学出版社，1993：235.
[2] 于文秀. 当下文化景观研究[M]. 北京：人民出版社，2007：131.
[3] 黄寿松. 网络时代社会冲突与个人道德自律[J]. 学术论坛，2001，(2)：10, 19-21.
[4] 陈龙. 媒介批评论[M]. 苏州：苏州大学出版社，2005：88.

青年借助网络把自己与世界联系起来，他们通过 BBS、博客等网络生存方式制造自己的时尚，彰显自己的个性，将创新意识和理性精神写上青春的旗帜；另一方面，他们又通过网络将自己与世界隔离开来。正如有人所言：网络时代的青年文化是无厘头、COM 的文化。在计算机网络、电视等电子传媒在现代社会共同营造的平面化、标准化的'快餐文化'中，传统文化的深度模式消解，青年文化的反叛属性减弱，青年逐渐沦为时尚的先锋而非思想的先锋。"[1]

### （四）包容开放的社会环境

首先，社区环境的变化。现在，城市居民的居住格局已经发生了很大的改变，"过去主要依靠单位制整合社会，包括机关单位制、企业单位制、村社单位制等，几乎什么事情都要通过单位来管理。一个脱离了单位的人，似乎就是脱离了正常生活的人。现在随着改革的深入，单位的福利保障功能逐步社会化了，后勤服务功能逐步市场化了，住房也基本私有化了，越来越多的人在非单位制的组织和社区里工作和生活，社区在新的社会整合机制中发挥着越来越重要的作用。"[2]也就是说，目前我国城市居民正经历着由"熟人社会"向"生人社会"的转型。在改革开放前，我国社会流动缓慢，城市居民大都生活在熟人圈中。随着不断加快的社会流动趋势，"单位"这种制度逐渐消失，陌生人之间的交往活动变得越来越多，人们有更多的时间是在陌生的环境或陌生的人群中度过，这个时候，亲缘选择性利他行为，或者是群体选择性利他行为，就失去了原有的社会基础。与此同时，至少在目前的社会转型时期，城市社区并未充分发挥其整合功能，特别是在一些新小区里面，小区的居民所属的经济组织可能非常不同，小区居民的人口流动也异常频繁，那么，小区居民其实就是处于一种陌生人的状态，大家对门不相识，"老死不相往来"，传统的"熟人伦理"失去意义，传统的社会道德规范对人们的控制力大大减弱。居住于社区中的未成年人，也能够具有各种各样的道德表达方式。

其次，家庭环境的变化。自 20 世纪 70 年代实行计划生育政策以来，我国家庭结构发生了重大的变化，出现了"2-1"这种核心家庭结构和以核心家庭为基础的"4-2-1"型结构。独生子女的生存环境使得"90 后"易养成我行我素、自我中心的性格。另外，城市家庭中相对优越的家庭环境、相对民主宽松的家庭氛围，给"90 后"的道德文化提供了敢于表达的机会和能够表达的基础。而在农村家庭中，"留守儿童"基本处于自我约束、自我管理的成长环境中，伴随着消费文化的侵袭，他们往往既可能被裹挟在这些思潮和消费模式中难以自拔，也可能因缺少成人必不可少的引导而自觉反叛，制造着新的道德文化。

---

[1] 王玉冰，刘昕. 从"80 后"文学看中国当代青年文化的后现代走向[J]. 山东省青年政治学院学报，2006，(3)：24-26.

[2] 李培林，李强，孙立平. 中国社会分层[M]. 北京：社会科学文献出版社，2004：12.

最后，社会大环境的变化。社会大环境是道德转型的催化剂，也是各种亚道德文化的现实验证。目前，整个社会大环境出现了各种现实性问题，如腐败问题、就业问题、诚信问题、黄赌毒问题、党风廉政问题和官僚主义问题等。[1]当下社会竞争激烈，而且人们还面临着一些其他社会问题如面临社会不公平现象、升学就业的压力、婚恋观念的改变等，一系列问题引起人们的焦虑。另外，改革开放后，资源配置方式从计划经济向市场经济转变。我国经济形式走向多样化，这就导致社会意识不断复杂化，而且因为我国实现社会转型的时间相对短暂，社会规范对社会秩序的整合能力也就相对滞后，变幻莫测的社会事件发生的频度比此前高出很多，于是整个社会意识也倾向于见怪不怪或走向无标准评价。社会容忍度的增强给各种道德文化以更加充分的表现机会，也给主流道德整合亚道德带来困难。

## 二、现代社会变迁所造就的现代人的道德

作为调节人与人、人与社会、人与自然关系的行为规范和行为准则，道德这种社会意识形态是维系社会结构的重要依托。"一切以往的道德论归根到底都是当时的社会经济状况的产物"[2]。社会转型客观上要求并直接导致道德转型，根据社会学家涂尔干的观点，社会转型期经济快速增长，快速增长的经济使得原有的社会关系被打破，而这种变化又特别容易影响人们，使人们接受新的社会观念，社会也因而突然迷失方向。马克思主义文化史观也告诉我们，社会经济体制发生重大变革、社会经济生活根本转型，必然会导致社会文化发生巨变，这种巨变虽然并不震撼人心，但它释放出来的能量，却极为深刻地影响着社会的道德文化。

处于转型期的任何国家必须面对的现实是传统道德观念与现代价值体系的激烈冲突。中国正处在一个"从传统社会向现代社会变迁"的过渡过程，这个过程就是"从社会结构来说，是从农业的、乡村的、封闭半封闭的传统社会向工业的、城镇的、开放的现代化社会转变；从社会体制来说是从高度集中的计划经济向社会主义市场经济体制的转变。与此同时，社会文化也发生相应的变迁与转型，传统与现代的碰撞，先进与落后的对垒，中西文化的冲突融合……"[3]这种社会转型是社会基本矛盾和内外矛盾运动的必然结果，这种社会转型反映了我国社会的巨大进步，直接表明我国在向一个更加文明的阶段迈进。

青少年时期是人生发展和道德品质形成的关键时期，社会、道德转型深深地影响未成年人道德生活，并客观要求未成年人作为社会道德主体参与社会新道德

---

[1] 周先进，李颂明. 影响大学生思想政治教育的社会环境因素及对策研究[J]. 黑龙江高教研究，2007，（1）：75-79.

[2] 中共中央马克思恩格斯列宁斯大林著作编译局. 马克思恩格斯全集（第 20 卷）[M]. 北京：人民出版社，1995：102.

[3] 龚长宇. 酷文化·青年价值观·社会转型[J]. 青年研究，2002，（2）：30-35.

的建构。在学校主流道德教育之外，青少年学生具有自己的行为规则。"人们屡屡指出青少年有其自己的文化，或曰青少年正在创造着自己的文化，而这些文化中是不乏道德取向和道德规范成分的。据此而论，青少年也确实在进行着德性的创造，唯其创造结果未必都能为社会认可而已"①。也就是说，未成年人亚道德是相对于社会主流道德而言的，是社会主流道德的一种补充，是由未成年人群体所特有的道德取向、道德规范、道德价值等构成的一种道德体系。

## 第二节 现代社会境遇中的未成年人亚道德镜像

现代社会境遇中，未成年的亚道德现象已经成为事实性存在。未成年人的亚道德与主流道德处于不同的地位，然而不可否认的是亚道德具有其完整的维度和独特的特点。

### 一、未成年人亚道德镜像的几个维度

众所周知，未成年人的道德镜像具有特殊性，其道德状况与成年人有着巨大的差别，但这种差别不仅仅体现在道德水平的高低上，亚道德就是未成年道德镜像的典型特色之一。观察未成年人的道德发展，可以发现两条线索——一方面，未成年人由于社会化的需要，接受着社会主流道德的不断引导；而另一方面，由于未成年人身心发展的特点，他们会在主流道德之外寻求其他道德世界，亚道德体系也由此产生。事实上，现代社会未成年人亚道德的产生有着深刻的背景和原因，它是社会转型期未成年人道德世界的正常现象，体现着我国的开放性，展现出与时代互动的发展特色。作为"市场改变中国之后的一代"，在"消费主义改变中国，娱乐文化改变中国，财富分化改变中国，都市化改变中国，全球化改变中国，网络改变中国"的一系列改变中，当代未成年人的道德发展带有鲜明的"时代印记"与"文化标志"。

#### （一）亚道德规范

道德规范是社会生活中已经形成的评价个人或群体行为的一系列道德准则。道德规范的意义在于对社会行为划线，一边是"道德"，另一边便是"不道德"。从这个意义上讲，道德和法律共通，只不过与法律的强制性约束力不同——道德规范的约束力是以道德观念的一致性和稳定性作为前提的。未成年人亚道德规范

---

① 吴康宁. 教会选择：面向21世纪的我国学校道德教育的必由之路——基于社会学的反思[J]. 华东师范大学学报（教育科学版），1999，(3)：10-18.

也是一种道德类型,体现着未成年人对主流道德的妥协。妥协的原因就在于,成年人即主流道德的代言人才是社会的主导,得到社会的认可才能得到生活的空间;但另一方面,未成年人的行为又不仅仅是主流道德的摹写,其通过未成年人团体的共同协商达成某种规范,这种群体性、特殊性才是其本质。因此,未成年人亚道德与社会主流道德必然伴随着难以避免的冲突。这与《境遇伦理学》中的观点是一致的:"境遇论者在其所在社会及其传统的道德准则的全副武装下,进入每个道德决断的境遇,他尊重这些准则,视之为解决难题的探照灯,他也随时准备在任何境遇中放弃这些准则,或者在某一境遇下把它们搁到一边。"[1]

与主流道德规范相比,亚道德规范的形成有自身的特点,包括实用性、相对性、公正性、践行性等。首先,何谓实用性?实用性是指其形成的道德规范是出于自身小团体的利益,以满足亚道德群体的需要为旨归。这一点事实上与主流道德有着相似之处,只不过主流道德的利益群体更加广阔。其次,青少年亚道德规范形成的相对性很好理解,即它是相对于社会主流道德的,正是由于主流道德的主流地位才使"亚道德"被动至"亚"地位。但最本质的原因还是在于亚道德规范具有与主流道德刚性准则不同的易变性。这种易变性也是与当前的文化思潮息息相关的。传统社会一元对立的观念在当今社会已被彻底颠覆,取而代之的是多元并存的信息世界。各种善恶兼具、美丑并存的事物冲击了青少年的价值系统,使其陷于自我价值紊乱的矛盾冲突中,这样一来也不难理解亚道德规范的易变性和道德相对主义盛行。再次,提到公正性,很多人都十分熟悉,公正性是道德世界的基本准则之一,亚道德也不例外。通过群体间的交流和商讨,亚道德群体本着公平、公正的原则制定出了一系列属于他们的"游戏规则"。这种游戏规则讲求公正性,寻求人与人之间利益的互惠和互助。一旦某个个体做出违反游戏规则的举动,便会遭到整个群体的谴责。事实上,亚道德规范的易变性决定了这种规则得到的只是现实生活中即时的互惠。最后,何谓践行性?践行性就是指未成年人亚道德规范的形成是在彼此相互事实性交往的实践中形成的,群体内每一个体的践行都为生成亚道德规范提供了素材。它不是理念的法则,而是践行的规则。

(二)亚道德价值观

价值观是主体对客体关系的一种评价系统。或者说,价值观是人们对客观事物或现象进行是或非、有意义或无意义、值得接纳或不值得接纳判断时所依据的一系列最基本的准则或尺度。道德价值观则反映道德主体与道德客体之间关系的一种评价。当前我国正处于社会转型变化的时期,各种文化思想波涛汹涌。在这样的时代背景中,人们的道德价值观也在经受着严酷的考验。从各种社会现象和新闻媒体中,我们可以看到作为国家未来的未成年人一代,其价值观偏离了社会

---

[1] 弗莱彻 J. 境遇伦理学[M]. 程立显译. 北京:中国社会科学出版社,1989:17.

期待，其亚道德价值观不可避免地与主流道德价值观发生冲突。为了缓解这种矛盾，也为了更好地重塑未成年人的道德价值观，主流道德不得不通过整合并吸收亚道德合理成分的方式来保持自身的活力，以期能够与时俱进并引领未成年人道德成长。那么，未成年人亚道德价值观是怎样的呢？通过对未成年人亚道德规范的探析，可以看出其具有如下特点。

一是多元性。如果说传统社会是一个充满"一元性"的社会，那么现代社会就是一个充满多元性的社会，这种特征集中体现于公民的道德价值观。我们现今提倡的主流道德在某种程度上可以说是传统社会的产物，只不过在今天依然不可缺乏。所以，主流道德价值观本身就是一元的，这与传统社会是一致的。而未成年人亚道德价值观的产生既有着多元社会的时代背景，又带有对主流道德的批判和逆反，这样的道德价值观也就自然而然地带有鲜明的多元性特点。当前的未成年人一代可以说是生来就面对着一个众生喧嚣的文化社会，政治、经济、生活方式等都被渲染着多元的色彩，尤其是社会主义市场经济的发展，促进了社会经济成分的多元化、组织形式的多样化、利益主体的多元化和生活方式的多样化。各种丰富多彩的文化信息给予生活于其中的人们以各种不同的价值观影响，而互联网信息平台的普及和应用无疑加剧了这种差异性和多元性。未成年人的幸福是不言而喻的，他们拥有更加广阔的天地去大有作为，也拥有更加丰富的世界去进行开创；他们的个性得到了前所未有的张扬，他们的声音得到了前所未有的传播。但更加引人注目的是道德价值观的转变，未成年人的道德价值观也发生着前所未有的变革。在各种不同声音的影响下，未成年人的道德思维受到了巨大的影响，各种不同形态、不同形式的亚道德价值体系产生并不断壮大。而未成年人具有兴趣广泛、思维活跃等天生特点，这种开放性使他们在面对新事物时能迅速接受并吸收、转化，而且多元性的亚道德价值观形成正满足着他们多样化的道德需求。所以说，亚道德价值观本身是多元的，并且能够满足未成年人对于多元的需求。正是由此，我们说亚道德价值观具有多元性特征。

二是个体取向性。对于当代未成年人的亚道德价值观，个体本位的价值取向是其一大特点。通过未成年的道德生活，体现出来的是社会责任感的消逝。在面对国家、面对社会时，未成年人理所当然地不闻不问，在态度上不予理睬，在行动不予参与，这种道德现象正是当前未成年人个体本位取向的典型表现。例如，在当代未成年人看来，学习的主要目的不再是"服务社会，报效祖国"，而是更为现实的"获得可观收入，满足自己的物质需求"。在责任感方面，当代未成年人也往往以自我为中心，他们的自我意识、成就欲望及自我责任明显增强，而社会责任感则逐渐淡化。在个人利益和集体利益发生矛盾时，当代未成年人往往选择保护个人利益。从现有的资料来看，人们普遍认为当代未成年人社会责任感相对缺乏的现象令人担忧。有调查也显示，在各类责任类型中，"自我责任"的选择率居首位,"对社会的责任、对家庭的责任、对集体的责任、对他人的责任"则比例很低。甚至还有许多未成年人把个人与他人及整个社会对立起来,一切以"自我"为中心,以个人的利益、好恶来为人处事,为了达到个人的目的可以不择手段地损害别人和社会的利益。这种只讲索取、不讲奉献,只顾个人幸福、不顾别人利益的自我中心论在当代未成年人中并不少见,如在做人准则上,信奉"别人如何待我,我也如何待人"、"人人为我"或者"走自己的路,让别人说去吧"的大有人在。

三是功利性。功利性可以说是当代社会人性画像中最为浓墨重彩的一笔。我国自改革开放以后,经济、政治、文化等都开启了一段新的历程,道德价值观也在变革。西方社会的功利主义思潮喧嚣而起,迅速占领个体头脑。未成年人亚道德价值观便具有十分鲜明的功利性。在亚道德价值观的引领下,多数未成年人追求功利实用,计较利益得失,未成年人之间注重"物质交往""礼尚往来"就是明证。亚道德本来是道德标准,而功利性色彩的加重却使其沦落至利益标准。更多的未成年人在实际生活中,不再以道德、理想、信念等为终极追求,反而更加注重个人利益的保护。"理想理想,有利就想;前途前途,有钱就图"这一畸形社会顺口溜已成为一些未成年人的内在追求。伴随而来的除了个体的自由和解放,更有着集体主义神话破碎后的信仰危机和后现代冲击下传统道德的塌陷。他们不再去"追求超越自然与现实的规定性,不再去追求人之为人的理想,而是注重于用'物质的批判'去取代'思想的批判';用'物质的超越'去取代'精神的超越'"[①]。由此,未成年人出现享乐主义、极端利己主义也就不足为奇。这是值得我们警醒的,需要采取针对性的措施加以引导。

四是不稳定性。未成年群体就身体和心理状态上来说,本身就处于未完成和未定型的状态,其亚道德价值观必然带有这种不稳定性的特点。在不稳定的价值观的引领下,其道德选择和道德行为就常常显得游移不定。但是,也正是由于未成年人正处于道德价值观形成的关键时期,社会环境、文化、教育等因素将会对其道德价值观的形成产生重要的影响。然而,当今社会通过现代传媒而传播和发展起来的文化形态,它所追求的价值内涵往往是"深刻也好,浅薄也好,独异也好,从众也好,高雅也好,庸俗也好……统统被灌进了'怎样都行'的搅拌机"[②],也就是说,对未成年人产生深刻影响的社会本身已经陷入道德困境,各种道德价值观附属于各种社会群体,主流道德价值观与亚道德价值观甚至不道德价值观陷入混战,如"我是流氓我怕谁"极力表达的是对卑贱与恶劣的崇尚,许多暴力片在所谓"正义"的幌子下竭力展示行帮习气和械斗滥杀场面,等等。在这种无时

---

[①] 鲁洁. 道德教育的当代论域[M]. 北京:人民教育出版社,2005:12.
[②] 蔡翔. 日常生活的诗情消解[M]. 上海:学林出版社,1994:66.

不有、无处不在并包含着多元道德价值内涵的文化形态的影响下，当代未成年人在道德价值选择过程中就必然会呈现出不确定性的态势。

（三）亚道德理想

道德理想是对社会中道德关系的预见以及对理想人格和至善品质的设想。青少年期是道德理想形成的关键时期。未成年人亚道德也具有其亚道德理想，未成年人亚道德理想的发展具有如下特点。

一是道德理想与主体需要密切相连。道德理想是每个人生存、发展必不可少的精神力量，对于未成年人来说更显重要性。未成年人的人生刚刚开启，其对未来充满了憧憬和希冀，道德理想的树立是其满足内在需求的表现。联合国教育、科学及文化组织（简称联合国教科文组织）教育丛书中就有这样的观点："青年对道德问题具有敏感性，遵循一种道德理想是他们的精神需要"[1]。观察我国社会，由于社会转型期的特殊阶段，未成年人虽具有道德理想，然而却偏离了精神力量的轨道而成为物质追求的工具。他们误解了主体的需要，将欲望等同于需要。于是，他们的道德理想充满了"后物质主义"的味道，他们不再追求"狂热的理想"和"虚无的精神假设"，而只注重与自己实际利益密切相关的理想目标的实现。他们追求物质生活质量和生活极度自由。这种道德理想是与未成年人主体需要紧密相关的。

二是偶像崇拜中欠缺理性思考。偶像崇拜是当代未成年人群体较为普遍的一种现象，他们通过各种方式表达着对偶像的崇拜之情，有的追星者甚至到了不择手段的境地。这种偶像崇拜现象其实在某种程度上可以暴露出未成年人道德理想的现状。我们可以通过未成年人偶像崇拜的对象看出端倪——即未成年人偶像崇拜的对象往往鱼龙混杂，不加理性思考而"跟着感觉走"；长相姣好者、个性独特者、才华横溢者成为很多未成年人选择的偶像，这些偶像崇拜的统一特点就是缺乏了道德品质的考量。正因如此，许多历史和现实生活中的反面人物也成了少数人的崇拜对象，而对一些值得崇敬的英雄、科学家、模范人物却没有仰慕之心，缺少应有的敬重。这反映出了当代未成年人亚道德理想缺乏理性思考，而极具片面性和盲目性，这不利于未成年人的道德成长。

三是同辈群体道德期望的世俗化、幼稚化明显。未成年人同辈群体对其成员的道德期望常常带有世俗的气息，幼稚化明显。例如，"为朋友两肋插刀"被认为是讲义气，"能攀龙附凤、左右逢源"被认为是有本事，"保守朋友的某种罪恶的秘密"被认为是守诺言。又如，未成年人中的盲目消费、攀比消费、赶潮消费、"面子"消费、超前消费等高消费甚至浪费现象非常普遍。一些未成年人追求"档次"，崇尚名牌；聚会交友，大讲排场；同学间比吃、比穿、比用、比手机、比电脑、

---

[1] 拉塞克 S. 从现在到 2000 年教育内容发展的全球展望[M]. 北京：教育科学出版社，1996：160.

比父母的官阶和钱包等。"不劳而获"被认为是有能耐,"勤俭节约,艰苦奋斗"的优良传统被斥为"土老帽"。

### (四) 亚道德心理能力

道德心理能力是顺利完成某种社会道德活动所必备的能力,它是一种道德认知、道德判断、道德践行能力,是道德结构的基础。在未成年人亚道德的生成和发展过程中,其亚道德心理能力具有以下几个特点。

一是未成年人道德认知能力基本达到"普遍伦理原则"水平。所谓"普遍伦理原则"是指被社会普遍认同的道德准则,如平等、公平等。未成年人作为社会的一分子,虽然对主流道德带有不满意的情绪,但是对平等、公平等符合人性基本伦理规范的道德准则是认同的。所以,未成年人在面对道德生活中的不确定选择时,也能够依据群体规范及"普遍伦理原则"进行自主判断,制定亚道德原则并实现自己认可的道德价值。

二是未成年人道德情感逐步由以直觉、想象为主体的情感能力过渡到以理性为核心的情感能力。未成年人处于身心发展的关键阶段,其心理发展已渐趋成熟。在道德情感的发展上,也渐渐摆脱了幼年时的直觉性和想象性,理性思维能力能够引领他们产生更富理性的道德情感。例如,在面对他人的不幸遭遇时,未成年人能够通过自己"同理心"的道德情感而体恤、同情他人,甚至奉献自己帮助他人。这种道德情感能力的获得对于未成年人的道德成长至关重要,是其形成良善品质的重要动力。

三是未成年人道德践行能力逐步由外在控制转向内在控制。道德践行能力是个体根据道德准则实践道德行为的能力。未成年人形成道德践行能力才能相应地选择有道德的生活。如果道德仅仅停留在口头上或者文字中,只可以称得上是道德知识;经过个体的道德选择和道德践行,"道德"才被成就。未成年人的道德践行能力在幼年阶段往往是通过道德教条、道德规则等外部形式实现的;随着身心的发展,道德践行能力逐渐转变为自我内在形式的调控,即在道德情境中其选择行为是自主决定、自我监控下的结果。对比未成年人亚道德产生之前,其道德行为方式更容易受到外界的影响。这是道德进步的表现。

四是未成年人道德评价能力已经逐步摆脱他人影响,进行独立的、全面的道德评价。未成年人亚道德之所以能够形成并发展,与未成年人独立能力的发展关系密切。正是由于未成年人能够摆脱他人的影响进行独立选择和独立实践,他们不再满足于主流道德的控制而选择了一种全新的道德评价。虽然其中有一些年龄较小者尚未具备这种独立、全面进行道德评价的能力,但就整个群体来说其道德心理能力确实有了巨大的进步。正视这种能力并加以引导,是未成年人亚道德能够向主流道德提升的有利条件。

## 二、未成年人亚道德镜像的几个特点

未成年人亚道德的特点可归纳为下列几方面。

### （一）创造性

"人们屡屡指出青少年有其自己的文化，或曰青少年正在创造着自己的文化，而这些文化中是不乏道德取向和道德规范成分的。据此而论，青少年也确实在进行着德性的创造，唯其创造结果未必都能为社会认可而已"[1]。未成年人亚道德作为一种新型道德，可以说是未成年人群体的"新创造"。尽管未成年人亚道德有其不合理的一面，但在某种程度上恰恰反映出了其对创造性道德的需要。身处日益复杂的现代社会，面对着日益复杂的生活选择，传统的道德规则已经无法引导他们的道德行为。于是，未成年人群体发挥集体智慧的能量，根据自身的道德需要开拓了新的道德价值取向并尝试新的道德行为。这样一来，未成年人亚道德就形成了。这种道德观因其与传统道德的与众不同而更显其独创性，是未成年人向时代展示自我价值的重要表现。

例如，"抱抱团"曾在各大城市兴起，年轻人在街道上高举"抱抱"的醒目牌子，寻找陌生人温暖的拥抱，让那些原本擦肩而过的人们，因为这样的活动影响，开始对素不相识的陌生人真心微笑。可以说，在某种程度上，这一举动突破了中国人传统的道德尺度，体现了未成年人亚道德的创造性。又如，在人们的日常生活逐渐被消费文化和大众文化主宰的大环境下，置身于其中的未成年人也在及时地建构着与时代同步、能够反映自身心态和价值观念转变的话语方式，他们用一种拼贴、挪用、戏讽的后现代话语方式，通过"大话文化"、"火星文"、"恶搞"等诸多形式，形成了一个只有"圈内人"的世界。"大话"文化所具有的滑稽搞笑、时空错乱、随意拼贴和粗俗怪诞的特征，实际上是对生存在现代市场经济社会中的人们所体验到的人生的偶然性、变易性和荒诞性的极度夸张，是对社会竞争所造成的精神和生理压力的剧烈释放和缓解[2]；它们之所以能在未成年人那里广泛流传，与他们的崇尚创新、张扬个性等品质是分不开的。

未成年人亚道德与主流道德和其他道德类型都不同，所以说它是独特的，是未成年人创造性的表现。

### （二）反逆性

未成年人亚道德的生成与发展在一定意义上是对社会主流道德的一种反叛，他

---

[1] 吴康宁. 教会选择：面向21世纪的我国学校道德教育的必由之路——基于社会学的反思[J]. 华东师范大学学报（教育科学版），1999，（3）：10-18.

[2] 姚爱斌. "大话"文化与青年亚文化资本——对《大话西游》现象的一项社会学考察[J]. 文艺理论与批评，2005，（3）：73-77.

们追求独立选择、尝试新的道德生活和摈弃陈规戒律的愿望使其成为道德的反叛者。未成年人相比于成年人来说，更加充满活力、富有个性，这种人格特征决定了其对于传统道德敢于批判和反对。由于时代的发展，过去的一些制度、标准和模式已经不再符合当代未成年人的生活需求，他们热切地期待着有所改变和创造。在进行文化创造、道德创造的过程中，与主流道德的冲突和矛盾必然不可避免，此时未成年人亚道德的反叛性就表现出来了。正如有论者所说，"21世纪的教师应该准备迎接这样一种青年：他们竭尽全力以克服严重的心理问题，反对那些令他们感到陌生、有害并和20世纪主导价值观念相距甚远的制度、标准和模式"[1]，这种反逆性多表现为文化偏离和标新立异的倾向，常使未成年人产生道德偏离和失范。

例如，在20世纪末，以周星驰的电影《大话西游》为代表的"大话"文化，成为当代未成年人新话语方式的典范。《大话西游》使青年人"在一夜之间冲破了思想的牢笼，获得了话语的权力，张开了想象的翅膀"[2]。它彻底毁掉了未成年人对之"敢怒而不敢言"的主流文化与精英文化的神圣权威的经典形象，使其在一场彻头彻尾的话语狂欢中被任意打散、拆装、重组，不再成为束缚未成年人个性成长的"紧箍咒"，相反，却成为他们把玩的对象。如今，在QQ、BBS以及博客中，随处可见未成年人花样百出、"无厘头"风格的语言快餐，如"7456"（气死我了）、"BT"（变态）、"F2F"（face to face）、"KPM"（肯德基、披萨饼、麦当劳）、"偶稀饭"（我喜欢）、"斑竹"（版主）、"杯具"（悲剧）、"餐具"（惨剧）[3]……而类似于"偶稀饭滴淫8素酱紫滴"——翻译成标准汉语应该是："我喜欢的人不是这样子的"——这样的话在未成年人的日常交流中也屡见不鲜。无疑，这些只有特定圈子里的人才读得懂的"火星文"[4]，这种与众不同的、放纵不羁的、脱离成人社会的话语其实是对"经典话语"的百般愚弄，而未成年人在此过程中所表现出的"游戏心态"则是对主流道德文化的刻意疏离与反叛。

未成年人亚道德的反叛性在很多方面都有所表现，如果不理性和合理地引导，将会加剧其与主流道德之间的冲突，对未成年人的道德成长产生消极影响。

### （三）前喻性

未成年人亚道德在一定意义上对社会道德生活具有前喻性，具有"文化反哺"功能。随着社会的转型发展，人们的道德生活也呼唤道德转型。未成年人作为新

---

[1] 拉塞克 S. 从现在到2000年教育内容发展的全球展望[M]. 马胜利译. 北京：教育科学出版社，1996：161.
[2] 姚爱斌. "大话"文化与青年亚文化资本——对《大话西游》现象的一项社会学考察[J]. 文艺理论与批评，2005，（3）：73-77.
[3] 见于网友在论坛发的一帖："人生就像茶几，上面摆满了杯具；人生又像餐桌，上面摆满了餐具；人生更像茶叶，终究要被浸泡在杯具之中。"此后迅速流行，成为2009年最热门的网络新词之一。
[4] 随着互联网的普及，许多网友尤其是年轻网友开始大量使用同音字、音近字、外文字母、数字、特殊符号等来代替过去的正统文字。由于这种文字让习惯了正统文字的人感到十分奇异，故被称为火星文。

生的社会力量，其道德生活的变化能够有效地反映现代社会的特点。因此，未成年人亚道德可以说是道德转向的指向标，具有对社会道德生活的前喻性。

社会转型期未成年人社会化的一个重要现象就是"文化反哺"，文化人类学家米勒称之为前象征文化，并进行了这样的界定："在论及年长者不得不向孩子学习他们未曾有过的经验这种文化类型时，我们就用前象征（pre-figurative）这个词。"[1]也就是说，在社会急剧变革的时代，成年人原本的知识、经验等已无法完全应对新的社会情境，他们需要向未成年人学习，未成年人在这个过程中完成了文化反哺。这与传统社会有着根本的不同，一定程度上是对原始传统（如长者为尊等）的动摇。之所以会出现这种现象，一方面与社会转型的特殊背景息息相关，另一方面与未成年人能力的增长有关。未成年人在成长的过程中，逐步适应社会环境并渐趋独立自主，社会适应性的增强进一步强化了其自我意识，于是产生了对社会主流文化、道德等的新意识、新观点，并敢于表达。这种表达过程也是未成年人以积极的心态主动适应社会变革的表现。新的道德类型被未成年人创造，新的道德体系被未成年人建构。社会道德生活由此开启了变革，在未成年人亚道德的文化反哺下，主流道德也实现着自身的进化从而能与时俱进。

### （四）享用性

未成年人亚道德的生成和发展与未成年人群体对道德生活的享用密切相关。未成年人亚道德本身就是未成年人的创造物，他们根据自己的诉求量身定制了一套道德体系。因此，未成年人亚道德能够满足未成年人的愿望，带给他们享用性。

未成年人亚道德的享用性表现在：一方面，未成年人亚道德族群以相同的兴趣爱好集合到一起，或是借助网络、手机等新兴媒介游戏发泄，或是在自己的虚拟社区里持续狂欢。另一方面，当某些主流的道德价值观念引起年轻人强烈反感的时候，他们的第一反应往往是以娱乐化的"恶搞"方式来讽刺它。尼尔·波兹曼不无忧虑地指出："这是一个娱乐至死的年代，一切公众话语日渐以娱乐的方式出现，并成为一种文化精神。我们的政治、宗教、新闻、体育、教育和商业都心甘情愿地成为娱乐的附庸，毫无怨言，甚至无声无息，其结果是我们成了一个娱乐至死的物种。"[2]在这个"全民狂欢"、节奏越来越快、压力越来越大、孤独和空虚感越来越深重的时代，当代未成年人最关心的是如何尽可能地让自己快乐。"他们中的许多人虽然生活在富庶安逸的环境中，并被家长百般宠爱、万般呵护，却与家长、社会缺乏健康的、必要的正常交流，加上深受西方流行文化、电子网络文化、卡通广告文化、商业消费文化的影响与冲击，他们常常会因莫名其妙的空虚、孤独、赶时髦而走向彻底的反叛。……恰如一些文化学者指出的那样，他们

---

[1] 米德. 代沟[M]. 曾胡译. 北京：光明日报出版社，1988：20.
[2] 波兹曼 N. 娱乐至死[M]. 章艳译. 桂林：广西师范大学出版社，2004：11.

是不折不扣的'国际混血儿'。在他们的心目中,自己属于什么民族,应该如何继承传统并不重要,重要是追求瞬间的享受、感官的刺激与出风头的快感。"[1]这种"快乐至上"的生存哲学的外衣下,隐藏的是信仰的缺失和精神家园的飘零所造成的空虚感和孤独感,隐藏的是未成年人企图摆脱束缚、排解压力、舒缓抑郁以及获得想象性的自我认同感的努力。

### (五)不稳定性

从总体上看,未成年人亚道德价值观是一种未定型的价值观,这在少年期和青年初期的表现尤为明显,他们对诸多道德问题的评价往往显得幼稚且游移不定,来自各方面的思想观念也很容易对他们产生影响,因而未成年人道德价值观的多元色彩较浓,需要主流道德价值观的引导。

例如,近年来曾经轰动社会的网络暴力行为"人肉搜索"。人肉搜索是某些网民通过搜索网络上某个网民遗留的信息和技术痕迹,从而获取其个人信息的一种恶意侵犯隐私的行为。网民之所以遭到人肉搜索,一般是因为其行为存在不公平或者不道德之处,进行人肉搜索的青少年网民打着维护正义的幌子以身犯法,实施网络暴力。而且,他们虽然通过各种形式斥责社会不公平、不合理现象,自身在公共生活中却无视道德和文明。这种道德双重人格现象反映出了未成年人亚道德的不稳定性,即道德对于他们来说并不具有持续不断的约束力,其道德行为会依据其需要、情绪等随时发生变化。这是何其矛盾?然而这种矛盾的道德心理现象却奇异地统一于当代未成年人的社会角色下。事实上,未成年亚道德不稳定性的一面有着复杂的原因,一则是当今社会变化太快,青少年在社会的瞬息万变之中不得不随时调整自己的行为以适应社会;二则未成年人本身就有未完成性,他们的身心还在不断地成长,变化和进步相伴而生。另外,未成年人的道德成长是一个漫长而又复杂的过程,在这个过程中榜样的作用是巨大的。正因为家庭、社会、学校给予其的道德教育不一致,他们的道德心理也在经受着各种质问,于是会出现道德双重人格甚至多重人格。道德教育不可忽视这一现象,并要有所担当。

### (六)个性化

当代世界是一个开放的世界,这种开放不仅仅是物质世界的开放,更有精神世界的解放,当代未成年人就出生在这样一个时代。也正因如此,他们具有极其张扬的个性和与众不同的行事风格。这种个性化特征无可避免地浸染于其道德生活中,造就了未成年人亚道德的个性化。

当下社会,对"人"的空前重视是现代文明的核心内容,肯定自我意识、鼓

---

[1] 鲁虹. 消费时代的艺术感觉——解读黄一翰[EB/OL]. http://www.artda.cn/www/16/2008-03/252.html,2008-03-17.

励个性发展是现代社会的一个基本原则。"当下生命体验的价值、个体的自我确证方式等在市场经济、技术产业化和民主法治国家体制的前提下得到了解放，外部世界对个人的制约力量减弱，于是作为被抛入世界的'孤独个体'因为获得了主体性、当下性、个别性的力量而在真正意义上出场了，而作为先验规定性的语境开始弱化其力量并趋于隐匿。这种此在出场、语境隐匿的生存状况带来一个明显的文化结果，即个性膨胀。"[①]随着后现代主义文化的盛行，以及社会环境愈加宽容开放，人的个性得到了空前的解放，个体需要被置于无上的地位。当代未成年人享受着改革开放后富足的物质生活和祖辈父辈的万千宠爱，养成了唯我独尊、特立独行的性格特质，崇尚自我设计、自我选择和自我实现已成为其共同愿望。在消费理念上，其消费需求日益个性化，宣称"我喜欢的就是最好的"，强调消费的情感性和符号性价值；在生活态度上，他们"宁愿过一分钟有质量的生活，也不愿窝囊地活一辈子"；在价值观念上，他们崇尚直接拥有和直接享受的实用主义，鄙夷"遥远的理想和永恒的道德准则"……例如，未成年人中"NONO族"的流行，就是其亚道德价值观念更趋于个性化的突出表现。"NONO族"强调个性特立独行，拒绝被潮流程式化，他们主张对一切虚伪说 NO、对矫揉造作说 NO、对一味跟风说 NO。又如，近年来湖南卫视"超女"和"快男"海选之所以能在未成年人中掀起狂风巨浪，就是因为它们契合了未成年人强烈追求个性表达的特质。再如，BBS、博客之所以能备受未成年人关注，就在于它们自由表达的特性为未成年人提供了张扬个性、自由宣泄、自由作秀、引人注目、展现自我的舞台和平台。对于未成年人来说，"我的地盘我做主"的价值也许远远高于"心中永恒的道德律"。

（七）分裂性

随着当代未成年人自我意识的觉醒和成熟、个性的不断完善与发展，其道德人格也在逐渐走向成熟，但同时也存在着心态上和道德心理能力上的困惑与矛盾，如道德认识上存在深刻与浅薄的矛盾、道德判断能力和道德选择能力上存在清醒与盲目的矛盾等，这就决定了他们的道德观念和行为模式必然带有矛盾性和不确定性，我们称之为亚道德的分裂性。

首先，在处理个人与社会的关系时，他们热爱自己的国家，渴望国家的繁荣与富强，却不懂得真正的爱国行为到底是什么；他们渴望成为栋梁之材却又自视清高，缺少踏实奋斗的精神；他们渴望着改革，却又强烈反对伤害自身的利益；他们痛恨社会不正之风，却又信奉"金钱就是一切"。其次，在处理个人与集体的关系时，他们希望集体具有和谐的氛围，却不愿为这良好氛围的形成出自己的一份力；他们对班级建设可以提出很多有益的意见，却不愿动手实干；他们对个人

---

[①] 冯黎明. 技术文明语境中的现代主义艺术[M]. 北京：中国社会科学出版社，2003：112.

卫生特别讲究,却不愿过多地关注公共卫生。再次,在处理个人与个人的关系时,他们希望能够得到别人的尊重,却不能做到生活中处处尊重别人;他们强烈反对"东方式的嫉妒",却在实际生活中不知不觉地表现出这种嫉妒甚至更甚。最后,在处理个人与自我的关系时,他们渴望长大,渴望能承担社会责任,得到社会认可,却又沉迷和留恋儿童时代,逃避承担各种压力和责任。有人预言,"后儿童时代"已经到来。所谓"后儿童现象",是指尽管当代未成年人在生理上越来越早熟,在心理上却越来越"幼稚",他们似乎比其他任何人都害怕长大。他们酷爱卡通动画片,如"喜欢开限制级玩笑的《蜡笔小新》,不求上进的《樱桃小丸子》等"[①],他们爱唱 S.H.E 组合的《不想长大》。"后儿童现象"的根本原因在于现代社会的某些痼疾、我国特殊的国情和家庭教育方式。众所周知,工业文明引发的科技进步,给人们带来了物质的富足和生活的便捷,但却使世界变得越来越变幻莫测,无限未知的经验给人们精神上带来极度的空虚和不安。当代未成年人又是在优越的物质环境和家长的百般呵护下成长起来的,过多的溺爱极易导致他们"心理断乳期"的延长。"想撒娇,扮天真,希望你温柔一点——'哈日族'们所心仪的,并不是东瀛风情,而是他们体验中的孩童世界。他们将要告别这个世界,但他们的心理结构中多少将带着娇宠的特征,这特征已成了这个社会、这个时代的一种印记"[②]。

(八)边缘性

在与其他亚道德文化和社会主流道德文化的互动过程中,未成年人亚道德文化具有一种道德文化上的边缘性。与其他亚道德文化相比,未成年人亚道德文化虽然和它们有一定的联系,但也是有着自身的特性、与它们是有着明显不同的;与社会主流文化相比,未成年人亚道德文化虽然与其关系紧密,但也并不完全等同于社会主流文化或者顺应社会主流文化。未成年人亚道德文化游离于其他亚道德文化和社会主流文化之间,它和二者有互动性的一面,却又不同于任何的互动体,具有充分的相互区分的道德文化印记。

未成年人亚道德文化的边缘性特点反映在两个方面:一方面,反映在未成年人亚道德文化依附于社会主流道德文化的客观地位的边缘化。也就是说,未成年人亚道德文化是一种边缘化的道德文化形态;另一方面,反映在未成年人亚道德文化主观的边缘意识上。也就是说,未成年人亚道德文化群体经常自甘边缘,或以边缘为时尚,以一种边缘的行为、视角以及方式来参与社会、解释社会。

此外,边缘性也具有一定的阶段性。从时间上看,未成年人亚道德文化会随着这代人逐步摆脱边缘地位进入主流社会从而与社会主流道德文化融合。

---

① 付晓东. 幼齿与邪魔的纠缠:谈动漫亚文化[J]. 东方艺术, 2006, (10): 110-117.
② 陈映芳. 从青年文化的孩童化倾向说起[J]. 读书, 2002, (3): 114-120.

## 第三节 未成年人亚道德的意义与影响

未成年人亚道德现象的真实存在，不仅影响着主流道德，也对未成年人的道德发展产生着不可忽视的意义和影响。

### 一、未成年人亚道德对主流道德的意义与影响

美国心理学家加尔曾这样介绍青少年期，他认为青少年期是"疾风怒涛时期"，青少年难以安于现实，不能服从现实，因为他们处于特殊的年龄阶段，具有特定的不可逆转的人生经历，而且想要以其特有的形式影响社会。年轻人尤其是青少年在社会变革与时代发展的风口浪尖上，总是以"弄潮儿"的身份对社会及环境发生作用。

未成年人的道德成熟是外在因素和内在因素共同影响的结果：外在因素主要是指社会对未成年人道德发展产生的影响。为保证社会成员符合相应的社会发展要求，任何社会都会对处于其环境中的人施加一定的影响。尤其是对于处在成长关键期、可塑性强的未成年人，通过社会主导价值观念和规范来引导他们的道德成长。内在因素则是指未成年人主动学习道德知识，提高道德行为能力，形成道德习惯。在这一过程中，内外在因素并不单向产生作用，而是交互影响。未成年人已形成的亚道德同样会对社会主流道德产生影响，可以从积极和消极两方面归纳其作用。

#### （一）未成年人亚道德对社会主流道德的积极影响

未成年人亚道德对社会主流道德具有积极的影响，主要表现在以下几个方面。

#### 1. 未成年人亚道德提高了道德体系中现代性的比重

中国当代社会转型是以现代化为导向的，现代化意味着"现代性"成分的极大提升，在道德方面则表现为多元的道德观念。按照吉登斯的描述，现代性的主要动力因素之一就是"内在反思性"，即现代性在实质上是一种后传统秩序，具有反现实的品质，对理性的不断质疑和知识确定性的阶段性突破，使社会发展具有更多不确定性。[1]从某种意义上讲，亚道德游离于传统道德与现代道德、主导道德与新异道德间的"模糊地带"，它表明了道德不断向现代化方向靠拢。因为现代的社会伦理本身就是"多"而不是"一"，它是由多种价值观念组成的矛盾统一体。不同的价值理想之间相互冲突、激荡，已经成了当下社会伦理道德领域的常态[2]。

---

[1] 吉登斯 A. 现代性与自我认同[M]. 赵旭东，万文译. 北京：生活·读书·新知三联书店，1998：23.
[2] 康健. 现时代伦理大变局的若干基本方面[J]. 新华文摘，2002，(4)：49-56.

未成年人是时代的生力军，始终站在时代前沿，是社会变革的有力推动者。社会道德转型意味着将淘汰与时代发展不相符合的旧道德，并补充一些代表新时代的道德内容。未成年人思维活跃，受传统思想的影响束缚较少，加上其本身适应能力强，群体内价值观多元的特点，使其有天然的优势在社会新道德建构中担纲重任。这也就决定了未成年人所形成的道德新质往往更具时代特色，如现代人际道德、科学道德、经济道德、信息道德、国际理解道德、人口道德等，这些在某种程度上代表了现代道德发展的趋势。

与我国相比，西方社会由于其开放性更强，融合度更高，因此其道德多元化的情况也更加严重。但与我国谨慎的态度不同，西方教育界认为这是一个很好的契机，他们鼓励未成年人大胆探索实践，并试图赋予这种探索以理智和批判的武器，希冀通过这样一种方式促进未成年人自身乃至整个社会的道德进步。杜威曾强调"教育即生活而不是生活的准备"。在他看来，根本不存在永恒的、绝对的道德真理，道德准则同其他很多社会事物一样，必须满足于不断发展的社会需求，否则只能面临被淘汰的命运。所以，道德不是某种静态的、固定的观念，而是一种解决问题的过程。人们应该在认清自己思想真实性的前提下确立自己的价值观，理智地思考社会问题，并从中选择出能在最大限度上解决问题的价值观点。道德教育的核心乃是培养批判性探究的能力而不是机械的品格训练；道德教育的功能不是通过传授固定的规则来实现的，而是通过发展儿童的理智来实现的；道德不是外铄的，而是个体在参与实际生活的过程中、在与人合作和交往中发展起来的。杜威是在告诉我们，道德教育不是告诉儿童既定的道德准则，让他们机械地去"对号入座"，而是在现实的社会条件下，在多元价值观的基础上，理智思考，自主选择有意义的生活方式。西方道德教育理论在面对未成年人亚道德问题时所做出的这种应对，对我们具有重要的借鉴意义。

### 2. 未成年人亚道德中蕴含着"文化反哺"的因子

现代社会的一个重要现象就是"文化反哺"，文化人类学家米勒称之为"前象征文化"，"在论及年长者不得不向孩子学习他们未曾有过的经验这种文化类型时，我们就用前象征这个词"[①]。未成年人价值观念对社会主流价值观的渗透和冲击与社会的发展速度成正比。文化反哺现象使传统道德规范的权威地位遭到挑战，也在一定程度上打破了主流道德规范体系由成人操纵的状态。前象征文化在客观上支持了未成年人的道德探索，也促使了未成年人亚道德的形成及道德新质的产生，如道德主体意识和观念求新意识的增强以及市场伦理、竞争规范等。这些都潜藏着文化反哺的生机，并使得现实中价值观念的移入快于道德习惯的传承、价值观念的创新已强过道德理想的回归。道德新质的产生极大丰富了道德生活的内容，

---

① 米德 M. 代沟[M]. 曾胡译. 北京：光明日报出版社，1988：20.

也给青少年一代进行文化反哺创造了条件，有力推动了社会观念的更新和道德的发展。

### （二）未成年人亚道德对社会主流道德的消极影响

亚道德，顾名思义，并非是社会主流道德规范，在很多方面呈现出与社会主流道德的冲突甚至反叛，有时候也会出现一些偏激的情况。例如，对传统道德缺乏全面客观理性的认知，盲目否定，甚至将一些优秀道德遗产和具有现实意义的基本文明原则作为排斥的对象，冲击着社会的公共道德。在人类历史的发展长河中，有一些基本的价值原则，如珍惜生命、诚实、互信、公平、勤劳等是不因时空的变换而褪色的。随着社会转型和人们对物质利益的日益追求，这些传统美德和社会公德的神圣性也受到冲击，致使未成年人亚道德在纷纭复杂的社会变革中失却了"道德母体"所奠定的赖以生存的根基。另外，不少未成年人对"西方道德"存在一定程度的误读，将其等同于"现代道德"而不加选择和辨别地全盘接纳，这就让一些腐朽的道德思想乘虚而入。再者，信息技术的高速发展，全球化进程的不断加快，极大地拓展了人类认识和实践活动的空间，也给未成年人的道德发展带来了新的问题。目前，道德与技术的融合还未进入一种良性循环，网络本身的开放性、即时性、交互性等特点，给传统道德教育媒体的监管和信息过滤带来很大困难，让一些充斥着暴力、色情等低级趣味的内容成了"漏网之鱼"，在网络上大行其道，产生恶劣影响。还出现了黑客攻击与金融偷盗、贸易诈骗、侵犯隐私、恶意人身攻击、侵略意识、炫耀武力等现象，由此引起的未成年人道德失范现象比比皆是。上述几个极端的现象暴露出未成年人亚道德的一些幼稚、无知乃至消极、颓废的缺点，如自我中心、缺乏谦让、崇尚权势、拜金主义、享乐主义等倾向，这些不良倾向客观上对社会主流道德产生了一种负面影响，既影响未成年人亚道德的健康发展，也不利于社会主流道德对其汲取、接纳和整合。

### （三）未成年人亚道德与社会主流道德的相互影响与转化

道德发展具有一定的规律性：首先，道德随社会关系的变化而发展。经济生活是人类社会发展的基础之一，伦理道德作为人类特有的客观现象，也根植于社会经济生活之中，并随着社会经济关系的变化而发展。其次，道德的发展是曲折前进的过程。套用一句政治学上常用的话语"前途是光明的，道路是曲折的"。从历史发展的总体趋势来看，社会的前进也总是伴随着道德的发展。新的社会性质与社会形态改变着人与社会的关系，也同样改变着道德的内容。每一种新的道德历史类型的出现都标志着人对道德关系的理解逐渐加深，标志着人的个性的进一步解放和人格的逐步完善。但前进的道路总不是一帆风顺的，而是在反反复复的探索和善恶正邪的斗争中曲折向前。最后，道德文化的发展是批判继承的过程。任何时候，一种新的道德观念不会空穴来风，它一定是基于对既有道德的批判和继承。它一定是基于对既有道德的批判与继承。传统道德是"根"和"源",亚道德文化是"茎"和"流",脱胎于旧道德却又进一步向前发展。这样才使得道德文化发展具有了连续性,才会有长流不息的道德文化史。

"一花独放不是春,百花齐放春满园",要成就一种有活力的道德体系,就绝不能用一种非此即彼的眼光去看待主流道德和亚道德。没有主流道德,社会就失去了确定的价值标准和规范,而没有亚道德,道德自身将失去活力和前进的动力,变成死水一潭。二者相辅相成,相伴相生。亚道德作为主流道德的相对面,其作用并非总是消极的,主流道德不断地对社会进行序化,亚道德对既有道德观念和道德规范不断分解,二者之间形成一种张力,这种张力同时也是道德运动发展的动力。未成年人亚道德作为道德活力和新道德的象征,更多地表现为后者。

道德领域中主流道德与亚道德的地位并非一成不变,而是处于动态变化之中,这也是时代进步的一种体现。像"君子喻于义,小人喻于利"、"高大全"式理想人格等这些本来绝对确定的价值标准,在现代社会已失去了绝对性,而独立、求新、竞争、效率、自主、选择等这些原本"非主流"的思想观念,已逐渐为社会所认同。主流道德与亚道德之间的矛盾转换,使社会价值体系不断吐故纳新,赋予道德以新的内涵。儒家道德发展的历史为我们提供了主流道德和亚道德相互转化的极好例证。儒家道德体系先是在社会历史剧变、"礼崩乐坏"、"百家争鸣"的不确定局面中酝酿形成,其后又通过吸纳和整合释、道等亚道德观念而日臻成熟和完善,成为统领中国历史几千年、最具权威的主流道德体系。但最终又因将"三纲五常"绝对化、教条化,形成了"君叫臣死,臣不敢不死"、"饿死事小,失节事大"等非人道的"圣训",成为社会道德发展的障碍,被鲁迅称为"杀人的软刀子"。中华人民共和国成立后,社会的进步与道德领域反对教条主义、提倡解放思想是分不开的。

通过上面的分析可知,未成年人亚道德与社会主流道德并不是对立的关系,它们关注到的是不同方面的问题。可以这样说,亚道德突出和强调的是主流道德有所忽视的,如个人的利益与价值。从某种程度上说,二者既有对立,又有互补。社会主流道德与未成年人亚道德如同一幅画,目前,未成年人亚道德是画上鲜明的主题,而社会主流道德是画的底色;而将来某一天,未成年人逐渐成长为社会的主流群体,其亚道德体系中的某些部分也将会成为这幅道德图画的新底色;同样,随着时间的进一步推进,这一主流道德又将会被某些具有新质的亚道德所取代。

## 二、未成年人亚道德对未成年人道德发展的意义与影响

未成年人亚道德是社会转型过程中未成年人用自己的价值观念去重新审视、

反思社会已有道德体系的表现，这反映出未成年人对已有的道德内容并非采取一种冷漠的态度，而是用他们自己的思维方式积极思考，提出怀疑。同时这也是未成年人参与关切社会发展的明证。对此，有人惊呼未成年人"道德滑坡"，认为他们"在道德人格方面，真诚的、正直的、博爱的、肃穆的、超脱的精神正广泛地衰落着，而虚假的、油滑的、彼此敌视伤害的、浮夸的、唯利是图的风气却蓬勃兴起。与此相呼应的，为富不仁、贪婪腐败、欺善凌弱、冷酷无情这样一些现象广泛地蔓延"。而有人则对此表示乐观，他们指出，未成年人亚道德体系的形成是对原来超稳定的、落后的、过时的道德教条的批判甚至解构，它为原有的道德体系注入新鲜血液，提供向前发展的动力。社会转型中道德需要新的改变与尝试，未成年人亚道德体系必然是一把双刃剑，我们既不能被旧主流道德体系束缚住手脚，也需要提防亚道德体系中消极有害的成分。不能盲目自信，亦不可因噎废食，应及时发现并保护好新道德体系的萌芽。

（一）未成年人亚道德对未成年人道德发展的积极影响

未成年人亚道德对未成年人的道德发展具有积极的影响，主要表现在以下四个方面。

1. 为道德创新和德育创新提供了素材

我国现在正处于社会急剧变革时期，政治、经济、文化等无一不在经受着时代的洗礼与影响。道德体系是一个社会当中文化的集中体现，道德体系的转型是社会转型事业极为重要的一部分。从整个道德世界的变化中，可以看出三条线索，即三种不同道德体系之间的冲突与嬗变——占主导地位的主流道德体系、传统的道德体系和即将产生的新道德体系之间相互影响和斗争，未成年人亚道德体系正是在这三种迥异的道德体系之间彼此碰撞产生的。社会道德的转型和未成年人道德的发展是一个"吐故纳新"的过程，"吐"去落后于时代的旧道德，"纳"入代表新时代的道德新质。主流道德体系"纳新"的过程则往往是通过未成年人的道德探索和亚道德渗透形成的。与成年人相比，未成年人具有较强的社会适应性，能够顺应时代的发展获得新的道德品质。这样一来，未成年人的道德新质既代表着未来德育的新方向，也为未来德育提供了新的内容。

2. 向未成年人展示了更宽阔的价值视野

未成年人亚道德文化产生于现代文化和后现代文化背景之下，因此充满了现代文化和后现代文化的色彩。这种特色对于未成年来说，能够使其开阔视野，透过不同的文化视野进化文化创造。尤其是对于前现代文化，未成年人有机会以现代文化的视野进行审思或者批判，甚至形成新的道德价值理想和思维。在这样的过程中，未成年人价值观念由单一走向丰富、由封闭走向开放、由僵化走向创新。

在未成年人的道德争论和探索之中，我们的道德和德育渐渐走出迷茫和狭隘，驶向进步和现代。

3. 为新行为方式的形成提供了更宽松的空间

未成年人亚道德文化的精神特征之一就是其开放性，开放性的道德体系为各种道德行为提供了更为宽松的生存空间。由于传统文化的制约，社会上许多新的行为方式不被认可和认知，这造成了某些个体心理的扭曲和无措。例如，对人体艺术的排斥，我国历来没有人体艺术这种艺术方式和艺术行为，因此当人体艺术刚刚进入大众视野的时候被斥为低俗文化并遭到反对，极大地伤害了某些人体艺术的先行者。未成年人亚道德体系是开放的、包容的，能够突破传统的禁锢而接纳并理解这些新兴的文化和行为，也就为新行为方式提供了更加宽松的空间。未成年人亚道德的尝试和探索对于其形成"准备和乐于接受他未经历过的新的生活经验、新的思想观念和新的行为方式"、"准备接受社会改革和变化"[1]等这些现代人格特质，无疑有些积极的意义。在此基础上，新的创造才会不断涌现，创新的种子才能够被播撒，有利于培养公民的创新精神。

4. 加速未成年人社会化的进程

社会化是每一个个体必将经历的阶段，经由社会化的实现个体完成了由"自然人"向"社会人"的转变，真正获得了社会生存和生活的能力。未成年人的社会化进程也是如此。那么未成年人是如何实现其社会化的呢？社会化本身就是一个学习的过程——未成年人既可以通过向长者学习社会经验来实现社会化，也可以通过投身社会实践参与社会。这是未成年人实现社会化的两条途径，无疑后者更具主动性。也就是说，未成年人通过自身的实践获得社会经验、实现社会成长更加主动和有效，而且能够将自己的感受反馈给社会从而自己改造并验证已经获得的经验。未成年人亚道德系统反映了未成年人特殊的道德生存模式，从一定意义上说，未成年人亚道德系统既是未成年人社会化的工具和重要载体，又是未成年人社会化的大背景。未成年人通过亚道德这一文化形态，表现出自身的利益追求与愿望，它正是未成年人投身道德实践、参与道德社会化的主动尝试。通过这种主动尝试，未成年人不断提高了其社会化水平，并更好地发展自身和服务社会，这是值得鼓励的。

（二）未成年人亚道德对未成年人道德发展的消极影响

未成年人亚道德体系因社会道德价值观念的转型而形成，同时也导致了新的价值体系的塑造。但是，只认识到未成年人亚道德体系形成的积极影响、肯定其对道德价值观念发展的价值是远远不够的，还必须重视其消极影响。

---

[1] 英格尔斯 A. 人的现代化[M]. 殷陆君译. 成都：四川人民出版社，1985：120-131.

1. 迎合了道德相对主义的无原则性

道德相对主义观不承认道德的稳定性与普遍性，认为道德具有变化性和相对性，从而否定存在客观标准可以进行道德判断，否认道德具有权威性，否认道德观念具有不同的差异。未成年人亚道德系统的形成容易导致人们对道德原则与规范的重新审视走向极端，怀疑所有的规范原则和道德权威，甚至在价值判断上形成玩世哲学和唯我主义。所以在实践过程中，务必对文化学意义上的道德相对主义和无原则的道德相对主义进行严格区分：一方面，文化学意义上的道德相对主义理论承认文化的存在都有其存在的理由，每一种文化都有其历史价值或现实意义；文化的存在都有其独一无二的价值，每一种文化都是其所处环境的特殊产物。可见，文化有其自身的价值标准，对文化现象的价值性评价，有且只有以文化现象所从属的价值系统的标准原则进行评价才符合要求，也就是说绝对化的、普遍性的、可超越一切的价值标准一定是不存在的。在价值判断层面上，类别不同的文化形态是不可比拟的，从而它们是相对的、多元的、平等的，没有高低之分，没有好坏之别，没有先进和落后之差。也就是说，以一种文化的价值标准去评价另一种文化或其他不同形态的文化的行为是不可行的。事实上，传统意义上的德育具有两个重要的理论基础，其一是道德相对主义，其二便是文化相对主义，两大理论都认定了不同社会、不同团体以及不同文化各自有其不同的道德标准，所以用一切可能的教育手段和方法将指定的道德价值观传授给学生是学校教育尤其是学校道德教育的主要任务和目标。但是另一方面，无原则的道德相对主义不同于文化意义上的道德相对主义，它否定所有的道德规范的权威性和道德价值标准的合理性，已然走向了价值论的极端，最终导致未成年人的道德观念趋于一种无道德的潮流而迷失发展的方向和目标、丧失发展的标准和动力。

2. 加剧了社会转型期未成年人的价值空心化和道德虚无感

未成年人亚道德的发展加剧了社会转型期未成年人的价值空心化和道德虚无感，这是其负面影响的关键方面，是其引发的真正的道德危机或问题。未成年人亚道德有可能会导致社会道德观念的冲突，从而形成多元化价值观念导致价值混乱或不统一，但这些都远远不及价值空心化和道德虚无感对未成年人的影响之恶劣。未成年人亚道德的极端化发展使未成年人处于多元化的道德中，不再被单一的道德标准规范约束，不再受普遍的道德观念的监督，不必为违背某一道德标准而懊恼忏悔，无须因内心的冲突与反思而备受煎熬，从而他们逐渐丧失道德存在感，丧失对道德理想的信仰，丧失对道德规范的敬畏，最终丧失人格，沦为道德虚无主义者。作为道德实践的风向标和道德观念革新的基础，道德标准和规范在未成年人道德形成过程中占据着重要的地位。但是，未成年人亚道德的不确定性和不稳定性增加了未成年人实现道德价值认同和道德观念内化的难度，进而导致了道德价值偏离的趋势，如未成年人陷入道德虚无主义困境，他们不仅拒绝主流道德及文化，还背离亚道德的发展趋势；沦入狭隘的道德实用主义境地，他们丧失对道德理想的信仰，仅仅看重并追求工具理性主义的价值；皈依现实的拜金主义毒枭，将道德信念庸俗化，将价值规范功利化，将道德、文化作为拜金工具；等等。种种道德价值偏离的情境足以证明，在道德转型的现实境遇中，未成年人极有可能存在"局外人"的不良心态，认为道德之事不关己。在他们的群体之中，这种价值空心化和道德虚无感导致人文主义精神逐渐贬值，道德理想与信仰逐渐矮化，同时未成年人丧失了主体主人翁意识和批判反思精神，丧失了整合道德观念的能力，不利于新的价值体系的完善。也就是说，未成年人亚道德的不稳定性或多元化发展预示着在道德价值体系中，积极因子与消极因子的构成与演化过程也趋于不稳定的发展态势。

# 第三章 当代未成年人的道德教育境况

未成年人的道德镜像是对未成年人真实道德状况的学理投射。但是，未成年人道德人格的养成、境界的提升，都不是自发而成的，必须借助于道德教育的适宜介入。本章我们将目光转移到未成年人道德教育的现场，去观照和检视未成年人真实的道德教育状况。

## 第一节 文化在未成年人道德教育中的遮蔽

道德教育应该具备深厚的文化底蕴，并秉持着文化润泽之使命，去指导未成年人的人生。尤其是在现代社会，未成年的道德状况不容乐观，其偏离程度已经在多个方面有所表现，提倡道德教育的文化职责在此时尤其重要。然而，现代社会中文化在未成年人道德教育中却被遮蔽，这无疑不利于未成年人的道德生成，不利于形成完善的道德人格。

### 一、未成年人的道德偏离

未成年人亚道德与主流道德相对，在很多方面表现为对主流道德的"反叛"。例如，对传统道德的否定甚至排斥，使未成年人亚道德在社会变革的浪潮中失去了归属感而变得飘摇不定；同时，他们对西方道德不加选择地接纳，使一些不良的道德思想乘虚而入。正是这种看似矛盾的态度"否定"和"接纳"，恰恰暴露了当代未成年人在道德上的不良倾向，如幼稚与无知、颓废与消极、崇尚金钱和权力、贪图享乐、自我中心等，这一定程度上对主流道德产生了冲击。道德滑坡成为事实，严重影响了未成年人亚道德的成长与发展。追求时尚、标新立异、崇尚个性的愿望使未成年人成为道德的反叛者，进而与主流道德产生偏离，主要表现为以下几方面。

1. "本我"与"超我"的博弈带来内心的挣扎

弗洛伊德人格发展理论一定程度反映着当下未成年人的道德现状：本我代表

着为所欲为,以追求快乐为原则,是人的一种潜意识和本能。超我代表高尚和美德,是社会主流价值观内化的结果。自我代表个体在社会规范下对自己的约束和自律,处于既想作恶又不敢轻举妄动的徘徊状态。在社会现实中,本我仍然不断蠢蠢欲动,时刻想着做点什么,但是在自我的控制下,本我不能太过放纵自己;超我就像一个警察,时刻监督本我的举动,并对本我进行教化,其内化效果远超过自我的压抑,否则就会遭遇社会公众舆论道德的谴责。三个"我"相互牵制、动态平衡地存在于个体身上。

在亚文化群体中,现实社会中的各种规章制度被搁置,使得作为"警察"或"法官"的超我失去了生存空间,自我的防御机制形同虚设,本我堂而皇之地登堂入室。三个相互牵制、处于均衡状态的"我"被打破,本我摆脱了超我的管制而获得自由,无拘无束,表现在个体身上就是传统价值观和主流文化被颠覆,一种新的属于未成年人特有的文化价值体系逐渐形成。

2. "活出自我"成为时尚追求

当代未成年人多为独生子女,他们物质富裕,衣食无忧。社会竞争的压力,教育资源的有限性,加之父母"不能让孩子输在起跑线"的观念,使他们从小就奔波于各类学习辅导班,于是童年逐渐缩短甚至消失;即使进入梦寐以求的大学,他们也会为了能够找到好的工作而拼命地学外语,考各类有用无用、可有可无的证书以增加自己的分量。美好的童年、美丽的大学时光对他们近在咫尺却很遥远。他们拼命活着,却是为学习活着、为工作活着,唯独不是为自己活着,"活出自我"的愿望依然强烈,一旦时机恰当则会表现出来,被压制已久的欲望像一场空前的火山喷发。他们开始弥补,在"哈韩""哈日"的风潮中,寻找失去的童年,不辜负自己当下的青春岁月。

现代社会中,未成年人被各种成人规范所制约,他们无法掌握更多的社会资源,没有资历和机会借助主流渠道表达自己的心声,而强烈的愿望使得他们不得不选择一种特有的"语言符号"或方式进行交流,网络语言、火星文字、"哈日"、"哈韩"成为一种专属于他们的文化。这种文化在未成年人与成人之间竖起来一道屏障,加剧了未成年人与主流文化之间的对抗。

3. 多种社会角色重合错位

在个体社会化过程中,具有反叛精神的未成年人沉浸在自己的一套价值体系中难以自拔,不愿意遵守成人社会对他们的约束与规范,拒绝新的社会角色。在"活出自我"的多样化价值取向中,原本简单的社会角色被复杂化。在这种角色混乱的自我世界中,他们一意孤行、我行我素,处于精神真空状态。在这种情况下,亚文化的悄然出现正好填补、迎合并满足了他们的精神和心理需求,从而加剧了社会角色的多样性。

### 4. 价值导向紊乱

改革开放使得西方的文化思潮、价值观念悄然而至。形态各异的文化快餐和流行艺术影响着年青一代。青年文化中政治化意识形态的话语体系失效，传统的价值观被打破，新的价值观尚未形成，处于价值真空的年青一代在同一生存境遇中选择了不同的人生态度[①]。

在商业文化利润的收编下，各种时尚元素纷至沓来，未成年人追求名牌、时尚前卫，沉溺网络、娱乐至死成为他们亚文化群体的价值观念。网络文化的兴起更是助长了未成年人的自我价值。他们沉溺于虚拟世界，可以为所欲为而不受现实社会的制约，网络道德、网络文化与主流文化争夺着未成年人。

在这种背景下，未成年人由被动接受成人主流社会的价值观逐渐转变为主动选择自己的价值观。利己主义、个人主义、私欲横溢甚嚣尘上，他们在漫无边际的物质利益追求中丧失了对道德文化的追求。他们不愿做出理性思考，只愿茫然接受，对主流社会价值观置若罔闻，却逐渐接纳亚文化群体价值观。

### 5. 未成年人的信仰失落

在今天信息化、国际化、现代化时代，国内长期封闭保守的价值观、滞后的教育方式和教育方法等遭遇了改革开放后一代新新人类的挑战。他们既想获得新的价值观来填补自己苍白空虚的精神世界，却又不知道从何入手，迷茫与困惑使得他们缺乏信仰。原有信仰失落，新的信仰尚未形成，"信仰危机"自然产生。

### 6. 未成年人的人格变异

改革开放的窗户打开，新鲜空气进来的同时必然也会飞进来苍蝇蚊子，于是，一些良莠不齐的东西进入中国，形成了未成年人生活的环境。这种环境无时无刻不在侵蚀、影响那些缺乏甄别能力的年青一代，造成了转型时期年轻人的人格障碍，主要表现为以下几种类型。

1）反社会型人格——愤青

未成年人价值观与主流价值观存在极大冲突，他们喜欢"鸡蛋里挑骨头"，常常表现出对社会现实不满，他们只看到社会中存在的消极不良的一面，并将其扩大，甚至以偏概全，从而全盘否定整个社会。他们看不到主流社会的好，认识不到任何一个社会、时代的进步与发展都必然会带来一定的问题。社会正是在发现问题、解决问题的过程中逐步发展。作为社会发展希望的一代，应该发奋图强，取长补短，而不是怨天尤人甚至反社会。

---

[①] 袁潇，风笑天. 改革开放后30年我国青年流行文化与价值观的变迁. 中国青年政治学院学报，2009，(1)：1-6.

2）边缘性人格——"宅男、宅女"现象

"宅男"和"宅女"现象成为当今社会普遍的却非正常的现象。未成年人由于游离于主流文化之外，将自己与他人隔离，阻断自己与社会的联系，政治意识淡薄，社会人情冷漠；离群索居、性格孤僻，不喜人际交往，将自我封闭在狭窄的自我世界中。

3）附和型人格——"铁杆粉丝"

未成年人在社会化的进程中喜欢模仿，通常有自己的偶像崇拜。在某些偶像的影响下可以超越自我，积极向上。而有些却过度沉迷甚至成瘾，倾家荡产、病态追星。整日忙于各种时尚的浅层次、形式上的效仿，仍难以掩饰内心的空虚与混乱。其人格也倾向于戏剧化与妄想，而导致理想与现实的困惑。

4）外强中干型人格——"玻璃娃娃"

未成年人看上去自我、独立、内心强大，实际上却空虚脆弱，容易受伤。正是因为内心的脆弱和不成熟，存在进入成人主流社会的强烈愿望，使得未成年人更加在形式上表现出成人化一面。实际上，他们恰如玻璃娃娃，不堪一击，即使一点点的伤害也足以将他们击垮。

## 二、德育中的文化因素与未成年人的德性生成

道德教育世界无疑是文化丰盛的世界，文化影响着未成年人的道德生成。那么，文化何以能影响未成年的道德成长？文化对道德生成的影响机制又是什么？

### （一）文化何以能影响道德生成

文化，即"以文化之"。化人的过程即是人的社会化过程，也是人形成良好的行为习惯、遵循社会规范的过程。可见，"化人"即"育人"，育人的过程也正是对个体进行道德教育的过程。由此，文化与道德具有了某种内在的必然联系。德育是文化的一种功能，也是一种调节机制。

有文化的人通常是有教养、有责任感、有担当、有素质的人，这种意义上的人正是道德教育的目的所在。因此，文化与道德相辅相成，你中有我，我中有你。当今社会我们大力提倡传统文化的回归，正是将传统文化中的精髓一代代传承下来，通过学校教育、家庭教育和社会教育，具体落实在每一位公民的身上。当人人都被教化时，文化也便有了生命活力。

文化的选择、过滤、校正机制正是道德，离开道德文化也就难以延续。文化的"化人"机制正是原初意义上的"德育"。可见，德育是文化机体不可或缺的一部分，是文化内蕴的一种构架。

### （二）文化对德性生成的影响机制

文化对德育具有全面性影响，表现在两个方面。

1. 文化环境影响道德生成的机制

文化环境影响德育更多是通过文化传递的信息影响德育主体。德育主体通过对信息进行理解与选择，进而使其成为自身道德结构的内容，主要通过三种途径实现。

第一，文化信息的传导过程影响德性生成。社会、学校、家庭、网络以及同伴群体等文化环境通过各种信息的传导影响着生活在其中的未成年人。学校文化环境借由教师、教学、教材以及榜样示范、人际互动等要素来实现，由于学校的目的性、组织性、计划性，因而信息传导具有明确的导向性、可控性和系统性，这种影响相对集中、明确、深刻和持久。社会文化环境复杂多变且无处不在，通过各种要素和途径来实现，具有自发性，对未成年人的价值观念影响往往是多元、分散的，有时甚至相互抵触，因此具有不可控性。家庭环境信息传导主要通过家庭氛围、亲子关系、教养方式等来实现。因此，父母教育观念、角色承担能力、家庭结构、夫妻关系尤为重要。网络文化环境则通过阅读各种信息来影响未成年人，教会未成年人如何正确使用网络，如何甄别信息，这直接影响未成年人的德性生成。同伴之间的影响则是通过交往来完成，交什么友、如何交友是人际交往能力的体现。由此，应正确认识各类文化环境的特点及影响发挥效应的原理，尤其重视学校文化环境的自觉性与社会文化环境的自发性，在发挥文化信息的影响过程中，通过各种途径保证文化环境影响的正效应，以不断提高德育工作的实效性。

第二，文化信息的选择影响德性生成。文化环境中有各种不同的信息，信息的存在方式也各不相同。无论是哪种类型的文化环境抑或不同层次的文化环境都对德育主客体带来影响。个体如果不能很好地选择判断不同层次的文化、不同性质的文化，缺乏明辨是非的能力，很可能会被不良信息所误导。未成年人的心智发育还不够完善，尤其容易被假象迷惑，一旦选择错误可能就会误入歧途。很多青少年就是在不知不觉中被不良的文化环境迷住了双眼，价值观偏离了主流。因此，学校应该发挥其有计划、有组织、有目的的特性，对文化环境进行筛选，引导德育主体的德性生成，以不断提高德育工作的实效性。

第三，文化信息的重组影响德性生成。文化既有稳定不变的部分，也有不断生成和消亡的地方，新旧文化、不同地域的文化之间不断进行更新和重组。由于文化的多样性、广泛性、弥漫性和隐蔽性，它对未成年人的影响是恣意的、无处不在、无孔不入的，很容易使人眼花缭乱，选择时失去理性。这种情况下，学校教育将会发生重要的作用。学校具有对文化的选择、传承和创造的功能，教育者根据教育目标，对文化资源进行扬弃和重组，使其成为学校丰富的德育资源，对未成年人起到教化的作用。

2. 文化变迁对学校德育影响的机制

第一，文化变迁的自发性与规律性影响着德育。文化环境的变化并不以人的意志为转移，因而具有自发性。自发性必然带来信息的多样化，不同的信息无疑会影响德育主体。因而在文化变迁过程中加强对信息的筛选仍然有必要，即筛选有益于未成年人发展的信息作为德育内容。同时，文化变迁并非无序，它总是依据一定的规律运行着。因此，把握这些规律，根据变迁做出相应德育内容和方式的调整，以使德育与时俱进。

第二，文化变迁的整合性与协调性、自觉性与能动性影响着德育。文化变迁实际包含着诸多文化要素的变化，这些要素影响着学校德育。因此，必须要有意识地对这些影响因素进行良性化的整合与协调，扬长避短，使其发挥积极的作用，形成教育合力，达到教育效果的最优化和最大化。

同时，文化变迁是自发进行的，其对学校教育的影响也具有自觉性和能动性。文化变迁作为影响学校德育的机制，一旦形成，就会自觉能动地按照一定规律引导和调控学校德育的运行状态，使学校德育有序进行。

## 三、德育现场中的文化稀缺与遮蔽

德育与文化密不可分，注入了文化的德育更具生命力。当下未成年人德育由于经典文化的稀缺，传统文化的遮蔽，取而代之的是各种有意或无意，可控或不可控的因素渗入，因而遭遇诸多尴尬[1]。

（一）少了经典，多了世俗

反观学校德育现状，尽管轰轰烈烈，由于缺少传统和经典，缺少文化内核因而很容易被世俗文化侵蚀。

首先，垃圾文化泛滥。改革开放一方面迎来了清新空气，另一方面也放进了一些蚊子苍蝇。一些缺乏基本社会责任感的媒体纵容西方一些不健康的文化侵入国内，严重影响着未成年一代的身心健康，给他们带来极不确定甚至反道德的标准，模糊其道德意识，削弱其道德意志。

其次，文化活动日益商业化。文化生活关乎人们的心灵，能够提升人之为人的境界，使人变得更为纯粹。然而在现实中，文化活动逐渐带有了商业化的味道，世俗的东西被披上了文化的华丽外衣进入文化市场，一点点吞噬着原本纯粹的文化市场。

最后，不良的商家广告影响未成年人的价值观。伴随着商家之间激烈的利益之争，各种商业大搞现场活动，把所谓的时尚、名牌、奢华通过夸张的形式推到人们面前。此外，各种媒体也直接介入，垃圾食品、未成年人不宜的影视作品毫无遮拦地、铺天盖地摆在大众眼前，直接地、深刻地影响着未成年一代的思想、观念与行为。追求名牌、贪图安逸、拈轻怕重、不敢担当在相当一部分未成年人

---

[1] 曾燕波. 青少年价值观的亚道德化倾向[J]. 浙江青年专修学院学报，2002，1：30-33.

中滋生。

## （二）少了淡泊，多了功利

现实的学校教育仍存在一些重智轻德现象。全球化时代，未成年人面临着更大的挑战，其生存和生活压力日趋增加。因此，一部分家长和教师对学生成绩的关心远远超过对其人格的关心，这样的教育可以说是"少了一份淡泊，多了几分功利"，不利于未成年人身心全面发展。道德教育偏离应有之义。

首先，德育目标"高""大""空"。德育目标脱离未成年人生活实际，使他们无所适从。德育内容陈旧落后，与现实有天壤之别。德育方式一向以高高在上的灌输方式进行。这使心理上欠成熟的未成年人一定程度上产生抵触情绪和逆反行为，当他们面对复杂的社会现实时难以做出正确的道德判断和选择，从而产生无所适从的困惑。

其次，德育缺乏文化内动力。我国的中小学德育从小就对学生进行爱国主义、集体主义、社会主义价值观教育，学生几乎耳熟能详。现实是这种道德教育最终成为学科知识而被识记和考试，丰富的德育文化内涵被摈弃。社会主流价值观停留在政治口号中，难以形成凝聚力。尽管接受了十几年的道德教育，我们发现社会公众的道德感和道德意识以及道德行为仍然堪忧。

最后，现实与主流价值的背离带来极大的讽刺。社会提倡法制建设、学校倡导法制教育，然而社会上却大量存在着有法不依、执法不严、违法不究的现象。学校大力宣扬传统美德，如见义勇为、助人为乐、诚信待人，社会上却存在坑蒙拐骗，好人不得好报的现实，使得未成年人在这些现象面前不知所措。这种自相矛盾的情境不仅造成未成年人的茫然不知所措，更严重的是可能会造成他们对社会的不信任和不认同。

## （三）少了本土，多了国际

全球化时代也带来了国际化的生活方式，大量的信息技术对政治、经济、社会文化和道德产生全方位的影响。网络是个双刃剑，既是信息的宝库，又是信息的垃圾场。在虚拟世界里，各种资源和信息资料良莠不齐、共生共存，令人眼花缭乱。传统德育与现代信息拉开了一场争夺青少年的战争，然而，传统教育的单向性在面对网络的多样性时常常显得力不从心。

当我们还在犹豫、观望、质疑现代主义的是非曲直时，未成年人已经无所顾忌地走向"后现代"了。他们崇尚前卫风格，消费不问来自何方又去向何处，对生活的热爱、对生命的敬畏、对社会的使命与责任日趋淡化，成为这一代人独有的亚文化状态。

在教育走向国际化的进程中，各民族、各国家都不可避免地相互制约与渗透，既斗争又合作。尤其在意识形态领域更是冲突日益激烈。可见，我国未成年人将面临着来自西方世界的双重挑战：科学技术和现代化水平与意识形态。

### （四）少了整合，多了离散

未成年人的道德养成教育是他们自觉地习得知识、践履行为、形成习惯的过程。学校教育应从深层加大价值观整合力度，以达到多元统一的目的。改革开放以来，我国社会出现了一些新的阶层，带有许多新的特点，但是其中的易变性、不确定性和负面因子给德育带来了一定难度。

一方面，人文德育与科学德育的离散。自近代以来，科学在生活世界中取得了独尊的地位。跨入现代之后，社会发展更是突飞猛进，对于科学的重视也渐渐进入"癫狂"状态，科学在一定意义上向"主义化"迈出了脚步。与此呼应，道德教育多强调科学德育，注重德育知识忽视德育精神，这种人文德育与科学德育的离散是道德教育当前亟待改变的现状。

另一方面，传统德育与现代德育的离散。传统德育是指我国传统社会的道德教育，传统德育充盈着丰厚的传统文化内容和深厚的文化精神，其中许多德育传统对于现代人的道德生成和道德成长依然具有价值。然而，现代德育却沉迷于外来德育的魅力之中，盲目实践外国的某些德育思想、德育方法等，而全盘否定传统德育，这种传统德育与现代德育的离散使未成年人无法接受完整有效的道德教育。

## 第二节　未成年人道德教育对主流文化、主流道德的"偏执"

道德教育对主流文化和主流道德有着不可推卸的传播职责，因为主流文化和主流道德是经过社会论证凝练出来并符合社会发展方向的。未成年人由于思想的不成熟性，经由主流文化的熏陶和主流道德的教育能够适应社会生活，实现由"自然人"向"社会人"的转变。然而，主流文化和主流道德绝不应该成为道德教育的全部内容。当前，我国的未成年人道德教育呈现出对主流文化和主流道德的"偏执化"倾向，对于主流文化和主流道德之外的东西全盘否定，这不利于实现有效的未成年人道德教育。

### 一、道德教育的"主流化"倾向

道德教育的"主流化"倾向表现在三个方面，一是德育目标空泛化，二是德育内容一元化，三是德育形式单一化。

## （一）德育目标空泛化

传统学校德育往往是按封建社会培养君子和圣人的标准进行，诸如"大公无私""集体主义""舍己为人"等成为未成年人向往的理想品质，雷锋、赖宁、董存瑞、黄继光、刘胡兰等成为教材中歌颂英雄人物的典型代表。这样的德育目标确实应成为现代社会道德所追求的目标，然而未成年人还不够成熟和理性，并未能真正理解其中的精神和深刻内涵。因此这种太过于理想的德育目标应有所改变，从一些未成年人能够理解的方面入手，循序渐进地拔高其教育目标。

这种空泛的教育目标在今天看来几乎很难达到，甚至是对人性的伤害。如果学校教育一味地按照以上价值观进行教育，无疑培养出来的学生缺乏自我、追名逐利、自我中心，大男子主义、英雄主义情怀比较严重，这种人格或道德品质是不为公民社会所接纳的。

## （二）德育内容一元化

未成年人价值观的获得主要源于教材和教师，在教学过程中，教师通过对教材中价值观念的解释与确定以及通过对学生学习态度的确定，向学生传递着许多价值观念。就我国的教材来看，其蕴含的价值观导向具有一元性特征，甚至存在过于浓厚的政治色彩。

据调查访谈，学生在道德教育过程中实际接受的道德教育几乎全是要求他们无私，不能索取。对于这种奉献型的道德教育，学生们"敬而远之"。一元性的价值理念容易使学生迫于权威的力量而做出一些违背意愿的行为，而一旦离开权威的监督和控制，行为就会消失。同时学生在迎合标准和权威的过程中容易形成虚伪的欺骗性人格。例如，为了在考试或比赛中获取高分，在作文中写假话几乎变成了中学生作文的通病。这种一元性的、成人社会的甚至仍然带有封建残余的一些价值倾向几乎很难对学生带来有意义的影响。

## （三）德育形式单一化

首先，教育"工具化"带来道德教育单一性。工业社会为了追求高效率，尽可能把一切都程序化、流程化，人在这一过程中被异化了。与此相应，培养人才的过程也就成了流水线生产产品的过程。教育者被赋予"工程师"的美誉，工作流程统一计划、统一标准、统一程序、统一过程和评价，培养出一个模子的标准化产品。教育的"麦当劳化"把受教育者（学生）的整体变成了几项屈指可数的技能的增加，人成了机器加工品，毫无生命意义可言。片面追求升学率使道德教育没有了生存空间，形同虚设。德育变成了道德教育课及德育工作者的事情。道德教育仅仅通过直接的品德课程教学进行，单一性说教式的道德教育途径，忽视学生的道德认知冲突、没有可以引起学生思考的价值矛盾，因而也很难促进学生的道德成长。

其次,"教育万能"带来道德教育的单一性。中国的传统文化历来看重"望子成龙","学而优则仕",学校的作用被无限扩大。由此带给人们一种误解,教育是学校的事情,家庭和社会无足轻重。一旦未成年人身上出现了问题,责任也往往归咎于学校或教育部门。人们信奉"教育万能",加上人们对教育的偏见,以为教育是学校的事情,自己自觉主动放弃了教育孩子的责任和担当,学校教育身负重任和压力。殊不知道德教育是一种行为习惯的养成教育,既复杂又简单。说其复杂是因为道德的养成需要认知、情感、意志共同作用方可达成,必须遵循教育的规律和人的身心发展规律才能有效。说其简单是因为道德教育更多的是家庭、学校、社会三位一体,在孩子的生活中进行潜移默化的影响。

在当今这个开放的时代,学生也不只是在学校这个象牙塔里"一心只读圣贤书",社会的大气候会通过各种渠道对学生产生各种影响。有些影响是消极的、反教育的,如学校里教孩子遇事要谦让,为他人着想,家长的行为却告诉孩子事事要想着自己。学校教育与家庭教育、社会教育出现"5+2<0"的现象,即五天的学校正面教育加上两天的家庭教育和社会环境教育,学校的正面教育效果为零,甚至更糟糕。这种不一致的现象比比皆是,如过马路、买东西、让座等一些日常行为小事,却无时无刻不影响着孩子,可见教育孩子就是家长做好自己。品德教育从诚实开始,但家长当着孩子的面撒谎的事司空见惯。我们的社会中,一些商人见利忘义,假冒伪劣商品无处不在,地沟油、苏丹红鸡蛋、激素蔬菜、三聚氰胺奶粉等不胜枚举。

学校、家庭和社会三者之间缺乏有机联系和整合,教育矛盾和冲突必然产生。由于无法形成教育合力,学生在遇到道德冲突和困难时因知识经验缺乏和辨识能力低下,难免陷入进退维谷的境地,引起道德冲突解决的断裂和遗留。因此,三方应形成合力,构建教育共同体,创设良好的社会大环境、提供优质的学校教育和良好的家庭氛围,这样未成年人的教育才有希望。

## 二、德育"主流化"某种程度上割裂了未成年人的道德生活

"主流化"的道德教育给未成年人带来的后果即为道德生活的割裂,表现为以下几点[①]。

### (一)精神生活滑坡

改革开放使传统的思维方式受到很大冲击,旧的价值体系没有被完全打破,新的价值体系尚未完善,多元价值的碰撞使得未成年人面对复杂的社会时不知所措。崇尚西方价值观使拜金主义、享乐主义、追求名牌和物质生活、相互攀比等

---

① 曾燕波. 青年价值观的亚道德化倾向[J]. 浙江青年专修学院学报,2002,1:30-33.

在未成年人中滋生，尤其是独生子女一代更具有以上特点。这一代人被称为"垮掉的一代""道德滑坡的一代""无所事事的一代"等。

### （二）个人主义泛滥

受西方个人主义价值误导，未成年人一方面承认国家和社会集体的价值，另一方面又赞同"人不为己，天诛地灭"的人生信条，反映出当代未成年人徘徊在个人与集体、奉献与索取之间的困惑心理。具体表现为：过分注重自我感受和自我需求；过分强调个性、自由和权利，忽视集体、纪律和义务；对个人价值、个人利益和个人发展方面考虑得多，集体利益方面考虑得少，对社会的责任感和使命感有所下降。

### （三）多元价值混乱

经济的多元化必定引起价值取向多元化，必然出现对某种文化现象随意地选择、认同和轻易地反对、抛弃。

近几年来，持折中主义价值观的人数迅速增加，他们的价值观难以用传统的"非好即坏""非坏即好"的两极标准予以评判，这既有合理的因素，又有危机日重的潜质，如不加以合理引导，他们中的一部分很容易向消极方面转化。

### （四）道德修养不足

当代未成年人缺少系统的道德知识。对于什么是道德，为什么需求道德，需要什么样的道德没有完整清醒的认识。他们虽熟练掌握一些道德规则，却因为多种因素不能很好地践行，知行脱节，过度追求物质丰富，忽视了精神上的追求；可以花很长时间来闲暇娱乐，却很难静下心来思考人生和社会。面对喧哗浮躁的世界，他们往往不能把握自己而随波逐流。

### （五）价值体系不稳定

未成年人由于各方面发展不够成熟，思想上受"实用主义"和"个人主义"的消极影响，对当下的世界观、价值观存在盲目热衷和无情放弃两种倾向。有时候会全盘接受，有时候会全盘否定。由于没有一个稳固的根基，因而其价值体系常常摇摆不定，出现"墙上草，随风倒"的现象。

## 三、未成年人道德教育的"偏执化"

德育的主流化在某些时候超出了一定轨道，显示出其偏执的一面，在某些领域表现得过激，充斥着未成年人的生活世界。

### （一）偏执的励志标语或口号

励志标语本意是激励人们的斗志，可是网络上却流传些偏执的励志标语，不仅在大学生中，在小学生中也广为流传。

近日，武汉市某中学家长会上出现如此励志标语："不好好学习的两种下场：逛不完的菜市场，穿不完的地摊货"。以此来激励孩子拼着命好好学习，似乎逛菜市场和买地摊货就是人生最大的失败。此外，还有一些流行标语如："只要学不死，就往死里学"；"提升一分，干掉千人"；"流血流汗不流泪，掉皮掉肉不掉队"；"生时何必久睡，死后自会长眠"；"十年磨剑梦想驻清华，六月试锋腾飞在北大"；等等。[①]似乎人生终极目标就是考入大学，也难怪常常在媒体看到，每年高考结束，高中学校就会出现千人学生撕书烧书的"壮丽"景观；也难怪一旦考上大学，人生目标也就实现，60分万岁、网络成瘾、疯狂恋爱等大学校园现象成为普遍。

这种偏执的励志语言背后隐藏着当下社会畸形的教育理念。表面上看，这些标语或口号直白时髦，甚至深入人心，但是带来的却是恐惧和心灵的颤抖。学习还有何快乐而言？校园谈何能成为生活的乐园？老师和家长成了孩子眼中的"讨债鬼"。

### （二）功利和边缘化的教育思想

过度功利和边缘化的教育不会给孩子带来心灵的幸福，教育要杜绝这种倾向。例如，中国教育从规模和数量上的迅速发展，并不能弥补人们精神的空虚。学科的专业分工被扭曲为知识的割裂和学科的鸿沟，当这种趋势传染给学生时，将会造成更大的学科误解和偏见。纵观中外教育发展历史发现，中国教育中的理科教育和文科教育都显得片面和偏执。我们在教育孩子时，常常为了达到功利之目的而不择手段。

## 第三节 未成年人道德教育对"亚道德文化"的误读

对于什么是亚道德，当前学界还没有定论，就目前的研究情况看，亚道德主要是指社会转型时期道德的特殊表现，是特定群体对道德取向、道德规范、道德价值等的特有选择。每一个人都有着自己与众不同的生存目的、理想与追求。正因为亚道德与主流道德具有极大的差异，因此人们对亚道德存在一些误解。

### 一、亚道德文化即"恶"

亚道德文化自产生之日起就带有与主流道德相违背、过分西化以及有悖于德育宏旨等色彩，也因此遭到了主流文化的排斥和否定，这其实是对亚道德文

---

① 陈宝泉. 学校另类励志标语引争议：警惕功利偏执教育氛围[EB/OL]. http://learning.sohu.com/20121107/n356883446.shtml，2012-11-07.

化的误解。

（一）"亚道德"因其对传统道德的否定和与主流道德相违背而显"恶"

未成年人亚道德与传统道德和主流道德不一致，致使他们的道德在纷纭复杂的社会变革中失却了"道德母体"，暴露出一些幼稚、无知乃至消极、颓废的缺点，如自我中心、缺乏谦让、崇尚权势。以大学生为例，他们的道德观存在以下基本特征[①]。

1. 畸形的消费观

一是大学生盲目攀比、追求物质和名牌导致的非理性消费，不懂得珍惜父母来之不易的金钱。二是重物质消费轻精神消费，表现出世俗的一面和畸形的消费价值取向。

2. 世俗的"人情"观

大学生由于价值观还没有完全成熟和定型，因此，在大学这个小社会一旦遇到困难，便开始学会了世俗和圆滑。学校里有诸多现象和活动都说明了官场化在大学校园的存在，如班干部的选拔与任用、奖学金的评比与发放、送礼之风等，都说明大学这个原来的象牙塔如今不再单纯。

3. 放纵的寝室观

寝室是大家共同休息生活的地方，但是在一些不良亚文化影响下，寝室变成了一个娱乐的场所。唱歌、聊天、看电影、搞推销等成为寝室的主要功能，不仅影响本寝室同学，也会影响到其他宿舍的同学。

4. 暴力的校园生活观

近年来，校园欺凌现象以及高校暴力事件频频发生，表现形式多种多样，有敲诈勒索、强借强抢、打架斗殴，更有持刀杀人。这种暴力现象背后是对学生的放任自流和学校制度的不完善以及教育的失职。

5. 不端的恋爱观

大学生正处于异性情感发生的最强时期，恋爱成为一门"必修课"。但由于对爱缺乏正确理解，他们有时候将恋爱当儿戏，或是当作一种时尚；或是当作他们度过"闲暇时光的理想选择"；或是把恋爱的目的实用化，做出一些令人难以接受的事情，败坏了校园和社会的风气。大学生还对"课桌文化"、"厕所文化"和"短信息文化"呈现消极颓废情绪，或表现出对所学内容不感兴趣的苦闷；或表现出

---

[①] 赵俊凤，何海燕. 大学校园不良亚文化的表现、成因及对策[J]. 黑龙江教育：高教研究与评估，2007，9：8-9.

对爱情知音难觅的困惑；或表现出对人生目标不明的彷徨。

（二）错误地将"西方道德"等同于"现代道德"，不加选择地予以接纳从而显其"恶"

1. 个人主义泛滥

在崇尚个性自由的西方价值观进入中国后，给中国的未成年人造成一种错觉：将个性自由片面理解为绝对完全的自由。当个体主义浩浩荡荡进入中国社会之时，其已经是以对个体与集体关系的反思性意识面貌出现了，进而成为与集体主义相对的概念。我国传统社会缺乏个体主义的土壤，根深蒂固的集体主义与个体主义产生了巨大的分歧，在冲突中生长的个体主义，反而强化了其消极意义。在伦理道德层面，利己主义和自私主义抬头，极大地影响了人们的道德生活。

2. 功利主义膨胀

所谓功利主义，就是做事情利益性很强，一切以是否符合自身利益为重要原则。在当代大学生的价值观念中，虽然体现社会主义核心价值体系的集体主义观念和奉献社会精神仍居主流，但也无法忽视的是具有浓厚世俗色彩的功利主义正在逐步侵蚀大学生的思想，并对学生们的健康成长造成了消极影响。

3. 文化崇拜盛行

改革开放带来了新的文化血液，各种新奇的现象进入我国社会，这种西方文化的大量涌入，令人民群众目不暇接，冲击着人的感官和心灵。尤其是对于未成年人来说，其天生具有探索新鲜事物的倾向，受西方生活方式的影响，他们盲目效仿、全盘接受，遵循西方的习俗，只过西方的节日等，这一系列行为无不透露着文化崇拜的影子。这是极其危险的，也是极其有害的，很大程度上动摇了未成年人一代的爱国主义理想信念。

（三）亚道德文化"有悖于"德育宏旨

因为未成年人在走向成人的过程中，一定程度上认同成人价值和行为方式，又不能完全摆脱儿童的特点，因而他们的价值观介于儿童文化与成人文化之间，兼具二者特点。在成人世界里，未成年人的价值观就是异己的。加之未成年人亚道德文化因为没有经过教师有意识地组织和安排，往往是在他们的日常交往中自发形成的。因而在成人看来就是一种边缘的价值观。

1. 亚道德文化内容违背主流道德价值观

学校教育是社会主流文化，由教师承担教育责任，向学生灌输社会道德原则和道德规范，如正直、勇敢、善良、文明礼貌、集体主义等，它是价值观念教育的主渠道。随着同辈群体的增加、科学技术的进步，他们之间自发形成自己的流行文化，尤其是互联网等在传播文化信息的过程中日益发挥巨大的作用，使未成年人价值观的形成具有双向性、不确定性和相对弱控性。

青少年由于较少受传统影响，喜欢追求新奇，他们缺乏正确的判断标准，同时又善于吸收各种新奇的东西，所以就有可能过多地否定一些优秀的传统道德，如孝敬父母、尊重他人、艰苦朴素等传统美德，与此同时又将一些"西方道德"不加选择地拿过来盲目崇尚，导致腐朽道德思想盛行。这既不利于未成年人亚道德良好习惯形成，也不利于社会主流道德整合与发展。

2. 亚道德文化传播方式有别于传统方式

主流道德文化主要通过学校、教师、教科书等形式传播，影响未成年人。而亚道德文化则通过拇指、碟片、影视作品、电玩、教室课桌墙壁等来实现其传播目的，从而形成新的"拇指文化""课桌文化"等，在成人眼里则为非常规和非正常的方式[①]。在成人世界里，异己的就是反主流的，是应该被制止和取缔的。然而时代发展决定了未成年人的亚文化传播必然走向更多元化。这种对立必然持续存在。

3. 亚道德具有其积极合理性一面

以上未成年人亚道德现象固然存在，并且显示出一定的市场，但我们必须承认这仅仅是非主流的，当代未成年的整体价值观仍然具有积极的一面，也许随着时代发展，这些非主流就会成为主流文化，至少目前我们可以从中发现其积极性[②]。

首先是我们必须看到未成年一代的视野开阔、辨识能力强，自信心和自主意识明显，因而他们在个人主义膨胀的同时也显示出其独立性和自主意识增强的一面。其次我们必须看到未成年人身上也具有的积极一面。他们摈弃了父辈的保守，形成了鲜明的张扬个性的道德意识和行为，这在市场经济条件下尤为必要。最后我们也必须看到未成年人的民主意识普遍增强，与国际接轨，与世界同步，走在社会发展的前沿。由此可见，亚道德虽有悖于德育宏旨，却又具有其存在之合理性。

## 二、德育现场中主流道德对亚道德的"漠视"、"凌驾"与"清退"

随着全球化的进一步加快和社会转型，国人们的道德观正在经历前所未有的分化与整合。未成年人的世界观、人生观、价值观正在形成，他们中的部分群体对主流道德不认同，价值观偏离，反叛心理严重，不良亚道德倾向使道德滑坡。他们对世界充满好奇，又缺乏正确的判断标准，很可能过多地否定一些优秀的传统道德，如孝敬父母、尊重他人、艰苦朴素等传统美德，同时又不加选择地推崇一些"西方道德"，如拿来主义、个人主义、权力至上、拜金主义、享乐主义等倾

---

① 袁小武. 试论校园文化中的亚文化对青少年价值观的影响[J]. 巢湖学院学报，2004，6：108-112.
② 房宁. 改革开放以来西方文化对中国青年的影响. http://www.doc88.com/p-104261085134.html，2014-06-25.

向在未成年人中流行，这很可能加速社会道德的滑坡。这些倾向既不利于未成年人亚道德的形成，也不利于社会主流道德的整合与发展。

## （一）亚道德具有叛逆性而遭到主流道德的反感

未成年人喜欢标新立异，常常用怀疑甚至反叛的眼光审视包括主流道德在内的各种问题，并能够面对新情况、处理新问题、发表新见解。事实上，正是由于他们对于主流道德处理问题的方式方法和主流道德见解的不认同，才会产生亚道德。他们崇尚自由、标新立异、喜欢创新、反对主流，这种反逆性常使未成年人产生道德偏离和失范从而遭到主流道德的反感。并且，亚道德的叛逆性并不因主流道德的反感而有所收敛，反而会受到刺激更加反叛。

## （二）亚道德具有不确定性而遭到主流的不信任

未成年人思维活跃，世界观、人生观和价值观正在形成，他们的愿望、理想多变无常。他们常常不断地树立和不断地否定理想，即使大学毕业即将走入社会时依然对未来感到迷茫。因而他们在对待和处理与他人、社会、自然的关系时就会有不同的道德观念和行为准则，从而导致他们亚道德的不确定性。他们有时认为应该"严于律己，宽以待人"，有时又认为应该"严于律人、宽以待己"；有时满怀豪情地高喊"天下兴亡，匹夫有责"，有时又认为这是陈词滥调；在道德评价标准上有时认为应该以权威为标准，有时又认为应跟着感觉走；等等。这些变化无常的表现难免遭到成人世界的怀疑。

## （三）亚道德具有独创性而遭到主流道德排斥

社会转型时期，传统道德规范常常失去了生命力，无力解释当下的生活，于是未成年人往往会根据自己的想法和意愿创生出新的亚道德，这种亚道德往往与众不同，而在成人眼里却另类得难以被接纳。

## （四）亚道德具有超前性而遭到主流道德的偏见

未成年人思想开放，富于创新，不受传统束缚，有自己独到的见解，一定意义上对社会道德生活具有超前性。在道德转型之际，他们的道德生活最接近转型社会的要求，也最能反映现代社会的特点。因此，未成年人亚道德的一些价值取向对成人社会具有示范性，并有可能被纳入新道德体系。恰恰如此，这种超前性在成为主流之前仍然受到偏见。

## （五）亚道德具有易变性而遭到主流道德的误解

未成年人由于在年龄、心智和社会阅历等方面不成熟，因此，他们在成人世界里是不可信任的。在成人眼里他们是善变的，因此，容易使他们形成不务正业、玩世不恭的特点，也就很容易被成人社会所诟病。未成年人的行为并不会总是遵循某条道德规定，这种易变性是亚道德无法避免的，和未成年人的不稳定性相结合以后，亚道德易变性特点更加明显而遭到主流道德的误解。

## 第四节 道德教育效果的尴尬

道德教育本来就是一个系统工程，其中的任何一个环节出了问题都可能造成道德教育的失效。在面对主流文化和亚文化的冲突时，无法正确处理其关系造成了文化失衡，必然导致道德教育效果处于尴尬的境地。

### 一、未成年人对纯粹"主流化"德育的内心抵制

未成年人对纯粹的"主流化"德育有着强烈的内心抵制，一方面学校主流文化与学生亚文化之间存在着必然冲突，另一方面亚文化与主流文化的冲突会引发道德冲突。

#### （一）学校主流文化与学生亚文化存在必然冲突

未成年人在社会中作为成长中的人、不成熟的一代，无论在家庭还是学校和社会，都处于被规训的一代。在家庭中他们被家长控制和保护，在学校被教师管教。只有在同辈群体面前，他们才是轻松的、自由的，甚至有可能还会找到自我实现的价值感。由于同辈群体年龄相近、地位平等，因而容易志趣相投，加之能满足游戏、友谊、安全、自尊和认同等方面的需要，学生在这里可以感受到更多的自由，这使得同辈群体具有"高参照性"，因而学校主流文化与学生亚文化必然存在差异。

#### （二）亚文化与"主流文化"冲突带来道德冲突

学校作为传递主流文化和意识形态的地方，难免与学生亚文化存在一定冲突，一方面表现为教育制度文化与学生亚文化的冲突。学校教育是有计划、有目的、有组织地进行的规范性活动，必然会和带有自由主义倾向的未成年人产生冲突。例如，教育教学活动中要取得高效率，就需要严明的纪律作保证，而好动是儿童（学生）的天性，这与课堂上要求遵守纪律是冲突的，因而严明的纪律对学生个体的自由发展而言又是一种束缚。这种冲突源于师生间权利的失衡和地位上的不平等。

学校主流文化和学生亚文化的冲突，另一方面表现为学校主流价值标准与学生价值标准的冲突。由于人才成长的周期性长，学校作为人才培养的摇篮，主要凸显教育的未来性，关注为学生的一生作准备，而学生由于心理、生理的未定型，

常常重视的是自己眼前的"美好时光",关注"当下"自我价值观的实现,其行为导向的内在价值观就必然与学校的要求不同。我国20世纪80年代的中学生曾流行这样的电影歇后语,表达了师生之间的敌对状况:"老师来了——这里的黎明静悄悄;老师提问——哑女;老师批评——被告席上;被赶出教室——快乐的单身汉;考试中——警察与小偷;考试后——莫斯科不相信眼泪;上学——再向虎山行;星期六——胜利大逃亡;家长会——今夜有暴风雪。"在学校生活中,同学犯错误,按照学校的主流文化价值观念,应该主动报告老师并帮助同学更正,然而,按照亚文化观念,却是要讲"义气",不能出卖朋友。按照社会上一般的责任观念来说,独立自主完成作业是学生的本职,然而当别的同学要抄袭作业时,学生想要"帮助"同学,因而也给同学抄袭了。学生明知爱护学校的课桌、墙壁以及爱护厕所等公共场所人人有责,可是有的学生偏偏要在课桌、教室和厕所的墙壁上刻写一些文字。

## 二、割裂"亚道德文化"的道德教育的效果质疑

亚文化对于主流文化具有积极的一面,亚道德对于主流道德也有积极的影响,因此道德教育不应该割裂"亚道德文化",应该汲取"亚道德文化"的有益内容,提升道德教育的效果。

### (一)没有亚道德的主流道德是没有生命力的道德

未成年人亚道德规范虽然与主流道德形成一种碰撞,甚至被看作有悖于传统德育的宗旨,但是我们不能否认其存在的合理性,存在即合理,未成年人亚道德文化的一些基本特征显示其合理性一面[1]。

1. 亚道德是主流道德的引领

未成年人思想开放,敢想敢做、富于创造,不愿受传统的约束,往往最能代表社会发展的趋势,面对突如其来的新情况新问题,有自己的独立见解。因而,一定程度上说明他们具有超前性。尤其在社会转型时期,新旧价值体系交互存在,这种情况下最容易出现多元价值冲突。由于年轻人更善于接受新鲜事物,因此,未成年人传递的道德价值引领当下看来可能有悖常理、有违常规,但是往往最终成为社会的主流,引领着社会的发展从而成为被接纳的新的道德体系。

2. 亚道德是主流道德的补充

未成年人的价值观作为非主流意识形态存在着,处于"边缘化"。但是这种"边缘化"是暂时性的。随着社会的发展,非主流意识形态会逐渐演变为"主流意识"。未成年人也将从社会的"边缘人"转向社会的"参与者",成为社会的主体。

---

[1] 朱炎. 论青少年亚道德[J]. 黑龙江教育学院学报, 2005, 1: 138-140.

亚文化作为未成年人的一种存在形式，有其独特的主体性和创造性，体现着未成年人的一种精神风貌，是一种年轻人特有的风景，因此，它是对主流文化的一种补充。道德是文化的一部分，亚道德文化也必将成为主流道德文化的一种补充，与主流道德共同构成社会的环境。

（二）亚道德对主流道德具有积极作用

亚道德和主流道德尽管差异巨大，它们并不是相互矛盾和相互削弱的关系。亚道德对主流道德会起到一种积极作用。一方面，未成年人的亚道德文化往往代表着新生的力量，这股新生的力量能够为相对传统的主流道德注入新鲜的血液，通过对主流道德的不断融合与渗透，刺激主流道德文化不断发展和创新，进入新的道德发展阶段。另一方面，青少年亚道德往往关注主流道德所忽视的问题，能够对主流道德起到补充作用。

亚道德与主流道德关系是积极的还是消极的，还在于人们对亚道德的理解和认识。任何一种事物的存在都有其合理性，从积极的角度看待亚道德的存在，更有助于亚道德朝向积极的方面发展。

（三）亚道德对主流道德具有启迪作用

亚道德的存在使我们对主流道德有进一步理解，以更开放的心态看待主流道德，具体表现在以下几方面。

1. 德育价值：由一元走向多元

传统的道德只注重一元价值取向，这种单一的价值取向用统一的评价标准约束所有的个体，必然带来矛盾和问题。因为，每个个体是不同的。在封建大一统的社会背景下，这种一元的价值取向可能还有生存空间。而随着社会的转型，人们的主体意识的觉醒，尤其是未成年人的亚道德的存在，人们意识到多元的价值共生并不是一件糟糕的事情，反而是对个体的尊重，能使这个社会更加民主和谐。因此，多元价值才是更符合时代潮流的选择。

2. 德育目标：由"教会顺从"走向"学会选择"

传统的德育是用"假大空"的目标要求个体无条件顺从，甚至有的是压抑人性的伪道德，如封建社会的三纲五常、二十四孝中宣扬的价值导向等，很多在今天看来不合时宜。"教会顺从"的德育只能培养出愚民和集体无意识的奴才，不会培养出有自主意识的公民，甚至可能对个体带来伤害。例如，我们仅仅要求人们"舍己救人"，而不考虑条件和背景，如果一个不会游泳的人看到落水儿童，不假思索地跳水救人，不仅救不了那个人，反而自己也生命不保。

因此，我们应该教给未成年人的不是结论性的道德的条目，而是学会判断、学会选择。

### 3. 德育方式：由外铄走向内生

传统的德育方式是说教，教给未成年人的是书本上或成人世界里的价值观。这种方式是由外而内的、外铄式的、灌输式的教育，很难成为未成年人自己的东西。因此，德育应该遵循道德自身的特点，由未成年人自己感受体悟，从而由内而外生发出道德感，这种内生式的方式可能会更根深蒂固地存在于他们的脑海里。

### 4. 德育过程：由认知走向活动

传统德育过程注重未成年人的道德认知，如对道德现象、道德关系的感知及道德概念、道德准则的解释与说明。这种德育过程将丰富的道德生活窄化为关于道德的相关知识学习。未成年人的亚道德的存在启示我们：道德教育应该走向生活和活动，在体验中学习更能深刻领悟道德的真谛。

### 5. 德育视野：由"小"走向"大"

传统德育内容相对贫乏、保守，方法相对单一，视野相对狭窄，是一种"零打碎敲式"的小德育。随着信息时代的到来，生活在其中的未成年人一代要在纷繁复杂的信息里学会生存，必须要思维灵活、想象丰富、视野开阔，事实上他们的确可以全方位地拓展自己的视野，过一种广义的、大的德育生活。

## 三、脱离未成年人真实生活世界的抽象德育及其无效性

道德教育应该是贴近孩子真实生活世界的教育，而非高高在上的理想世界。与生活脱节的德育是无效德育，只有回归孩子的生活，才能实现德育的初衷，真正实现触动灵魂的教育。

### （一）与生活脱节的德育是无效的德育

当前我国学校德育与生活脱节，从内容到形式都落后于时代的变化与需求，强调德育的政治意义而忽视了德育的生活意义。在这种思想指导下，学校德育热热闹闹、轰轰烈烈，实际上离学生的实际生活越来越远，成为一种对上负责对下不负责的"应景之作"。德育目标假大空，是培养君子和圣人的教育，而不是普通的个体。德育内容空洞而缺乏生活感，重道德理想和原则，轻规则教育；重伟人、英雄的榜样教育，轻普通百姓的小人物的榜样；重"成人世界"的思想观念来教育学生，轻学生自己的生活实际。这造成未成年人在道德生活中知行脱节、情感淡漠，道德认知难以转化为道德行为，遇到复杂的社会生活难以适应。与学生生活脱节的道德说教还带来另一种不好的后果，即原本天真单纯的孩子过早戴上"面具"，具体表现为两面人格的出现等。

## （二）"回归生活"是当代德育的必然趋势

### 1. 真实的生活世界是德育丰富的道德源泉

人们常说社会是一所大学，生活是一个课堂。在生活中生活，就是在生活中接受教育。杜威的"教育即生活"与陶行知的"生活即教育"很好地诠释了这一观点。在杜威看来，教育就是一种生活，要在学校教育中渗透生活。在陶行知看来，生活处处有教育。过什么样的生活就是接受什么样的教育。要想使孩子养成良好的行为习惯和基本的道德素养，就要过一种道德的生活。到处是生活，处处即教育。整个社会是生活的场所，也是教育的场所。

学生生活在现实中，世界瞬息万变的万物无时不在对他们产生着影响，这也为我们提供了丰富的德育素材。而教育工作者的任务就是对学生在真实生活中所遭受的困境适时引导，以促进其内在德性的自然生长；把生活中点滴的德育素材提升为行之可效的德育经验，并反作用于德育实践。

### 2. 德育生活化是德育价值观的真正体现

道德是生活中的道德，只有在生活中才体现出道德的价值。因此，道德教育也就自然要在生活中进行，不能脱离生活而成为假大空的说教。自然，作为道德教育的特殊形式——学校德育也必须寓教于教育教学活动中。教育绝不是一项工作要完成，而是渗透在学校生活的方方面面、角角落落。基于生活的德育、在生活中的德育、为了生活的德育才是真正有效的德育。

### 3. 回归生活是学校道德教育的综合性体现

生活是复杂多元的，它弥漫并渗透在世界的每个角落，呈现出人与人、人与社会、人与环境、人与文化的多样关系。因此，德育要回归生活或者提倡生活化德育，就需要学校德育同样要体现生活的多种样态。例如，德育课程的开发、设计、组织与实施应该是一个综合形态，教学方式方法要体现生活化，现场教学、情境教学或者讨论生活中的实际问题等都是一种生活教育的体现。让学生有生活感，让学生的道德发展源于生活、归于生活。

## （三）德育回归真实的生活才是合理的

生活是德育的基础，但并非所有的生活都是德育的基础。德育应回归未成年人自己的生活，回归真实、积极的生活。

### 1. 回归现实生活

未成年人的生活既有现实的真实世界，也有虚拟的网络世界，虚拟世界的生活情景、价值观以及生活方式与现实相去甚远，常常使青年陷入虚幻之中，当他们走出虚幻就会遭遇现实的冲突，进而带来困惑和不适。因此，对未成年人进行德育应回归他们自己的活生生的世界。

2. 回归主体生活

德育回归未成年人自己的主体生活，不仅是因为与他们的生活过于遥远的和不相干的教育可能是无效的，而且成人化倾向所体现的教育为未来生活做准备的思想也是片面的。离开主体的生活，是虚无缥缈的。

3. 回归开放的生活

未成年人的生活是开放的、多元的，人为的封闭和禁锢只能令生活窒息，失去生命活力。只有在流动中、开拓创新中，生活才能不断更新，未成年人的道德能力才能不断发展。

4. 回归整体的生活

未成年人的生活从时空而言都是有机统一的，这是进行德育的基本原则。学校生活、家庭生活和社会生活构成了未成年人完整意义的生活，三者缺一不可，无可替代。有人曾调侃"学校教育是文化的孤岛"，在某种意义上讲也是成立的。学校教育过度看重知识的学习，忽视了其他素质的发展，导致个体精神的荒芜。因此，不仅学校要成为文化的绿洲，家庭和社会也应该多方合作共同促进学生道德的发展，使学生的道德提高在整体的生活中进行。

## 四、对未成年人亚道德的正确引导

（一）引导亚道德向正确方向发展

未成年人的身心发展有其自身规律，教育也有其规律。好的教育要既遵循儿童身心发展规律，又要遵循教育规律，并坚持不懈。

对未成年人而言，他们有其特殊的身心发展特征，教育的内容、教育的方式方法和手段、教育的途径都是教育者必须要考虑的。无视未成年人的特征，违背教育规律的教育注定是无效和苍白的。在未成年人中应大力倡导社会主义核心价值观：富强、民主、文明、和谐、自由、平等、公正、法治、爱国、敬业、诚信、友善，使其懂得做一名爱国守法、明礼诚信、团结友善、勤俭自强、敬业奉献的公民，并将社会主义核心价值观作为自己行为的指导。

培养孩子的道德情操从小做起、从家庭做起。从爱父母、爱朋友、爱家乡入手，到爱老师、爱同学、爱班级，培养他们自尊、自强、自信、自立的良好个性品质，培养初步的爱国主义情感和健全的心理。举行18岁成人仪式，提高自我认知。借助传统节日进行传统文化民风民俗教育，强化未成年人公民意识，增强对国家、社会和家庭的责任感和使命感等。把公民道德教育的内容和未成年人成长发展紧密地结合起来，积极探索具有鲜明时代特色和未成年人特点的道德教育形式，有计划、有步骤地进行系统规范的道德教育[1]。

## （二）加强未成年人文化素质教育及人格心理健康教育

加强未成年人文化素质教育，一方面要在课程体系中有所体现，在课程改革中增加人文素养的内容，尤其是在本校课程的开发中渗透文化内容；另一方面要在学校、家庭环境中营造文化氛围，包括以科学精神和人文精神为核心的文化教育氛围。加强未成年人人格及心理健康教育是德育的重要内容。学校要专门成立心理咨询中心、课程中体现心理健康教育内容，还要组织各种活动，激发学生追求真、善、美，摈弃假、恶、丑，以及对学生的不良人格现象加以引导。

## （三）营造良好的教育氛围

社会环境对未成年人的成长有很大的影响。要充分发挥大众传媒和各级各类青少年活动阵地的作用，坚持不懈地宣传正确的道德取向。教师要多为学生提供社会道德热点问题供学生讨论，给未成年人提供明是非、辨美丑、识善恶的学习机会，这也是他们了解社会、进行理性的道德思考的重要资源。问题式的学习效果要远远好于简单的灌输与说教。

成人社会要教给学生对良莠不齐的信息进行甄别的能力。虽然我们无法控制不良信息的传播，但我们可以学会辨识和判断。同时呼吁社会各界尤其是媒体多产出一些适合未成年人阅读的书籍和影视作品。加强对未成年人审美情趣的引导，引导他们善于在生活中发现美并创造美。要利用青少年活动中心、节假日等对未成年人开展道德教育。

总之，教育是一个系统，需要全方位努力；教育具有生活性，需要在生活中渗透和熏陶；没有一个良好的道德环境，学校教育再努力也难以奏效。因此，创建一个和谐文明的社会大环境尤为必要和重要，在这种大环境下生活的每一个个体都会自觉不自觉地养成良好的行为习惯。

---

[1] 焦秀君. 青少年亚道德的疏导对策[J]. 人民论坛，2010，7：206-207.

# 第四章　未成年人道德生成的文化关切

文化与道德之间具有天然的"默契",文化内含道德的意蕴,道德从本质上来说就是一种文化嵌入和文化自觉,正是在这个意义上,我们说人类创造了文化同时又被文化所创造。因此,在未成年人道德生成过程中,文化担承着触及他们灵魂深处并因此而影响其道德品质和内在气质的历史使命。这正是我们以文化为研究论域,来审视未成年人的道德及道德教育的根本原因。

不过,研究未成年人道德生成及道德教育的文化使命,就要以完整的文化生态为背景,来观照文化与道德之间的内在关联。本章将在论证与阐释人的文化性与道德的基础上,从主流文化与亚文化两个基本维度来具体分析它们分别在未成年人道德生成与道德教育之间的紧密勾连,并再次强调和申明在完整的文化生态中生成未成年人良善道德的根本宏旨。

## 第一节　文化与未成年人的德性

人是文化的存在者,抽离了文化的元素,人将无异于其他生物。文化性是人最具规定性的本质属性。人的文化性与道德之间存在本体的相关性,也就是说,文化性是人的整个内在精神世界的基本构成元素,而且文化存在最根本的价值就在于其促进人完美德性的生成。从道德的角度出发,人的德性本质即是一种文化,德性修为,就是一种文化融入、积淀和升华。那么,文化与人之间是什么关系?与人的德性之间是什么关系?未成年人道德生成与文化之间又是何种关系呢?

### 一、文化与人

自从文化作为研究对象进入人们的视野,人们就在不停地追问,文化究竟是什么?文化与人之间是何种存在关系?文化何以成就人的德性?人在创造着文化,同时又被文化所创造,文化赋予人何种特别属性呢?

## （一）人是文化的存在者

文化究竟是什么？梁启超在《什么是文化》中认为，"文化者，人类心能所能开释出来之有价值的共业也"[1]。胡适在《我们对于西洋近代文明的态度》中认为，"文化是一种文明所形成的生活的方式"[2]。在谈到人类学家的文化观时，雷德菲尔德认为，文化指的是"体现于行为和人工制品中的表现各个社会的特征的传统理解。这些'理解'是附着于行动和物体中的意义。……文化就是一种抽象：指向社会中不同的成员倾向于遵守的相同的行动或物体中的意义"[3]。在笔者看来，文化首先是一种人文关怀，其最根本的存在价值和旨趣应当是指向人的最内在气质的生成。因此，文化赋予人"做人"的基本资格和基本表征。文化本质上是属人的文化，文化因人而生、为人而生，人创造了属人的文化，又被文化所创造。

人是文化性与生物性相统一的复合体。文化性是人的本质规定性属性。任何时期的人，只要文化性丰富了，其生物性中最原始的"兽性"就会相对退却，文明程度就会相对提升。从根本上来说，无论是人的思维模式、逻辑线索、精神境界、价值理想等还是人的实践理性、价值行为、抉择行动等，都与其所身处的具体文化有关，都会带上其文化印痕（当然，这里"文化"的境界或者说层次不同，高雅文化有之，世俗文化有之，庸俗文化亦有之）。人不可能挣脱其所处的文化境域而纯粹自然地存在。一个毋庸置疑的事实是，人们的行为要么源自于他们所面临的实际问题，这与其所在的外在处境有关；要么源自于行动者的"参照系"，这与其内在的文化价值观有关（当然，二者往往交互重叠构成真正的原因）。如果是面对外在的问题而本着解决问题的思路采取行动，这主要涉及处境所外在预设的客观性境况；如果面对的是行动者所生成的"参照系"而采取行动，那主要涉及的将是行动者内在主观的价值观系统和道德规范等问题，行动者采取任何行动将不得不改变其价值观念，而每次改变都将是文化的碰撞与交锋。所以人注定了要与文化相关。

而在当下，当物质主义和科学主义已经成为主导性话语方式和生活方式的时候，更应当进行文化的人文性救赎，彰显人的文化性存在方式，呼唤文化人的基本存在。

## （二）"文化人"的基本特性

如前所述，人是文化性与生物性的复合体。"文化人"是人的文化性与生物性取得和谐统一与合理平衡的人。"文化人"具有其存在的基本表征。

首先，"文化人"是精神世界丰富的人。这主要是指，文化使人具备了思想的

---

[1] 梁启超. 梁启超讲文化[M]. 天津：天津古籍出版社，2005：133.
[2] 胡适. 胡适文选[M]. 牡丹江：远东图书有限公司，1979：105.
[3] Redfield R. The Folk Culture Yukatan[M]. Chicago：University of Chicago Press，1941：132.

深度、信仰的高度和精神的气度。人在文化的滋养中，学会了把握和追问自我，学会了探问存在的历史意义和价值，学会了对生命的敬畏和思考，也明白了人与人之间的基本责任和处世原则。其次，"文化人"是道德伦理有尺度的人。无论苏格拉底在道出"知识即美德"时是出于何种理想，他都言说出了一个基本的价值真理。文化使人的德性充满了人文色彩，不再封固在生物性自我的狭隘境地，而渐趋明白人性中道德规范与伦理方式的分量，从而生成为一个道德伦理平衡有度的人。再次，"文化人"是行为抉择有文化参照的人。布莱塔妮卡有一段话说得十分精彩："文化可以使一个人因某些食物被文化打上了不洁净的烙印而饿死，尽管滋养物是有效的。文化可以使一个人为了扫除污点而剖腹或枪杀自己。文化的力量大于生死。在低于人类的动物中，死不过是新陈代谢、呼吸等生命过程的终止，而在人类中，死还是一种概念；只有人知道死。文化胜过死亡，给人提供永生"。最后，"文化人"使人的生命存在更具有人类文明的特质。

必须指出的是，中国是文化大国，在文化上具有无可争议的国际地位。中国传统文化熠熠生辉，更具有现代性价值。以儒学为典型代表的中国传统文化，本质上就是关切人的生命、生存和人的道德与境界的，充满了人文品性。"它以'关乎人文以化成天下'的把握世界的方式，突出了中国文化所特有的天人合一的宇宙观，知行合一的实用理性，直观体验式的思维方式，非功利性的价值尺度，从容中道的人生态度，尽善尽美的理想追求，贵和持中的人际关系，充满人性的人文关怀，重视天人关系和谐与现世人间性和人间秩序等重要内涵"[①]。因此，在文化受到挑战，人文性遭致破坏的当下中国，捍卫、传承、弘扬、发展我国的传统文化，并赋予其时代气息，无论是对于国家文化建设和核心价值观教育，还是对于未成年人的道德生成与道德教育而言，都是十分必要和紧迫的。

## 二、文化与人的德性

文化在人身上形塑印痕，最集中的体现就在于人的道德品性上。一定的文化，无论是优秀的，还是劣根的，都会在生活于其间的人身上形成道德品性的影响。人依据德性而表现出来的道德行为总能折射出其生活背景中的文化底蕴。

### （一）文化对人德性的影响

了解人的文化性存在和"文化人"的基本特性的根本目的在于进一步阐明文化性与人的德性之间的关系。一个基本的脉络是，文化本体意义上内含道德性特质，道德在本质上是一种文化表征，人的德性生成离不开文化的融入与滋养。

文化生成的本初意蕴在于一种伦理道德规范，它以自己的特有方式造就着存在于其间的人之德性生活特质。文化原初生成时，不仅作为图腾等让人的信仰有

---

① 王东莉. 德育人文关怀论[M]. 北京：中国社会科学出版社，2005：237.

所皈依，更重要的在于在日常生活中，使人的生活方式更加文明理性。人们创造文化，除了使人们的精神世界在文化的润泽中有所深沉和丰富之外，还使得人与人之间，有一种较为和谐且美好的处世环境。这就是道德与伦理的文化渊源。正是在这个意义上，我们说，文化在本体上具有道德性品质。

从另一个方面来说，道德在最本质的意义上，应当是一种文化。"一定的思想观念、道德规范实质上就是一种文化，是一种特殊形式的文化，即政治文化、伦理文化"[1]。所以，在笔者看来，严格意义上来说，道德是文化的一个重要因素。道德本质上应当获得文化的解释。齐格蒙特·鲍曼在洞察现代社会道德范式后对道德的本相有所认识，他说："首先，它使我们看清楚道德'原始'状况：远在被教会社会建构和提升恰当行为的规则之前，也远在被劝诫遵从一定行为模式之前，我们就已经处于道德选择的状态之中。这就是说，我们注定本质上是一种道德的存在，即我们不得不面对他者的挑战，面对着他者承担责任的挑战，处于'相依'的状态之中"[2]。这就是说，道德是存在于文化的境域之中并受到一定文化影响与陶冶的。

同时，不难理解，从最本质上来说，人的德性成长，尤其是未成年人的德性成长，必须在浓重且真实的文化氛围中才能获得健康、和谐与完满。检视人类文明进展的整个历史，不容置疑的一个重要事实是，人的道德良知在终极意义上是由其生存期间的文化所塑造的。道德要在文化的环境中生成，也就是说，没有文化就没有道德，就没有德性的完善和人性的完满。所以，在新时期，增强文化对人的德性，尤其是对未成年人的德性熏染，已经成为十分紧迫的战略任务。我们应当秉持"科学性"与"人文性"并重、"合规律性"与"合目的性"相统一的价值取向，绝不可以"单向度"地走向价值偏执，最终遭致人的生物性的膨胀和文化性的退隐。正是在这个意义上我们说，现代社会文明的标志以及核心和终极目标应当是使作为现代文明主体的人获得解放和自由，不仅是物质与生存的解放和自由，更主要的是心灵和思想的解放和自由，现代德性的养成和树立。而达到这一目标绝对离不开文化建设，离不开文化对人内心的激活与滋养。因此，文化在人的德性养成中肩负着神圣的使命。

（二）文化对未成年人德性成长的特殊影响

无论是否觉察、是否承认，人置身在文化的世界中，就要受到文化潜移默化的影响。文化无言，却将其基本的价值观念、道德规范、伦理规则、风俗习惯等渗透到每个人日常的价值选择、道德实践、伦理判断、习俗生活之中，从而建构人具有文化价值所指的道德人格。未成年人自从"被抛"到这个世界，就浸淫于

---

[1] 张耀灿，郑永廷，吴潜涛，等. 现代思想政治教育学[M]. 北京：人民出版社，2006：181.
[2] 鲍曼 Z. 生活在碎片之中——后现代道德[M]. 郁建兴，周俊，周莹译. 上海：学林出版社，2002：1.

某种文化体系之中，先在的文化预设，无论是家庭文化、社会文化，还是学校文化等，都试图通过显性与隐性的途径，实现对未成年人内在结构的影响与改变，将他们引入成人所认同的价值范畴。这一预期价值归根结底的实现，表现在未成年人逐步的德性养成。其内在德性的修为，必然是其文化引领的结果。同时，未成年人从"自然人"向"社会人"的转变、从"野蛮人"向"文明人"的转变、从"自发人"向"自为人"的转变，必须有优秀文化资源的积极介入，注入文化的印痕，就标志着人性的转变。而这种转变的最核心表征就在于未成年人德性的生成，德性的充盈，野性的消退。因此，未成年人的德性成长有渴望文化关照的天然诉求。

文化对未成年人德性养成的启蒙与引领，是未成年人一步步实现自我建构的重要资源。问题的关键在于这种资源能不能转化成促进未成年人道德生成的正能量，也就是能否把积极的、高尚的、文明的价值观、道德观、伦理观渗透到未成年人日渐成熟的内在心理结构之中。因为，存在于未成年人生活现场中的社会文化并非具有天然的积极性、高尚性和文明性，一定社会的文化，总是裹挟着真善美和假恶丑的双重事实。不是所有的文化都能促进未成年人的道德走向高尚的境界。因此，文化对未成年人道德生成的影响，必然要有一个去伪存真、扬善抑恶、褒美贬丑的遴选过程。这个过程也必然是复杂的、困难的和有争议的。因此，我们需要以淡定高远且包容开放的姿态，让有教育意义的文化涉入未成年人的人格建构现场。

一个不容置疑的事实在于，未成年人对文化影响的接受是一个由被动到主动、由他觉到自觉的过程。他们心智逐渐明了、思想逐渐明朗、视野逐渐开阔。因此，文化的涉入必须从启蒙、灌输、统摄转向承认、尊重、引领的途径。这就要求文化的一元影响逐渐向多元影响过渡，单一的主流道德文化介入向完整的道德文化生态介入过渡。既要有主流文化核心价值观的开悟和导引，又要有亚文化价值导向的接纳与包容。未成年人的德性生成必然是多种文化交织影响、多种价值观碰撞性涉入的结果，在这场文化与价值观的"争夺战"中，没有胜负之分，只有综合效果在人的结构中的内在养成与外在体现之别。其中，主流文化与未成年人的道德、亚文化与未成年人道德，可以作为两个具体的维度分而论之，但是最终必然要统归于完整的文化生态背景下，在未成年人的完整德性中获得检阅。

## 第二节 主流文化与未成年人的道德

综上而论，既然文化与道德之间存在如此紧密的内在关联，那么从文化生态所内含的主流文化与亚文化的两个维度来分析他们之间的关系就十分必要了。这里首先分析主流文化与未成年人的道德之间的内在关系。

## 一、主流文化的产生背景与存在形式

主流文化蕴含着主流道德、主流价值观，它是统治阶级有意培育的既有利于自身稳固的统治又有利于塑造人民的德性、操守和价值观念的重要载体和有效途径。因此，国家产生之日，也是主流文化诞生之时。然而，何以需要主流文化？主流文化存在形式是什么呢？

### （一）何以需要主流文化

社会秩序和社会精进的需要。毋庸讳言，任何国度、任何社会、任何历史时期，都有与之相对应的主流文化存在的合法空间和价值空间。主流文化理所当然地具有政治性和民族性。它承载着国家统治阶级的意识形态和核心价值观的重要使命，并担当着传承本民族文化的历史使命。主流文化应当是关切国家文明化的价值方向，关切民族精神和民族凝聚力的确立与稳固，关切社会的稳定健康和谐。这是主流文化理应关切的价值所指。正是在这个意义上，我们说，我们必须维护主流文化的主体地位，不能在"多元主义"的思潮诱惑下解构主流文化导向性、统摄性与引领性的"一元"地位。多元主义是一种极端，多元主义伴随的往往是相对主义和个人主义。"多元"本身是一种进步，但是，"多元"的超越底线就会导致共同价值理念和价值信仰的崩溃和断裂，"用以解释世界、统整价值的普遍意义系统也就被分解，每个人都成为自己的上帝，每个人都再也不需要从某种公认的终极的、历史的传统和普遍的习俗中获取价值的资源"[①]。这不仅不符合社会与时代健康发展的潮流，也不符合人幸福安居的基本价值。

人性完善与内在结构丰富的需要。主流文化不仅因为社会需要而具有存在价值，也因为人的需要而具有存在价值。满足人的需要是主流文化的本体使命之一。因为，对一切社会而言，人才是目的。在康德看来"人"永远是目的，是一切价值判断的尺度。康德多次强调："人，一般来说，每一个有理性的东西，都自在地作为目的而存在。他不单纯是这个或那个意志所随意使用的工具。在他的一切行为中，不论对于自己还是对其他有理性的东西，任何时候都必须被当作目的"[②]。作为目的人，必须要有主流文化的类关照、普适性关照，这是人相互承认、相互理解、共同存在的价值根基。对人的本真性的关切，主要体现在主流文化对人性引领的价值。主流文化应当触及人性的本真，并促进人性向真善美无限接近。对人的生活世界的关切，主要是要求主流文化不能过于脱离生活世界的真实土壤，而变得虚妄飘渺，使人无所依从，无处入手。对人的精神世界的关切，这是主流

---

[①] 鲁洁. 道德教育的当代论域[M]. 北京：人民出版社，2005：151.
[②] 康德 I. 道德形而上学原理[M]. 苗力田译. 上海：上海人民出版社，1986：80.

文化的核心任务：主流文化理应关切人的精神世界的丰富，关切人的道德性的内在生成。尤其在当下这种文化被各种欲望浸淫的社会氛围下，我国传统的文化参照隔离和肢解，宣扬这种文化继承的使命已经刻不容缓，主流文化理应担当起自身的重任，正如有论者指出的，"我们需要一种以社会公共善为目标追求和定位的新的道德理念设计，这伴随着民族文化的伦理精神创生了超越。创生超越意味着像创生新的道德生命体一样，让民族的道德精神在继承了传统文化基因的同时不断地去生长和突破，用伦理精神的健壮和强大去推动我们这个古老民族孕育新的道德理念的共同体的蜕化和重生，从而实现中华民族真正意义上的伟大复兴"[①]。因此，为了人性的完善和人的内在结构的丰富，主流文化必须彰显其存在的价值空间。

总之，社会和人都需要主流文化集高雅与温和的姿态而存在，既服务于社会，又造就着个体，并在自身的价值体现中获得自身存在的法理依据。因此，"文化虽然有其相对的独立性，但就特定的民族和国家的特定历史阶段而言，它终会在主流或主体形态上，要与它们赖以存在的社会经济保持相对的一致，与人的发展状态相适应"[②]。

### （二）主流文化的存在形式

主流文化具有获得自身地位与资格的法理依据。那么主流文化以何种形式存在于社会生活之中并展现其价值寄托呢？

首先，主流文化存在于官方规定的制度、道德规范、规则、法律、文件等之中。官方通过上述途径，将主流文化及其所蕴含的核心价值观以自上而下的运行模式，有计划、有预设、有步骤地输入人们的生活世界之中，以其强大的全方位渗透性，为人们的思想成熟、价值观建构、道德规范确立、道德人格生成创设了人为的文化空间。统治阶级总是通过各种统治机器来确保这种文化的被宣扬、被接纳、被认同。

其次，主流文化存在于主流媒体中。主流媒体，要么是官方创办并主管的媒体，要么是在政治倾向上、思想感情上、价值导向上与官方比较接近，它不同于大众媒体，大众媒体可能不具备浓厚的政治背景，也可能不代表主流的价值观念与意识形态。主流媒体往往将主流文化与主流价值观的渗透作为自身存在的合法性依据，并自觉地将主流文化的影响力和自身的影响力结合起来，在相互成就中彰显自己的媒体实力。

再次，主流文化通过普通学校教育的形式，将其文化内涵植入学校教科书、

---

① 袁祖社. 文化的伦理本质与现代德性生活的价值真理——公共生活中"诚"与"真"品质的回归[J]. 北京大学学报（哲学社会科学版），2011，(4)：37-46.

② 施惠玲. 当代中国社会的信仰引领与文化跃迁[J]. 新疆师范大学学报（哲学社会科学版），2011，(6)：14-18.

校园文化、课程实施等实体与过程之中，从幼儿开始，将主流文化、主流道德、主流价值观分解到他们学校生活的全过程。学校教育很难做到价值无涉，它总是在教育方针的指引下、在教育行政部门的指导监督下，将代表主流与官方的文化价值观引入学校教育的现场。学校对学生思想道德人格的影响，总是依据官方预设的价值体系，通过文化熏染、情境陶冶以及说理灌输等方式，直接作用于未成年人的成长现实。

最后，主流文化还通过社区宣传、参观基地考察、教育基地影响、博物馆规划建设、主旋律电影制作等途径来承载其蕴含的道德规范、价值观念、思想意境、精神信仰等。

总之，主流文化因其合政治性、合制度性、合方向性以合人的目的性、合人的共在性等特征，以其显性的地位存在于社会生活的诸多方面，时刻在发挥着"文以化人""文以化世"的主体作用。

## 二、主流文化与未成年人德性生成之间的关系

如前所述，主流文化是人们有计划、有目的、有步骤地创设的文化形态，它总是在极力产生自身的影响，从而将自身涵括的道德体系、伦理规范、价值观念等渗透到人们的生活实际与内在结构之中。那么，就未成年人这一特殊群体而言，主流文化对其德性生成又起到何种作用呢？

### （一）主流文化关照下的未成年人的德性生成

未成年人的德性生成具有自身的独特性。他们尽管在原初性上具有相对的"无污染性"，但是，他们却是相对的"易污染性"人群。在充满真善美的优秀文化中生长，未成年人就容易养成良善的德性；在假恶丑肆虐的"伪文化"中成长，未成年人就会养成丑陋的德性；在文化稀薄的氛围中生长，未成年人的德性就容易逐渐流逝而陷入茫然。总之，未成年人的德性成长离不开文化的适时介入与调节，他们只有对一定的文化内涵认同并接纳其价值规范、内化其核心价值理念，才能逐渐内生为一种德性修养。同时，还必须看到，首先，未成年人德性生成过程具有十分大的波动性和不确定性，他们的德性生成势必是一个长期复杂的过程，包括知、情、意、行的几个关键环节的循环往复。在这个过程中，人文关怀的程度，尤其是文化价值观引导的程度，与其德性的合理生长之间是有紧密相关性的。其次，未成年人的心理生长规律说明了其德性生成的群体影响性。也就是说，未成年人群体内部容易达成意见一致，并在成年人看来杂乱无章的生活中，形成群体内的相互遵循的"潜规则"。这种规则才是对他们能起到较大现实影响力的"价值规范"。其实，"行动者只有在与自己共享价值观的人的互动中，才能找到其信仰的社会合法性及其生活方式的社会回报，群体的持续存在以及与其成员的友好交

流对行动者而言是有价值的"①。再次，未成年人的德性生长总是具有一定的反叛性。也就是说，他们不一定总是在服从成人世界强加给他们的道德规范、伦理规范和价值规范，他们有几个十分突出的反叛时间段，在此期间，他们厌倦了单一枯燥的德性规约，很可能受到亚文化风格的影响，并在亚文化的反抗品格中形成具有"个性"的道德品性。总之，未成年人的德性生成有其自身的独特属性，这是需要我们认清的事实。

如前所述，主流文化要关切人，不仅要关切人的生活世界，更要关切人的内在精神世界，关切人的道德生成。因此，未成年人的德性生成，当然要借助于主流文化的融入、引导和统摄。主流文化要给未成年人的德性成长提供必要的价值底座，也就是提供根本的道德价值参照系，让其找到基本的价值依凭或共享价值观。在这个意义上，对主流文化的捍卫与弘扬，就是对未成年人基本的道德底座的塑造与奠定，只有主流文化的统摄力获得尽可能广泛的认同，其内含的基本道德规范才能逐步被内化吸收。而未成年人德性的生成在某种意义上正是对共享道德规范内化的过程，正如罗尔斯所认为的，"所谓德性只不过是一种经过内化的服从道德规则的倾向，德性是由一种较高层次的欲望调节的情感，这些情感亦即相互联系着的一组组气质和性格"②。因此，未成年人的德性走向健康良善，离不开主流文化的积极嵌入和融合，这种嵌入和融合不仅是对其生活世界的嵌入，更是对其精神世界的嵌入，这样才能遏制当下未成年人精神的断裂、心灵的荒芜和道德伦理的失范。

（二）主流文化的生活性与未成年人的道德提升

主流文化在未成年人德性生成与提升过程中的关键作用是毋庸置疑也是无可替代的。只有主流文化获得了核心地位，才能形成公共的德性之善，并发挥参照性作用和道德底座的作用。尤其在功利主义与人文主义失衡的今天，更需要主流文化的培育和张扬其在现实中的教育性和影响力。否则，很难在全社会形成公度性较强的道德伦理体系。麦金泰尔曾经指出，西方现代生活奠定和提供基本道德观念系统的思想谋划的失败主要表现在三个方面：……道德概念的无公度性使现代伦理学的普遍主义追求归于破产；伦理学上非人格性论证方式使现代伦理的规范性主张失去通达人格内在的基础；现代伦理学对道德概念之广泛多元性起源的忽略所导致的非历史主义后果③。

然而，审视现实中主流文化对未成年人的德性影响，我们却十分遗憾地发现，它并没有起到核心影响力的价值作用。主流文化所蕴含的德性张力并没有在未成

---

① 陶东风，胡疆锋. 亚文化读本[M]. 北京：北京大学出版社，2011：12.
② 罗尔斯 J. 正义论[M]. 何怀宏，何包钢，廖申白译. 北京：中国社会科学出版社，2001：190.
③ 麦金泰尔 A. 德性之后[M]. 龚群译. 北京：中国社会科学出版社，1995：10-11.

年人身上获得深刻的烙印与印痕,有时,其多年的影响竟然抵不过一部电影、一首流行音乐、一段时尚风潮等。主流文化所提倡的道德规范,却往往不能深入未成年人的内在结构之中,造成规范与人之间的现实距离,规范成为无效的存在者。米歇尔·鲍曼对此曾指出:"构成社会秩序理论根本解释对象的行为规律性必须用规范生效加以解释……社会秩序理论的中心任务是解释以规范为指导的行为的多种多样现象。……它特别设计下列问题,即人作为规范制定者为何希望他人作为规范对象以某种特定方式行为,他通过何种途径使自己的意志对象发生作用以及规范对象为何应该根据这些规范采取行动"[①]。

追本溯源,我们不难发现其主要原因在于主流文化与未成年人真实生活世界的脱离。主流文化总是以"真理在我"的清高姿态示人,并以不恰当的灌输性措施进行道德说教,使得未成年人在自己的真实世界中感受不到主流文化的积极涉入与关照。正如特瑞·伊格尔顿所言:"长期以来,文化理论家把道德问题当作令人尴尬之事来躲避。道德看起来一副说教的样子,没有历史根据,自命清高,并且严厉苛刻。更不讲情面的理论家认为,道德问题一味多愁善感,违背科学方法。它通常不过是压迫他人的代名词"[②]。事实上,人们总是将所谓的合法性的价值规则(不一定是合理性的),在未经他人内心认同的情况下,或多或少地违背他人的本体意愿,而强加于人(己所欲施于人),这不是最根本的关切。主流价值观应当关切的是人的本体性引领和内在认同,关切人的完满生命和健康人格。

因此,主流文化要真正提升未成年人的德性,就必须进行生活性改造。主流文化不能是保守文化的"代名词",不能是惯性无思考的文化,更不能是排除情感世界和生活世界的抽象的文化。深入他们的生活世界,主流文化才是看得见摸得着的、有血有肉的、真实不虚的文化,才能促进未成年人的德性认同,并进一步主动修正自身德性之不足,向往更加高尚和纯粹的道德境界,实现施韦泽所言的普遍进步的道德理想[③]。

## 第三节 亚文化与未成年人的道德

无论人们对亚文化采取何种态度、无论主流文化是否给亚文化存在的空间,亚文化的存在都是无可争议的事实。在文化生态的视域中,我们都不能无视亚文

---

① 鲍曼 M. 道德的市场[M]. 肖军,黄承业译. 北京:中国社会科学出版社,2003:63.
② 伊格尔顿 T. 理论之后[M]. 商正译. 北京:商务印书馆,2009:119-120.
③ 施韦泽曾说过:"伦理道德告诉人,摆脱世界及其精神并不是目的本身。人同时也应该有能力,在人和世界之中证实自己作为更高尚和更纯粹的力量,并且为实现普遍进步的理想做出自己的贡献"。(施韦泽 A. 文化哲学[M]. 陈泽环译. 上海:上海人民出版社,2008:90-91)

化存在的现实空间和价值空间。亚文化极易在未成年人群体内生成,并影响到未成年人的德性成长,从而生成一种"亚道德"现象。

## 一、亚文化产生的背景及其存在形式

亚文化的存在历史应当与主流文化的存在历史相当,不同国家、不同时代总会有自己风格的亚文化,它或许没有明显的风格体系,或许不被人们所承认和尊重,但是,它都会作为一种潜在力量、一种涌动的暗流,影响着人的思想和行为。对亚文化研究的历史是短暂的,但是亚文化的存在历史是悠久的。

### (一)亚文化的产生

每个社会都会有主流文化与亚文化并存的"文化景观",这在一定程度上可以说是一种正常的文化生态。因为,没有揭露主流文化问题、反抗主流文化专制并促进主流文化省思的社会不一定是健康的社会。正如苏西·奥布莱恩等所指出的:"每一个社会都是由群体和亚群体构成;但是亚文化是一种新群体,他们的存在正好说明权势主导下的现实中的矛盾和问题"[1]。

亚文化的产生首先是以对主流文化的不满与抗拒的姿态而出现。这就是说,反抗性是亚文化的本质属性,但是,反抗性并不是反叛性,亦即,"亚文化"不同于"反文化","反文化"存在的价值旨归在于颠覆和摧毁,而"亚文化"的价值旨归在于引起主流文化对自身存在的关注并因此而修正其作为主导地位存在的矛盾和不足。亚文化对主流文化而言,有其存在的价值,它让主流文化时刻警示自己,并以包容的胸怀接纳自己的存在。亚文化对主流文化的关切还体现在对主流文化的与时俱进性的要求上,亚文化的时尚性风格,要求主流文化也要在时代的变迁中注重自身的不断修正和演进。总之,通过引起主流文化对自身存在价值的认可、引起主流文化的不断省思、促进主流文化的与时俱进,亚文化获得自己的存在空间,并以越压制越顽强的勇敢气质,存在于人们真实的生活世界之中。

其次,亚文化以其对未成年人个体与群体的个性呵护而出现。亚文化容易在未成年人群体内生成,主要原因之一在于,未成年人极易受到亚文化风格的感染,并接受这种群体内的文化风格。再加上现代媒介的强势诱导,现代消费理念的急剧变更,信息时代各种思潮的快速更迭,使得未成年人的文化规范受到各种力量的冲击,并渐趋生成与主流文化相左的思维方式和生活方式。在主流文化(尤其是反意识形态化的主流文化)对未成年人个体与群体这种生活方式极度不满并专制性干预和强制性扭转之时,亚文化却给予了这个群体特殊的关照,并积极包容和认同这种思维方式和生活方式。正因为未成年人对亚文化的内心接纳和认同,对亚文化风格的顶礼膜拜,亚文化才越来越赢得自身的地位和价值空间。

---

[1] 陶东风,胡疆锋. 亚文化读本[M]. 北京:北京大学出版社,2011:53.

最后，亚文化因对未成年人的道德影响而存在。亚文化总是借助于时尚、传媒、信仰崇拜等，将充满个性和反叛精神的道德因素通过未成年人的生活方式融入未成年人的道德结构之中，生成与主流道德相对的亚道德。而持续关注未成年人的亚道德生活，是其产生和存在的又一个依据。麦金泰尔曾说过："无论美德与法律之间在其他方面有着怎样的紧密联系，对于法律的应用而言，它仅仅对那些拥有正义的美德的人才有可能发挥作用"[①]。看来，关注德性是任何一种文化形态的基本价值所指，也是社会走向秩序的必然要求。而亚文化作为未成年人赖以生活的真实文化背景，正是凭借对未成年人德性的干预与发挥作用，而获得自身的地位与话语权。

总之，亚文化在对主流文化的批判反思中、在对未成年人的个性呵护中、在对未成年人的德性影响中，获得自身产生的可能性与合理性。

（二）亚文化的存在形式

亚文化的产生与存在是不争的事实，然而，它的存在形式决定了它的表现风格，也决定了它的价值显现过程，它究竟以何种形式存在呢？

在我们看来，亚文化首先存在于大众媒体、网络媒体、时尚主题广告等之中。亚文化的风行，在于对人们尤其是未成年人、青年人等的心理研究和揣摩，然后把自身的文化影响，创制成各种各样的小说文本、电子游戏、音像制品、广告宣传等，在未成年人的阅读、上网冲浪、观看欣赏等过程中，通过视觉、听觉等，来有意引导他们的道德伦理观、思想价值观、处事观以及价值行为、生活方式、学习方式等。亚文化与上述载体的结合，不是简单的一拍即合的嫁接，它们之间除了存在很大的商业空间和利益平衡之外，还存在某种程度的价值预设和道德牵引，它们借助于帮助未成年自我压力释放、自我个性舒展的名义，把自身携带的价值预设和道德牵引力，渗透到未成年人的自我结构成长与修正的过程之中。

其次，亚文化存在于某种时尚潮、流行风、偶像崇拜等风尚之中。亚文化总是善于促成某种时尚和潮流，时尚和潮流又会通过文化或者艺术的形式，引起未成年人的关注、效仿与追随，并借此引领某种生活方式。另外，借助于媒体的覆盖性资源，亚文化很快生成为某种流行风，在大众尤其是未成年人和青年人中掀起一股流行浪潮，尽管这种流行可能是短暂的，它却总是此起彼伏的，不间断地影响着未成年人的生活。同时，亚文化还善于包装各种明星，在时尚潮、流行风的推波助澜下，把未成年人的偶像崇拜定格在他们提前预设的流行人物、流行服饰、流行言辞等上面。上述载体的最典型的表现形式在于，流行音乐、口头禅、网络流行词、穿衣风格、发型设计、肢体手势等，在未成年人群体生活世界中风靡。

最后，亚文化存在于某些实体世界中，如电影院、酒吧、KTV 等场所之中。

---

① MacIntyre A C. After Virtue：A Study of Moral Theory[M]. London：Gerald Duckworth，1981：152.

电影院里往往是未成年人、青年人比较扎堆的去处。在电影院里，他们可以隐匿自己的身份，搁置生活与学习的压力，沉浸在电影的情节之中。在酒吧，他们可以过一种放纵的生活，而这种生活是在学校、家庭、社区内无法想象的，是绝对不允许的生活方式。在 KTV，他们尽情歌唱，尽情放松和陶醉自我，把学校里的压力极大程度地排遣出来。

总之，亚文化的存在是极其广泛的，它几乎存在于未成年人生活世界的各个环节之中。上述是其集中存在的几个方面，在其他方面也存在着亚文化的风格。甚至，有些非亚文化风格，也往往被主流文化视为亚文化，贴上了亚文化的标签。

## 二、亚文化对未成年人德性生成的影响

无论基于什么样的产生背景或者存在方式，亚文化总是在发挥着自己的作用，它以自己特有的魅力，把自己的价值理念作用在未成年人成长的轨迹之中，影响着未成年人德性的生成。

### （一）亚文化与未成年人的德性

亚文化渴望被关注，又喜欢隐藏在底层，躲开权威的眼光，做具有自己风格的、独特的、受到自己群体青睐的事情。如前所述，亚文化所青睐关注的不仅仅是未成年人的生活世界，更关注其德性生长的内在精神世界。这是其存在的基本属性之一。亚文化所关注的未成年人的道德，主要体现在鼓励他们以批判的眼光，形成具有独特个性风格的乃至与传统和主流相悖的道德观念和道德规范，它不主张对传统与主流唯唯诺诺，鼓励未成年人在道德规范上突破陈规。亚文化希望在自身影响下，在未成年人群体中，生成具有自身特色的被广为接受的"道德定律"。例如，要讲哥们义气，即使这种义气是有悖于主流道德要求的，像打架了互相包庇、逃课了互相袒护、涂鸦了都不承认等。这种道德定律，不过于计较正义与非正义之分，他们只遵循自己群体内部的道德规范。这就是亚文化与未成年人德性之间关系的一个方面。

从另一个方面来说，未成年人德性的生成，也离不开亚文化的真切关照。这里并不是隐含一种未成年人德性成长过程中必须包含着反抗性的必然性因素。未成年人的德性成长所需要的亚文化关照，主要在于其德性中的批判性和自由。尤其是在文化性荒漠的背景下，在人们已经习惯了不再思考道德生活的价值真理并沉醉于名利场中的场景下，未成年人对各种道德规范缺乏一种普适性认识，他们的道德价值观或空虚或困厄，处于动荡游离的尴尬之境。他们需要对各种道德规范辩证批判地认识，亚文化在促使他们获取一种风格性意义的道德价值观的同时，还使他们获得一种"不拘一格"的道德批判素质。同时，未成年人的道德品性中也渴望自由。正如康德所言："假设没有自由，那么道德法则就不会在我们内心找

到"[①]。而未成年人对自由的渴望更加迫切一些，他们在成年人预制的道德规范下生活的时间越久，就越有一种冲破这种"藩篱"的冲动。而满足这种冲动的文化关照，正好是亚文化的基本价值旨归之一。所以，未成年人的道德生成——无论我们是否认同——总是离不开亚文化的真实存在与关照。

然而，亚文化所关照的未成年人的德性是何种德性呢？是否是完整的或者说是健全的人的德性呢？下面我们将对亚文化关照下的未成年人的德性给予必要的简析。

### （二）"亚文化"生成未成年人的"亚道德"

似乎亚文化并不热衷于未成年人完满德性的生成这一重要使命。它关切的是如何维护未成年人群体的道德共识，并尊重各种多元的价值选择，极力为德性自由辩护，并不满于主流文化的种种灌输与专制，还通过媒介优势鼓励未成年人对时尚与潮流接纳与迎合，从而形成多元自主的道德价值观。这种"不完善的德性"在我们看来，就是未成年人的亚文化道德，或者说是其亚道德。

未成年人的亚道德是在主流道德规范依然存在基本的合法性地位的同时，在未成年人群体与个体中存在的一种潜隐的道德形态。它具有不公开性、非主流性、群体内共识性等特征，但是，又在非正式场合（或正式场合）真实地支配着未成年人道德行动。亚道德不同于非道德，非道德是一种无赖行为，不讲究任何规则和秩序，并崇尚混乱无度的生活形式。而亚道德有一种道德守望，希望形成一定的道德规范共识，并希望这种共识能不断地扩大范围，并通用于他们所生活的群体内部。尽管这种道德规范在传统与主流道德规范看来是一种"失范的规范"，但它毕竟是一种真实有效的规范。面对这种规范不能简单地强制性扼杀，而应当积极有效地疏通和引导。亚道德也不同于反道德，反道德的明显表征在于颠覆和摧毁，亚道德尽管也表达不满，但仅限于表达不满，它无意解构一种道德，只是在意于形成一种属于自身特色的道德系统。

从上述分析，不难理解，亚文化与未成年人的亚道德之间有着十分紧密的内在联系，可以直接地说，是未成年人的亚文化氛围培育了他们的亚道德品格。在亚文化被主流文化歧视并受到压制和收编的待遇时，亚文化道德往往被视为越轨的失范的道德。而秉持这种道德性的人往往被视为"局外人"。但是，亚道德在未成年人群体中的存在是一种十分真实的现象，它并不必然地与主流道德冲突，却以自己独特的方式发挥着影响力。在我们承认亚文化的存在合理性的同时，也有必要承认亚道德存在的合理性。因为，对于教育工作者而言，这将是一个不容规避的道德话题。

---

① 康德 I. 实践理性批判[M]. 邓晓芒译. 北京：商务印书馆，1999：2.

## 第四节 在完整的文化生态中生成未成年人健康的道德品质

未成年人的道德生成，需要在完整的文化生态中获得合理的关照和基本价值依据。无论是主流文化还是亚文化，都是真实的文化形态，都在未成年人德性生成过程中发挥着各自的功能。不过，我们要在厘清主流文化与亚文化关系的基础上，呼吁在未成年人的生活世界中嵌入完整的文化生态，并以此为据，通过肩负文化使命的道德教育，来养成未成年人健康的道德品质。

### 一、主流文化与亚文化之间的张力场

主流文化与亚文化之间理应是相互成就的，主流文化要承认与尊重亚文化并在其镜像中获得自我观照与提升，亚文化不能彻底背离主流文化的文化辐射力与影响力。尽管处于主流文化的范畴之外，亚文化仍然要在维护主流文化权威影响力的前提下，提出自己的文化风格，把握好主流文化与亚文化之间合理的张力场，事关未成年人在完整和谐的文化生态中建构良善的道德品性。

#### （一）主流文化与亚文化之间的关系

主流文化何以获得主导地位？也就是说其主导地位的合法性、合理性、可靠性与可信性的基础何在呢？主流文化的合法性关键在于其内含的意识形态因素，其合理性在于它所代表的文明发展方向是先进的，其可靠性在于它承继传统文化精髓又弘扬时代主旋律，其可信性在于它能够在尽可能广的范围内争取尽可能多的受众。如果失去上述特征，这个"主流文化"将会失去其存在的意义空间和价值空间。所以，主流文化除了具有自身的先进性、民族性等品质外，还应当具有开放性和包容性的气度。

亚文化的存在价值前已有论。它存在于未成年人的真实生活世界之中，是毋庸置疑的。亚文化的生成有多种原因。诸如媒介、主流媒介或者大众媒介这样的亚文化他者，势必会忽略它们各自在亚文化内部结构之中所起的作用。但是，在亚文化生成过程中，它们都肩负着"不可推卸的责任"。亚文化的存在无论是坏事还是好事，都是客观存在的事实。

明确了主流文化与亚文化彼此的地位和自我成就的原因，我们必须厘清它们二者之间应然的关系。在笔者看来，主流文化不一定要彻底改造和收编亚文化，也不一定要消弭亚文化的反抗特色，更不能对亚文化的存在置若罔闻，它必须从

内在性上承认亚文化的存在，并理解其存在的价值空间，对亚文化采取包容、引导和统摄的姿态，而不是简单地霸权专制。亚文化对主流文化的态度也不能是蛮横而失去理性的，亚文化固然不能失去自身的抵抗性本色，然而亚文化对主流文化可以提出质疑，可以提出不满，可以呼唤修正，乃至可以在坚持自己文化性格的同时对主流文化进行必要的批驳。但是，对主流文化不能采取完全拒斥的态度，不能否定主流文化的主导地位和核心价值。总之，二者之间不能是完全对立的存在，两者应当是一种共在共生的关系。二者的和谐存在是社会健康和文化战略健康的关键，并由此组成了生动的文化生态。

但是，现实中二者关系却十分尴尬。首先，主流文化在渐趋丧失其主导性价值。这里不仅有亚文化的冲击，还有大众文化的深刻影响。"主导文化（即主流文化）、精英文化、大众文化并未形成真正的'三足鼎立'。其中，精英文化由于种种历史和现实的原因，处于明显的弱势……而……大众文化却异军突起……全方位地渗透入大众的日常生活"，而且对于那些"道德、价值观尚未成熟的广大学生，追求时尚的男女青年而言，大众文化更是已经成为事实上的'主流文化'，对他们的思想观念、价值取向、审美趣味、生活方式等产生了不可忽视的深刻影响"[1]。其次，主流文化对亚文化的误解与专制。主流文化总是以规则制定者的角色出现，并简单地为亚文化及其群体贴上越轨的标签。正如伯明翰学派所认为的，"越轨者就是那些被成功贴上越轨标签的人；越轨行为就是被人们贴上标签的行为"[2]。这显然是对亚文化的拒斥而非接纳。

总之，主流文化与亚文化之间的关系是十分复杂的。如何平衡二者之间的关系，找到二者之间和谐有序的张力场，事关未成年人道德品质的完整确立。因此，在当前二者之间关系不健康的情况下，平衡它们之间的张力，建构和谐的文化生态，是研究未成年人道德教育的基本前提。

（二）平衡主流文化与亚文化之间的张力

主流文化要有包容的姿态，允许亚文化"发出声音"。主流文化体系具有天然的地位优势和资源优势，它在国家层面与制度层面的强势保护下，总是以真理在我的姿态出现在人们的面前。这当然是无可厚非的。因为，主流文化体系的确立，必然是经过长时间积淀和论证的过程。它在某种程度上代表了民族的精神、国家的意志和文明前进的发展方向。但是，主流文化也应当是包容和开放的，永远要有接纳与吸收的胸怀。因此，主流文化必须要允许亚文化的存在，要允许亚文化"发出属于它特性的声音"。简单的压制和清退，都不是主流文化应该对亚文化采取的态度。亚文化发出声音，表达诉求，对主流文化而言，不是对自身权威的不屑与挑战，恰恰

---

[1] 孙卫卫，华丽. 文化生态变迁的道德意蕴[J]. 求索，2005，(10)：115-117.
[2] 陶东风，胡疆锋. 亚文化读本[M]. 北京：北京大学出版社，2011：19.

是文化生态背景下的多重唱。绝对的文化一致与统一，并不符合社会发展与人的发展的客观需要。文化的多元并存，才有利于社会的繁荣和人性的发展。

主流文化在包容亚文化存在的同时，还要以亚文化为镜，时刻检视自我、修正自我、提升自我。这就是主流文化应当具有的基本属性之一。亚文化所促进和带动的潮流、时尚等，为什么总是容易被未成年人顺利接纳？为什么未成年人总是喜欢亚文化的生活方式？为什么亚文化总是在获得更大的生活空间和话语空间？这些都值得主流文化反思。反思的过程，也是自我修正和提高的过程。主流文化要在坚持核心价值观、道德观等的宣传与融入的同时，积极应对亚文化的质疑和挑战，从亚文化风格中汲取自我修正的积极资源。

亚文化要在承认"一元"的基础上多元释放。亚文化总是随着社会的开放度、社会对多元文化的包容度而展示自己的存在空间度。"一元"统一的国度里，亚文化的影响范围就很难展开。越是多元并存的社会，亚文化就越容易释放自己的影响力。但是，亚文化尽管具有自己的属性与风格，却依然要有一个底线道德、底线伦理、底线规范的约束。如果丧失底线，则会导致社会的动荡与无序，也会背离人的健康发展的初衷。因此，亚文化也需要对主流文化有一个基本的认同，要在对主流文化尊重的前提下展开批判，要自觉捍卫主流文化的主体地位，要反对向类似于反主流文化过渡。

亚文化在引领一种潮流和风尚的同时，还要自觉检视和修正自我。在当下社会功利化日益严重的社会背景下，亚文化总是与商业文化、消费文化等紧密联系，总是将文化的人文关怀品性变质为充满功利的工具性文化。这不符合文化的文以化人的本体使命。因此，亚文化在引领的同时也需要被引领，需要主流文化的先进性的启迪与规导，需要时时自我反思与修正。

总之，主流文化与亚文化之间不是对峙的关系，二者和谐的共生共存不仅符合社会良善秩序的建构与发展的需要，也符合个体完善自我、造就自我的需要。只有在和谐的文化生态情境中，未成年人才能形成完善的德性。

## 二、完整的文化生态促进未成年人的德性完善

未成年人的德性完善，离不开文化元素的涉入。文化总是在润物细无声地影响着未成年人的道德品质生成。因此，在未成年人的德性成长中，嵌入和谐完整的文化生态是必然要求。

### （一）在未成年人的成长过程中嵌入完整的文化谱系

未成年人的成长过程里不能没有文化的润泽。事实一再证明，只有在未成年人的生活世界中嵌入完整和谐的文化谱系，才能促进未成年人健康成长。未成年人的生活方式乍看起来杂乱无章，毫无规则和套路，实际上认真检视，我们会发

现他们的生活方式、生活态度和价值观里所包含和折射出的基本轨迹，是有一定的脉络可循的。而在这个脉络里，可以窥视到社会基本文化生态的种种痕迹。因此，未成年人的成长过程需要嵌入完整的文化谱系。

事实上，"单向度"的文化并不能总是反映出未成年人生长过程中的文化需求。主流文化如果走向专制，就会造成未成年人对主流意识形态的某种意义上的反感和拒斥，并有一种与事实的生活世界"相隔"的感觉，最终造成主流文化核心引导价值的失落。同时，允许异质性亚文化存在，在未成年人的生活世界中，就多了一份真实，多了一份融入他们内心的契机，两种文化交互影响中，会产生一种文化合力，并作用于未成年人现实的生活与精神世界和未来的生活与精神世界。所以，有机的文化生态应当嵌入未成年人的生活现场。

有机完整的文化生态，不是文化的专制，也不是文化多元的没有底线。文化生态应当是以弘扬社会主义的"主流文化"与"精英文化、民众文化等非主流文化的密切合作"为特征的[①]。也有论者指出："文化并不是简单地反映社会结构，因为文化内部存在许多辩证的内在联系，文化是主导文化和从属文化之间不断协商的场所；是为掌控生活状况而斗争的场所，是施加自己的意义体系的场所，——归根结底，对社会结构排列是暂时的"[②]。所以，主流文化与亚文化之间的影响力角逐，使得文化生态更有生命力，不断走向饱满与和谐，不但切实影响着每一个阶层和年龄段的个体，还影响着社会结构的改组、改造与改进。

这是一个飞扬跋扈的物欲时代。越是如此，就越需要一种完整的文化生态。所以，我们在关注未成年人道德生成的时候，必须关注到文化的完整性建设，促进文化生态的和谐秩序。加强文化生态的和谐有序建设，与促进未成年人的道德良善的形成之间，具有相互成就的意义和价值。一个十分明朗的事实是，"文化软实力建设、核心价值体系建设等的关键，或者当今中国社会面向未来的新文化建设的关键，是以全民性的道德自觉实施文化的伦理救治和道德拯救"[③]。因此，在未成年人生活世界中嵌入完整的文化谱系，是其人性、人格、德性、伦理向真善美无限接近的关键性与必然性要求。

（二）在完整的文化境域中通过德育生成未成年人的良善德性

如前所述，未成年人的道德与伦理建设，需要完整的文化生态担负起历史使命。完整的文化生态在这里是指主流文化与亚文化都获得积极建设并能够相互协商有序地存在。建设主流文化，当前最重要的是弘扬民族文化，这种弘扬应当是继承性弘扬与时代性建设相结合。正如张世英先生所言："总的说来，有某一种文

---

[①] 谢洪恩，孙林. 论当代中国小康社会的文化生态[J]. 中华文化论坛，2003，(4)：143-149.
[②] 陶东风，胡疆锋. 亚文化读本[M]. 北京：北京大学出版社，2011：143.
[③] 袁祖社. 文化本质的"伦理证成"使命与精神生活的道德价值逻辑[J]. 道德与文明，2011，(4)：9-13.

化，就有某一种境界，……要提高个人的精神境界，最重要的是弘扬民族文化"[1]。正如温家宝同志在同国务院参事和中央文史研究馆馆员座谈时所强调的："我们要从绵延数千年的中华优秀传统文化中汲取营养，从世界优秀的文明成果中取长补短，从而培育具有时代精神、自尊自信、深入人心的社会主义道德风尚"[2]。尤其在公共性道德缺失的现代社会，中华传统文化在道德建设方面所积聚的经验优势在全世界是绝无仅有的。我们绝不能在现代性社会演进过程中割裂传统文明，造成文明的无继性断裂和民族性格的缺失。可是，主流文化的现实性虚无，表现得十分明显。不仅是传统文明的优势失落，而且是现代化过程中的人文性也在被一点点蚕食。维系现代社会的核心价值体系和公共性伦理道德尚未完全确立并被接受和认同。"现代社会人们普遍感觉到的一种道德生活的悖论情形是，一方面公共生活的程度越来越高，另一方面人们之间的交流却变得越来越困难"[3]。要拯救这种道德文化危机，在当下，建设主流文化的核心价值体系是十分必要的，也是十分紧迫的。例如，诚信，这是主流文化价值体系之核心要素（其实亚文化体系亦如此）。当诚信缺失的时代已经成为事实的时候，我们就更有必要将诚信作为一种文化自觉，让未成年人在其生活的境遇中能感受到诚信的引导。何谓诚信，在我们的文化传统看来是"人无信而不立"，"诚于心而形于外"。如果这个社会诚信缺失，这将会严重影响到未成年人的道德性格，因为，真诚缺失与道德虚伪之间存在着必然的联系。所以，培养未成年人良善的道德品性，必须弘扬主流文化，并切实增添它在未成年人世界中的认同力和影响力。

同时，要承认并尊重亚文化的存在价值，并积极引导亚文化的发展走向，促使未成年人群体自身的规则体系也能健康向善，从而使他们生成既具有主流文化根基，又有亚文化判别能力独特个性的道德品性。不过，对亚文化的建设，不仅需要主流文化对之的价值认同，更需要通过媒介、教育等途径对之进行积极的引导。亚文化不是必然的反叛文化，尽管它具有反抗性品质，但是，它的合理性因素是存在的，并影响着未成年人的整个生活世界与精神世界。只要我们尊重它，并倾听亚文化的声音，对亚文化、亚道德进行必要的介入性导引，就一定能促进未成年人既具有共性的文化根基，又具有自身独特的个性品质的道德结构。

必须指出的是，主流文化和亚文化对未成年人的德性影响不仅是潜移默化的，更应当通过人为的积极介入，实现它们对未成年人德性良善成长的作用。而这个介入并表现出积极作为的最有效的措施莫过于道德教育。道德教育应当具有文化性格。道德教育不是简单的以知识为价值导向的空洞的说教，必须用各种文化的

---

[1] 张世英. 哲学导论[M]. 北京：北京大学出版社，2005：81.
[2] 温家宝. 讲真话察实情——同国务院参事和中央文史研究馆馆员座谈时的讲话[N]. 人民日报，2011-04-18.
[3] 袁祖社. 文化的伦理本质与现代德性生活的价值真理[J]. 北京大学学报（哲学社会科学版），2011，（4）：37-46.

载体涉入，把不同层面的文化投射到道德教育的现场，并通过人文关怀的方式，促进他们的道德认同与内化，才能真正将对未成年人的德性提升落实到实处。而这正是我们下一章的核心旨趣。

# 第五章 未成年人道德教育的文化担当

由主流文化与亚文化组成的文化生态时刻都在影响着未成年人的德性生成，这是我们一路梳理下来，所要表明的坚定立场。但是，文化生态的影响力不能总是自发地存在着，必须借助于道德教育的影响才能实现其更大的价值。如前所述，文化与道德之间有着紧密的关联。所以，道德教育必须具有文化的性格。正如有论者指出的："文化是一种道德教育学，它将会解放我们每个人身上潜在的理想或集体的自我，使得我们能够与政治公民的身份相称，这样的自我在国家的普遍范畴中得到最高表现"[①]。从另一个方面来说，文化在道德教育中也更能体现它的价值。"文化是判断思想政治教育价值客体的参照系，思想政治教育的价值如何，取决于它所处的文化背景"[②]。

如果从道德教育的文化使命的意义上来理解文化的价值，我们可以说文化存在的本质意义在于道德和伦理，其终极结果在于通过教育和陶冶等形式促成高尚道德境界与和谐人际伦理的化育和蔚然成风。因此，文化导向的道德教育改变的不仅是"以伦理辅新命、以道德修心性"的个体生命，还在很大程度上改变着社会的道德风尚。但是，观照社会现实和道德教育的现实，我们发现从道德教育的文化使命的效果上来看，道德教育可以说依然是一项远远未竟的事业。这是因为，在现代化演进的过程中，文化系统处于十分滞后的状态。文化性与物性之间的张力失衡已成为相当凸显的社会事实。"在文化的发展中，伦理的进步是本质的和确定的进步，而物质的进步就不那么本质，并具有双重性"[③]。在这个市场社会主导、消费主义占据统治地位的时代，文化的流逝，直接导致了未成年人成长过程中文化关怀的失落。尤其是道德教育在教育功利主义的影响下，变得十分薄弱，甚至可有可无，这显然不利于未成年人在完整的文化生态中获得道德、伦理与精神的丰富、完善与提升。

因此，我们主张赋予道德教育文化的性格。"道德教育是一个多元性、开放性、复杂性、充满生命活力的教育实践活动，旨在培养和塑造受教育者内在的生命秩

---

① 伊格尔顿 T. 文化的观念[M]. 方杰译. 南京：南京大学出版社，2006：7.
② 张耀灿，郑永廷，吴潜涛，等. 现代思想政治教育学[M]. 北京：人民出版社，2006：181.
③ 施维泽 A. 文化哲学[M]. 陈泽环译. 上海：上海人民出版社，2008：62.

序，建构个体内在的道德自我，成为'完整的人'"[①]。而在人从"不完整"走向"完整"的过程中，文化的元素绝不能脱离道德教育的引领现场。因此，本章将从文化生态中主流文化与亚文化的双重维度来探析道德教育的文化性格。

# 第一节 主流文化、道德教育与未成年人的道德品质

主流文化论域中的道德教育，是强调将道德教育投放到主流文化宏大叙事之中，把主流文化所蕴含和倡导的主流道德、主流价值观、主流伦理秩序、主流精神信仰等融汇至道德教育的现实场域，并在未成年人德性生成过程中，产生深刻的影响，帮助其认同并内化公共的道德规范。不过，主流文化对道德教育的影响也应有一定的限度，并要采取符合未成年人人性舒展特征的方式。如此，方能真正实现主流文化的价值预期。

## 一、主流文化融入道德教育现场

毋庸置疑，我国传统的道德教育基本上是主流文化、主流道德、主流价值观宰制的道德教育，主流文化及其所倡导的主流道德、主流价值观在道德教育中具有天然的合法性存在空间和价值空间。未成年人自从开始接受教育，就被置身于先验预设的主流文化充盈的道德教育现场。那么主流文化应该以何种方式融入道德教育现场？有没有一定的限度呢？

### （一）主流文化在未成年人德育现场中的存在空间与价值空间

主流文化在未成年人道德教育中的存在空间和价值空间，主要与其自身的属性有关。主流文化不仅应当赋予人们价值依托，即人们面对价值抉择时有所凭依，有最基本的价值参照，从而做出符合人类文明的价值判断、价值选择、价值行为和价值评判；还应当在精神境界上引领人们，使人们的终极价值获得最基本的关照和呵护，使人们拥有基本的精神家园寄寓。就前者而言，未成年人不会再次陷入价值迷惘与困厄，从而在德性成长过程中获得价值凭据；就后者而言，未成年人可以获得精神提领的方向，从而向真善美的迈进有了动力和方向。正如雅斯贝尔斯曾指出的："对终极价值和绝对真理的虔敬是一切教育的本质，缺少对'绝对'的热情，人就不能生存，或者人就活得不像一个人，一切就变得没有意义"[②]。无论是前者还是后者，都体现出主流文化在道德教育中的重要存在价值。归结起来，

---

[①] 薛桂波. 多元文化背景下的德育生态观及其价值选择[J]. 电子科技大学学报（社会科学版），2011，（4）：102-105.

[②] 雅斯贝尔斯 K. 什么是教育[M]. 邹进译. 北京：生活·读书·新知三联书店，1998：44.

主流文化在未成年人的德育现场中的存在空间与价值空间主要是提供给他们价值参照系和终极价值引领。令人欣慰的是，2011年3月颁发的《中华人民共和国国民经济和社会发展第十二个五年规划纲要》中指出，"坚持社会主义先进文化前进方向，弘扬中华文化，建设和谐文化……充分发挥文化引导社会、教育人民，推动发展的功能"①。这正是发挥主流文化的教育意义的良好契机。

然而，主流文化的现实性缺失，已经成为非虚妄的真实，这使其在未成年人道德教育总的存在空间与价值空间萎缩并打折。究其原因，主要是现代化过程中的个人主义、功利主义、多元主义等作用于文化并投射到道德教育现场。个人主义使文化中的信任元素退隐，人与人之间没有了彼此的融合，信任在利益面前显得十分苍白。然而，"没有人们相互间享有的普遍信任，社会本身将瓦解。几乎没有一种关系是完全建立在对他人的确切了解之上的。如果信任不能像理性证据或亲自观察一样，或更为强有力，几乎一切关系都不能持久"②。这反映到未成年人道德教育现场，就表现为他们对主流文化道德说教的不认同：现实中的信任流逝，如何让他们凭空相信信任是最真挚的道德品质？功利主义的全方位渗透，把本应该是充满人文本性的教育也变得功利化和工具化了：教育中的人不再被视为完整的生命个体了，而成为实现升学等某种利益的工具了。这无疑造成未成年人道德教育效果的失效，因为，人的道德品性最应当是非功利的善。同时，多元主义是一种极端，多元主义伴随的往往是相对主义和个人主义。"多元"本身是一种进步，但是，"多元"超越底线就会导致共同价值理念和价值信仰的崩溃和断裂，"用以解释世界、统整价值的普遍意义系统也就被分解，每个人都成为自己的上帝，每个人都再也不需要从某种公认的终极的、历史的传统和普遍的习俗中获取价值的资源"③。总之，主流文化在当代未成年人的道德教育现场中的存在空间和价值空间是一种非理想的状态。

所以，我们要赋予未成年人道德教育的文化使命，就应当促进主流文化向未成年人道德教育真实场域中渗透融合。要在承认它在未成年人道德教育整个过程中的重要价值的前提下，通过各种途径促进它融入这个过程中来，并发挥它的积极作用。

### （二）主流文化融入未成年人德育现场的方式

主流文化要肩负起未成年人道德教育的使命，就应当积极地融入未成年人道德教育的实际场域，最终生成未成年人的道德文化自觉，并促进未成年人亚道德的秩序与文明。要实现这个宏大的价值目标，笔者看来，至少要有以下几个逻辑

---

① 《中华人民共和国国民经济和社会发展第十二个五年规划纲要》[N]. 光明日报，2011-03-17.
② 郑也夫. "信任"与经济繁荣的不解之缘[N]. 中华读书报，2003-01-29.
③ 鲁洁. 道德教育的当代论域[M]. 北京：人民教育出版社，2005：151.

步骤。

首先，主流文化要在坚持自身主导性、民族性、先进性等的同时，以开放、包容、接纳的姿态"下移"到未成年人的现实生活世界。这里所说的开放、包容与接纳主要是指对亚文化的理解与承认，对未成年人亚文化群体的包容与接纳，对未成年人亚道德的尊重与负责等。"下移"主要强调主流文化要走下"神坛"，规避内容与形式的虚妄与抽象。走向未成年人的生活世界，就是要求主流文化充满生活的气息，既站在当下又指向未来。开放、包容、接纳、下移的主流文化，才具有融入未成年人道德教育现场的可能性。当然，生活世界并不拒斥主流文化的高尚性，传统文化的精粹也应当在未成年人生活世界中获得体现。因为，"某个完全脱离了文化传统的人，不可能比某个受文化传统奴役的人更自由"[1]。问题的关键不在于主流文化的内容是否高尚，而在于它是否植根于社会生活现实。只有生活化了，才可以称为是与未成年人的道德教育接轨融合，因为道德教育本身就要在生活世界中实现自身的价值。

其次，要用人文的方式实施未成年人的道德教育。人文的方式不是唯科学的方式，是用文化滋润的方式、用情感陶冶的方式、用情境体悟的方式等，来感化未成年人的道德世界。文化对德性的润泽应当用充满人文关怀的方式，促进未成年人内心的感悟，并把真善美的基本原理通过与未成年人生活世界紧密相连的途径，植入他们的德性成长过程中去。主流文化的影响力就会切实地转化为现实的促进未成年人德性生成的力量。

最后，主流文化融入未成年人道德教育全过程，还要唤起未成年人的道德文化自觉。在很多研究者看来，"文化自觉"主要是指唤起人们对中国传统文化的自觉承继、自觉感悟等。"文化自觉只是指生活在一定社会中的人对其文化有'自知之明'，明白它的来历、形成过程、所具的特色和其发展的取向……自知之明是为了加强文化转型的自主能力"[2]。也有人对"文化自觉"寄予了解决文化危机和社会问题的希冀："要彻底解决当前的社会问题，就必须以高度的文化自觉和文化自信，回到自己的文化传统，遵循古圣先贤的教诲，从觉悟人性、唤醒人心做起，重视道德教育和精神文明建设"[3]。不过，在笔者看来，在未成年人道德教育过程中，通过教育的力量促进他们的文化自觉，主要是在未成年人的人格结构中嵌入主流文化的核心道德价值观和伦理价值观，并形成一种支配自我日常价值行为的道德伦理坐标和参照。道德教育要真正唤起人们的道德自觉，就需要使道德主体有一个坚定奉行的"自义"般的决绝，也就是说有一种坚定的内心道德坚守，并

---

[1] 伊格尔顿 T. 文化的观念[M]. 方杰译. 南京：南京大学出版社，2006：4-5.
[2] 中国民主同盟中央委员会，中华炎黄文化研究会. 费孝通论文化与文化自觉[M]. 北京：群言出版社，2005：256.
[3] 余洪波，刘余莉. 中华伦理文化与当代道德教育[J]. 理论探索，2011，(5)：31-34.

以此为行为的根据。

总之，主流文化在未成年人道德教育中的发力，不是一个自然而然的过程，需要经过一个合理的逻辑梯度，并最终产生实际的文化润泽德性的效果。但是，必须承认，主流文化对未成年人道德教育的影响是有一定限度的。接下来，我们要分析这个限度范围。

（三）主流文化在未成年人道德教育过程中的限度

主流文化融入未成年人的道德教育现场，是时代发展的迫切需要。但是，主流文化的融入也需要有一定的限度。具体而言，它至少包括以下几个方面的限度范围。

首先，主流文化不可能涵括未成年人道德教育全过程的完整文化生态。也就是说，未成年人的道德教育不可能在主流文化的单维观照下获得圆满完整，它必须面向整个社会文化生态。"道德教育是一个面向社会开放的复杂系统，这一系统的稳定与和谐受到从社会这一大系统而来的熵流的影响。……正是在熵流的不断作用下，系统从混沌走向新的秩序"[1]。因此，未成年人道德教育要达到真实效果，还必须承认和尊重亚文化的存在，必须在未成年人德性生成的复杂过程中，给予亚文化存在的合理空间。

其次，主流文化在未成年人德育现场，不能要求培育整齐划一的道德品格。众所周知，无论是成人世界还是未成年人世界中，每个人的道德水平都不可能是完全一致的，都会处在不同的层面。尊重亚文化的真实存在，就是要尊重未成年人道德水平的差异性。主流文化不能以一种专制的姿态呈现在未成年人道德教育现场，不能按照单一的道德标准强制性要求成长过程中的每一个个体。对于每一个鲜活的个体生命来说，都应当允许其道德独特性的存在。道德独特性恰恰是道德教育不竭动力之源。

再次，主流文化对未成年人道德教育在预设其道德价值标准的同时，还要允许道德生成性的存在。未成年人的道德教育也需要有自身的相对独立性。它不可能是我们完全以成人世界的道德标准进行预设的。"道德、道德教育作为人们的一种主体活动、一种社会历史现象，它的发展不是纯自然历史过程，它不是预成性的，也不是按照某种单一路线向前行进的。在它们的发展过程中，主体的自觉选择、它们的历史创造性构成发展的重要一环。特别是处在社会历史转折关头，发展会更加呈现出多种可能的路线"[2]。在这个意义上，我们主张在强调主流道德文化规范的同时，给予未成年人适度的道德自主生成张力。伊格尔顿的一句话对此很有警示意义，他说："规范使人压抑，因为它们把个性迥异的个人塑造成千人一

---

[1] 孙彩平. 道德教育的伦理谱系[M]. 北京：人民出版社，2005：286.
[2] 鲁洁. 道德教育的当代论域[M]. 北京：人民教育出版社，2005：189-190.

面。……简言之,规范化导致的结果恰恰破坏了规范化"①。因此,允许未成年人道德自主生成,是避免主流文化对道德教育的专制的有效途径之一,也是其必然的限度之一。

最后,主流文化融入未成年人道德教育现场是未成年人德性成长的必然要求。但是,由于种种原因,我们也有必要明晰它的存在限域。正如文化人类学家伊格尔顿所言:"长期以来,文化理论家把道德问题当作令人尴尬之事来躲避。道德看起来一副说教的样子,没有历史根据,自命清高,并且严厉苛刻。更不讲情面的理论家认为,道德问题一味多愁善感,违背科学方法。它通常不过是压迫他人的代名词"②。这正是我们在未成年人道德教育过程中需要引起重视的问题。

## 二、主流文化道德教育所生成的未成年人的道德品质

主流文化道德教育是指在主流文化范畴内,将主流文化所涵括的道德规范、价值观念、伦理秩序、精神信仰等,融入未成年人道德教育的现场中去,从而影响未成年人的道德品质生成。具体而言,主流文化道德教育生成未成年人何种道德品质呢?

首先,主流文化道德教育要将民族传统的核心价值观融入未成年人的德育现场,因此培养未成年人民族认同的道德品质。主流文化必然具有一个民族一脉相承的历史传承性。"文化虽然反映着特定的经济和政治,但这种'反映'并不是亦步亦趋。比之于经济和政治,文化最重要的特点,是具有根植于历史深处的传承性"③。因此,主流文化要提炼民族传统的核心价值观。例如,有人就将"仁爱"和"诚信"的道德品质作为我们民族传统的核心价值观,强调在未成年人道德教育中融入这些核心价值观。蕴含民族传统核心价值观的道德教育,首先要培养未成年人民族认同的道德品质,让未成年人养成强烈的民族自豪感、自信心,在未成年人的道德品质中融入民族特色的血脉。

其次,主流文化道德教育要将国家意识形态的价值指向融入未成年人的德育现场,因此培养未成年人国家认同的道德品质。主流文化肯定是意识形态负载的,每一个国家都会将统治阶级所秉持的意识形态自觉糅合到主流文化体系之中,并借助于主流文化的影响力,将国民的政治性人格凝聚到意识形态主导的核心价值之中,并养成国民的国家认同。因此,主流文化道德教育要将意识形态的核心价值观分解并巧妙地融入未成年人道德教育的现场,将意识形态的核心价值观通过情节性的故事、多维的生活片段、身临其境的两难判断等方式,觉解并催生未成年人的国家认同感、国家使命感,使爱国情感生成为自我自觉的道德规范与约束,

---

① 伊格尔顿 T. 理论之后[M]. 商正译. 北京:商务印书馆,2009;15.
② 伊格尔顿 T. 理论之后[M]. 商正译. 北京:商务印书馆,2009;119-120.
③ 施惠玲. 当代中国社会的信仰引领与文化跃迁[J]. 新疆师范大学学报(哲学社会科学版),2011,(6):14-18.

并能在日常生活中被自觉践行。

最后，主流文化道德教育要为未成年人成为一个什么样的人，提供价值参照系，促进未成年人作为一个生命个体的道德境界不断提升。主流文化应该有成为一个什么样的人、养成一个什么样的道德人格的具体规定，因此，它必然要将成人、立人的核心价值观融入整个体系之中，为个体内在价值人格的建构与完善提供基本的价值参照系。主流文化道德教育应然地把它所期待的道德价值观融入未成年人道德教育的现场，关照到个体真实人格的生成，通过教育使未成年人做成一个人、一个完整的人、一个有血有肉的人、一个个性完善的人，为未成年人的成人之道提供基本的价值参照，帮助未成年人的道德境界一步步走向高阶的状态。

总之，主流文化道德教育要将上述三个方面的影响综合融通起来，共同塑造未成年人民族认同、国家认同、个体境界完整提升的道德品质。

## 第二节 亚文化、道德教育与未成年人的道德品质

如前所述，未成年人的道德教育需要在完整的文化生态中建构，才能生成既具有共性又具有个性的道德品质。亚文化的存在是文化生态结构之间互动的必然要求。没有亚文化这种"异样声音"的存在，不一定就是社会和谐的基本表征。往往在反对的声音被打压后，隐藏下的是暗流涌动，这比显在的危机更为可怕。因此，无论秉持何种观点，亚文化都是一种真实的存在。亚文化也不可规避地存在于未成年人的道德教育现场，因为，亚文化风格最容易在未成年人群体中获得认同并生成一种亚道德结构，产生实际的道德辐射力。但是，这种存在是有价值的，问题的关键在于我们如何做好引导、如何发挥它触动未成年人内在德性的基本功能、如何将亚文化风格的意义拓延到其道德生活的本体轨道。尤其是对于未成年人的亚道德现象，主流文化和主流道德对待它的态度至关重要。我们主张在承认的基础上，对亚道德文化给予必要的引导，并促进亚道德文化在未成年人的内在德性结构上留下良善的印痕。基于这一主张，未成年人道德教育中，必须嵌入亚文化的实际因素。那么，未成年人道德教育应当对亚文化、亚道德秉持何种态度、亚文化如何融入未成年人道德教育的现场、如何发挥效用、如何培养未成年人的道德品质呢？

### 一、未成年人道德教育对亚文化、亚道德的态度

亚文化、亚道德在未成年人生活世界与精神世界中是客观存在的，未成年人道德教育如果忽视或者漠视这一事实，不仅会造成道德教育结果的无效，还会因失去对亚文化的引导，造成未成年人道德结构的混乱与失衡。因此，未成年人道

德教育对亚文化、亚道德的态度，直接影响到未成年人道德教育的效果。

（一）未成年人道德教育要为"亚文化""正名"

未成年人道德教育中对亚文化的歪曲性理解，根源于现实社会中亚文化的被"异化"。现实社会对亚文化的"异化"表现在以下几个方面：首先，主流文化在有意夸大亚文化的危害性，而拒不接受亚文化存在的事实和价值。"主导文化夸大了亚文化的危险，成功地引发了'道德恐慌'（moral panic），剥离了亚文化和特定历史语境的关系，继而对亚文化进行'招安'和'纳降'"，"通过'道德恐慌'和贴标签，亚文化风格被妖魔化、庸俗化、琐碎化了，亚文化风格被主导文化纳入了自己可以理解的范围内，亚文化被当成了'替罪羊'，用以掩盖尚未解决的社会和文化问题"[1]。在主流文化企图收编或者压制亚文化的时候，亚文化面临着吊诡性尴尬：如果它拒绝被主流收编，就有可能失去安身立命之根基；如果它选择接受收编，那么这就意味着它曾经极力反抗的规则将成为自己不得不接受的规则。其次，大众文化通过种种诱惑性途径，搭载现代媒体优势，扭曲了亚文化的形象。就其本质而言，大众文化是一种商业文化，它是一种"借助大众传媒传播，以获得商业利润为目的，服务于大众消费娱乐的文化形态"[2]。但是，在文化秩序混乱、文化碎片化的社会背景下，亚文化和大众文化之间很难分清彼此存在的基本样态，这就造成一个假象，即大众文化的虚伪、矫饰和充满商业气息的伪文化形象，被嫁祸到亚文化的范畴，使得在很多人看来，亚文化也沾满了"铜臭味道"。最后，亚文化自身也在妖魔化自身的形象。"亚文化与既为它服务又利用了它的工业之间有着暧昧模糊的关系"[3]。它极易在时尚与商业之间模糊界限，并被各种媒介所利用，在未成年群体价值判断不稳定的情景下，容易蛊惑他们陷入自身的文化悖论之中。而"媒体再现亚文化的方式让它们看起来比实际的情况更加奇特，同时也让它们看来更稀松平常，它们被视为一群危险的外来者、喧闹的孩子、疯狂的野兽和任性的宠儿"[4]。这种自毁形象的蔓延，使大家误以为亚文化总是一种荒诞不经的文化形态。在削弱自身正向影响力的同时，削弱了自身的反抗性力量。"新兴风格的创造与传播无可避免地和生产、宣传和包装的过程联系在一起，从而必然会导致亚文化颠覆力量的削弱"[5]。

总之，上述三种因素的混乱交界，致使亚文化被视为一种悖论性文化，一种与社会主流导向和文明进程相左的逆向文化。这无疑对亚文化融入未成年人道德

---

[1] 胡疆锋. 意识形态 媒体 商品——亚文化的收编方式[J]. 现代传播（中国传媒大学学报），2009，(1)：158-159.
[2] 孙卫卫，华丽. 文化生态变迁的道德意蕴[J]. 求索，2005，(10)：115-117.
[3] Hebkige D. Subculture：The Meaning of Style[M]. London：London Methuen，1979：94.
[4] Hebkige D. Subculture：The Meaning of Style[M]. London：London Methuen，1979：97.
[5] Hebkige D. Subculture：The Meaning of Style[M]. London：London Methuen，1979：95.

教育过程设置了重重障碍。

对亚文化的某种"共识"投射到未成年人道德教育现场，表现为未成年人道德教育对亚文化的警惕、排斥与剔除。未成年人道德教育被预设为似乎是存活在"真空"内的纯粹"真善美"的道德说教，未成年人的道德生成被规定在预制的结构中，而这种预制的道德结构却总是避免亚文化风格的涉入，这样就使未成年人产生对道德教育的质疑：生活世界的亚文化氛围与道德教育中的"高文化"范畴之间存在明显的"文化差距"，亚文化及其亚道德在道德教育中被视为"离经叛道"，而在现实世界中又成为真实的"行为规则"。显然，抽离亚道德文化的未成年人道德教育既不符合事实，又不符合规律，反而会使未成年人道德教育的效果流失。

因此，在整饬"碎片化"的文化现实过程中，"亚文化"到底处于何种地位并担当何种角色，这是一个需要"正名"的历史性工程。"正名"不仅要在文化的领域内重新审视它的身份和地位，更要在未成年人道德教育场域内重审它存在的合法性与合理性空间。要在未成年人道德教育过程中，理解和尊重亚道德文化，并以此为据，来提升道德教育的文化品格。这种"正名"的核心旨趣之一在于对未成年人亚道德的"礼遇"。

### （二）未成年人道德教育要对亚道德规范"礼遇"

亚道德，就其内在性而言，是未成年人个体在群体内规范和群体间交往的影响下，而生成的道德规范和道德价值观，它不完全认同主流道德规范与价值观的"抽象化"要求，但是，又不主张公开地表示对主流道德理念的冲突与对峙，它有反抗性元素，却不公然挑衅主流道德的权威，它渴望获得尊重和关注，却又拒绝在被关注以后按照既定的道德规范行事。它具有随机性、善变性、自我性与潜在性。总之，亚道德是一种次生性道德，它与主流道德共在于未成年人的道德结构之中，既相互融合、相互影响，又相互分歧、相互隔开。未成年人的亚道德与其亚文化之间存在着千丝万缕的联系。它是在亚文化的影响下，在传媒信息、大众文化、世俗文化等的耳濡目染之下，逐渐在未成年人内在道德结构中生成的道德思维范式。

其实，主流道德与亚道德之间的关系是十分微妙的。主流道德要求未成年人接受自己的规范体系与核心价值观，并不赞成生成所谓的亚道德。亚道德在主流道德的"强大权威"下以自己的方式获得真实的存在空间，并被未成年人所内化与认同，接纳为自己的道德行为逻辑。它们二者之间从本质上而言是压制与反压制、收编与拒收编、领导与反领导的关系。但是，亚道德并不是反道德，不是反对主流文化与主流道德的存在价值。它们只是不满主流文化与主流道德空洞的、抽象的、与自身生活世界脱离的、形式化的规范体系，它们真正的目的在于获得关注与接纳，并在主流文化与主流道德的合法性存在的同时，给予自己存在的价值空间。因此，在这个意义上，主流道德文化与亚道德文化之间有时可以相互融合，前者指向未成年人的终极意义世界，后者指向未成年人的现实意义世界，二者共同使未成年人的道德本性丰富与完善。

但是，事实并不总是与应然的价值判断相一致。在主流道德文化作为强势的道德规范制定者的角色出现在未成年人道德教育现场的时候，亚道德文化被贴上了"非法的越轨者"的标签。未成年人道德教育现场中，亚道德文化被禁止存在。抽离了亚道德文化的道德教育，反而使得未成年人感到德育的非真实性与不道德性。未成年人不禁要问，作为越轨者，到底违反了谁的规则？因为，"某种行为是否越轨一部分取决于行为本身的性质（即是否违反某一规则），另一部分取决于他人对此的回应态度""在他人做出回应前，我们将无法确定某种行为是否属于越轨。越轨不是行为本身存在的一种性质，而是行为当事人和他人之间互动的结果"[1]。在未成年人道德教育中主流道德文化与亚道德文化之间的"互动之门"被关闭之后，这种道德教育将是一种脱离本真的无效的"教育形式"，这是得到事实证明的，也是很多人对当下德育效果不满的主要原因。

鉴于此，我们主张在未成年人道德教育过程中，礼遇"亚道德文化"。正如前面我们所论述的，批评消失和停顿的社会、批判被压抑和失语的社会，最终生成一个"没有反对派的社会"，这个虚假的"和谐"后却隐藏着潜在的危机。在未成年人道德教育过程中，如果没有了亚道德文化的合理存在，只有主流道德文化的"单向度"的抽象性"灌输"，不仅会造成未成年人道德教育的失效，还会是十分危险的。因为，得不到尊重和礼遇的"亚道德文化"，很有可能由"反抗性"走向"叛逆性"和"破坏性"，这将会使得未成年人道德教育由"无效"走向"无序"。因此，对未成年人亚道德文化的尊重和礼遇符合未成年人道德生成的要求，也符合未成年人道德教育的客观要求。不过，在尊重和礼遇的同时，还需要一个"引领"的过程。

### （三）未成年人道德教育要对亚道德文化"引领"

在未成年人道德教育过程中，亚道德文化从来不想解构主流道德文化，它只是以自己的方式建构着未成年人的道德结构并影响着未成年人的道德实践。但是，亚道德文化的一个致命的弱点在于盲从与善变，在于自我看似主动的被动，在于对传统的剥离与割裂等。在亚道德文化自身反抗性的基本属性下，对传统伦理道德规范以及主流文化的核心道德价值观等的蔑视与拒斥，已经成了未成年人道德结构与道德生活的一个很难更改的事实。在亚道德文化的观念影响下，未成年人的行为在"突破陈规"的同时，又显得"不伦不类"。同时，亚道德文化群体，还

---

[1] 陶东风, 胡疆锋. 亚文化读本[M]. 北京：北京大学出版社，2011：22.

容易成为商业化的工具，被某些炒作者利用与玩弄。总之，亚道德文化在未成年人群体中是一种客观存在，不仅可以起到正面的促进其德性发展的作用，也可以起到负面的抑制其德性发展的作用。

尤其是在"市场化社会"这一当下真实的生活背景下，道德性与非道德性的冲突已经由"隐匿事实"转变成为"显性事实"，道德生活的失真、失范、断裂、隔离已经成为十分突出的现实。在这个"洪荒"似的背景下，人们的德性很容易走向前所未有的无助与慌乱。人们也不愿在德性上为他人承担责任，"他可以说服自己对一方而非另一方承担更多的义务，从而解决相互矛盾的忠诚问题……要么通过归咎于他人的狡辩、狠毒或堕落，可以将'失败'转变成不那么令人羞辱的事情，但这就意味着采取新的看待他人和自我的视角"[①]。亚道德文化就在这个实际背景中存在，面对这个"洪荒"，未成年人也容易迷失自我，容易陷入非道德与反主流道德文化的危险境地，这是我们任何人都不想看到的。

因此，未成年人道德教育在亚文化融入并生成为亚道德的同时，还有肩负起"引领"亚道德文化的使命。首先，未成年人的道德教育也应当肩负传承文化精粹的历史使命，绝不能任由传统文化在这个过程中呈现荒漠化、流失化的态势。其次，未成年人的道德教育还要关照到未成年人终极的福祉，并指向他们精神世界的高尚与富足。最后，未成年人道德教育还要赋予他们维系共同存在的共同价值观，促进他们养成具有包容性的道德情怀。所以，面对亚道德文化的发展，未成年人道德教育，要在尊重、理解、礼遇的同时，给予恰当的引导，在鼓励它的合理性存在的同时，规约其不合理的存在，让它既成为未成年人的真实道德世界，又能伸展有度，不陷入道德恐慌与混乱。这就给我们的道德教育，提出了更高水平的要求——既要给予亚道德文化存在的空间，又要引领和规约它不误入歧途。要把握好这个张力，对任何一个教育工作者而言，都是一个具有艺术性的高难度要求。

## 二、亚文化、亚道德规范融入未成年人道德教育现场的方式与效果

如果反对主流文化、主流道德的单维度偏执地控制未成年人道德教育现场和主张亚文化、亚道德也进入未成年人道德教育现场的必要性是经得起论证的，那么，它究竟该如何实现这一有效的融入过程呢？亚文化道德教育是将亚文化作为一种公开的文化形态自觉引入未成年人道德教育现场的道德教育，亚文化道德教育又会促进未成年人产生什么样的道德品质呢？

### （一）亚文化、亚道德规范如何融入未成年人道德教育现场

亚文化、亚道德融入未成年人道德教育的现场，不是简单地迁移就能实现，

---

① 陶东风，胡疆锋. 亚文化读本[M]. 北京：北京大学出版社，2011：5.

为了避免流于形式，我们必须研究切实可行的实践策略。在我们看来，以下几个方面的探索，也许适宜亚文化、亚道德的融入方略。

首先，在未成年人道德教育现场解读亚文化、亚道德规范的存在方式。亚文化及其道德规范，既然是客观存在的，就有必要在未成年人道德教育现场予以明确地解读。让未成年人明了，哪些是主流文化所倡导的核心价值观和道德规范，哪些是亚文化所容括的核心价值观和亚道德规范。虽然二者界限并不是泾渭分明地存在，但是，不同的主旨导向和不同的风格特征，表现出不同的教育效果。亚文化所倡导的时尚、流行、偶像崇拜以及精神信仰等，并非都是非文明的、反主流的；亚文化所存在的网络空间、大众媒体空间等，并非都是不健康的、无益的；亚文化的实物存在场所，如酒吧、影院、KTV等并非都是恶的发源地或者阻碍未成年人身心健康成长的地方。问题的关键在于，在未成年人道德教育的过程中，要将上述亚文化的存在方式和由此所产生的亚道德规范等，清晰明了地呈现给未成年人，让他们在自我亚道德生成的过程中，产生辨别是非、善恶、美丑的价值判断自觉。大道无言，我们不必要将我们认定的真善美与假恶丑强加到未成年人的道德价值观中，较之而言，让他们养成领会和分辨它们之间差异的自觉判断习惯、内在价值参照系更为重要。

其次，要将亚道德文化生活的故事和片段作为道德教育的素材之一。未成年人道德教育过程中，不必规避真实的亚道德文化生活故事。将这些生活故事作为道德教育的组成素材之一，拿到道德教育的课堂或者课下来探讨，应该是亚道德文化融入未成年人道德教育过程之中的重要方法。例如，我们可以将未成年人抽烟、喝酒、早恋、上网成瘾等，具体到故事之中，拿到课堂或者课下进行讨论或者论辩，让他们在讨论或者论辩中，明了什么是健康的亚道德文化的生活方式和什么是不健康的亚道德文化生活方式，什么是可以认同的亚道德文化和什么是需要排斥的亚道德文化。这样的道德教育，比单纯的道德说教或者知识性德育收效自然要高些，作用也会真实而持久。

最后，未成年人自身亚道德文化的日常表现行为在其道德教育过程中自我检视与敞亮。其实，或多或少、或隐或显，每一个未成年人都有亚道德文化生活方式的痕迹。问题在于他们身处其中不能自明与自知而已。因此，在未成年人道德教育现场，我们可以鼓励他们说出来或者写出来他们的亚道德文化生活情境，教师可以通过书信往来、共同讨论、小组活动等方式，分析某位学生亚道德文化生活的某个片段的善恶美丑，促进他们自我认识的觉解和道德价值观的境界提升，让他们在自我剖析中，对亚道德文化的生活方式和价值态度，产生更加清晰的认识，从而自觉接纳或者拒斥某种亚道德文化的生活方式，自觉认同或者抵制某种亚道德文化的价值观念或者精神信仰等。

总之，亚道德文化融入未成年人道德教育过程之中，是以完整的文化为基础进行道德教育的必然要求，这就促使我们研究切实可行的实践策略，实现多种文化对未成年人道德影响的合力，促进未成年人的道德品质进一步完善和高尚。

（二）亚文化道德教育生成未成年人的道德品质

亚文化道德教育是将亚文化作为一种公开的文化形态自觉引入未成年人道德教育现场的道德教育。那么，亚文化道德教育在哪些方面作用于未成年人的道德品质生成或者说生成未成年人哪方面的道德品质呢？我们认为，这种倾向的道德教育，至少在以下几方面作用于未成年人的道德品质生成，或者生成未成年人以下几方面的道德品质。

首先，生成尊重个性差异的道德品质。亚文化以保护和引领人的个性为基本特征之一，它从来反对整齐划一的道德强制，反对按照统一的模版来形塑所有的鲜活生命。因此，亚文化道德教育的实现，有利于鼓励未成年人在保护和养成自身独特个性的同时，也尊重别人的个性，不干涉别人的个性养成，逐渐生成尊重个性差异的道德品质。在多元并存的文化背景与社会背景中，尊重个性差异的道德品质才能赢得别人的尊重，才能彰显包容性、开放性的个性品质。

其次，生成不断创新、积极进取的道德品质。亚文化对时尚与潮流的风起云涌式的推动，蕴含着创新与进取的价值观念。因为，任何陈旧保守的精神状态都难以催生出引领社会潮流的时尚与流行，也难以获得未成年人的追捧与效仿。亚文化道德教育，会将这些价值观念作为教育资源之一，分解分享到未成年人德性成长的实际过程之中，从而培养他们不断创新、积极进取的道德品质。这样的道德品质，也正是这个时代精神所大力弘扬的道德品质，未成年人养成如此的道德品质，也是其顺应时代潮流呼唤，勇立潮头所必要的品质。

再次，生成批判性认同的道德品质。亚文化从来都是反对盲从、反对对权威唯唯诺诺地服从的，它的精神气质之一就在于对权威的质疑与批判，它正是在批判与不满中才发出自己的声音、确立自己的地位的。亚文化道德教育的实现，可以将这种批判性精神渗透到未成年人道德成长的过程，培养未成年人批判性认同的道德品质。批判性认同必然是自我心领神会的认同，不是某种强加的认同，是经过价值抉择与判断的认同，不是毫无主见的盲从。批判性认同的道德品质，不仅会有自己的思维逻辑，还会对他者的意见有一种理性的倾听与尊重。

最后，生成追求自我实现的道德品质。亚文化张扬个性、鼓励创新、提倡进取、主张批判的价值观念，综合起来，就是极力倡导个体以自己的道德风格和精神气质追求自我价值的实现，追求将自我独特的内在修为转化为自我前进、自我成就、自我实现的强大动力。亚文化内涵的价值观念，在某种意义上是个体生命力的重要表现形式。因此，亚文化道德教育的落实，会在未成年人道德教育的过程中，表现出一种勇猛精进的道德价值观，帮助未成年人通过接受道德教育，结合着自己日益丰富的切身感悟，养成追求自我实现的道德品质。而这种品质，不仅是终身教育所主张的教育理念，也正是这个时代所渴求的道德意志。

总之，亚文化道德教育，总是将亚文化所裹挟的道德价值观自觉渗透到未成年人道德教育的现场之中，鼓励未成年人养成具有亚道德文化风格的道德品质。

## 第三节　在"完整文化谱系"中实现未成年人的道德教育

一路梳理过来，我们的一个核心旨趣在于为完整的文化谱系融入未成年人的道德教育全过程而论证、倡导、强调与呼唤。完整的文化谱系，亦即对完整的文化生态的观照，是强调以完整的文化生态为背景，融入其间进行具有文化性格的道德教育。完整的文化谱系或者说文化生态，在我们这里主要是指主流文化与亚文化的有机联系与共生共在。生态理念和思维方式强调事物之间的内在关联性、共生互动性、整体性和具体性等特性[①]。完整的文化生态之间不应当是对峙的存在，而应当是形成文化的合力，实现文化救赎人心的价值。由主流文化与亚文化组成的文化生态，在道德教育领域表现为主流道德文化与亚道德文化。两种道德文化在未成年人道德教育中分别发挥各自的优势和价值功能，共同促进未成年人道德品性的健康和谐。未成年人道德教育有文化的需求，因为，在文化的谱系中未成年人才能获得内心人文性陶冶，才能将文化的内核融合进自己的思想、信念、态度、行为方式之中，才能实现文以化人的目的。从另一方面来说，未成年人道德教育也具有传承文化、生成文化、保护文化、创新文化的功能。在这个意义上，两者又是相互影响相互成就的。因此，在完整的文化谱系中实现未成年人的道德教育既具备理论的合理性，又具有实际的合法性。

然而，在当下的市场社会背景下，文化的纯粹性已经在肇始于强大的资本逻辑而生成的物欲膨胀、功利至上、消费主义等面前惨遭破坏。文化所应彰显的道德关怀、伦理关怀、情感关怀、精神关怀等人文意蕴亟待匡正和提升。这就要求完整的文化生态，既要超越文化功利主义和文化实用主义，又要超越文化虚无主义和文化虚幻主义。端正文化自身的形象，才能以适宜的方式融入未成年人道德教育的真实过程，从而实现道德教育的良善效果。端正文化自身，不仅要张扬主流道德文化"宏大叙事"的内涵，张扬传统文化的现代魅力和核心价值体系的凝聚力量，还要承认和尊重亚道德文化存在的合理性与合法性，引导亚道德文化对

---

① 樊浩. 伦理精神的价值生态[M]. 北京：中国社会科学出版社，2001：19.

未成年人德性的积极影响,并把它视为直接影响道德教育效果的、组成完整文化谱系的有机部分之一。

因此,在未成年人道德教育过程中,创设主流道德文化与亚道德文化和谐共在的完整的文化谱系,让未成年人道德教育从完整的文化谱系中寻找资源、获得滋养,从而为未成年人完善道德品性的建立,提供积极的资源优势,这正是本节的核心关切。

### 一、未成年人道德教育需要"完整的文化谱系"

完整的文化谱系是指主流文化与亚文化共生共在于未成年人道德教育现场的文化期待。两种文化和谐共存,不仅有利于未成年人道德教育效果的实现,也有利于养成未成年人完善的道德品性。

#### (一)"完整的文化谱系"在未成年人道德教育中的意义

道德教育作为一种淳化社会风习、增进群体高尚德性、提升个体道德境界、生成良善人际伦理的人文性社会活动,必须在完整文化的浸润中,才能实现其价值旨归。正如唐君毅先生所言:"人在自觉上是实现一文化理想时,亦有不自觉或超自觉之道德理性之表现。人之一切文化生活,在一意义下皆可为道德生活之内容。于是道德生活即内在于人之一切文化生活中"[①]。"一切文化生活"在这里即完整的文化谱系,亦即我们意义上的主流文化与亚文化组成的文化生态。

主流文化在未成年人道德教育中主要生成未成年人公共的德性,它追求一种德性共识,并把民族文化的性格和政治意识形态的价值观凝练其中,以道德共性体现其维系秩序与统摄精神所指的价值。因为,"民族文化及其认同是国家认同的基础以及维系国家和民族的重要纽带,也是民族国家'合法性'来源"[②],因此,从国家、民族、社会等公共层面而言,未成年人道德教育从主流文化中获取资源,是完全具有合法性与合理性的。就个体道德生成而言,主流文化所蕴含的道德境界也势必会影响到未成年人个体的道德品性。张世英先生曾将人生境界分为"欲望的境界"、"求实的境界"、"道德的境界"和"审美的境界",并指出,不同民族、不同时代的文化其中占主导地位的境界也各不相同[③]。因此,主流文化应当以一种"高文化"的姿态,引领未成年人个体的道德境界渐趋走向澄明与崇高之境。

亚文化以对主流文化的抗争并企图引起主流文化的注意和反思的角色而存在,它在未成年人道德教育现场中是客观存在的。亚文化生成未成年人的亚道德,亚道德文化融合在未成年人生活世界之中,不仅仅是一个片段,而且是一个整体。

---

[①] 唐君毅. 文化意识与道德理性[M]. 北京:中国社会科学出版社,2005:9.
[②] 盖尔纳 E. 民族与民族主义[M]. 韩红译. 北京:中央编译出版社,2002:183.
[③] 张世英. 哲学导论[M]. 北京:北京大学出版社,2001:78-79.

亚道德文化并不意味着反叛性的或者说是叛逆性的道德文化，它在未成年人群体中衍生，并影响着他们的生活态度和生活方式。因此，未成年人道德教育不应当有意漠视这一事实，更不应当屏蔽亚道德文化的实际影响力。恰恰相反，未成年人道德教育需要从亚道德文化中获得有益的启迪，并不断反思自身，既促进未成年人公共德性的生成，又积极保护其合理的个性道德品质；既提供未成年人良善道德品质生成的参照系，又提供其德性生成的真实土壤，不完全抽离这个"土壤"，而悬在半空中进行道德劝说。

因此，完整的文化谱系是主流文化与亚文化所形成的文化合力，它们关涉到未成年人的公共道德与个性道德，关涉到未成年人完整德性的生成。未成年人道德教育在完整的文化谱系中汲取必要的资源和养分，才是一种道德教育的文化自觉，也才是一种负责任的道德教育。这也正是完整的文化谱系相对于未成年人道德教育的价值所在！

### （二）"完整的文化谱系"在未成年人道德教育中的存在方式

未成年人道德教育应当具有文化性格，文化也要自觉担负起未成年人道德教育的历史使命。我们不主张将文化与道德教育二元化理解，因为从本质上而言，二者应当是合二为一的同一个事物，有着共同的使命和愿景，并最终在同一个逻辑归宿上彰显自身的价值。因此，在一定意义上可以说，"完整的文化谱系"在未成年人道德教育现场中应当是一种自觉的存在。不过，在排除二元对峙的思维嫌疑之后，做相应的具体的分析还是必要的。

首先，完整的文化谱系应当是非功利性地存在于未成年人道德教育现场。我们所言说的完整的文化谱系，应当是充满人文关怀的而非功利主义的文化谱系，它在未成年人道德教育现场应当以人文性的方式存在。特瑞·伊格尔顿曾指出："文化讨论的是价值而不是价格，是道德而不是物质，是高尚情操而不是平庸市侩。它探索的是作为目的本身来开发人的力量，而不是为了某个不光彩的功利动机"[①]。因此，无论是主流文化还是亚文化，都应当是指向未成年人的终极意义和终极幸福，都应当触动未成年人灵魂和精神世界，都应当把对未成年人完整生命的影响视为其最核心的存在价值。抛却文化的唯功利性维度，才能彰显它的人文本色，也才能在浮躁的境遇中将未成年人的道德教育拉回到人文本真，诠释"文以化人"的真谛。

其次，完整的文化谱系应当是和谐地存在于未成年人道德教育现场。这里的和谐是说，主流文化与亚文化之间，以及由之影响而生成的未成年人的主流道德（公共道德）与亚道德（个性道德）之间应当保持一定的张力，要相互承认和尊重，相互包容和反思，而不是一方的存在是以解构和颠覆另一方的存在为代价。

---

① 伊格尔顿 T. 理论之后[M]. 商正译. 北京：商务印书馆，2009：25.

主流文化与亚文化对未成年人道德教育的影响是不同的层面，而不是相反的层面。二者形成文化影响的合力，才能有利于道德教育效果的真实良善。

最后，完整的文化谱系应当是动态性地存在于未成年人道德教育现场。文化不应当是也不会是静止地存在于人类社会之中，文化有其稳定的结构，其精髓总是一脉相承的，但是，文化也会随着生产力的变革、社会的变迁、全球化的叠进而不断地调适和变化。因此，文化在相对稳定性中充满了变动不居性。在未成年人道德教育现场，不能用一成不变的文化视野来比照和框定鲜活的生命个体的道德生成。无论是主流文化还是亚文化，都应当有一定的时代性脉动，尤其是主流文化，不能落于窠臼，滞后于时代，更不能因为亚文化的潮流化特性而对之不满和排斥。亚文化的潮流化有其浮躁性的一面，但是，也有其适宜未成年人追求新颖、渴望更新的一面。因此，文化具有动态性，才能满足未成年人道德教育的时代变迁性，才便于未成年人道德教育适应与引领未成年人完善德性的生成。

总之，完整的文化谱系是未成年人道德教育张扬其存在意义的基本价值坐标。它应当以适宜的方式存在于未成年人道德教育的现场。

## 二、在"完整的文化谱系"中实现未成年人道德教育的理想效果

未成年人道德教育归根结底要在未成年人的内在人性与人格上融入文化、伦理、美德、精神的养分，使未成年人获得做人的资格和适应社会的基本素养。这是未成年人道德教育的理想效果追求。要实现这一预期的理想效果，当然要依凭完整的文化谱系的影响力和渗透力。因为，只有在文化的氛围中，才能生成未成年人完整的道德品质，才能造就一个真正的文化人。在完整的文化谱系中进行未成年人的道德教育，并期许实现道德教育的理想效果，以下几个问题不能不考虑。

首先，未成年人道德教育要从完整的文化谱系中汲取人文性养分。文化最本质的属性在于其人文性。未成年人道德教育要获得完整文化的滋养，最根本的是要获得文化的人文性滋养。文化走向功利化与商业化，是对文化本体性使命的扭曲。未成年人道德教育必须摈弃功利化与商业化文化的污染，否则，未成年人的道德价值观将会更加容易走向庸俗和没落。主流文化容易走向功利化，表现在主流文化易于将自己的文化价值定位为最基本的价值参照，并以"真理在我"的姿态宰制整个教育价值导向，以"达到"其规格与否来定位教育的成功与否，将教育和教育中的人均视为实现自己抱负的"工具"。亚文化容易走向商业化，因为，亚文化的产生往往与工业或商业联合，既利用了工业商业，又被工业商业利用。它以自身与未成年人容易亲近的优势，把商业诱惑与时尚潮流糅到自身的文化风格中去，在抗拒主流压制的同时，将自身的诱惑顺理成章地演化为种种商业契机。所以，未成年人道德教育必须对"完整的文化谱系"有一个去伪存真的辨析

过程，汲取其人文性养分，润泽道德教育的过程与效果。

其次，未成年人道德教育要在对主流文化与亚文化的价值认同中实现道德自觉。除了上述去伪存真的辨析与汲取过程，未成年人道德教育要实现其理想效果，还需要对主流文化与亚文化中的"真善美"养分进行基本的价值认同，只有认同才会接纳，并内化为自身的道德尺度和行为规范。这种认同是对主流文化"高文化"的认同与对亚文化中"世俗文化"的认同的有机合一，这意味着对公共性道德规范的自觉和对个体性道德规范的接纳在个体道德体系结构中融合。认同是自我道德满意的表征。而满意意味着平衡，意味着构成个体完整道德结构的两种道德规范之间的张力是适度的。这不仅有利于个体的健康，也有利于社会的和谐，因为"只要遵从两种文化制约的个体感到满意，即实现目标后的满意和直接对通过制度化管道为达到目标而奋斗的方法感到满意，社会结构这两个方面之间的有效平衡使社会得到保持"①。所以，未成年人道德教育要在完整的文化谱系中实现自身的理想效果，就要追求对主流文化与亚文化的价值认同，并由此生成为一种道德自觉。

再次，在完整的文化谱系中，未成年人道德教育生成的主流道德与亚道德之间要实现融合统一。主流文化在未成年人的道德结构中生成了主流道德，即公共性道德。按照逻辑的理解，这种道德品质，应当在每一位受教育者人格中开花结果。亚文化在未成年人的道德结构中生成了亚道德，即具有个体风格的道德形态，这种道德与主流道德之间可能是吻合的，也可能是冲突的。但是，无论如何不应当是对峙地存在。既然都要作用于人的内在道德结构，就应当保持和谐统一，未成年人道德教育也应当追求这种融合统一，不应当陷入单向度的思维模式中，造成道德结构的偏执与失衡。

最后，在完整的文化谱系实现未成年人的道德良善，必须将未成年人群体与个体都纳入教育的视野中，不能执之一端而忘却兼顾。主流文化追求道德共识性与公共性，因此，它强调的是群体性的道德教育；亚文化追求道德个性的保护与允诺，因此，突出对个体性关怀的道德教育。二者不应当走向相互排斥。在未成年人道德教育中，我们应当追求的是二者兼顾，共同促进。正如有论者所言："道德真诚品质的养成和实践固然最终体现了、体现着一个家庭或者一个民族甚至一个国家的整体精神能量，但其落脚处，必是一个个个体。它属于文化审美的伦理……它体现的是个体的良知"。所以，在未成年人道德教育过程中，借助于文化的优势，通过合适的途径，在改造个体的同时也改造群体，是实现理想道德教育效果的应然追求。

总之，完整的文化谱系中蕴含着丰富的道德教育资源，未成年人道德教育"通

---

① 默顿 R C. 社会理论和社会结构[M]. 唐少杰，齐心译. 南京：译林出版社，2006：261.

过多极主体对话、沟通后的相互作用,……使教育的影响找到'到达'于受教育主体的通道,有效地促进他们通过自我建构、重构的活动不断改善和发展其认识结构与认知水平"[1],这是我们对未成年人道德教育的殷切希冀。"为着一个风清气正的道德生活共同体的创制,为着整饬我们民族长久以来所形成的道德积弊,以铸就风范大国国民脊梁的名义,我们需要直面自身良善道德贫弱的生存环境,以前所未有的道德勇气,以符合本民族纯良的道德心性养成和实践的方式,朝向一个'道德真诚时代'果敢前进!"[2]这是我们对未成年人道德教育取得理想效果心之所向的一种坚定信仰。

---

[1] 袁祖社. 文化伦理本质与现代德性生活的价值真理——公共生活中"诚"与"真"品质的回归[J]. 北京大学学报(哲学社会科学版), 2011, (4): 37-46.

[2] 鲁洁. 道德教育的当代论域[M]. 北京:人民教育出版社, 2005: 173.

# 第六章 调研分析：未成年人亚道德文化剪影

我们以未成年亚道德各维度为变量，在不断变化的文化环境中，关照更富变幻色彩的未成年人亚文化，试图从未成年人的一系列日常表现中，捕捉未成年人的亚道德文化剪影，以此为探索未成年人亚道德的形成原因与教育策略提供参考信息。

## 第一节 调研设计

### 一、研究内容设计

"亚道德文化"是一个整体性概念，在调查设计中，我们首先要把未成年人亚文化具体化为他们的生活世界，主要关注对未成年人亚道德形成影响较大的五个典型领域，它们分别为网络生活、偶像崇拜、消费行为、失范行为和生命观。其中，网络生活是信息时代的未成年人网络生存的行为表现，这是当今未成年人生活的大环境。偶像崇拜集中体现了未成年人在多元价值冲突中的价值选择。消费行为是在网络环境下，在消费方面的行为表现，从另一方面展现了多元价值冲突中的价值选择。失范行为则是多元价值冲突中价值选择错误后的行为表现。生命观则涉及比上述价值观和行为更深的层面，如价值观与伦理。调查内容与数据分析均按此五个领域展开。

### 二、调研方式设计

在问卷编制前，我们确立了题目设计的以下几条原则。

（1）题目必须符合未成年人的特征。力图避免以成人的视角、生活方式、社会地位、思维方式等衡量未成年人。

（2）题目设计要简洁易懂，选项设计要全面、可解释，有区分度。

（3）题目以调查事实为主。力图避免口号和空谈，旨在从具体的生活事件本身来发现和解释其对未成年人的成长意义。

（4）体现研究的伦理关怀。注重从儿童发展和教育尤其是道德教育的角度看待生活细节的成长价值。

在调研的整体设计上，为了保证符合科学规范和生态效度，我们除了问卷调查，还设计了半结构化访谈模块。访谈旨在了解被调研学校的一些基本情况，如校长办学理念、学校的课程与教学研究及改革情况、教师发展情况、生源结构、学校周边环境、当地文化风俗等。这些都是未成年人亚文化外围的文化环境。访谈对象主要有校长、调研班级的班主任、教务和政教主任、优秀教师、普通任课教师、教研人员；家长；典型学生代表（关注才艺、学习、家庭背景几个方面）等。但限于报告篇幅，该部分内容不在此呈现。

## 三、抽样方法设计

调研活动分别在河南、内蒙古、吉林、广东等地的农村与城市几十所中小学展开。对于城市学校，以能够代表城市教育发展先进水平和文化特点为选择学校的依据。对于乡村学校，选择较为典型的农业县县城或乡镇作为调研对象。主要基于以下假设：受教育政策、学校间差异及农村家长择校的影响，县城学校中的农村学生占到一定比例；县城的学校在硬件设备、师资水平、发展环境、教育理念、教学改革等方面各有优势，相对具有多样化的特点。况且所谓的农村高中绝大多数集中在县城，为了对照、比较的方便，也为了交通便利，选择县城或经济条件好一点的乡镇，最好是县城的小学、初中、高中，相互之间的距离较近。此外，县城中学学生家长身份和学生家庭及成长环境的差异性大，相互之间的关系更为复杂和丰富，研究的意义更大。在农村学校数量选择上，需要在县城周边农村选择一所高中、一所初中、一所小学。所选学校的规模要大一些，每个年级选择四个平行班。实际研究中共调查 5 720 名中小学生，有效数据 5 478 例，有效率为 95.8%，其中省区、城乡、学段、性别分布如表 6-1 所示。

表 6-1 调研对象的分布

| 省区 | | 小学 | | | 初中 | | | 高中 | | | 合计 | | |
|---|---|---|---|---|---|---|---|---|---|---|---|---|---|
| | | 男 | 女 | 小计 | 男 | 女 | 小计 | 男 | 女 | 小计 | 男 | 女 | 小计 |
| 吉林 | 城市 | 144 | 131 | 275 | 69 | 61 | 130 | 115 | 95 | 210 | 328 | 287 | 615 |
| | 农村 | 132 | 141 | 273 | 89 | 82 | 171 | 48 | 88 | 136 | 269 | 311 | 580 |
| | 小计 | 276 | 272 | 548 | 158 | 143 | 301 | 163 | 183 | 346 | 597 | 598 | 1 195 |
| 内蒙古 | 城市 | 144 | 153 | 297 | 95 | 92 | 187 | 100 | 96 | 196 | 339 | 341 | 680 |
| | 农村 | 173 | 147 | 320 | 86 | 93 | 179 | 99 | 98 | 197 | 358 | 338 | 696 |
| | 小计 | 317 | 300 | 617 | 181 | 185 | 366 | 199 | 194 | 393 | 697 | 679 | 1 376 |

续表

| 省区 | | 小学 | | | 初中 | | | 高中 | | | 合计 | | |
|---|---|---|---|---|---|---|---|---|---|---|---|---|---|
| | | 男 | 女 | 小计 | 男 | 女 | 小计 | 男 | 女 | 小计 | 男 | 女 | 小计 |
| 广东 | 城市 | 137 | 120 | 257 | 87 | 78 | 165 | 67 | 73 | 140 | 291 | 271 | 562 |
| | 农村 | 293 | 166 | 459 | 185 | 202 | 387 | 57 | 93 | 150 | 535 | 461 | 996 |
| | 小计 | 430 | 286 | 716 | 272 | 280 | 552 | 124 | 166 | 290 | 826 | 732 | 1 558 |
| 河南 | 城市 | 200 | 128 | 328 | 85 | 92 | 177 | 126 | 127 | 253 | 411 | 347 | 758 |
| | 农村 | 97 | 86 | 183 | 89 | 103 | 192 | 85 | 131 | 216 | 271 | 320 | 591 |
| | 小计 | 297 | 214 | 511 | 174 | 195 | 369 | 211 | 258 | 469 | 682 | 667 | 1 349 |
| 总计 | 城市 | 625 | 532 | 1 157 | 336 | 323 | 659 | 408 | 391 | 799 | 1 369 | 1 246 | 2 615 |
| | 农村 | 695 | 540 | 1 235 | 449 | 480 | 929 | 289 | 410 | 699 | 1 433 | 1 430 | 2 863 |
| | 小计 | 1 320 | 1 072 | 2 392 | 785 | 803 | 1 588 | 697 | 801 | 1 498 | 2 802 | 2 676 | 5 478 |

从表6-1中可知，四个省区、城乡、学段、性别分布大致均衡，对"未成年人"群体具有较好的代表性。但需要说明的是，该调查数据主要收集于2010年，而未成年人亚文化具有快速变化的特点，因此我们提醒读者注意本数据所得结论的时效性。

下面分别从网络生活、偶像崇拜、消费行为、失范行为和生命观五个领域对未成年人的亚道德文化状况予以描述。

## 第二节 未成年人的网络生活

相对于其他媒体，网络媒体更具有娱乐性、互动性、可匿名性、信息搜索快捷性、网上交易便利性等特点，对于正处于身心发展阶段的未成年人产生很大的诱惑，对其人生观、价值观的形成产生极大的影响，因此有必要研究未成年人的网络空间生活。我们主要关注未成年人网络生活的方式与内容、网络生活的影响因素及其对学生身心健康与学习的影响，以及未成年人对网络文化的态度与网络道德认同。

### 一、网络生活的方式、内容及其影响因素

未成年人网络生活的方式包括上网渠道、上网时间、上网动机（这里主要指上网目的）等，而其内容则包括网络语言、网络游戏和网络交友（这里主要指网

络聊天）等方面。同时我们还考察了这些变量的性别与年龄差异（简化为小学、初中和高中三个学段）。其他影响因素，主要考察两个层面：大文化环境（如省区和城乡）和家庭文化环境（是否独生子女、父母受教育水平）对未成年人网络生活状况各方面的影响。

（一）上网渠道与时间

调查数据显示，除了内蒙古约有 1/4 学生没有上过网，大多数学生都是在家里上网（58.2%）。可能由于有家长制约，绝大多数孩子都是在闲暇时间上网，如在周末及节假日（71.7%），或在做完作业后（20.6%），但值得注意的是，仍有 4.6% 的学生是想上网就上，不分时间，甚至是在上课的时候上网的（4.5%）。

上网时间不存在性别差异，但存在年龄（学段）差异。例如，做完作业后再上网的孩子中，小学生最多，高中生最少。在青少年道德发展中，小学尚处于他律阶段，比较守规矩，不做完作业是不能上网的。但高中阶段则不然，家长的外部要求弱化，主要靠自律。但实际上高中生的自律并未完全发展起来，这也被另外两个选项的数据所支持："晚上睡觉之前""想上网就上，不分时间"高中生选择最多（图 6-1）。

上网时间的影响因素主要是父母的教育水平，二者的影响模式大致相同。具体来说，父母教育水平越高，其孩子越有可能在周末及节假日或做完作业后上网；反之，父母教育水平越低，孩子越有可能在不恰当的时候上网，如上课的时候。

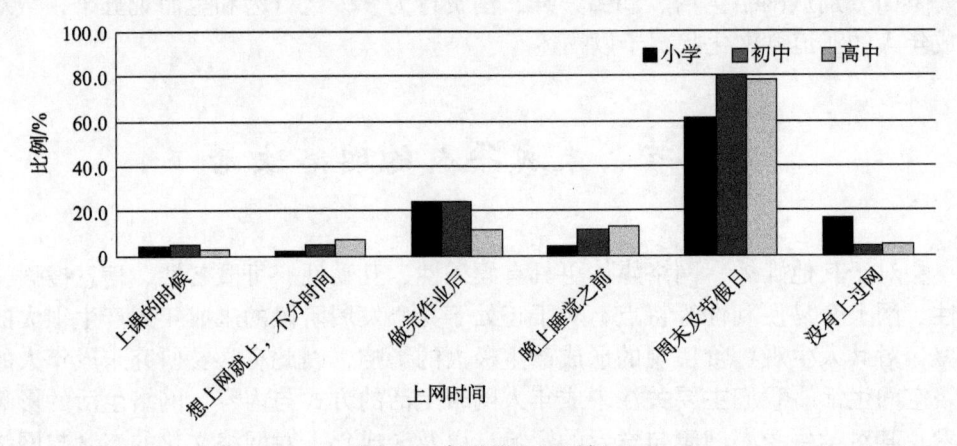

图 6-1 各学段上网时间

生活环境对未成年人的上网渠道有显著影响。如图 6-2~图 6-5 所示，城市孩子主要在家里上网，而农村孩子更多的是通过其他渠道上网（$\chi^2$=635.55, df=5, $p$=0.000）。独生子女主要是在网吧上网，而非独生子女则是在其他环境下上网（$\chi^2$=197.31, df=5, $p$=0.000）。父母受教育水平都会对孩子上网渠道产生显著影响（$\chi^2 s$=408.76，424.76，df$s$=10，$ps$=0.000），父母影响模式几乎完全一样：随着受教育水平的提高，在家里上网的孩子越来越多，通过其他渠道上网的越来越少。

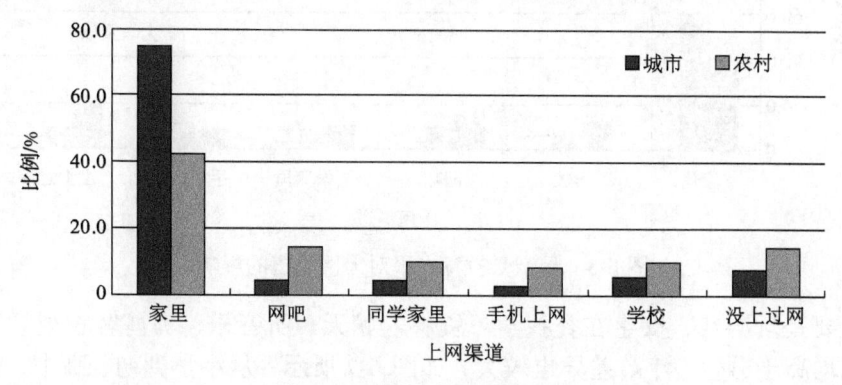

图 6-2 上网渠道的城乡差异

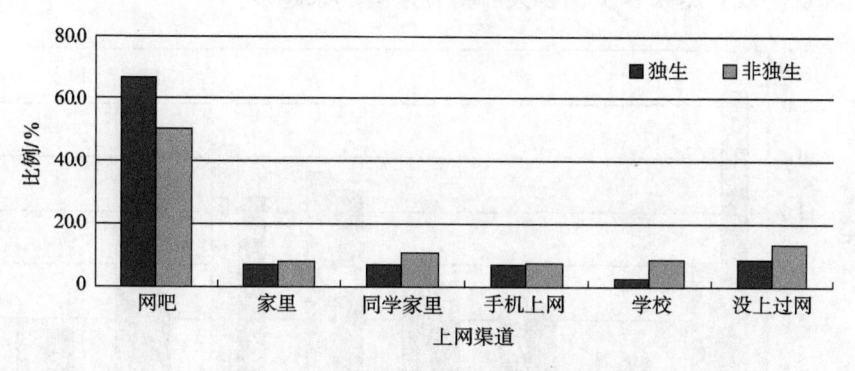

图 6-3 上网渠道的独生与否差异

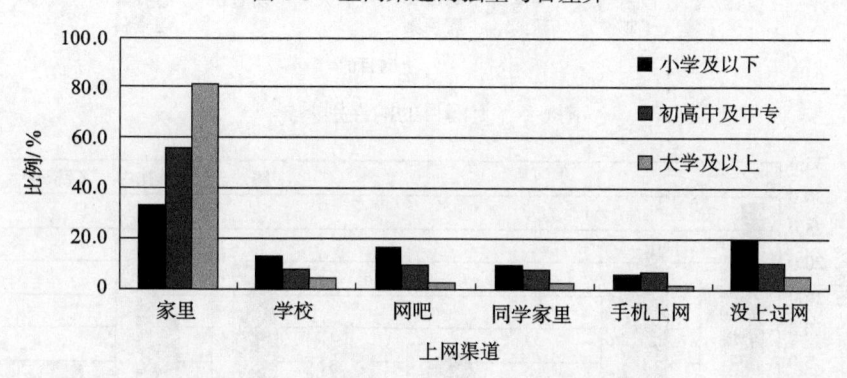

图 6-4 父亲受教育水平对上网渠道的影响

（二）上网目的

被调查未成年人的上网目的主要是查找学习资料（50.8%）、听音乐（42.0%）、玩游戏（41.4%）和聊天（40.2%）。上网目的存在较大的性别差异，如图 6-6 所示：

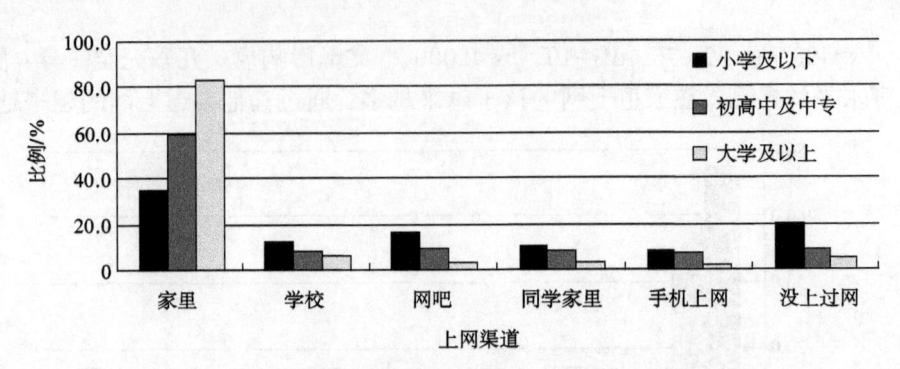

图 6-5 母亲受教育水平对上网渠道的影响

男生主要是玩游戏,女生在查找学习资料、聊天、听音乐、写博客看视频等方面的比例均高于男生。年龄差异也较大,如图 6-7 所示:从小学到初、高中,查找学习资料和玩游戏者越来越少,聊天和听音乐者越来越多。

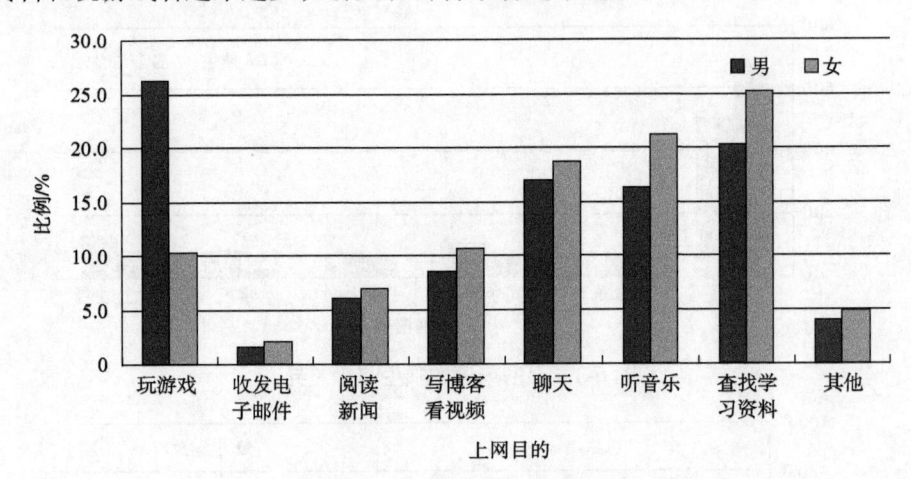

图 6-6 上网目的的性别差异

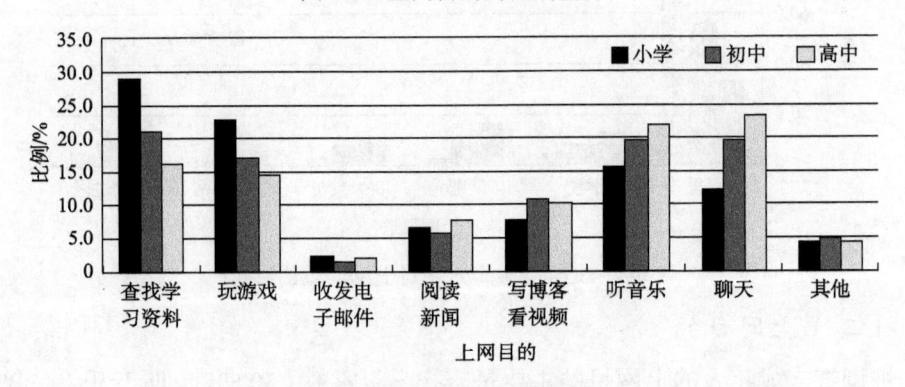

图 6-7 上网目的的学段差异

上网目的的影响因素主要是城乡、是否独生，如图6-8和图6-9所示。主要表现为城市孩子或独生子女上网查资料、玩游戏的较多，非独生子女写博客看视频和聊天的较多。

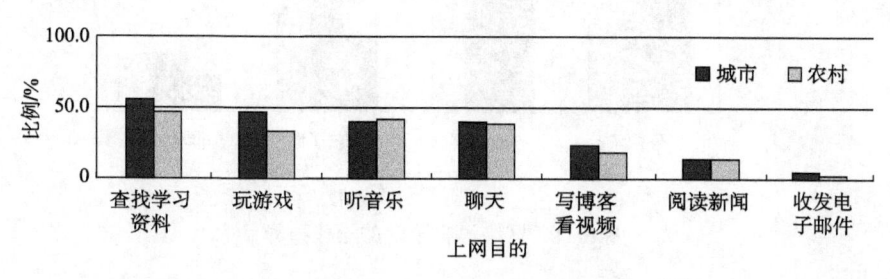

图6-8 上网目的的城乡差异

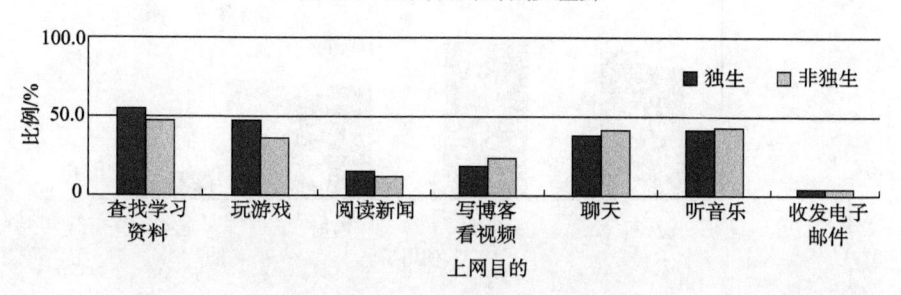

图6-9 是否独生对上网目的的影响

（三）网络语言

未成年人虽然对网络语言非常了解的只占11.1%，但有一定了解的占到了58.5%，使用者也占到了67.2%。对网络语言的了解与使用均存在显著的性别和年龄差异（$\chi^2$=15.24，156.13，13.55，362.59；df=3，6，3，6；$p$=0.002，0.000，0.004，0.000），具体来说：对网络语言的了解程度与使用频率较低的女生多，小学生多；了解程度与使用频率较高的男生多，初、高中生多（图6-10~图6-13）。

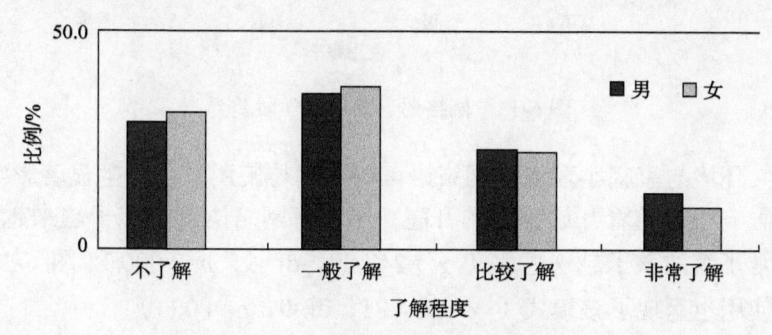

图6-10 网络语言了解的性别差异

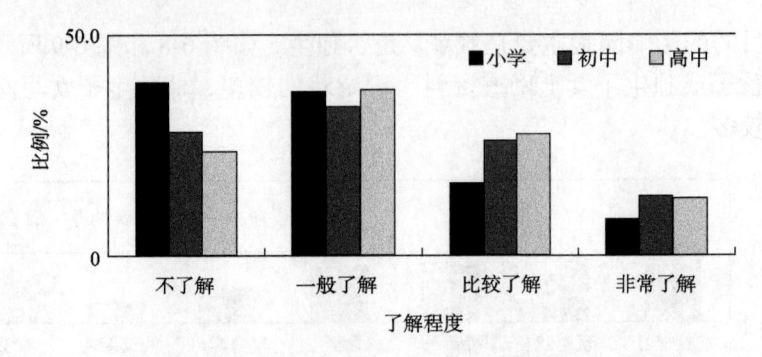

图 6-11　网络语言了解的学段差异

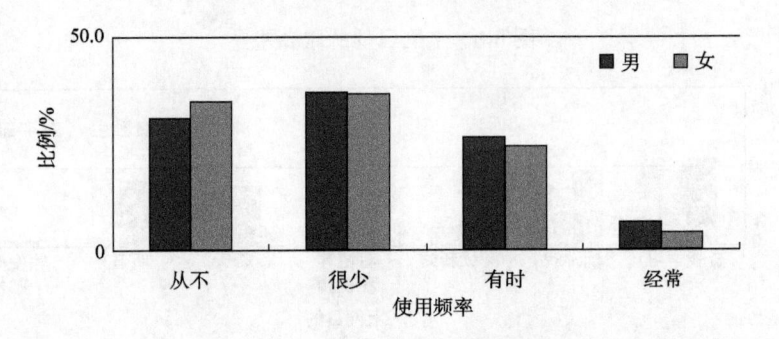

图 6-12　网络语言使用的性别差异

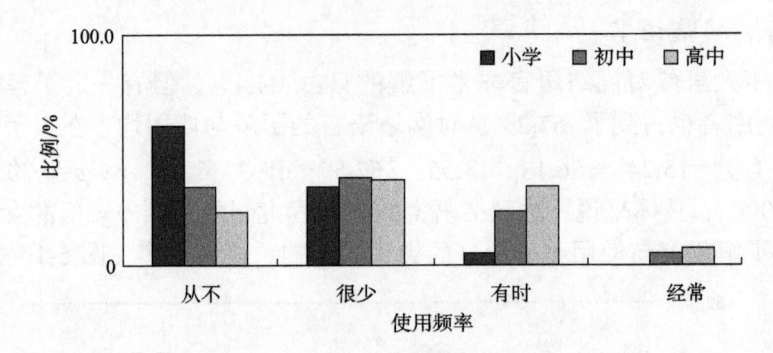

图 6-13　网络语言使用的学段差异

省区大环境与家庭小环境对网络语言的了解与使用均会产生显著影响。

省区影响中，随着开放程度的升高，不了解网络语言的孩子越来越少，比较了解和非常了解的孩子越来越多（$\chi^2$=247.89, df=9, $p$=0.000）（图 6-14）；对网络语言的使用也呈现了该模式（$\chi^2$=354.81, df=9, $p$=0.000）。

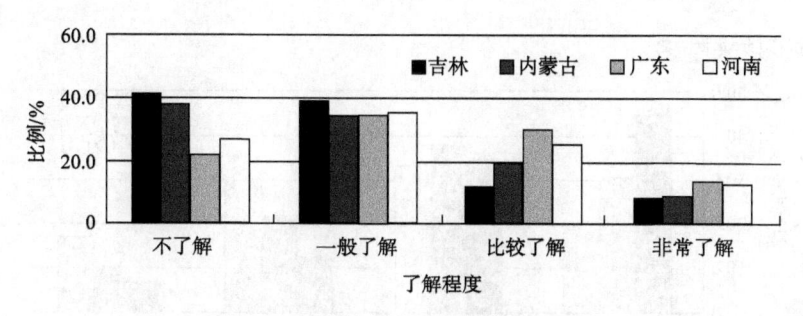

图 6-14 网络语言了解的省区差异

城乡环境的影响也与开放程度有关，因此呈现了类似的模式（图 6-15）：农村不了解网络语言使用的比例较高，而城市比较了解和非常了解的比例更高（$\chi^2 s$=312.62，120.12；df$s$ =3，3；$ps$ =0.000）。

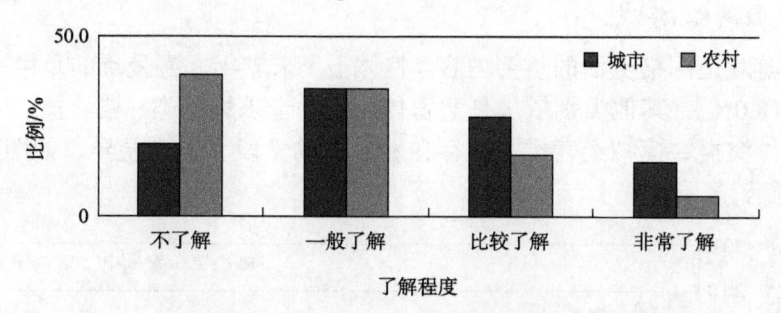

图 6-15 网络语言使用的城乡差异

孩子是否独生与网络语言了解和使用也有显著关联（$\chi^2 s$=75.20，14.73；df$s$= 3，3；$ps$=0.000），主要是独生子女比较了解和非常了解、一般了解的比例较高（图 6-16）。

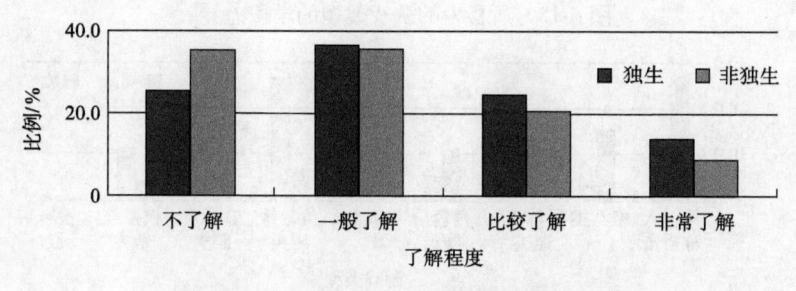

图 6-16 是否独生对网络语言使用的影响

父母受教育水平都会对孩子网络语言了解与使用产生显著影响（$\chi^2 s$=152.92，200.04，57.00，53.94；df$s$=6，$ps$=0.000），其影响模式几乎完全一样（图 6-17）：随着父母受教育水平提高，对网络语言比较和非常了解的孩子，以及有时和经常使用的孩子越来越多。

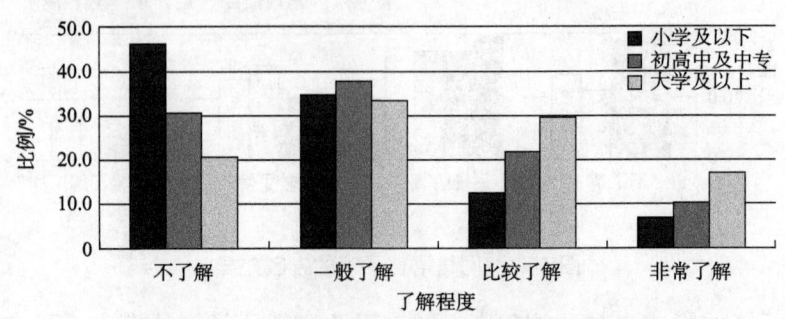

图 6-17　父亲受教育水平对网络语言使用的影响

母亲受教育水平对网络语言使用的影响情况与此相似，图略。

### （四）网络游戏

网络游戏是网络生活的重要内容。整体上，未成年人喜爱玩的是第一人称射击游戏（18.0%），其他类别依次是益智休闲类、音乐舞蹈类、格斗类、体育竞速类、角色扮演类、模拟经营类。但存在着显著的学段和性别差异，如图 6-18 和图 6-19 所示。

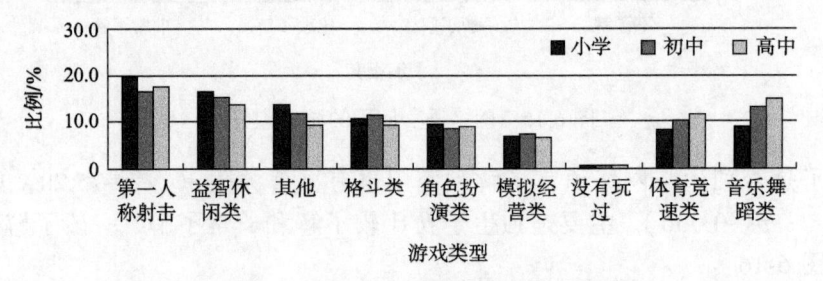

图 6-18　所喜爱的游戏类型的学段差异

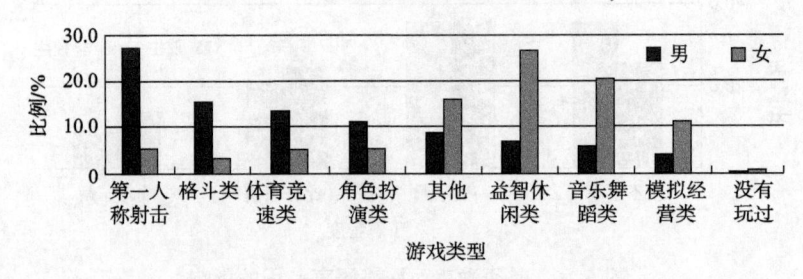

图 6-19　所喜爱的游戏类型的性别差异

环境变量同样显著影响未成年人网络游戏的参与（图 6-20 和图 6-21）。首先是省区和城乡的显著影响（$\chi^2 s$=462.45，81.26；df$s$ =9，3；$ps$=0.000）。显然，从内蒙古、吉林到河南、广东，以及从农村到城市，随着发达程度的增高，玩网络游戏的孩子比例也越来越高。

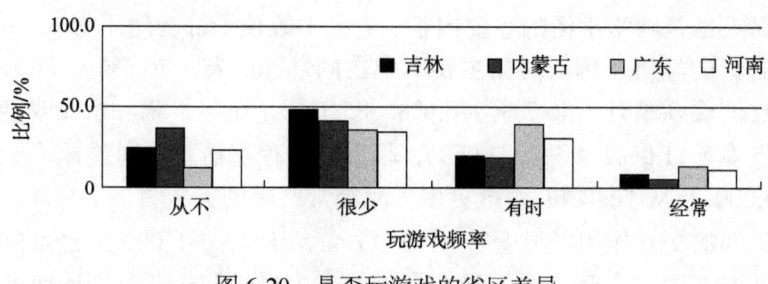

图 6-20 是否玩游戏的省区差异

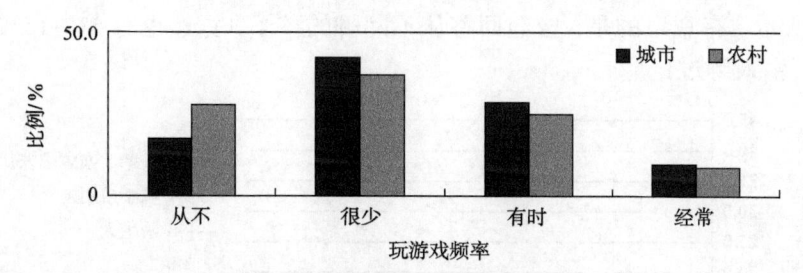

图 6-21 是否玩游戏的城乡差异

子女是否独生及父母受教育水平的影响也都达到显著水平（$\chi^2 s$=34.35，81.03，93.35；df$s$=3，6，63；$ps$=0.000）。如图 6-22 和图 6-23 所示，独生子女玩网络游戏的比例较高；随着父母受教育水平提高，孩子玩网络游戏的比例也逐渐升高。

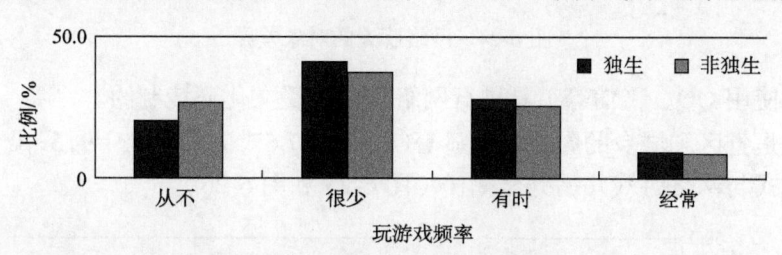

图 6-22 是否独生对玩游戏的影响

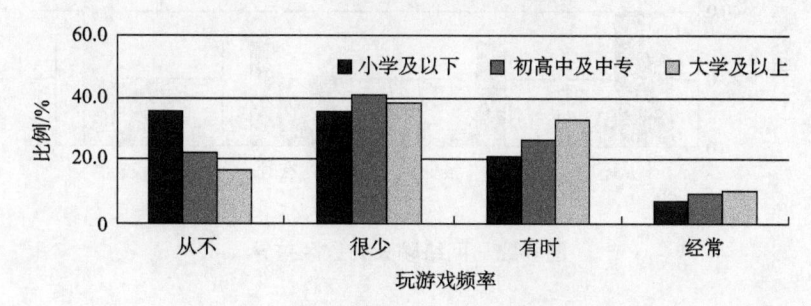

图 6-23 父母受教育水平对孩子玩游戏的影响

## （五）网络聊天

网络聊天也是网络生活的重要内容。绝大多数孩子都有使用QQ、飞信等工具进行网络聊天的经历，聊天对象主要集中在同学和朋友（70.5%），而且随着学龄增长这一比例逐渐攀升（56.7%，76.6%，85.3%），而与长辈、亲戚或老师的聊天频率逐渐下降（11.0%，4.5%，2.9%）。聊天频率存在显著性别差异（$\chi^2$=19.30, df=3, $p$=0.000），从不网聊的女孩更多，而经常网聊的男孩更多。另外，聊天频率和聊天对象间的交互作用极显著（$\chi^2$=3617.42, df=9, $p$=0.000），经常网聊的孩子主要是和朋友与陌生人聊，而不经常聊天的人主要是和长辈、亲戚或老师聊，如图6-24所示。有意思的是，曾经回答从不网聊的孩子，竟然也有5%~15%与长辈、同学或陌生人聊过！

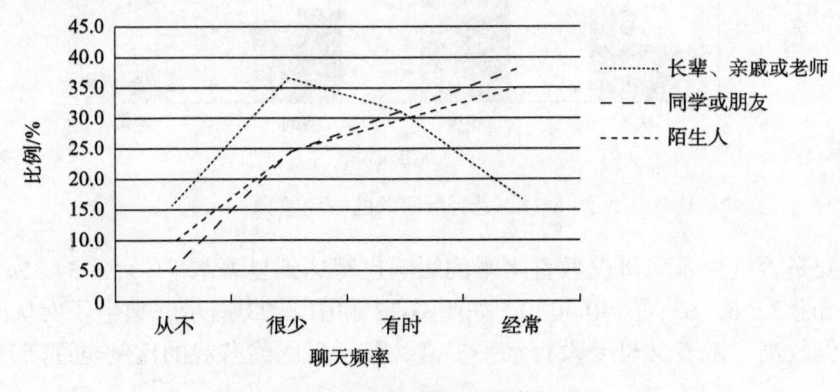

图6-24 网络聊天的对象差异

平时使用QQ、飞信等工具进行网络聊天也受文化环境制约。

首先是省区和城乡的影响极为显著（$\chi^2 s$=807.67, 74.73; df$s$=9, 3; $ps$=0.000）。其影响模式与网络游戏几乎完全一样（图6-25和图6-26）。

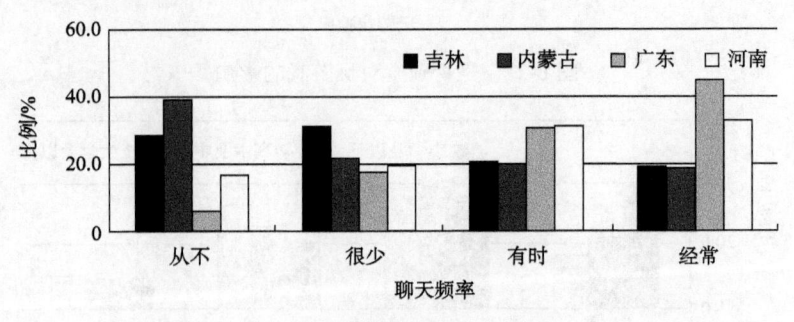

图6-25 网络聊天的省区差异

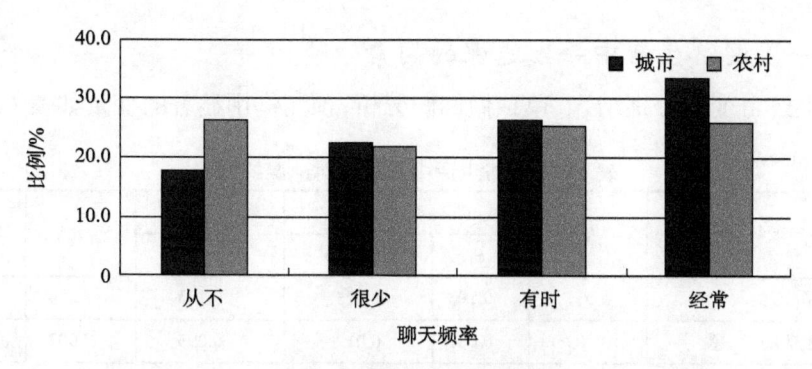

图 6-26　网络聊天的城乡差异

子女是否独生对网络聊天影响不大，但父母受教育水平影响显著（$\chi^2 s$=82.25，85.90；df$s$ =6，6；$ps$ =0.000），其影响模式也基本一致，如图 6-27 所示，随着父母受教育水平提高，孩子网络聊天的比例也逐渐升高。

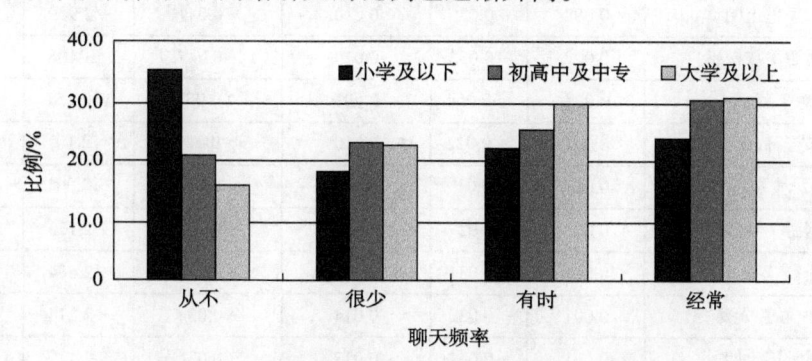

图 6-27　父亲受教育水平对子女网络聊天的影响

母亲受教育水平对子女网络聊天的影响情况与此相似，图略

## 二、网络生活对未成年人的影响

在研究网络生活对未成年人的影响时，我们以逃课行为和学习成绩两个指标为因变量，以上述网络生活各个方面为自变量，试图利用回归分析建立模型。

本调查中，因变量逃课行为视为连续变量；自变量中网络语言了解、网络语言使用、网络游戏频度、网络聊天频度均视为连续变量；上网地点、聊天对象为分类变量，均重新定义为哑变量；上网时段、上网目的、所爱网游类型为多选题，按照二分法编码，定义为哑变量。

采用多重共线性诊断。观察方差比例，并未发现对两个或多个自变量的贡献均大于 0.5 的主成分；观察方差膨胀因子 VIF 值，均小于 2，显示不存在多重共线性问题。

## （一）网络生活中导致逃课的因素

把上述自变量分别纳入，单独做回归分析，预测作用显著的变量如表 6-2 所示。

表 6-2　网络生活中各因素对逃课的影响

| 自变量 | $R^2$ | 非标准化系数 B | 标准错误 | 标准化系数 $\beta$ | $t$ | 显著性 |
| --- | --- | --- | --- | --- | --- | --- |
| 聊_陌生人 | 0.011 | 0.193 | 0.025 | 0.103 | 7.584 | 0.000 |
| （网游）成就感 | 0.009 | 0.081 | 0.012 | 0.095 | 7.007 | 0.000 |
| 网络聊天频度 | 0.009 | 0.028 | 0.004 | 0.093 | 6.852 | 0.000 |
| 在同学家上网 | 0.003 | 0.075 | 0.018 | 0.056 | 4.107 | 0.000 |
| 作业后上网 | 0.003 | −0.048 | 0.012 | −0.057 | −4.128 | 0.000 |
| 在网吧上网 | 0.002 | 0.047 | 0.016 | 0.041 | 2.955 | 0.003 |
| 在家里上网 | 0.002 | −0.029 | 0.010 | −0.041 | −2.989 | 0.003 |
| （网游）放松感 | 0.002 | −0.033 | 0.010 | −0.047 | −3.408 | 0.001 |
| 想上就上 | 0.001 | 0.054 | 0.023 | 0.032 | 2.351 | 0.019 |
| 周末节假上网 | 0.001 | 0.022 | 0.010 | 0.029 | 2.101 | 0.036 |
| 目_查资料 | 0.001 | 0.019 | 0.010 | 0.028 | 2.001 | 0.045 |
| （网游）没感觉 | 0.001 | −0.027 | 0.013 | −0.029 | −2.153 | 0.031 |
| 目_博客影视 | 0.001 | −0.031 | 0.012 | −0.037 | −2.684 | 0.007 |
| 类_角色扮演 | 0.001 | −0.032 | 0.014 | −0.034 | −2.274 | 0.023 |
| 睡觉前上网 | 0.001 | −0.041 | 0.017 | −0.034 | −2.479 | 0.013 |

根据石森昌的处理方法[①]，首先按 $R^2$ 从大到小排序。结合日常经验可知，与陌生人聊天是未成年人逃课行为的罪魁祸首。以此为最初的回归方程，再从大到小依次纳入方程。每次引入的变量是否保留在方程中要从两方面进行分析，一是从心理学意义上分析，看是否合理。二是从统计学意义上分析，如果新加进去的解释变量改进了 $R^2$，并且其他回归系数在统计上仍是显著的，则可以保留此变量；如果新加进去的解释变量未能改进 $R^2$，其他回归系数也没有影响，则不加入此变量；如果新加入的解释变量不仅改变了 $R^2$，而且影响到其他变量的回归系数的符号或数值，致使某些回归系数达到不能接受的地步，则用新加入的变量分别替代它所影响的变量估计方程，从中选择估计效果最好的一个方程。

在 SPSS18.0 中进行分层回归分析。因自变量较多，第一批分层纳入前 9 个变量，结果如表 6-3 和表 6-4 所示。

---

[①] 石森昌. 使用 SPSS 进行回归分析应注意的一个问题[J]. 统计教育学报，2006，8：16-17.

表 6-3 模型摘要（一）

| 模型 | $R$ | $R^2$ | 调整后的 $R^2$ | 标准估算的误差 | $R^2$ 变化 | $F$ 更改 | df1 | df2 | 显著性 $F$ 更改 |
|---|---|---|---|---|---|---|---|---|---|
| 1 | 0.099[a] | 0.010 | 0.010 | 0.345 | 0.010 | 52.336 | 1 | 5 270 | 0.000 |
| 2 | 0.131[b] | 0.017 | 0.017 | 0.344 | 0.007 | 39.874 | 1 | 5 269 | 0.000 |
| 3 | 0.159[c] | 0.025 | 0.025 | 0.342 | 0.008 | 43.542 | 1 | 5 268 | 0.000 |
| 4 | 0.165[d] | 0.027 | 0.027 | 0.342 | 0.002 | 10.953 | 1 | 5 267 | 0.001 |
| 5 | 0.167[e] | 0.028 | 0.027 | 0.342 | 0.001 | 3.076 | 1 | 5 266 | 0.080 |
| 6 | 0.171[f] | 0.029 | 0.028 | 0.342 | 0.001 | 7.110 | 1 | 5 265 | 0.008 |
| 7 | 0.171[g] | 0.029 | 0.028 | 0.342 | 0.000 | 0.065 | 1 | 5 264 | 0.799 |
| 8 | 0.176[h] | 0.031 | 0.029 | 0.341 | 0.002 | 9.250 | 1 | 5 263 | 0.002 |
| 9 | 0.179[i] | 0.032 | 0.031 | 0.341 | 0.001 | 6.829 | 1 | 5 262 | 0.009 |

注：逐一纳入的预测变量 a-i：聊\_陌生人，成就感，网络聊天频度，地\_同学家，时\_作业后，地\_网吧，地\_家里，放松感，时\_想上就上。

表 6-4 系数（一）

| 模型 | | 非标准化系数 B | 标准误差 | 标准化系数 $\beta$ | $t$ | 显著性 |
|---|---|---|---|---|---|---|
| 1~8 | | 略 | 略 | 略 | 略 | 略 |
| 9 | 聊\_陌生人 | 0.154 | 0.026 | 0.082 | 5.969 | 0.000 |
| | 成就感 | 0.051 | 0.013 | 0.060 | 3.863 | 0.000 |
| | 网络聊天频度 | 0.030 | 0.005 | 0.097 | 6.470 | 0.000 |
| | 地\_同学家 | 0.069 | 0.020 | 0.051 | 3.460 | 0.001 |
| | 时\_作业后 | -0.022 | 0.012 | -0.025 | -1.770 | 0.077 |
| | 地\_网吧 | 0.047 | 0.018 | 0.040 | 2.642 | 0.008 |
| | 地\_家里 | 0.004 | 0.011 | 0.006 | 0.382 | 0.703 |
| | 放松感 | -0.035 | 0.012 | -0.050 | -3.045 | 0.002 |
| | 时\_想上就上 | 0.059 | 0.023 | 0.036 | 2.613 | 0.009 |

注：因变量：导致逃课

可以看到，作业后上网和在家里上网最终被排除，保留了聊\_陌生人、成就感、网络聊天频度、地\_同学家、地\_网吧、放松感、时\_想上就上这几个显著的自变量。以这些显著自变量作为第一层，再分层依次纳入其他自变量，结果如表 6-5 和表 6-6 所示。

表 6-5 模型摘要（二）

| 模型 | $R$ | $R^2$ | 调整后的 $R^2$ | 标准估算的错误 | $R^2$ 变化 | $F$ 更改 | df1 | df2 | 显著性 $F$ 更改 |
|---|---|---|---|---|---|---|---|---|---|
| 1 | 0.188[a] | 0.035 | 0.034 | 0.350 | 0.035 | 23.179 | 7 | 4 446 | 0.000 |
| 2 | 0.188[b] | 0.035 | 0.034 | 0.350 | 0.000 | 1.004 | 1 | 4 445 | 0.316 |
| 3 | 0.190[c] | 0.036 | 0.034 | 0.349 | 0.001 | 2.874 | 1 | 4 444 | 0.090 |
| 4 | 0.190[d] | 0.036 | 0.034 | 0.349 | 0.000 | 0.296 | 1 | 4 443 | 0.587 |
| 5 | 0.193[e] | 0.037 | 0.035 | 0.349 | 0.001 | 5.225 | 1 | 4 442 | 0.022 |
| 6 | 0.195[f] | 0.038 | 0.035 | 0.349 | 0.001 | 3.605 | 1 | 4 441 | 0.058 |
| 7 | 0.195[g] | 0.038 | 0.035 | 0.349 | 0.000 | 0.490 | 1 | 4 440 | 0.484 |

注：逐一纳入的预测变量 a-g：时_想上就上，聊_陌生人，地_网吧，网络聊天频度，地_同学家，成就感

表 6-6 系数（二）

| 模型 | | 非标准化系数 $B$ | 标准错误 | 标准化系数 $\beta$ | $t$ | 显著性 |
|---|---|---|---|---|---|---|
| 7 | 网络聊天频度 | 0.035 | 0.005 | 0.113 | 6.881 | 0.000 |
| | 聊_陌生人 | 0.178 | 0.030 | 0.089 | 5.986 | 0.000 |
| | 成就感 | 0.065 | 0.017 | 0.075 | 3.840 | 0.000 |
| | 放松感 | −0.030 | 0.015 | −0.041 | −1.953 | 0.051 |
| | 地_网吧 | 0.036 | 0.018 | 0.031 | 2.029 | 0.043 |
| | 地_同学家 | 0.060 | 0.020 | 0.045 | 3.025 | 0.003 |
| | 时_想上就上 | 0.076 | 0.025 | 0.046 | 3.004 | 0.003 |
| | 时_周末节假 | −0.010 | 0.014 | −0.012 | −0.722 | 0.470 |
| | 目_查资料 | 0.014 | 0.011 | 0.020 | 1.332 | 0.183 |
| | 不知道 | 0.009 | 0.017 | 0.009 | 0.511 | 0.610 |
| | 目_博客影视 | −0.028 | 0.013 | −0.033 | −2.186 | 0.029 |
| | 类_角色扮演 | −0.026 | 0.014 | −0.028 | −1.891 | 0.059 |
| | 时_睡觉前 | −0.013 | 0.018 | −0.011 | −0.700 | 0.484 |

注：因变量：导致逃课

新纳入的变量只有上网写博客和看影视可能与逃课行为有关，其他均未达到显著水平。最后所选择的自变量包括：网络聊天频度、聊_陌生人、成就感、放松感、地_网吧、地_同学家、时_想上就上和目_博客影视，共 8 个变量。再次以这些变量一次性纳入方程，进行逐步回归分析，结果如表 6-7 所示。

表 6-7  系数（三）

| 模型 | | 非标准化系数 | | 标准化系数 | $t$ | 显著性 |
|---|---|---|---|---|---|---|
| | | $B$ | 标准错误 | $\beta$ | | |
| 1 | （常量） | 0.980 | 0.013 | | 77.964 | 0.000 |
| | 网络聊天频度 | 0.031 | 0.005 | 0.103 | 6.958 | 0.000 |
| | 地_网吧 | 0.043 | 0.016 | 0.037 | 2.666 | 0.008 |
| | 聊_陌生人 | 0.155 | 0.026 | 0.082 | 5.995 | 0.000 |
| | 成就感 | 0.057 | 0.013 | 0.067 | 4.344 | 0.000 |
| | 放松感 | −0.031 | 0.012 | −0.045 | −2.702 | 0.007 |
| | 地_同学家 | 0.066 | 0.018 | 0.049 | 3.572 | 0.000 |
| | 时_想上就上 | 0.067 | 0.023 | 0.040 | 2.944 | 0.003 |
| | 目_博客影视 | −0.031 | 0.012 | −0.036 | −2.645 | 0.008 |

注：因变量：导致逃课

因此，最终的方程可表达为：

逃课行为=0.980+0.031×网络聊天频度+0.155×与陌生人网聊+0.043×在网吧上网+0.066×在同学家上网+0.057×网游带来成就感−0.031×网游带来放松感+0.067×想上就上−0.031×目_博客影视

显然，上网渠道中，喜欢在网吧和同学家上网是逃课行为的主要因素；上网时段不固定，想上就上的逃课行为就多；网聊频度越高，与陌生人网聊越多，逃课行为越多；认为网游能带来成就感的，逃课行为就多，但越网游能带来放松感的，逃课行为越少；上网以写博客看影视为主要目的的，逃课行为较少。

（二）网络生活中影响成绩的因素

以影响成绩为因变量，重复上述回归分析。预测作用显著的变量如表 6-8 所示。

表 6-8  网络生活中各因素对成绩的影响

| 自变量 | $R^2$ | 非标准化系数 | | 标准化系数 | $t$ | 显著性 |
|---|---|---|---|---|---|---|
| | | $B$ | 标准错误 | $\beta$ | | |
| 网络聊天频度 | 0.029 | 0.138 | 0.011 | 0.171 | 13.071 | 0.000 |
| （网游）放松感 | 0.017 | 0.240 | 0.024 | 0.130 | 9.821 | 0.000 |
| 聊_陌生人 | 0.011 | 0.193 | 0.025 | 0.103 | 7.584 | 0.000 |
| 作业后上网 | 0.004 | −0.139 | 0.030 | −0.062 | −4.655 | 0.000 |
| 聊_同学或朋友 | 0.003 | 0.102 | 0.026 | 0.051 | 3.864 | 0.000 |
| 在网吧上网 | 0.003 | 0.162 | 0.041 | 0.052 | 3.929 | 0.000 |
| （网游）成就感 | 0.002 | −0.095 | 0.030 | −0.042 | −3.160 | 0.002 |

续表

| 自变量 | $R^2$ | 非标准化系数 B | 标准错误 | 标准化系数 $\beta$ | t | 显著性 |
|---|---|---|---|---|---|---|
| 在同学家上网 | 0.002 | 0.135 | 0.046 | 0.039 | 2.915 | 0.004 |
| 在家里上网 | 0.002 | −0.082 | 0.024 | −0.045 | −3.333 | 0.001 |
| 周末节假上网 | 0.001 | 0.074 | 0.027 | 0.037 | 2.750 | 0.006 |
| （网游）没感觉 | 0.001 | −0.077 | 0.033 | −0.031 | −2.324 | 0.020 |
| 目_收发邮件 | 0.001 | −0.117 | 0.060 | −0.026 | −1.970 | 0.049 |

同样排序，发现影响成绩的因素与逃课的因素有所不同，网聊成为影响成绩的首因。以此为初始方程，分层依次纳入自变量，根据上述标准，最终结果如表6-9和表6-10所示。

表6-9 模型摘要（三）

| 模型 | R | $R^2$ | 调整后的 $R^2$ | 标准偏斜度错误 | $R^2$变更 | F变更 | df1 | df2 | 显著性F变更 |
|---|---|---|---|---|---|---|---|---|---|
| 1 | 0.170[a] | 0.029 | 0.029 | 0.891 | 0.029 | 166.952 | 1 | 5 584 | 0.000 |
| 2 | 0.188[b] | 0.035 | 0.035 | 0.888 | 0.006 | 36.302 | 1 | 5 583 | 0.000 |
| 3 | 0.196[c] | 0.038 | 0.038 | 0.887 | 0.003 | 18.495 | 1 | 5 582 | 0.000 |
| 4 | 0.202[d] | 0.041 | 0.040 | 0.886 | 0.002 | 12.322 | 1 | 5 581 | 0.000 |
| 5 | 0.205[e] | 0.042 | 0.041 | 0.885 | 0.001 | 8.187 | 1 | 5 580 | 0.004 |

注：逐一纳入的预测变量a-e：网络聊天频度，放松感，聊_同学或朋友，地_网吧，地_同学家

表6-10 系数（四）

| 模型 |  | 非标准化系数 B | 标准错误 | 标准化系数 $\beta$ | t | 显著性 |
|---|---|---|---|---|---|---|
| 5 | （常量） | 1.636 | 0.031 |  | 53.465 | 0.000 |
|  | 网络聊天频度 | 0.139 | 0.013 | 0.173 | 10.682 | 0.000 |
|  | 放松感 | 0.167 | 0.026 | 0.090 | 6.440 | 0.000 |
|  | 聊_同学或朋友 | −0.136 | 0.031 | −0.068 | −4.336 | 0.000 |
|  | 地_网吧 | 0.153 | 0.041 | 0.050 | 3.762 | 0.000 |
|  | 地_同学家 | 0.131 | 0.046 | 0.038 | 2.861 | 0.004 |

注：因变量：影响成绩

得到如下最终方程：

影响成绩=1.636+0.139×网络聊天频度+0.167×网游带来放松感+0.153×在网吧上网+0.131×在同学家上网−0.136×与同学或朋友网聊

显然，在所考察的网络生活各因素中，网络聊天频度越高，越可能影响成绩，但与同学或朋友网聊除外；网游带来放松感越高，越可能影响成绩；无论在网吧，还是在同学家上网，都是影响成绩的危险因素。值得一提的是，在做单因素回归时，在家里上网曾是一个显著的预测因子，而且是负值，意味着在家里上网比例越高，越不会影响成绩。在预测逃课行为时，同样也是这一模式。为什么与其他因素一起分析时，就变得不显著了呢？一部分原因可能在于，在网吧和在同学家上网与在家上网同属于一个多选题的三个分支，三者间存在着一定关联，事实上也是如此，如果选择在家上网多，一般来说选择在其他地方上网的比例就会少一些。我们用在家上网代替在网吧和在同学家，与上述方程中其他变量再次进行逐步回归分析，结果如表6-11和表6-12所示。

表6-11 模型摘要（四）

| 模型 | $R$ | $R^2$ | 调整后的$R^2$ | 标准偏斜度错误 | $R^2$变更 | $F$变更 | df1 | df2 | 显著性$F$变更 |
|---|---|---|---|---|---|---|---|---|---|
| 1 | 0.170[a] | 0.029 | 0.029 | 0.891 | 0.029 | 166.952 | 1 | 5 584 | 0.000 |
| 2 | 0.188[b] | 0.035 | 0.035 | 0.888 | 0.006 | 36.302 | 1 | 5 583 | 0.000 |
| 3 | 0.196[c] | 0.038 | 0.038 | 0.887 | 0.003 | 18.495 | 1 | 5 582 | 0.000 |
| 4 | 0.200[d] | 0.040 | 0.039 | 0.886 | 0.001 | 7.653 | 1 | 5 581 | 0.006 |

注：逐一纳入的预测变量a-d：网络聊天频度，放松感，聊_同学或朋友，地_家里。

表6-12 系数（五）

| 模型 | | 非标准化系数 $B$ | 标准错误 | 标准化系数 $\beta$ | $t$ | 显著性 |
|---|---|---|---|---|---|---|
| 4 | （常数） | 1.696 | 0.034 | | 49.304 | 0.000 |
| | 网络聊天频度 | 0.140 | 0.013 | 0.175 | 10.748 | 0.000 |
| | 放松感 | 0.167 | 0.026 | 0.090 | 6.455 | 0.000 |
| | 聊_同学或朋友 | −0.135 | 0.031 | −0.068 | −4.326 | 0.000 |
| | 地_家里 | −0.067 | 0.024 | −0.036 | −2.766 | 0.006 |

注：因变量：影响成绩。

显然，用在家上网代替在网吧和在同学家上网，只是解释力稍稍小了一点（调

整后 $R^2$ 分别为 0.039，0.040，0.041），而且也都是显著的。如果为了模型简洁，可以用在家上网代替在网吧和在同学家上网来预测上网带来的不良后果：模型相应改变为：

影响成绩=1.696+0.140×网络聊天频度+0.167×网游带来放松感−0.135×与同学或朋友网聊−0.067×在家上网

该模型含义更为明确，网络聊天与网络带来的放松感是成绩的不良影响因素，在家上网和与同学或朋友网聊则是成绩的保护因素。

### 三、未成年人的网络道德认同

对网络文化的态度，反映了未成年人亚文化道德认同。我们关注了两个方面：对不文明聊天内容的态度和对网络道德的认同。

#### （一）对不文明聊天内容的态度

对聊天内容，尤其是其中不文明语言的态度，较好地反映了未成年人的亚道德文化状态。在聊天过程中，面对他人使用不文明语言时，未成年人的反应整体上比较积极友善，有 44.8%选择了劝善（"劝说他人使用文明语言"），还有人选择了漠视（30.1%的"置之不理"），或认同（17.1%的"很正常，没什么好大惊小怪"），只有少数采用争斗（"用同样的方式回击对方"，8.0%）。当然，对聊天中的不文明语言的态度也存在显著的不同群体的亚文化差异。

第一是省区差异（$\chi^2$=415.64，df=9，$p$=0.000）：吉林和内蒙古未成年人更倾向于劝善，而广东和河南未成年人有更多人认同了网络不文明语言，如图 6-28 所示。

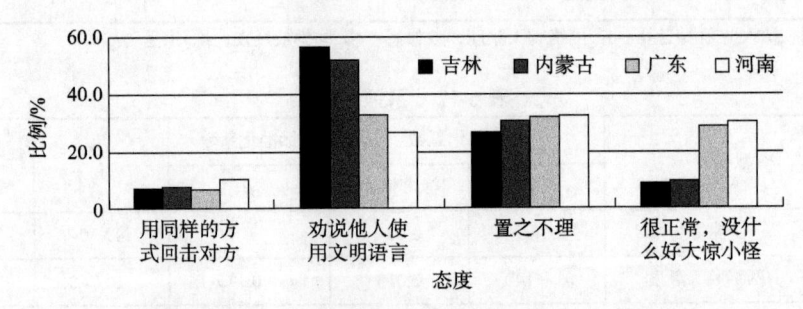

图 6-28 如何应对网络不文明语言的省区差异

第二是整体上性别差异显著（$\chi^2$=62.41，df=3，$p$=0.000）（图 6-29），主要表现在男生比女生更倾向于采用争斗方式或漠视；而女生比男生更倾向于劝善或认同，其中广东和河南女生比吉林和内蒙古女生更为认同。

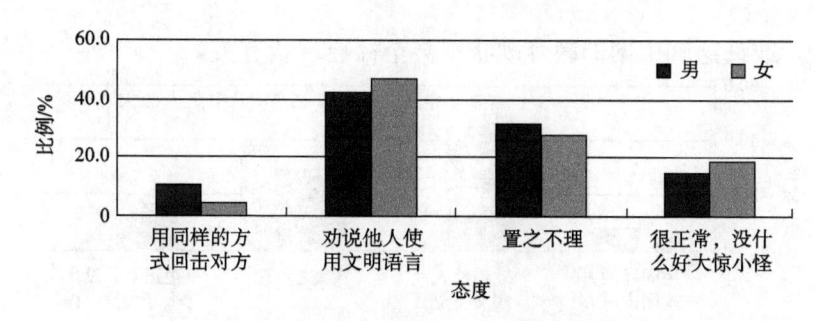

第六章 调研分析：未成年人亚道德文化剪影　　173

图 6-29　如何应对网络不文明语言的性别差异

第三是存在显著的学段差异（$\chi^2$=524.22，df=6，$p$=0.000）（图 6-30），从小学、初中到高中越来越多的人采用"置之不理"的态度，似乎随着年龄增长，越来越少使用劝善的方式。未成年人对于不文明网络语言似乎显得越来越宽容和超然，但也可能是越来越麻木，甚至被同化。

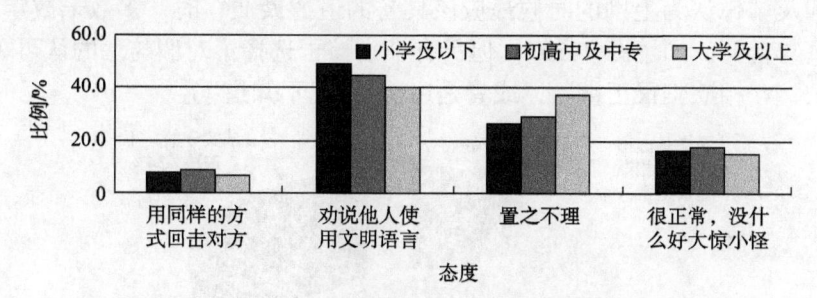

图 6-30　如何应对网络不文明语言的学段差异

第四是独生子女更多的人对不文明网络语言选择漠视，而非独生子女更多的人觉得不文明网络语言"很正常，没什么好大惊小怪"（图 6-31）。

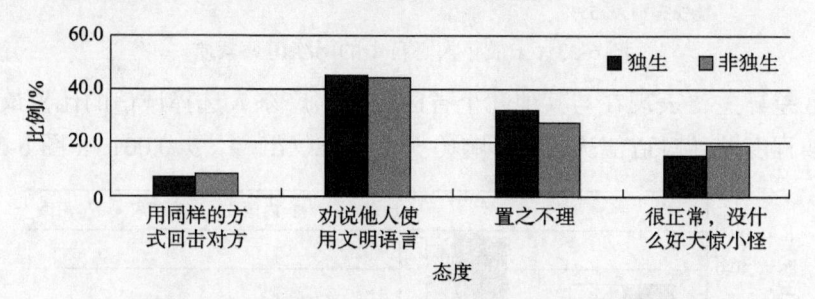

图 6-31　是否独生对如何应对网络不文明语言的影响

第五是父母受教育水平也影响子女对不文明网络语言的态度（$\chi^2 s$=23.22，18.18；df$s$=6，6；$ps$=0.001，0.006），父母的影响模式是一致的（图 6-32）。随着父母受教育水平的提高，越来越多的子女采取漠视的态度，而采取劝善的孩子却越来越少。或许这和中国的教育现状,甚至社会现状有关。

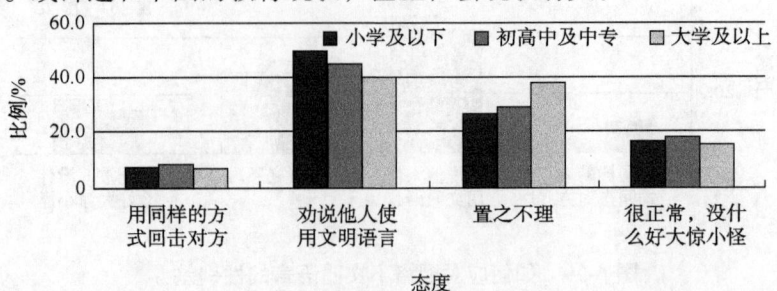

图 6-32　父亲受教育水平对如何应对网络不文明语言的影响

母亲受教育水平对如何应对网络不文明语言的影响情况与此相似,图略

### (二)网络道德认同

在问及"你认为上网的时候最应该具备的道德素质"时,多数未成年人都表达了对真与善的认同(图 6-33),但仍有个别孩子选择了对假与恶的认可("网络是虚拟的,互相欺骗很正常"),或者是迷茫("我不知道")。

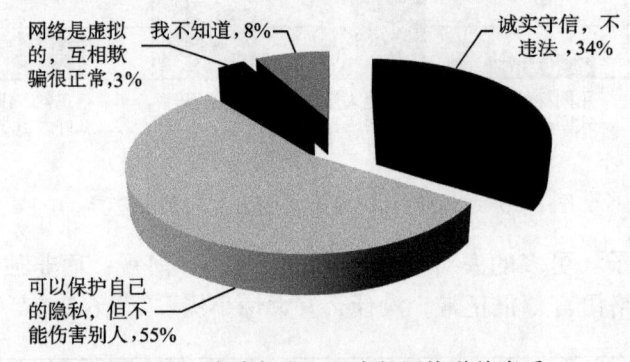

图 6-33　未成年人心目中的网络道德素质

省区差异主要表现在与其他几个省区相比,广东人选择诚信的比例最高,显示了开放程度差异对道德认同的影响($\chi^2$=28.08,df=9,$p$=0.001)(图 6-34)。

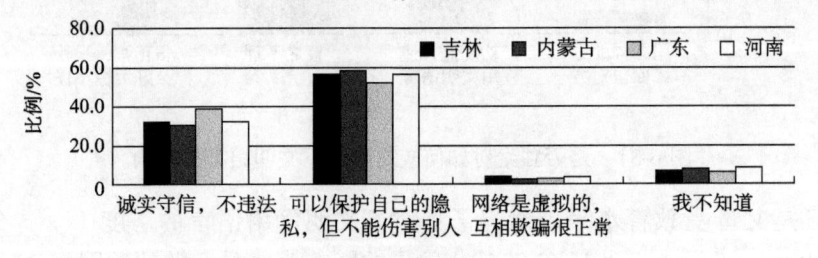

图 6-34　未成年人心目中的网络道德素质的省区差异

城乡差异主要体现在城市孩子比农村孩子选择自保的比例更高一些（$\chi^2$=41.43，df=3，$p$=0.000）（图 6-35）。

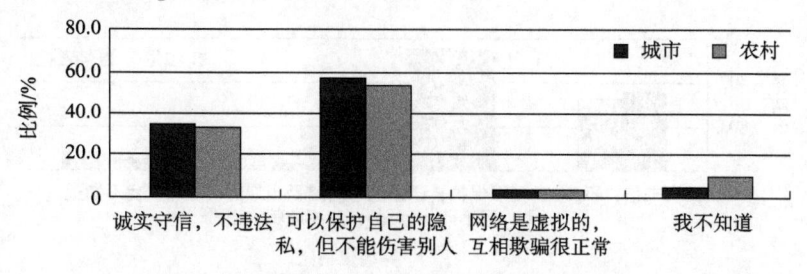

图 6-35　未成年人心目中的网络道德素质的城乡差异

学段差异更为显著（$\chi^2$=189.36，df=6，$p$=0.000）（图 6-36）。随着学段升高，孩子们选择诚信不违法的比例降低了，而选择自保不伤害他人的比例增加了。这也正是当今中国大文化环境的真实写照。

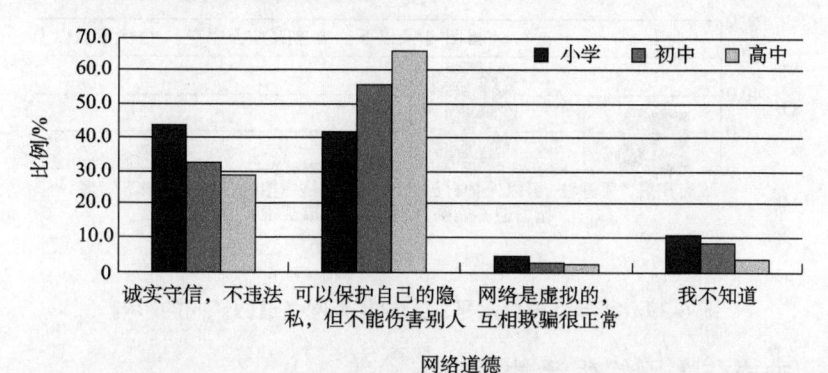

图 6-36　未成年人心目中的网络道德素质的学段差异

性别差异主要表现为与女生相比，男生更多的人选择了诚信不违法（$\chi^2$=29.04，df=3，$p$=0.000）（图 6-37）。

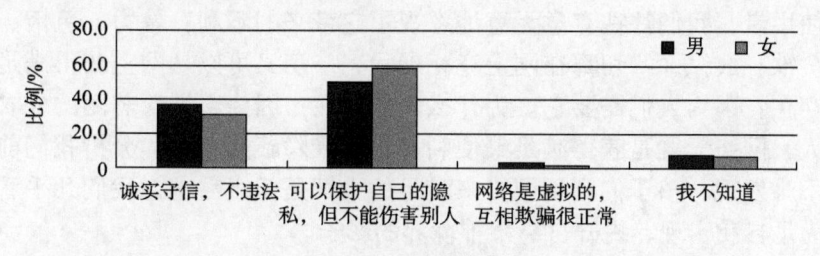

图 6-37　未成年人心目中的网络道德素质的性别差异

与非独生子女相比,独生子女有更多人选择了诚信不违法($\chi^2$=29.04,df=3,$p$=0.000)(图 6-38)。

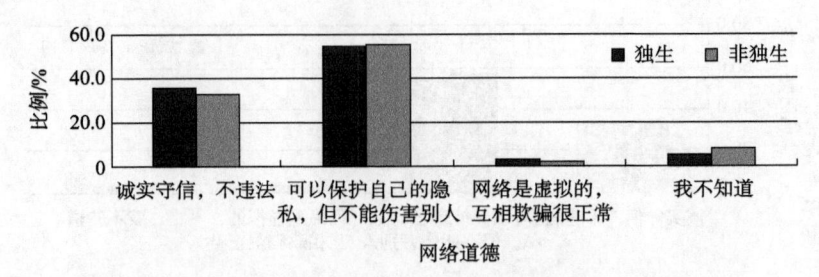

图 6-38　是否独生对未成年人心目中的网络道德素质的影响

父母受教育水平对孩子网络道德认同的影响很大($\chi^2$=19.94,15.82;df=8,8;$p$=0.011,0.045),模式基本一致(图 6-39)。随着父母受教育水平提高,选择诚信不违法的比例也升高,而感到迷茫的比例也随之降低。

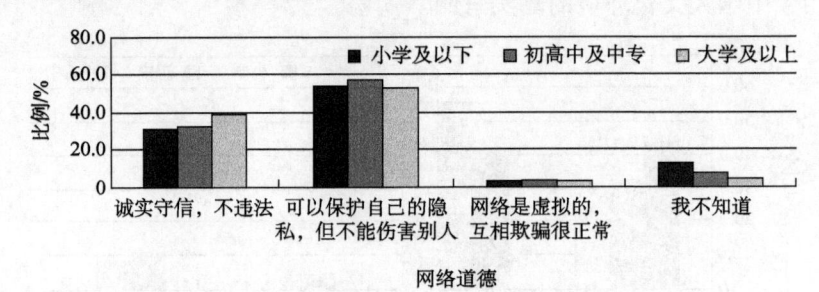

图 6-39　父母受教育水平对未成年人网络道德认同的影响

## 四、未成年人网络生活的反思

网聊、网游、网购、网婚、网恋、网瘾……当其他动物都一如既往地想挣脱罗网时,我们现代人却越来越多地沉浸网络,未成年人更是争相投入其中,甘愿被网络俘虏。当然,那是因为网络给我们带来了太多便利、太多乐趣、太多收获,但作为使用者,我们往往有意无意地忽视了它带来的不利:暴力、色情、欺诈、低俗、贪欲、放纵,一切都在网上竞相展示,一切又可以从网上获得满足。为什么它会存在?因为人们需要它。为什么它能存在?因为它披着美丽的外衣。对于未成年人,网络无疑是获得满足最便利、也是最隐蔽的方式。分析我们前面的调查数据不难发现,孩子们利用网络来满足的大都是低级需求,我们几乎看不到利用网络满足自我实现、提升自身精神境界的影子。

按照马斯洛的需求层次理论,生理、安全、归属、尊重这些需求都属于匮乏性需求,或称低级需求,是人和动物共有的;而自我实现或精神追求,属于高级需求。对于人来说，正常情况下，低级需求满足了就不再追求，转而发展高级需求，高级需求会因追求而越来越强，越来越促进人的潜能的发挥。人和动物有一点很不相同：动物没有高级需求，但也不会过度追求低级需求；而人在非常情况下，可能会被低级需求迷惑，满足了而不知停止。因此，在马斯洛的理论基础上，Alderfer 认为，人们共存三种核心的需要，即生存（existence）的需要、相互关系（relatedness）的需要和成长发展（growth）的需要，这一理论被称为 ERG 需求层次理论。该理论告诉我们，满足需求时存在着一种受挫—回归现象[1]：如果较高层次需求的满足受到抑制的话，那么人们对较低层次需求的渴望会变得更加强烈。

由上述理论，不难理解中国未成年人网络生活的状态。这一状态具有典型的文化独特性。在传统道德信念被破坏后，强大的外部管制让人们的内在约束丧失了必要性，更谈不上有高尚的信仰和精神追求。人之为人的高级需求被抑制了，"一切向钱看"成了主流最高的追求。求得了钱财名利干什么？享乐，纵情声色。不用说自我实现的需求，更不要提超越性需求，就连自尊和爱的需求、安全需求都满足不了时，最低级的生理需求就会膨胀无度。这一现象是中国大文化环境中各种低俗追求泛滥的一个精炼的写照，这种文化环境是成年人在意识形态影响下塑造的，社会各阶层都是他们贪欲膨胀的舞台，他们忘记了台下未成年人观众；未成年人没有成人那种舞台，但网络给未成年人提供了一个虚拟舞台。让人欣慰的是，大多数未成年人对网络给他们造成的影响有着一定的认识。在关于"中学生眼中的网络"的另一调查中，我们使用开放性问卷，调查某中学的高二学生。调查结果如下。

网络印象：良师益友、开眼界、及时、全面、倾诉、无聊、烦躁、消磨时光、瘾、影响日常、鱼龙混杂、虚假、不现实、双刃剑。

网络益处：可以拓宽自己的知识面，接触到更高的层次，看到其他媒体上看不到的信息；查资料；购物；交流方便，陶冶情操；答疑解惑，增长见闻；也是休闲娱乐的不错选择。

网络危害：易上当受骗，网上的东西良莠不齐，有很多容易使人上瘾的网络游戏，以及一些少儿不宜暴力的内容；一旦上瘾学习成绩快速下降；浪费时间精力于没必要的事；辐射、伤害眼睛等。

从这些结果来看，中学生对网络给自己带来的益处和危害还是很清楚的，甚至从整体上对网络持有较为消极的态度。那作为老师或者家长，是否就可以松一口气了？一位高二学生回答：（这些危害）谁都知道，但不是谁都能做到（自我控制）。她自认为自己的意志力在班里还是比较强的，但仍然深受手机上网之害。她

---

[1] Alderfer C P. Existence, relatedness, and growth: human needs in organizational settings[J]. Cotemporary Sociology, 1972, 3（6）: 511.

曾两度主动把手机交给父母，但没过两天，自己就又拿回去了。

如此看来，怎么看待网络，对于未成年人而言，其实是怎么"看"和怎么"待"两个问题，"看"是认知，"待"是行为。前者对于未成年人而言似乎不成问题，而后者往往成为问题。这种知行不一、又爱又恨的矛盾心理，是未成年人从不成熟到成熟过渡的表现。实际上，成年人不也如此吗？

## 第三节 未成年人的偶像崇拜

在调查中，我们使用了典型人物（typical character）一词，它是指当前文化中凸现出来的公众人物，一方面具有鲜明的个性特征，另一方面又具有某个群体的共同特征。典型人物有因个人行为而自然凸显的，也有因商业炒作、政治操作、文化潮流等产生的。

典型人物既是现实社会价值观的集中代表，同时也是未成年人形成自身价值规范的参照标准。当然，典型人物既有正面的榜样，也有反面的形象。

正面的典型人物是未成年人偶像的来源，如果典型人物被个体喜欢、认同、模仿、习染、追捧或崇拜，就形成了个体的偶像。因此，典型人物属于社会层面，而偶像更多的属于个体层面。当然，即使是社会层面的正面典型人物，也未必被未成年人认可，甚至会被他们批判、排斥，这就体现出了未成年人亚文化的反抗性特征。

偶像崇拜是对典型人物认同的极端形式，也是未成年人品德形成的重要影响因子。不同时代都有对偶像的崇拜与认同，至少都有对典型人物的喜爱，不同群体也有各自喜爱的典型与崇拜的偶像，只不过其程度不一、对象有别、形式各异、影响不同而已。

### 一、偶像认同状况

在调查中，有超过半数的未成年人不清楚或没有自己喜欢的典型人物（55.6%），有自己喜欢的典型人物的占 30%。该结果与其他关于偶像的调查结果不太一致，如在黄创[1]、佘婧菁[2]和杨爽[3]等对初、高中学生的调查中，有偶像崇拜者分别为 69.6%、86.1% 和 92.5%。即使仅使用初、高中数据，本书中有偶像者的比例也仅占到 50.3%。其原因可能在于问卷措辞差异，本书在问卷中使用的是"喜

---

[1] 黄创. 当代青少年偶像崇拜与教育对策研究[D]. 中央民族大学硕士学位论文，2004.
[2] 佘婧菁. 青少年明星偶像崇拜现象的社会学分析[D]. 东北财经大学硕士学位论文，2011.
[3] 杨爽. 互联网影响下的青少年偶像崇拜调查[D]. 东北师范大学硕士学位论文，2012.

欢的典型人物"，更多的是在政治宣传中使用，而在未成年人中较少使用，在孩子们当中"偶像"一词则更为流行。因此偶像并不能完全等于自己喜欢的典型人物，但自己喜欢的典型人物可以在一定程度上反映未成年人偶像崇拜的状况。

第一，对比城乡差异，发现农村与城市未成年人在有、无喜欢的典型人物上存在很大差异（$\chi^2$=124.07，df=3，$p$=0.000）（图 6-40），城市孩子更多认为自己一直喜欢某些典型人物，而农村孩子更多认为自己"没有，我只生活在我的世界中"。

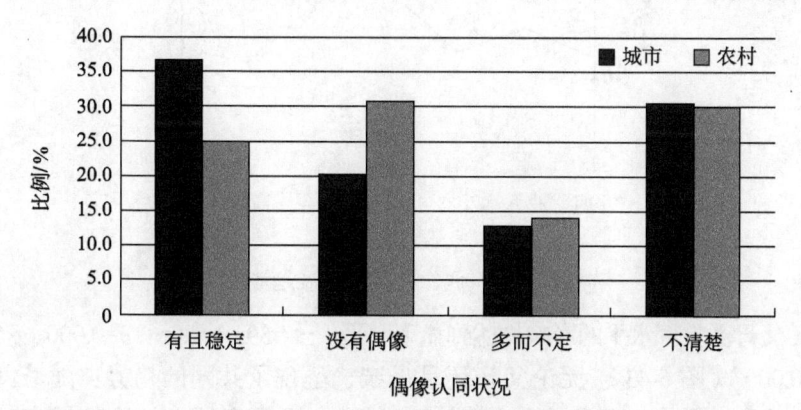

图 6-40　偶像认同的城乡差异

第二，性别差异显著（$\chi^2$=18.02，df=3，$p$=0.000）：男孩对自己的偶像有更清晰的认识，女孩则较为模糊（图 6-41）。

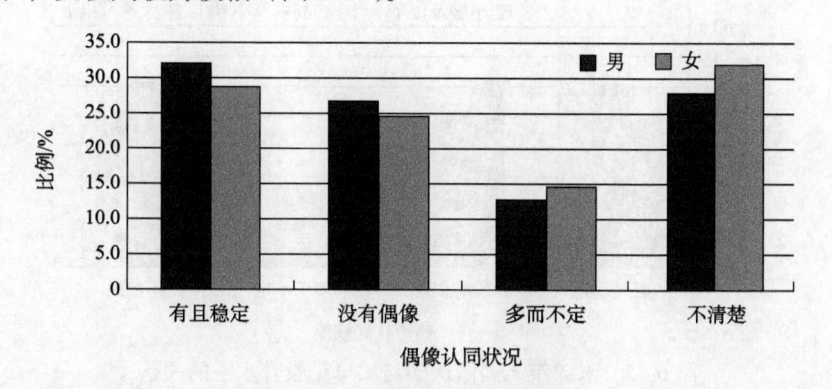

图 6-41　偶像认同的性别差异

第三，独生子女与非独生子女在偶像认同上差异很大（$\chi^2$=52.67，df=3，$p$=0.000），独生子女有更多人具有明确而稳定的偶像认同（34.4% > 26.5%），而"有很多，且不固定"的情况更少（11.6% < 16.0%）。

我们还发现随着学段升高，有偶像者比例上升；没有偶像者比例下降（$\chi^2$=249.41，df=6，$p$=0.000）。如果将学段再细分为年级（小四到高二），将偶像合并为有无，这种趋势就变得更加明确（图6-42）。先前研究显示，有偶像的起始年龄平均为12岁，最小的为4岁[①]，随后偶像认同与崇拜才发展起来。

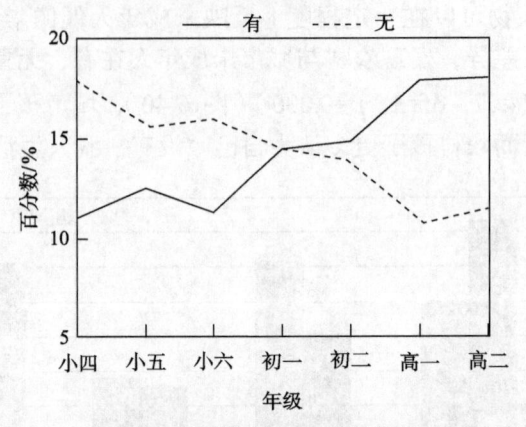

图 6-42　偶像认同的发展趋势

第四，父母受教育水平的影响均达到显著水平（$\chi^2=39.61$, df=6, $p=0.000$；$\chi^2=51.65$, df=6, $p=0.000$）（图6-43）。无论父亲还是母亲，呈现了共同的趋势：随着父母受教育水平的提高，偶像有且稳定的比例越来越高，而没有偶像的比例越来越低。另外，母亲受教育水平对孩子"不清楚"自己有没有偶像的影响较大，如果母亲受教育水平在大学以上，其孩子更少出现这种情况。

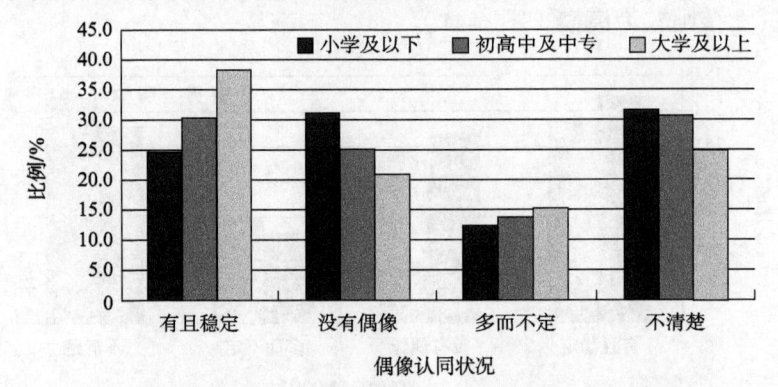

图 6-43　未成年人偶像认同与父母受教育水平的关系

第五，我们试图通过 logistics 回归分析将上述变量整合起来，寻找影响未成年人偶像崇拜的因素。鉴于以上结果中有且稳定与多而不定有类似的结果，没有偶像与不清楚有类似的结果，我们重新构造了一个有无喜欢典型人物的新变量作为二分类因变量，以"无"为参照类别，以省区、城乡、学段、性别、是否独生子女父、父母受教育水平为自变量。分析发现，同时纳入以上变量进行二元 logistics，

---

[①] 石晓辉. 中学生偶像崇拜现状及其发展性研究[D]. 南京师范大学硕士学位论文，2004.

性别作用不再显著，父亲受教育水平不再显著，河南与广东之间的差异不再显著，其他变量仍然能起到显著预测作用，最终模型中省区、城乡、是否独生和母亲受教育水平均显著影响孩子的偶像认同状况。

## 二、偶像认同表现的差异

父母是孩子的第一偶像，未成年人的偶像认同首先表现在亲子关系上。我们把亲子关系分为四类。

（1）权威-顺从型：喜欢父母，非常听父母的话，从不和父母争吵，更不会离家出走。

（2）民主-理性型：喜欢父母，但有时会表达自己的意见，会有小的争吵，不会离家出走。

（3）专制-反抗型：不喜欢父母，他们总让我做我不喜欢的事情，会经常争吵，曾经离家出。

（4）淡漠-疏远型：不喜欢父母，他们没有时间照顾我，根本没有机会争吵，很想离家出走。

在调查中，绝大多数孩子表达了对父母的喜欢和认同（94.3%，前两种类型），尽管多数会有小争吵（69.5%）。有趣的是，喜欢父母但会有争吵的比例从初中开始陡然增加（图6-44）。但仍有5.6%的未成年人不喜欢自己的父母，也曾经或想要离家出走。

亲子关系类型既是偶像认同的表现，也可能是其他偶像认同的原因。与偶像认同状况变量做交叉表分析发现，亲子关系对偶像认同清晰而稳定的孩子影响不大，但却严重影响着偶像认同的其他方面：权威-顺从型亲子关系中，偶像多而不固定的孩子比例最少，而专制-反抗型亲子关系中，这类孩子比例最大；权威-顺从型和淡漠-疏远型亲子关系中，没有偶像的孩子比例较高，而民主-理性型和专制-反抗型亲子关系中，没有偶像的孩子比例较低（图6-44）。

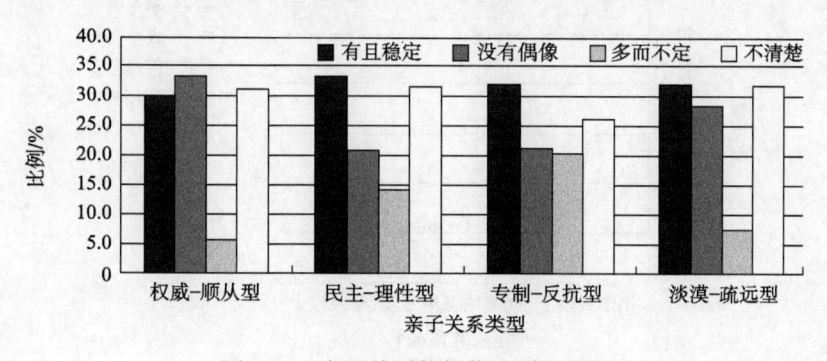

图6-44 亲子关系与偶像认同的关系

偶像认同也表现在对偶像的态度定位上。多数未成年人认为偶像具有工具性价值（学习榜样，53.1%；仅是喜欢，16.9%；互相独立，11.8%），少数认为偶像具有终极性价值（人生目标，18.1%）。交叉表分析发现，这种态度定位具有显著的省区、城乡、性别、学段差异（$\chi^2 s$=61.20，8.05，42.86，148.23；df$s$=9，3，3，6；$ps$=0.000，0.045，0.000，0.000）。例如，吉林未成年人主要将偶像视为一种学习榜样，而河南未成年人这几种态度定位更为均衡；农村未成年人更多的将偶像视为学习榜样（54.6% > 51.4%），而城市未成年人采取仅是喜欢态度的更多一些（18.3% > 15.7%）；把偶像与人生目标相联系的男生比女生多（21.6% > 14.3%），而将偶像作为学习榜样的女生比男生多（55.4% > 51.0%）；随着未成年人成长，将偶像视为学习榜样和人生目标的比例逐渐下降，而仅是喜欢或认为与自己相互独立的比例越来越高，如图6-45所示。

此外，对偶像的态度定位与母亲受教育水平影响较大（$\chi^2$=23.10，df=6，$p$=0.001）（图6-46）。随着母亲受教育水平的提高，仅仅把偶像作为工具使用的未成年人比例越来越低，而将其作为人生目标的未成年人比例越来越高。

图6-45 对偶像态度的学段差异

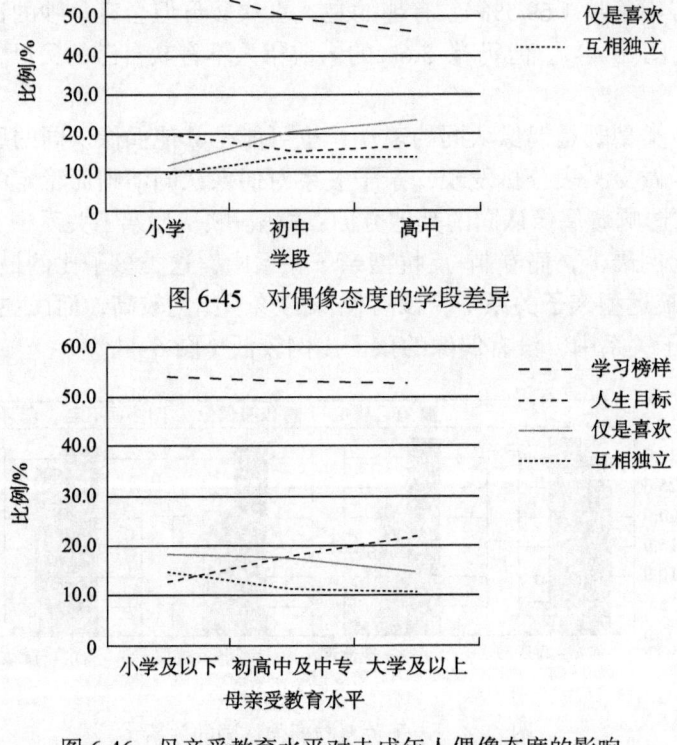

图6-46 母亲受教育水平对未成年人偶像态度的影响

## 三、偶像类型的差异及其原因

整体来说，未成年人对影视文体明星的喜爱远远超过其他类别（31.4%），这一点类似于先前的其他研究[①]。其他依次是企业家、政治家、动漫游戏中的虚拟人物、助人为乐者和神话人物，另外还有 0.6% 的未成年人喜欢在调查中定义的"反社会分子：达赖喇嘛等"，显示出未成年人亚文化对主流文化的反思与抵触。为了考察偶像类型是否存在群体差异，我们对偶像类型与省区、城乡、学段、性别、独生子女、父母受教育水平等变量分别进行了交叉表分析。

第一，未成年人偶像类型存在显著的省区差异（$\chi^2$=202.99，df=24，$p$=0.000）（图6-47）。其中最值得关注的是内蒙古，与其他省区相比，选择喜爱政治家、神话人物、企业家和反社会分子的人数比例最高，而对明星冠军和虚拟人物的选择比例最低；其次是吉林，未成年人选择明星冠军、虚拟人物和道德典范的比例在4个省区中最高，而对科学家的认同最低；与其省区相比，广东对神话人物和企业家的认同最低，但在其他选项中最高；与其他省区相比，河南未成年人对道德典范和政治家的认同最低，对明星冠军和企业家的认同较高。

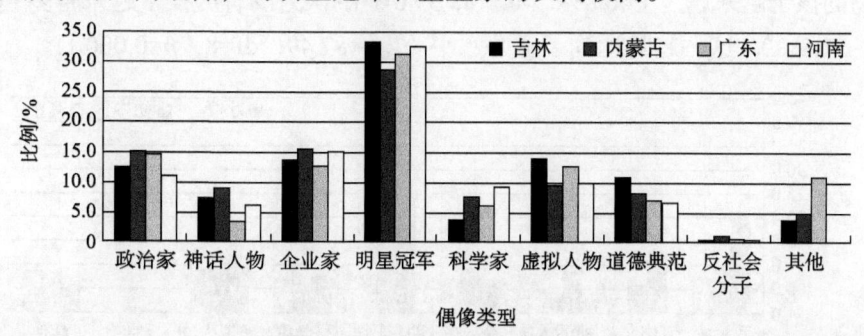

图6-47 偶像类型的省区差异

第二，城乡之间也存在显著差异（$\chi^2$=104.84，df=8，$p$=0.000）（图6-48）。农村未成年人对明星冠军、政治家、道德典范和神话人物的认同高于城市未成年人，而城市未成年人对反社会分子、科学家、虚拟人物、企业家和其他类偶像的认同都高于农村未成年人。

第三，存在显著的学段差异（$\chi^2$=717.55，df=16，$p$=0.000）（图6-49）。随着年龄增长，未成年人对政治家、神话人物和道德典范的喜爱逐渐下降；对明星冠军的崇拜以初中为顶峰；对企业家的热情急剧增长。在初中阶段，未成年人正处于自我意识高涨时期，明星们作为自我发展的典型，的确在某些方面能作为榜样引领青少年。到了高中，也到了成年的边界，未成年人更关注的是在现实的世界中如何立足，

---

[①] 石晓辉. 中学生偶像崇拜现状及其发展性研究[D]. 南京师范大学硕士学位论文，2004.

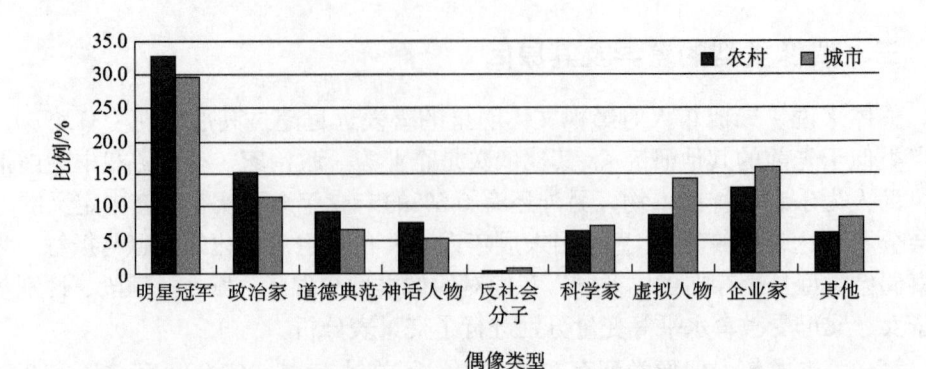

图 6-48 偶像类型的城乡差异

如何发展事业。由于特殊的文化限制，以及越来越发达的信息技术，未成年人不再崇拜以往被神化的政治家，就像对神话的兴趣一样，越来越淡。尽管不少未成年人（61.6%）仍然认为现实中还有各种被塑造的道德榜样，如雷锋、赖宁等，但他们对此的兴趣同样是越来越淡。实际上，随着年龄增大，认为现实中仍有很多此类榜样人物的孩子越来越少（46.8%，40.2%，39.0%），认为没有的孩子越来越多（6.6%，9.2%，11.8%），这一趋势达到了显著水平（$\chi^2$=87.49，df=8，$p$=0.000）。

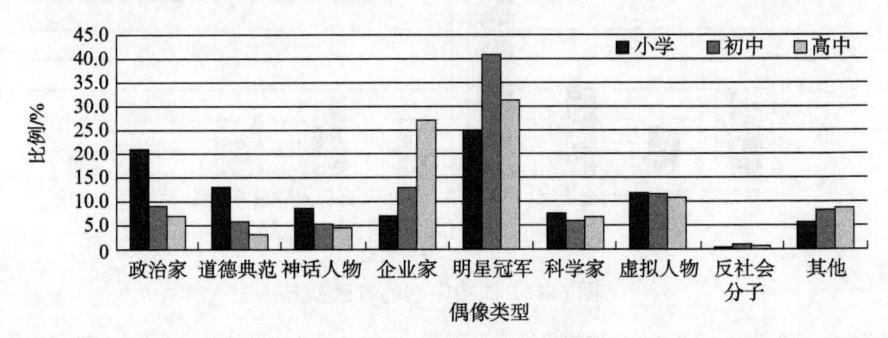

图 6-49 偶像类型的学段差异

第四，存在显著的性别差异（$\chi^2$=244.76，df=8，$p$=0.000）（图 6-50）。与女生相比，男生更喜爱政治家、企业家、虚拟人物和科学家，甚至是反社会分子；而与男生相比，女生更喜欢神话人物和明星冠军。这一结果符合普遍存在的男女性别刻板印象，也是亚文化对主流文化的适应性表现。

第五，是否独生子女也存在显著差异（$\chi^2$=25.36，df=8，$p$=0.001）（图 6-51）。其中，与非独生子女相比，独生子女对企业家、虚拟人物、科学家和反社会分子有较多认同，而与独生子女相比，非独生子女对神话人物、道德典范和明星冠军有更多认同。

第六，父母受教育水平也是影响孩子所喜欢偶像类型的显著因素（$\chi^2$=64.54，df=16，$p$=0.000；$\chi^2$=53.05，df=16，$p$=0.000）（图 6-52）。可以看到，父母受教育

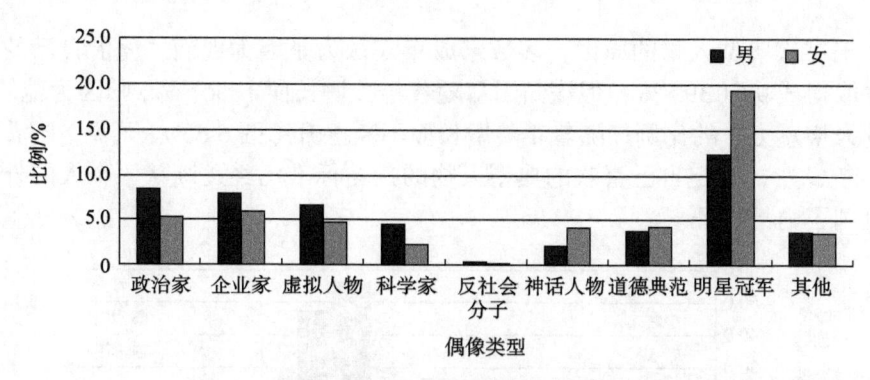

第六章　调研分析：未成年人亚道德文化剪影　185

图 6-50　偶像类型的性别差异

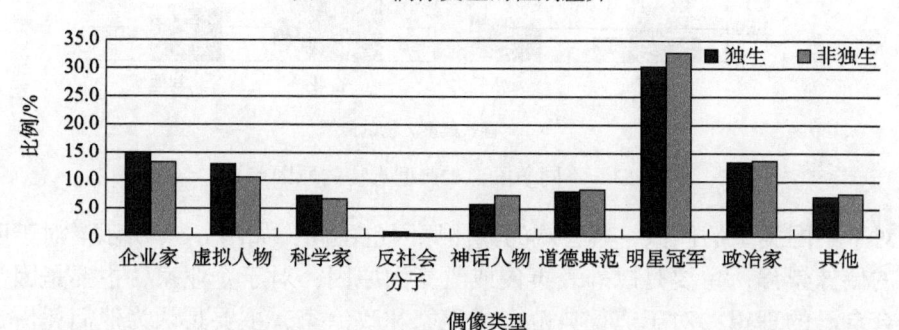

图 6-51　偶像类型的独生与非独生差异

水平对孩子喜欢的偶像类型的影响模式几乎是完全一致的：中等教育水平的父母，其孩子对明星冠军之类的偶像有更多的认同，而对政治家、科学家认同者最少；父母教育水平在小学及以下的孩子中，对政治家、道德典范和神话人物认同者更多；父母教育水平在大学及以上的孩子中，对虚拟人物、科学家、企业家、反社会分子和其他类偶像感兴趣的更多。

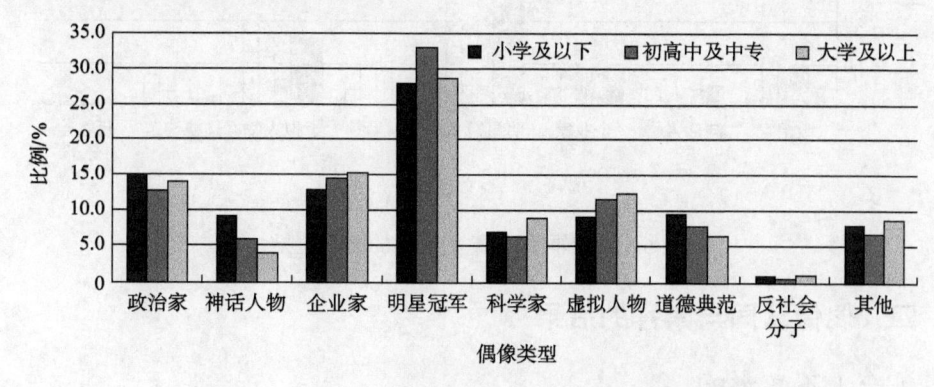

图 6-52　未成年人偶像类型与父母受教育水平的关系

至于喜欢典型人物的原因，多数未成年人认为是因为他们"凭借自己的能力奋斗并取得成功"（39.8%），但该归因却随着年龄增长而不断下降，归因为他们"有很大的人格魅力"的比例却随着年龄增长而不断上升（图6-53）。可见，随着未成年人不断成熟，确定自己喜欢的典型人物的判断标准已经逐渐从一个人的外部表现过渡到了内部特征。

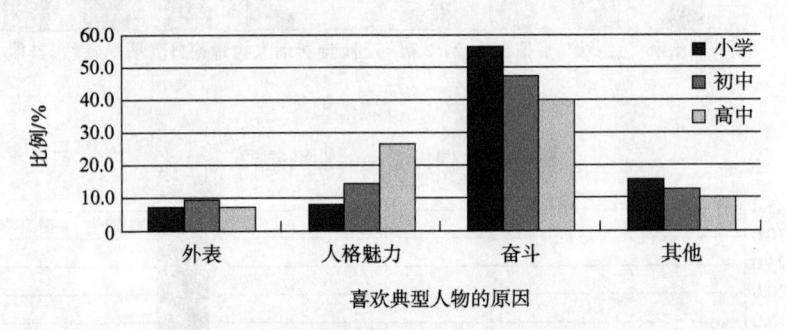

图6-53 不同学段喜欢典型人物的原因差异

对于不同类型的偶像，其喜欢的具体原因也不同，如图6-54所示。对于明星冠军的偶像崇拜，主要是以外表英俊或漂亮为原因；对于企业家，主要是因为他们符合自己的理想；对于道德典范、科学家和政治家，主要是认为他们凭借自己的能力奋斗并取得成功；对于虚拟人物、明星冠军和企业家的崇拜，人格魅力也是重要原因。

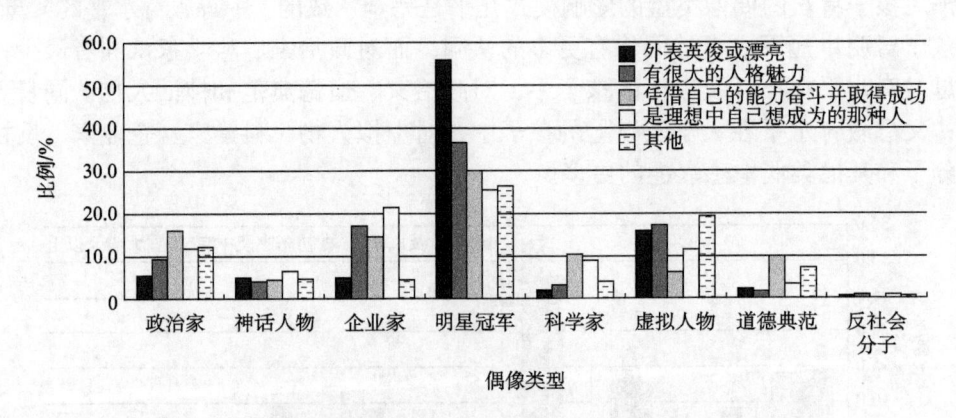

图6-54 不同偶像类型崇拜的原因差异

## 四、偶像认同与崇拜的后果

### （一）不良影响

在未成年人能意识到的范围内，多数认为偶像崇拜没有不良影响，但也有部分人对某些不良影响有所觉察,如图 6-55 所示。

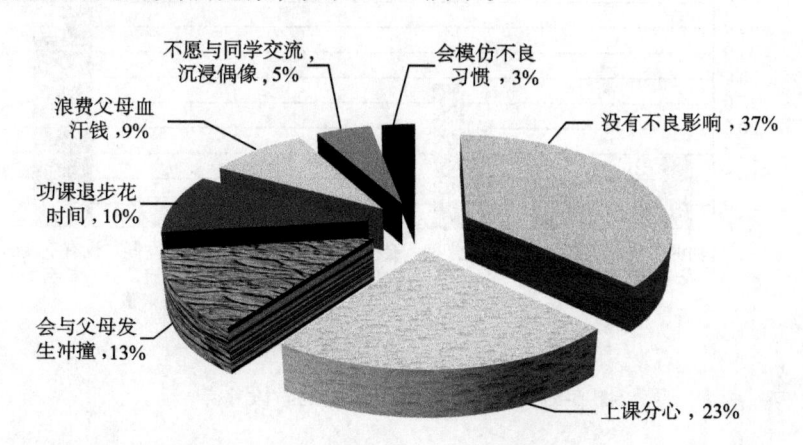

图 6-55 偶像崇拜的不良影响

上述因偶像认同与崇拜带来的不良影响的比例结构存在城乡、学段、性别、是否独生及父母受教育水平的群体差异,如图 6-56~图 6-61 所示。

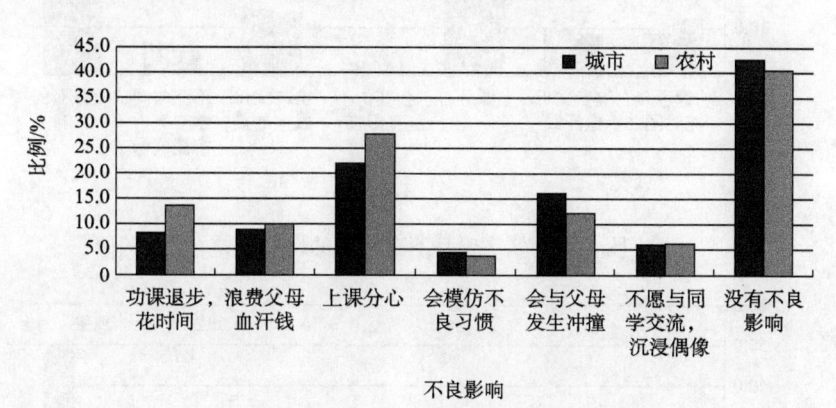

图 6-56 偶像崇拜不良影响的城乡差异

在城乡差异中,与农村孩子相比,城市孩子更多认为偶像崇拜没有不良影响,但也更多地认为会造成与父母冲突,与城市孩子相比,农村孩子担心导致功课退步、浪费父母血汗钱以及上课分心的比例更高一些。

在学段差异中,与高中生相比,初中生更多地认为偶像崇拜没有不良影响,认为造成功课退步、浪费时间的比例也更高一些;而与初中生相比,高中生更多的人是担心上课分心。

在性别差异上,与女生相比,男生更多担心的是功课退步浪费时间及模仿不良习惯,而与男生相比,女生更多担心偶像崇拜会造成沉浸偶像而不愿

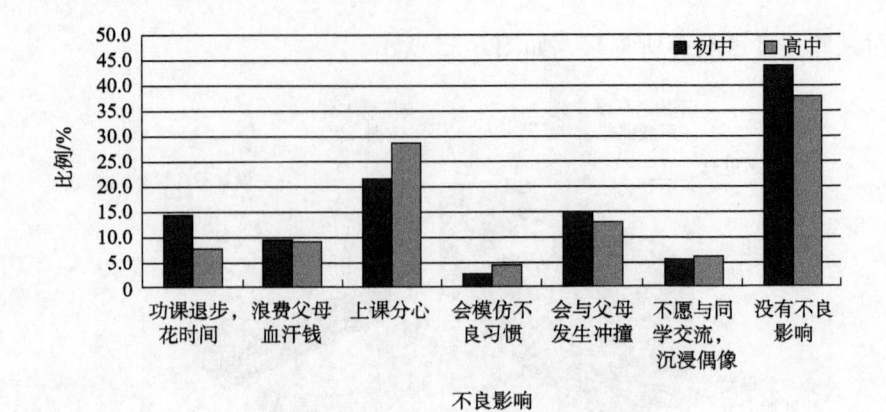

**188** 未成年人亚道德文化生活研究

图 6-57 偶像崇拜不良影响的学段差异

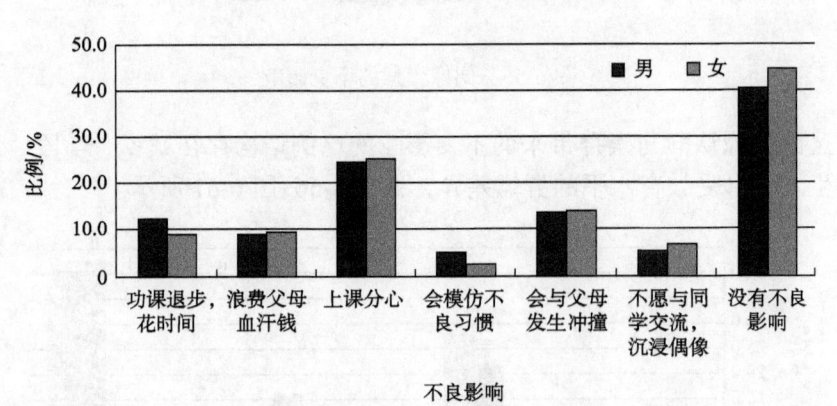

图 6-58 偶像崇拜不良影响的性别差异

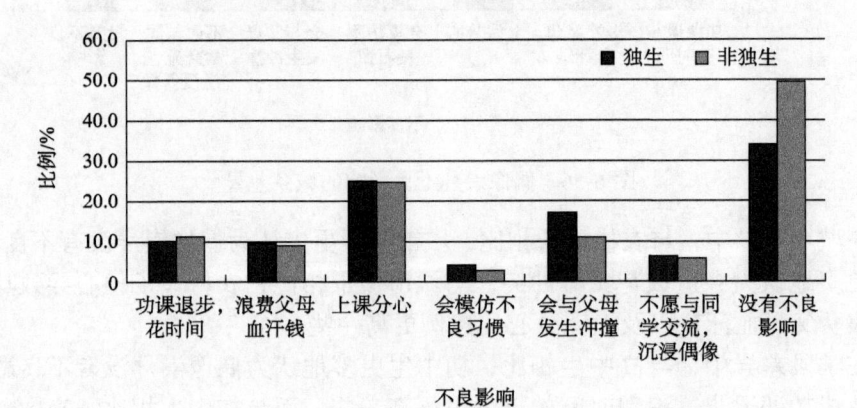

图 6-59 偶像崇拜不良影响的独生与非独生差异

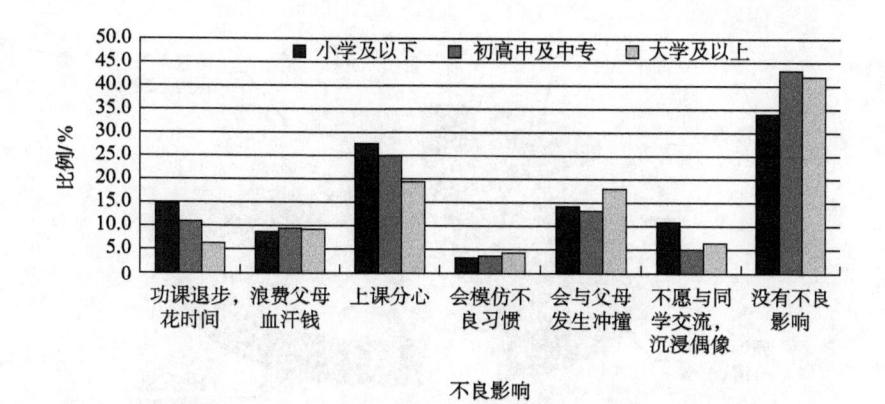

图 6-60　偶像崇拜不良影响与父亲受教育水平的关系

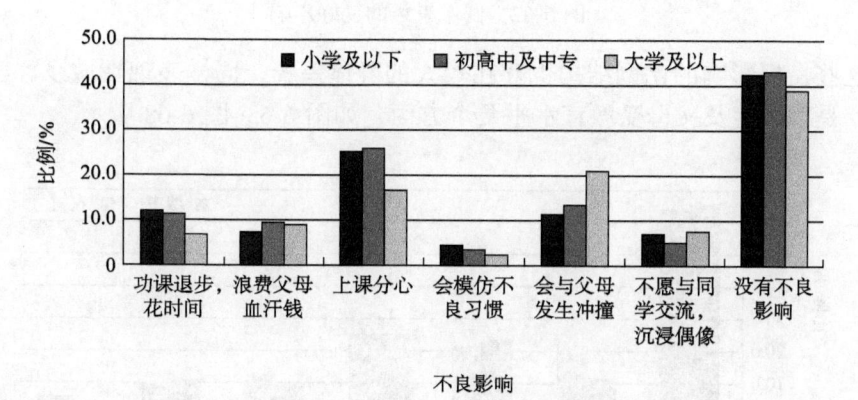

图 6-61　偶像崇拜不良影响与母亲受教育水平的关系

交流，但总体更多的女生认为没有不良影响。

与非独生子女相比，独生子女更多地认为偶像崇拜容易造成与父母发生冲突；而非独生子女则更多地认为偶像崇拜没有不良影响。

随着父亲受教育水平的提高，担心偶像崇拜造成分心、功课退步和沉浸偶像不愿交流的孩子比例逐渐减少，但孩子担心与父母发生冲撞及认为没有影响的比例越来越高。母亲受教育水平的影响与父亲的影响类似，但孩子认为偶像崇拜没有影响的比例与母亲受教育水平关系不大。

（二）良好影响

相对于不良影响，未成年人认为没什么影响的只有 5%，大多数认为能在各方面从偶像认同中受益。其中有 28% 的孩子认为偶像认同能够减轻其学习压力，该选项相比于其他选项比例最高，其次是能够提供交流话题，在此时调节情绪、社会参与，如图 6-62 所示。

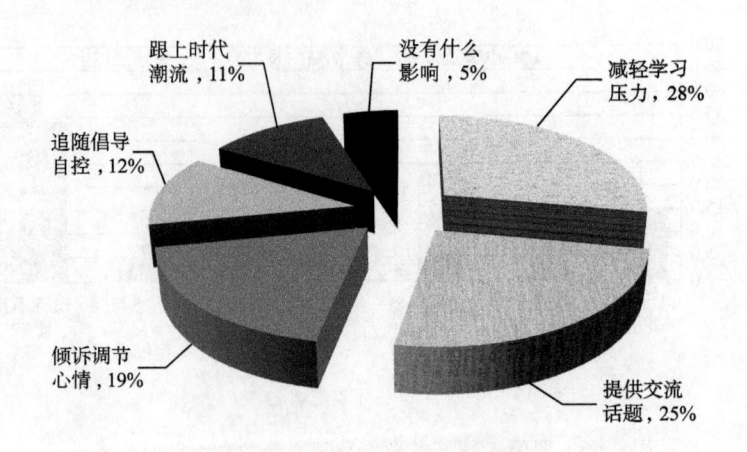

190　未成年人亚道德文化生活研究

图 6-62　偶像崇拜的良好影响

这些良好影响的比例结构也存在较大的群体差异，同样表现在城乡、学段、性别、是否独生及父母受教育水平几个方面，如图 6-63~图 6-68 所示。

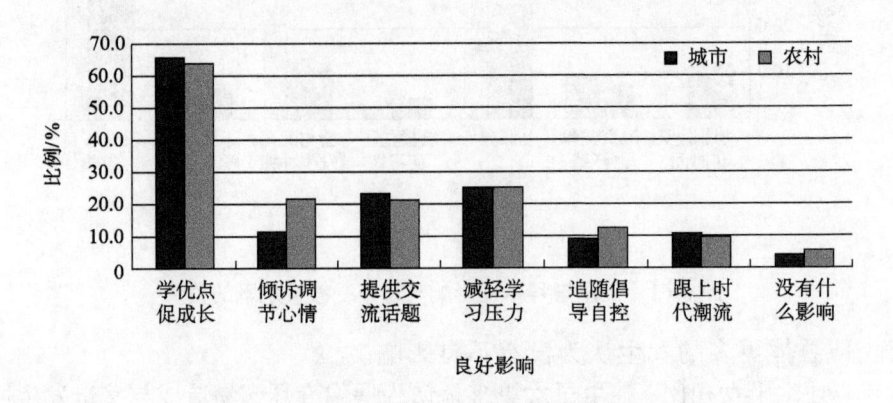

图 6-63　偶像崇拜良好影响的城乡差异

在城乡差异中，主要表现在农村孩子与城市孩子相比，更多选择了"他所倡导的有意义的活动，我会积极参加并控制自己的不良行为"和"在我心情不好时，我可以把我的心里话说给他听，调节我的心情"的选项。

在学段差异中，初中生与高中生相比，更多地认为自己从偶像崇拜中受益，主要表现在学优点促成长、倾诉调节心情、提供交流话题和减轻学习压力几个方面。

在性别差异上，男生与女生相比更多选择了学习偶像优点并促进自己成长，而女生更多选择了"在我心情不好时，我可以把我的心里话说给他听，调节我的心情"及减轻学习压力等选项。

与独生子女相比，非独生子女更多地选择了偶像崇拜带来的优势。

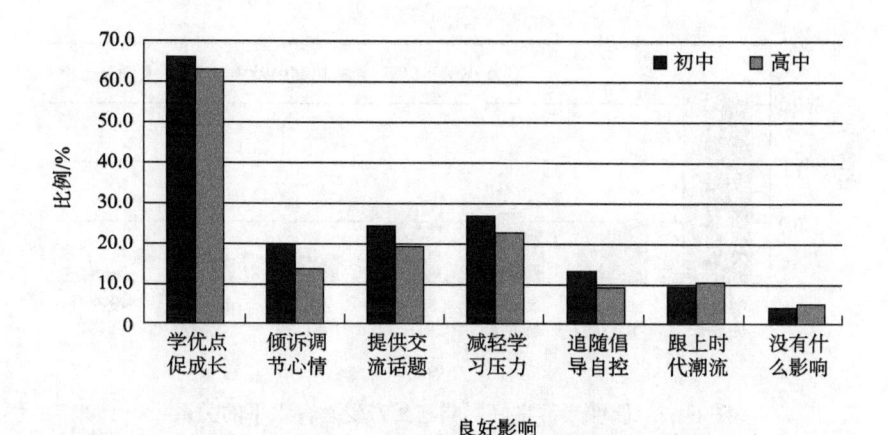

图 6-64 偶像崇拜良好影响的学段差异

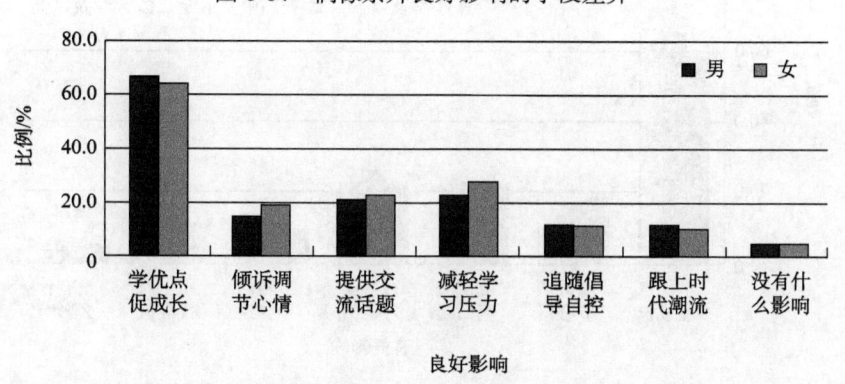

图 6-65 偶像崇拜良好影响的性别差异

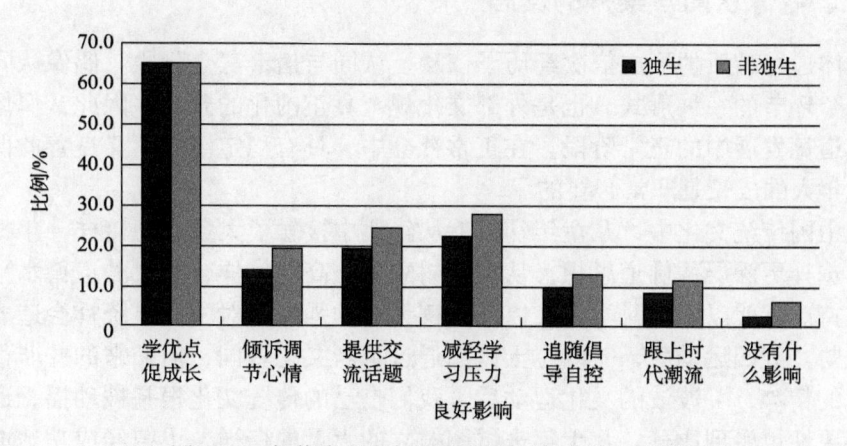

图 6-66 偶像崇拜良好影响的独生与非独生差异

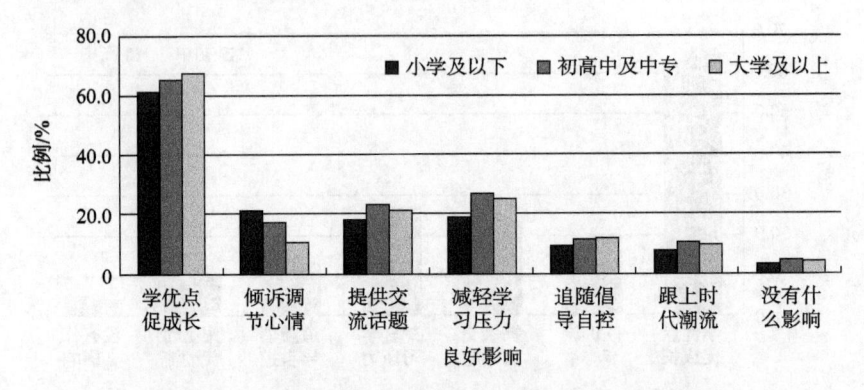

图 6-67　偶像崇拜良好影响与父亲受教育水平的关系

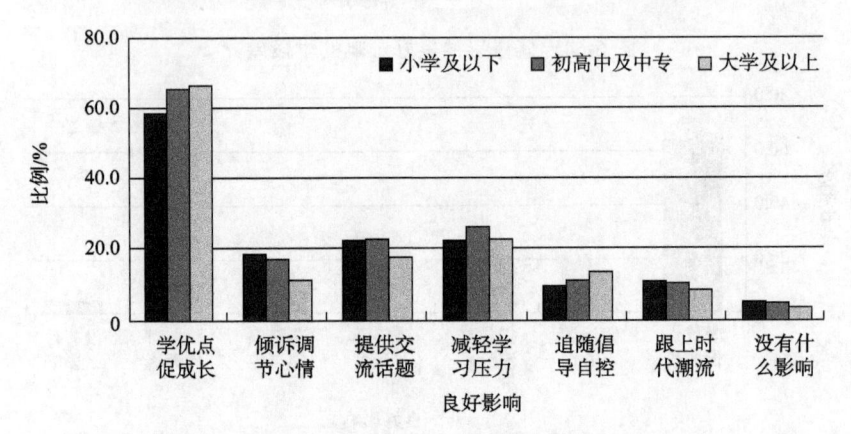

图 6-68　偶像崇拜良好影响与母亲受教育水平的关系

## 五、偶像认同与崇拜的反思

个体道德品质的形成依次经历了依从、认同与信奉三个阶段。偶像认同是其中第二个环节的一种形式，也是外部文化规范真正内化的开始。因此，偶像认同是个体道德发展中的正常阶段。在正常社会中，具有稳定清晰而又良善的偶像对于未成年人的成长是非常必要的。

在中国传统文化中，儿童年幼时就从经典中接触了大量道德榜样，年长时又可自己选择更深层的佛道思想，从中又树立了更高的榜样，社会的道德水平得以较好维持。近代以降，科学主义以其道德无涉的强势，对中国传统社会造成了严重的威胁。五四运动后，一些志士试图通过革新文化救国，但舶来的并非都是西方文化的精粹，一波波的文化运动后，我们自己的传统文化根基被动摇，道德约束的必要性也受到质疑。几十年来试图树立的大量的榜样，也曾经成功地成为几代人的偶像，但是毕竟与孩子们的生活距离遥远，也没有与传统优秀文化相结合，使曾经的偶像失却了魅力，成为被遗忘的记忆。人们在内心深处难以相信无根的文化，但在行为层面却又不得不履行它。最终造成的恶果是官方树立的偶像被逐渐颠覆，尤其让未成年人感到信仰、追求都是假大空，转而追求身体愉悦、感官享受的物质刺激，甚至虚拟偶像。

现实的考量与调查数据不谋而合。从各偶像类型的比例就能看出，对科学家与道德典范的崇拜，其根本是对真与善价值观的认同，人群比例不过 15.0%；对明星冠军、企业家和政治家偶像的崇拜，从某种程度上代表了对名利权势价值观的认同，其比例却高达 59.2%。未成年人的这种道德文化状态，与成年人主流文化状态是基本一致的。未成年人在这种文化氛围下成长，依然显示出被熏染的趋势。当他们成长起来，是否会愈加增强这种文化氛围，着实令人担忧。

## 第四节　未成年人的消费行为

消费观是人们对消费水平、消费方式等问题的总的态度和看法，如适度消费、理性消费、绿色消费和节俭消费等，与未成年人有关的主要是前两个方面。

适度消费主要是指量入为出，对于未成年人来说，主要是消费水平与家庭收入水平相适应，与自己的零花钱相适应。

理性消费主要是指避免消费中攀比、面子、从众、冲动误导消费，以及避免重物质轻精神等消费偏差。

消费观是消费行为的内部决定因素，消费行为是消费观的外部表现，二者的一致性会影响消费者的心理平衡感。但对于未成年人来说，自我控制能力正处于发展之中，二者未必能够达到一致。我们首先对未成年人的消费状况做出描述，然后对其消费观和消费行为做出分析，最后探索消费观与消费行为的关系。

### 一、未成年人的消费状况

（一）经济来源与消费概况

在调查中，大多数家庭月收入在 1 000~5 000 元，未成年人可支配的零花钱大部分在每月 100 元以下，如图 6-69 和图 6-70 所示。

孩子们的零花钱大多来自父母，多用于存储、购买图书、零食和饮料等，如图 6-71 和图 6-72 所示。

（二）经济来源与消费状况的影响因素

未成年人的经济来源与消费受制于所在地（省区、城乡）的经济水平，也受制于父母的受教育水平，同时也与年龄有关。下面就这几方面做出分析。

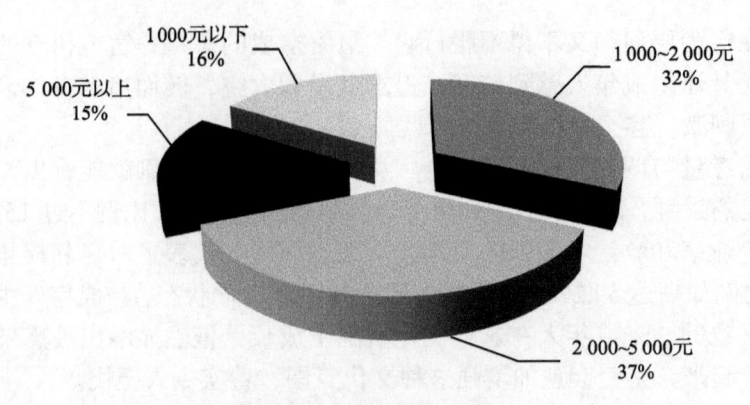

图 6-69　家庭平均月收入

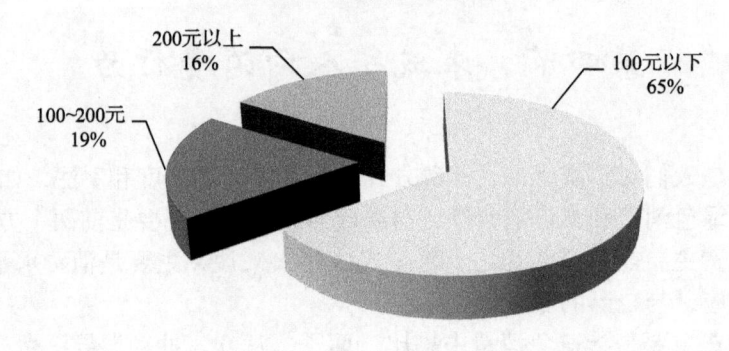

- 1000元以下　16%
- 1000~2000元　32%
- 2000~5000元　37%
- 5000元以上　15%

图 6-70　平均每月零花钱

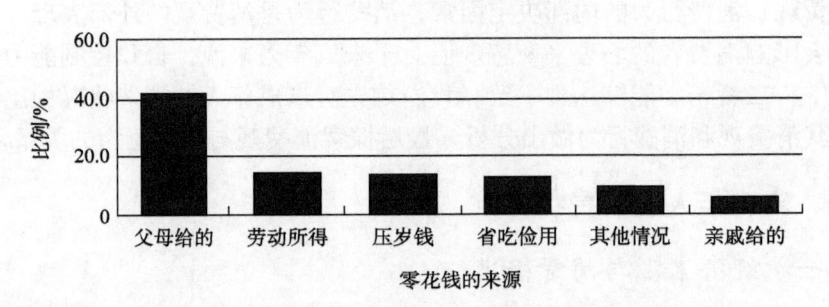

- 100元以下　65%
- 100~200元　19%
- 200元以上　16%

图 6-71　未成年人零花钱的来源

零花钱的来源：父母给的、劳动所得、压岁钱、省吃俭用、其他情况、亲戚给的

　　从省区来说，家庭经济状况各省差异较大。广东高收入（>5 000 元）家庭超过了 1/4，家庭经济状况最好，其次是内蒙古、河南和吉林（图 6-73）。这个家庭月平均收入的调查数字可能不太准确，因为未成年人对家庭收入不一定很清楚，仅可以做一个大概参考。每个月的零花钱应该是比较可靠的，但奇怪的是，零花钱最多的孩子，却更多的来自家庭平均月收入最低的吉林：每月零花钱超过 200 元的约有 1/3，而广东则只有 10%（图 6-74）。这些零花钱的来源省区差异也很大，

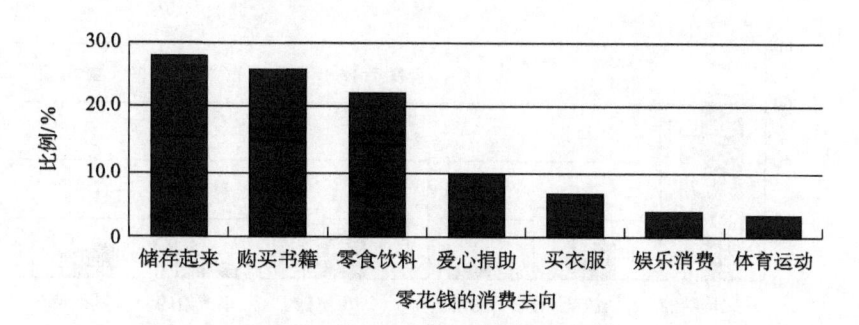

图 6-72 未成年人零花钱的消费去向

吉林、内蒙古两省区的未成年人零花钱来源中父母给的比例高于广东、河南两省，其他来源都低于广东、河南两省，尤其是广东孩子中有超过 40%的人称零花钱来自自己劳动所得（图 6-75）。在花费支出上，河南孩子用于零食饮料的比例比其他省区高，广东孩子用于买衣服的比例比其他省区高，而吉林孩子用于爱心捐献的比例比其他省区高（图 6-76）。

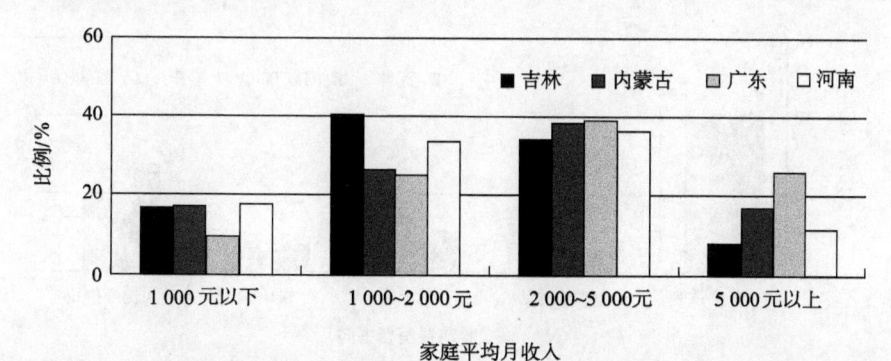

图 6-73 家庭平均月收入的省区差异

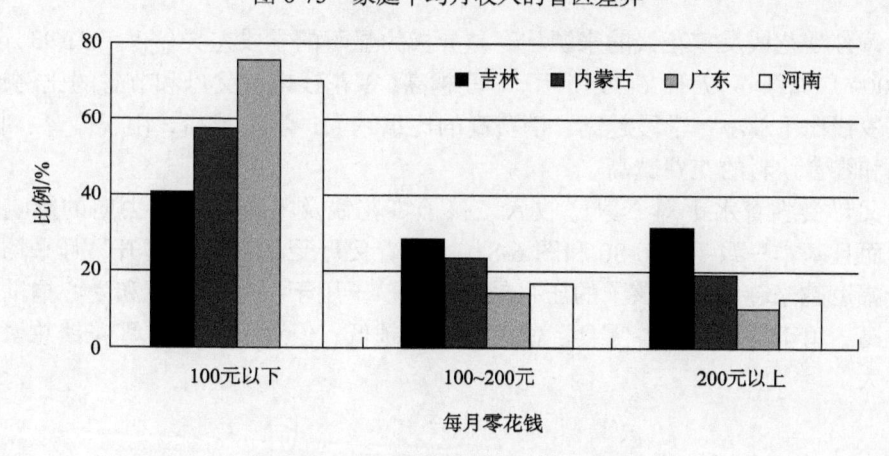

图 6-74 每月零花钱数量的省区差异

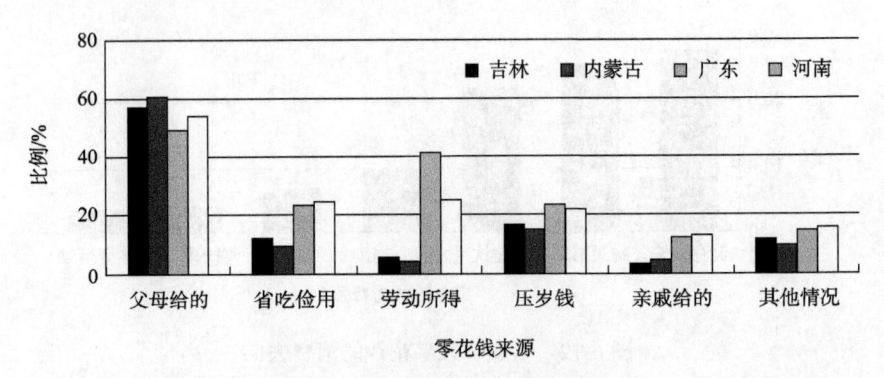

图 6-75　零花钱来源的省区差异

从城乡差异来看，城市的月收入明显高于农村，孩子们每月的零花钱也显著高于农村。城市孩子零花钱更多的来自从餐费、车费中节省，他们也有更多的压岁钱，而农村孩子零花钱更多的从父母那里得到，劳动所得比例也更高。因此，城市孩子用于买书、存储和娱乐的花费也越多。

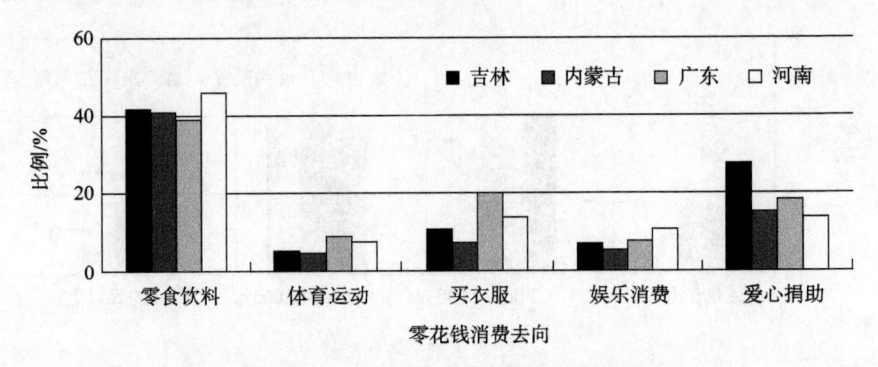

图 6-76　零花钱消费去向的省区差异

每月零花钱及零花钱的来源均有差异极为显著的学段差异（$\chi^2$=991.93, df=4, $p$=0.000），如图 6-77~图 6-79 所示。学段越高，零花钱来自父母和节省的比例越大，但压岁钱比重越小；学段越高，消费高的比重越大；学段越高，用于体育、服装、娱乐和零食饮料的花费越高。

父母受教育水平对于家庭收入、孩子零花钱及零花钱消费去向的影响也很大，而且基本一致（图 6-80 和图 6-81）：随着父母受教育水平提升，月平均收入提升幅度越来越大；给孩子的压岁钱越多；孩子用于买书、存储和爱心捐助的比例越高，用于购买衣服、零食、饮料的比例越低；但对孩子每月零花钱总量的影响不大。

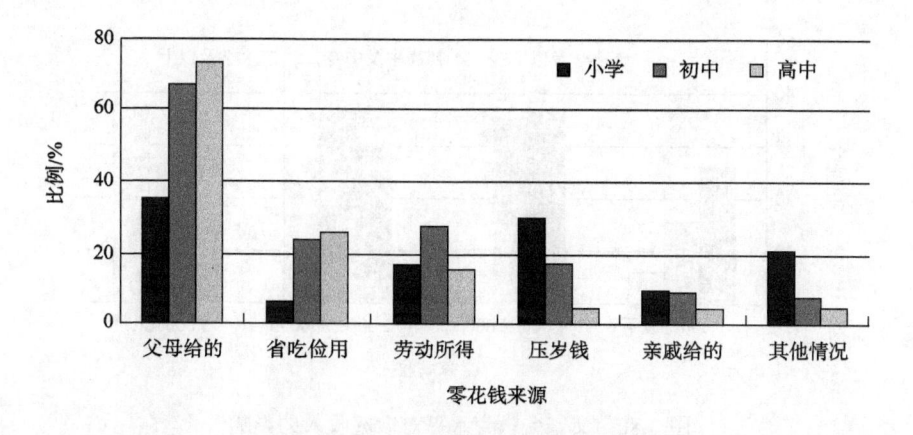

第六章 调研分析：未成年人亚道德文化剪影 197

图 6-77 零花钱来源的学段差异

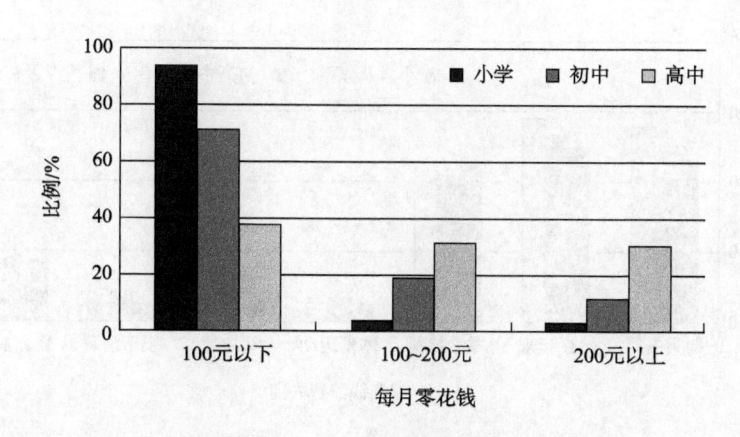

图 6-78 每月零花钱的学段差异

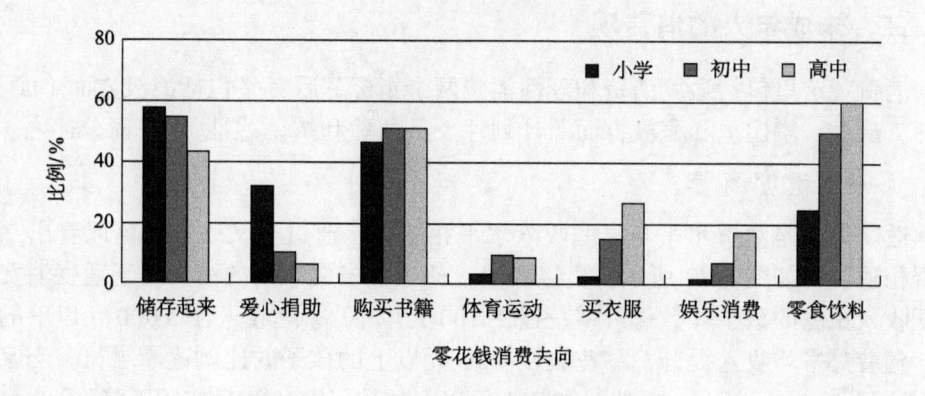

图 6-79 零花钱消费去向的学段差异

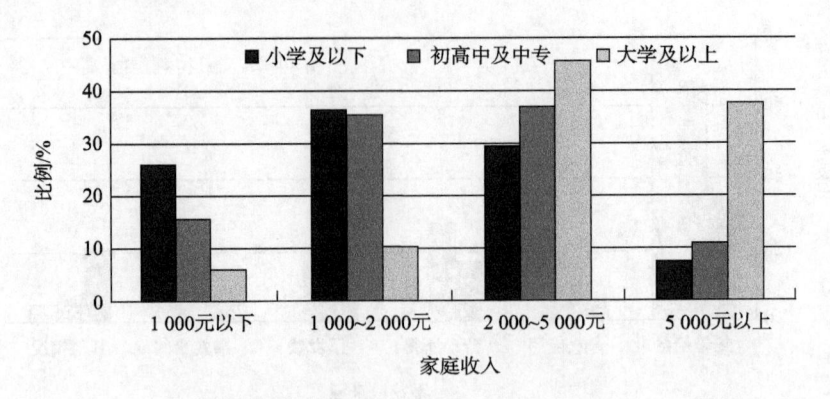

图 6-80  父亲受教育水平对家庭收入的影响

母亲受教育水平对家庭收入的影响情况与此相似，图略

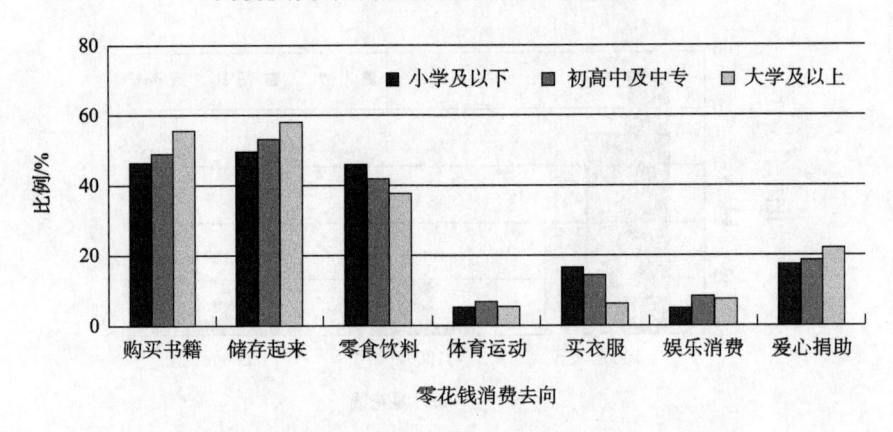

图 6-81  父母受教育水平对孩子零花钱消费去向的影响

## 二、未成年人的消费观

消费观这里包括适度消费和理性消费两个指标，后者又包括消极方面（面子、冲动、从众、攀比）和积极方面（计划性、目的性和抗诱惑性），下面分述之。

### （一）适度消费

适度消费是消费水平与家庭收入水平相适应，通过交叉表分析可以看出二者是否相适应，如图 6-82 所示。可以看出，整体上未成年人的消费属于适度消费，即低收入家庭的孩子多数每月零花钱在 100 元以下，家庭收入在 5 000 元以下的时候，随着月平均收入提升，零花钱在 200 元以上的孩子的比例逐渐增长。当家庭收入达到 5 000 元以上，零花钱在 200 元以上的孩子的比例又有所下降。

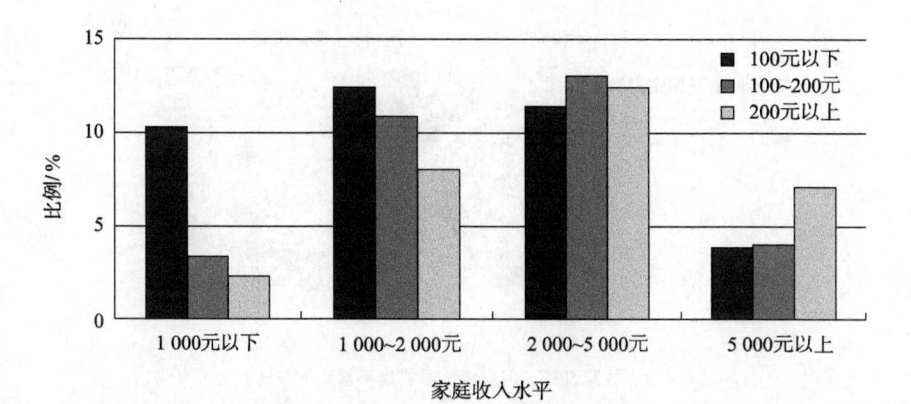

图 6-82　未成年人的适度消费状况

## （二）非理性消费：面子、冲动、从众与攀比消费

从数据上看，超过半数的孩子们都认为自己不会进行非理性消费，如图 6-83 所示。但实际生活中，真的如此吗？不攀比消费或许容易做到，不冲动消费和面子消费已属不易，哪个孩子能从来不受从众心理的影响？但也有 3%~6% 的孩子自称属于非理性消费，其他的也有不少在理性与非理性之间摇摆。

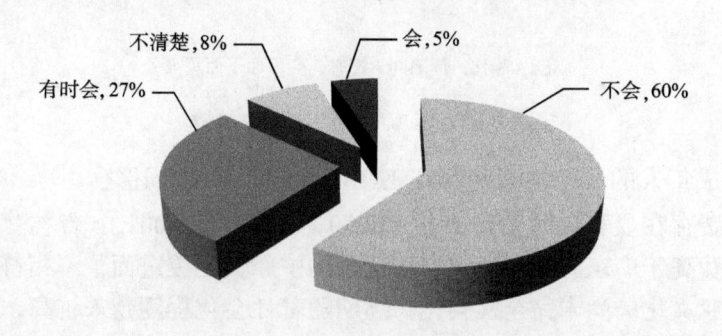

（a）面子：会因为名牌而觉得高人一等吗

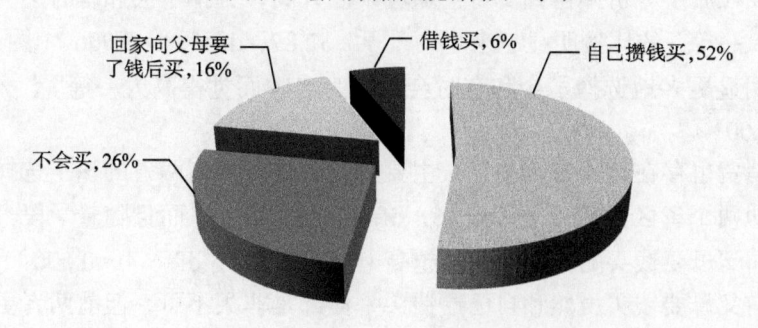

（b）冲动：想买而钱不够会如何

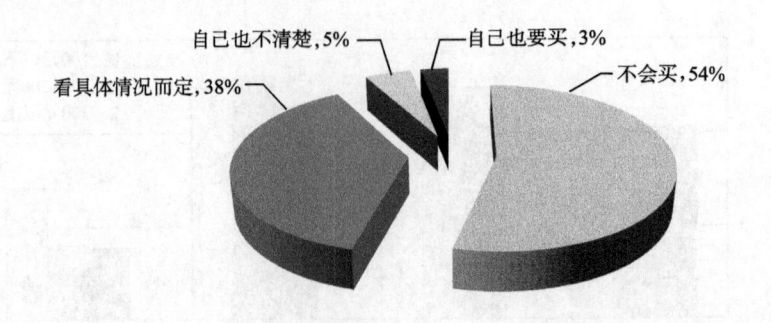

(c) 从众：大家都买，但自己不需要也不喜欢的东西，会买吗

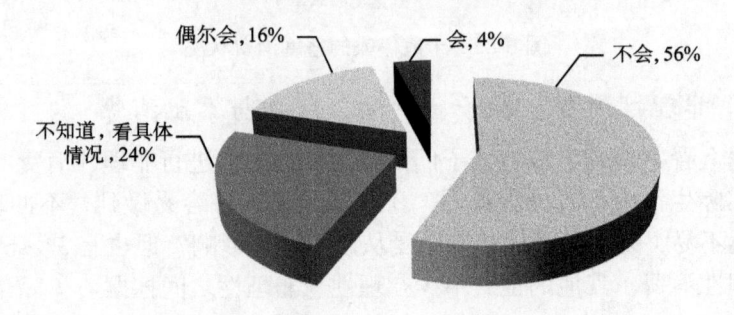

(d) 攀比：周围同学都有，会因面子而买吗

图 6-83　未成年人的非理性消费

上述未成年人的非理性消费存在亚文化差异，下面分述之。

面子消费存在显著省区差异（$\chi^2=28.70$，df=9，$p=0.001$）：吉林、内蒙古两省区的面子消费高于广东河南。这与原本认为的中原文化更重面子不相符合，毕竟是未成年人的亚文化，尚未完全社会化，预期随着社会化程度越来越高，面子消费可能会越来越重；而且随着经济发达程度的不断提高，对传统观念造成了一定冲击。这两个假设在后续分析中得到支持：随着学段升高，选择了会和有时会"因为名牌而觉得高人一等"的比例明显越来越高（$\chi^2=52.87$，df=6，$p=0.006$）（图6-84）；农村比城市明显更多地选择了会和有时会"因为名牌而觉得高人一等"（$\chi^2=16.91$，df=3，$p=0.001$）。

冲动消费也存在显著省区差异，主要是内蒙古、河南两省的孩子选择借钱买的比例较其他两个省区更高（$\chi^2=66.56$，df=9，$p=0.001$），而且随着学段升高，选择借钱买和向父母要钱买的比例也越来越高（$\chi^2=228.25$，df=6，$p=0.000$）（图6-85）。借钱买和向父母要钱买虽然和自己攒钱买一样都是非买不可，但前两者更带有冲动性，是当时就要满足的一种状态。

图 6-84 面子消费的学段差异

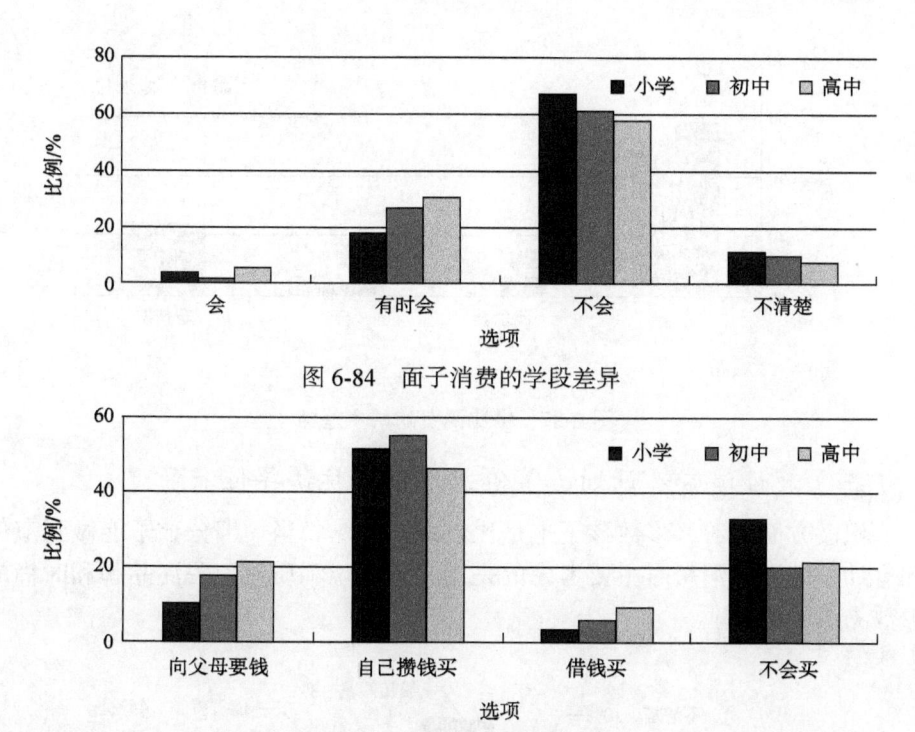

图 6-85 冲动消费的学段差异

在我们印象中，农村孩子因为经济条件有限，从众消费的可能性比较小。但调查结果正好相反，对于同伴们都买但自己并不喜欢也不需要的东西，自己选择不会买的农村孩子少于城市，选择自己也要买的比例比城市更高（$\chi^2$=228.25，df=6，$p$=0.000）（图6-86）。随着学段升高，从众消费也越来越少（$\chi^2$=54.12，df=6，$p$=0.000），另外，女孩从众消费更高（$\chi^2$=16.92，df=3，$p$=0.001）。

从省区差异来看，吉林未成年人的攀比消费最高，广东较低（$\chi^2$=29.42，df=9，$p$=0.001），农村、男孩未成年人比城市、女孩攀比消费更高（$\chi^2 s$=24.65，12.94；df$s$=3；$ps$=0.000，0.003）（图6-87）。

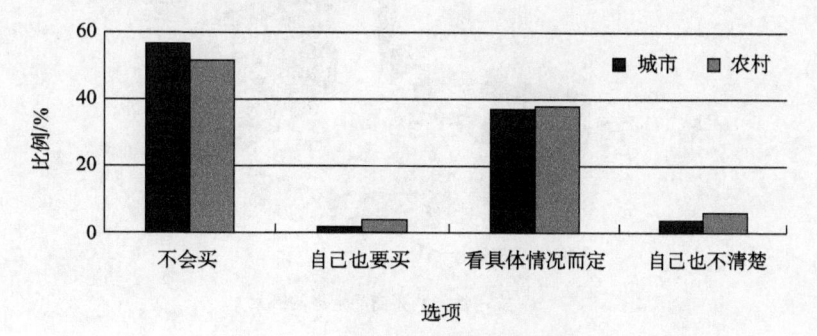

图 6-86 从众消费的城乡差异

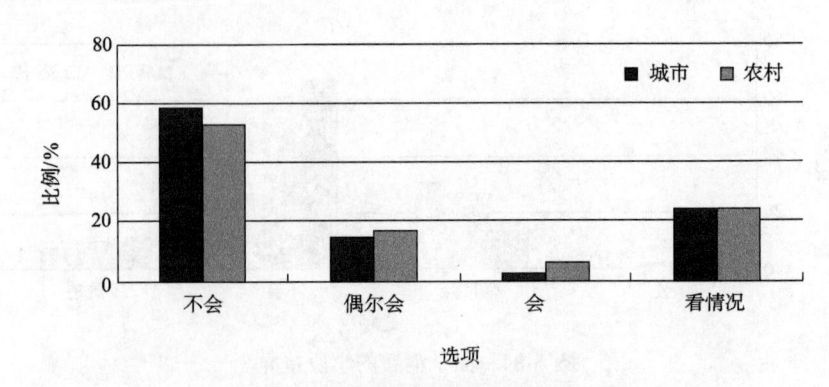

图 6-87 攀比消费的城乡差异

### （三）理性消费：计划、节俭、实用和抗诱导性消费

从积极方面来看，多数孩子也是比较理性的。相当一部分孩子能做到节俭消费和有计划消费，消费时主要考虑的是用途、价位和质量，关注品牌和时尚的只是少数（图 6-88）。

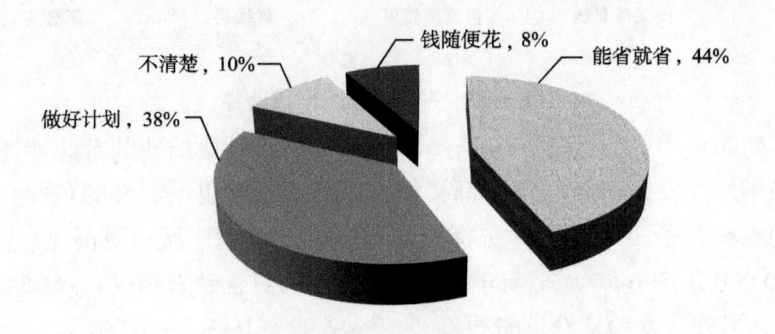

（a）计划性和节俭性：花钱时会想到

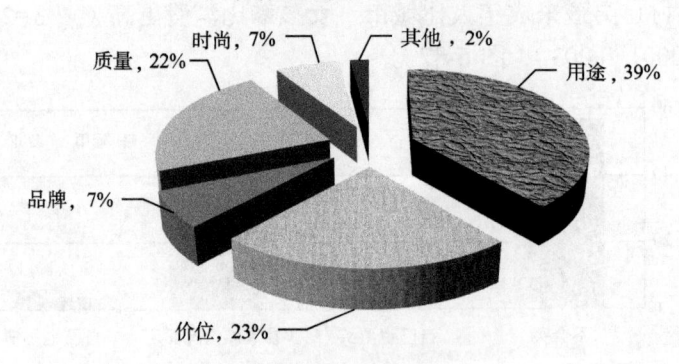

（b）实用性：购买商品考虑的因素

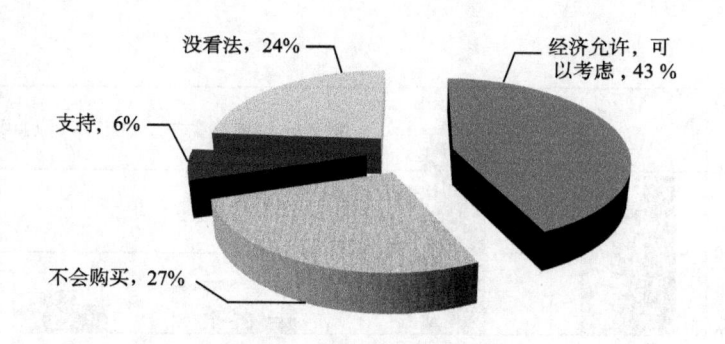

没看法，24%
经济允许，可以考虑，43%
支持，6%
不会购买，27%

（c）抗诱惑性：对购买广告宣传的商品的看法

图 6-88 未成年人理性消费状况

进一步做多响应变量交叉表分析发现存在亚文化群体差异。

在消费计划性方面，广东省选择比例最高；但在节俭性方面，河南和广东最低，随之而来的就是选择钱随便花的比例也远远高于吉林和内蒙古（图 6-89）。这与经济发展程度有关，但也和传统观念的影响不无关系。让人感到意外的是，农村比城市孩子更多地选择了钱随便花（11.8% > 3.0%），而城市孩子更多选择了能省就省（47.8% > 41.8%）。另外，在学段差异中，与小学和高中孩子相比，初中孩子更少选择了能省就省（38.3% < 53.7%，44.5%），更多选择了钱随便花（13.8% > 3.3%，4.4%），但同时又更多选择了做好计划（43.1% > 35.7%，36.8%）。

在消费的实用性方面，中学生比小学生、女孩比男孩更关注商品的用途、价位，而初中生更多关注品牌、质量和时尚。在抗诱惑性方面，对于购买广告宣传的商品的看法，广东与河南比吉林和内蒙古的未成年人更多选择了"在经济条件允许的情况下，可以考虑"（$\chi^2$=76.61, df=9, $p$=0.000）（图 6-90），更少选择了极端做法（支持、不会购买）。随着学段升高，随着父亲受教育水平的升高，以及相对于男孩来说的女孩，也都呈现出这一越来越中庸的模式：极端化的支持、不买的比例越来越低，经济许可时可以考虑的越来越多（$\chi^2 s$=161.93, 16.39, 26.60; df$s$=6, 6, 3; $p s$=0.000, 0.012, 0.000）。

## 三、未成年人的消费行为

这里考察的消费行为主要包括学习、旅行、人际和零食四个方面。

（一）学习消费

我们主要调查了每月买书款额和购书类型两方面，结果如图 6-91、图 6-92 所示。

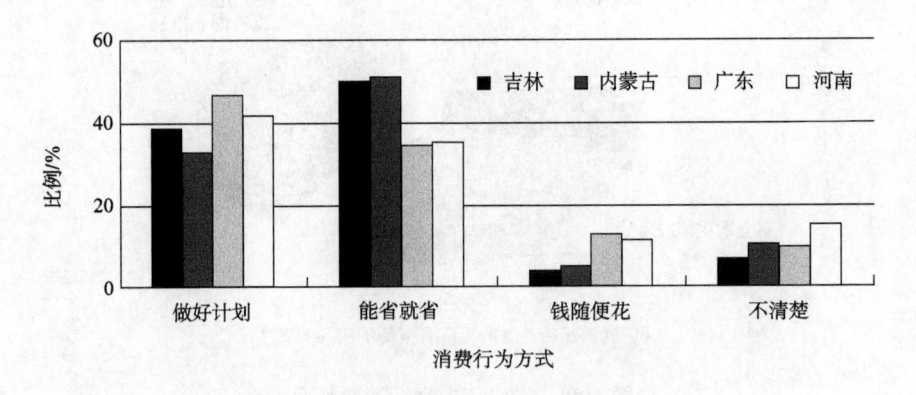

图 6-89　消费计划性和节俭性的省区差异

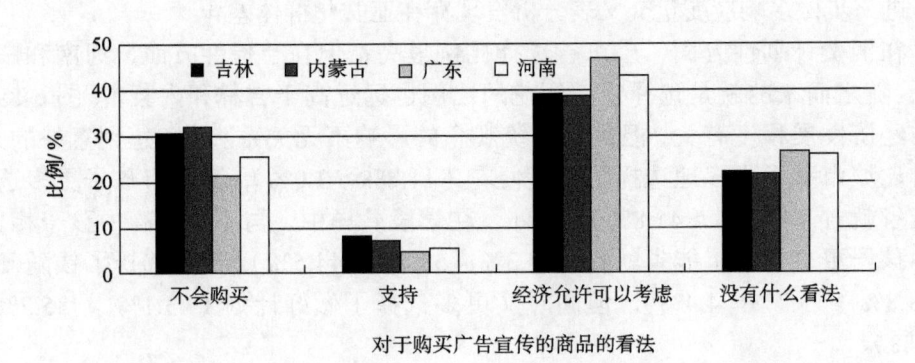

图 6-90　购买广告商品的省区差异

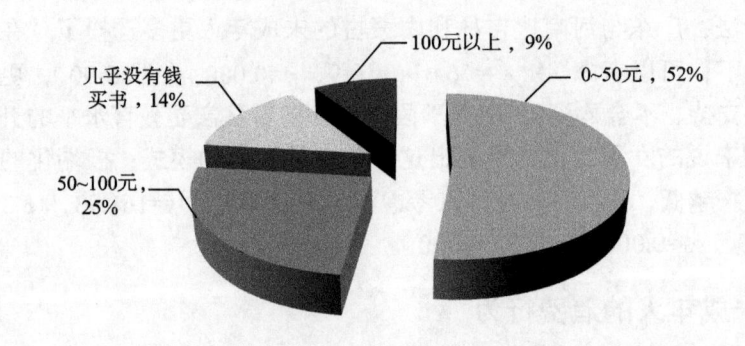

图 6-91　每月大约花多少钱来买书

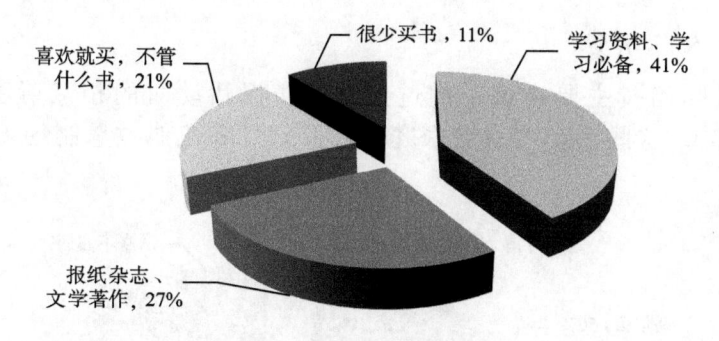

图 6-92　购书类型

通过交叉表分析，可以看到购书类型与消费额的关联（图 6-93），消费额越低，购书越集中在学习资料上，消费额越高，购买课外书的比例越高。

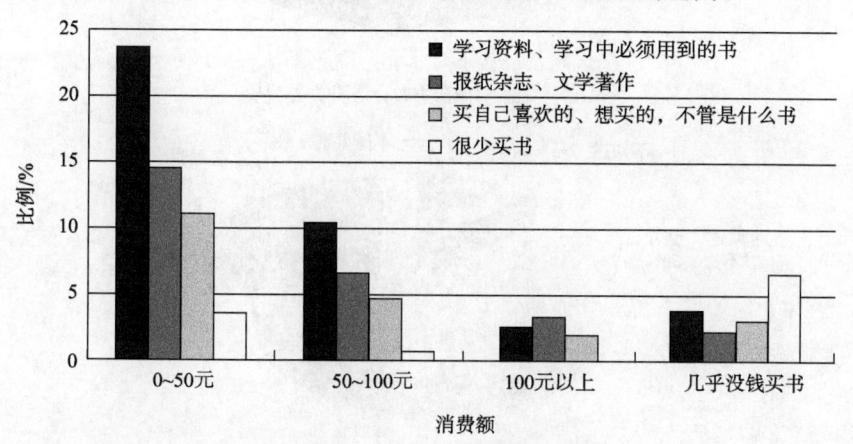

图 6-93　购书类型与消费额的关联

## （二）旅行消费

用自己的零花钱外出旅行的未成年人只是少数（13%），但很多人都表达了这种愿望（46%），其主要原因是外出旅行的费用和风险对于未成年人来说还是不小（图 6-94）。

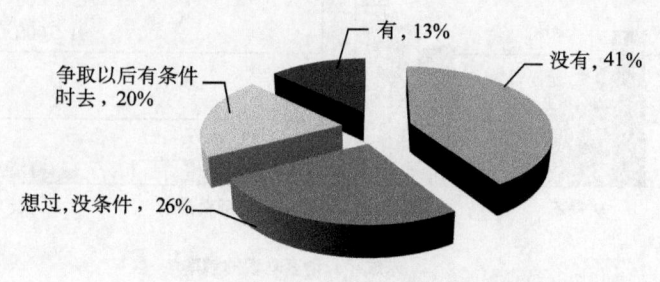

图 6-94　用自己的零花钱去外出旅行过吗

## （三）人际消费

这里人际消费主要指孩子们过生日或庆祝活动时的相互请客吃饭和送礼（图 6-95），这些活动主要受家庭收入及每月零花钱数量制约（图 6-96 和图 6-97）。

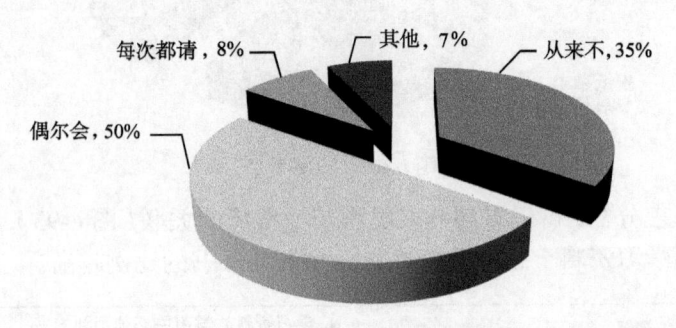

（a） 过生日或庆贺时会请同学吃饭吗

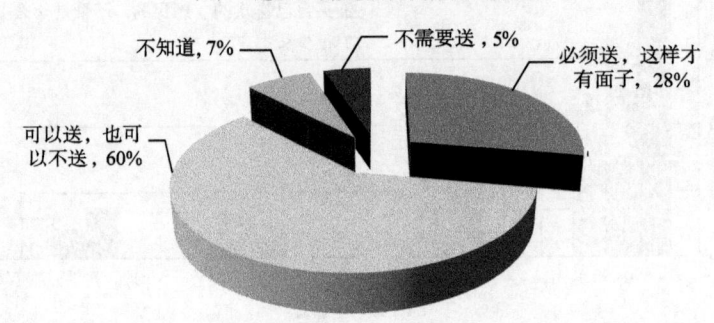

（b） 同学过生日，你会送礼物吗

图 6-95 孩子们相互请客吃饭和送礼的比例

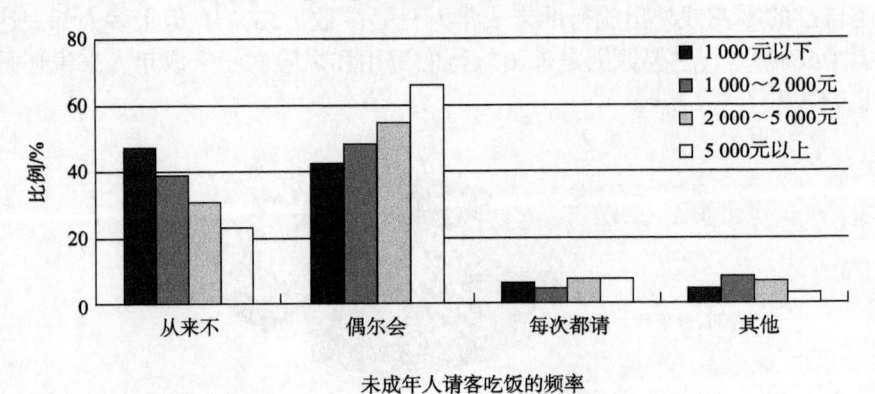

图 6-96 家庭收入对未成年人请客吃饭的影响

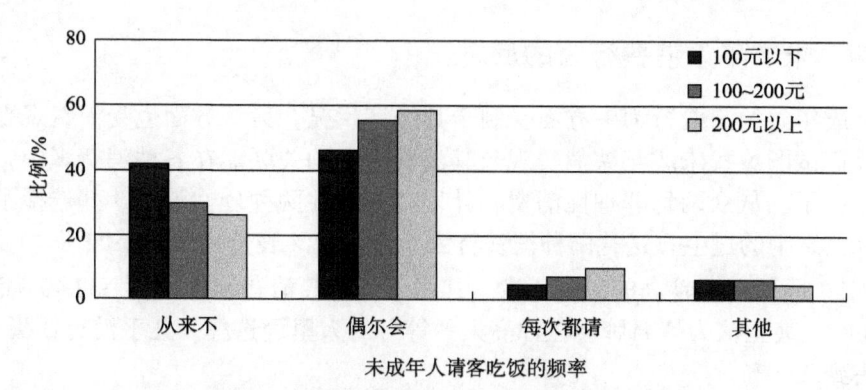

图 6-97　每月零花钱对未成年人请客吃饭的影响

进一步分层交叉表分析表明，城市孩子、独生子女、男生及父母受教育水平在大学以上的孩子零花钱较多，用于请客吃饭的也较多。

### （四）零食消费

大多数孩子只是偶尔买零食，经常买的只占 6%（图 6-98），但零花钱与零食消费间并非正比关系，零花钱中等水平的反倒零食消费最多（有时、经常买零食最多，如图 6-99 所示）。

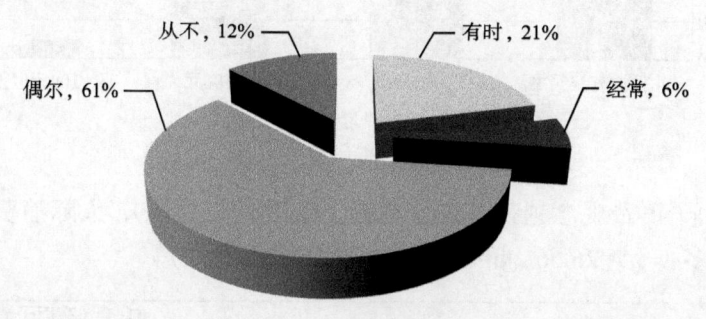

图 6-98　自己经常买零食吃吗

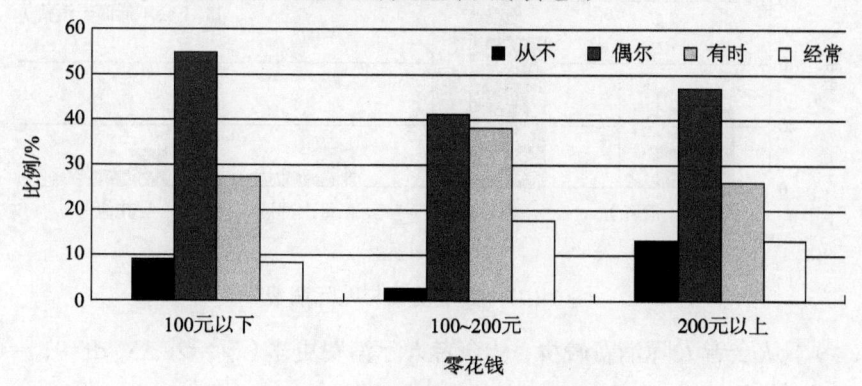

图 6-99　零食消费与零花钱的关系

## 四、未成年人消费行为的反思

未成年人的消费行为一方面受制于其经济状况,另一方面也受消费观影响。这里我们试图寻找未成年人消费观与其消费行为的关联。在各种消费观中,我们选择了面子、从众两种非理性消费和计划与节俭性两种理性消费,并选择了学习和人际关系中的过生日送礼两种消费行为,进行交叉表分析,结果如下。

(1)面子消费越高的未成年人,其用于买书的消费越少($\chi^2$=22.40,df=9,$p$=0.008),甚至认为"名牌会让你高人一等"的人里面选择"几乎没有钱买书的"的能占到22.9%。

(2)从众消费的未成年人相对于不从众消费的未成年人更不喜欢买书,零花钱用于买书的金额越高,从众消费的可能越小(图6-100)。

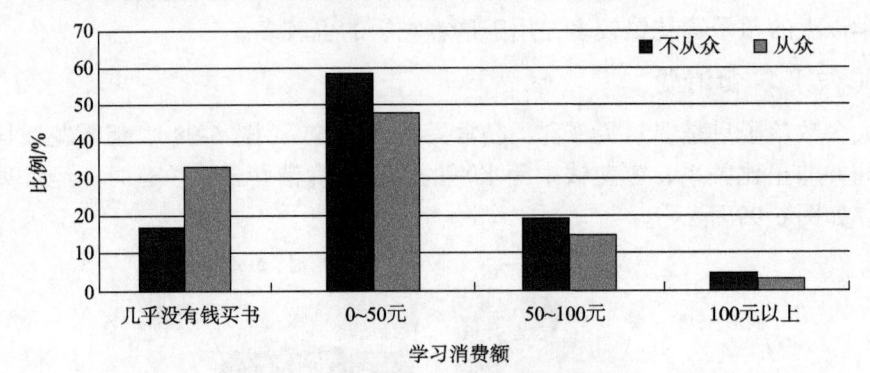

图6-100 从众消费与学习消费(买书)

(3)面子消费观念越强(认为名牌会让你高人一等),人际消费行为(请同学吃饭)越多($\chi^2$=26.66,df=9,$p$=0.002)(图6-101)。

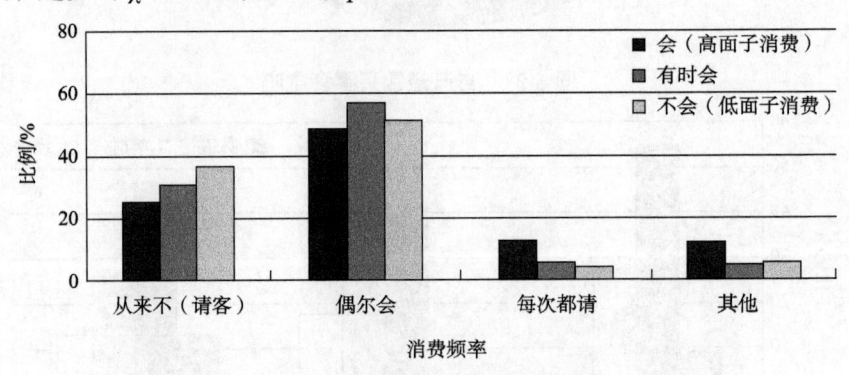

图6-101 面子消费与人际消费

(4)不从众者人际消费较少,从众者人际消费更多($\chi^2$=28.55,df=9,$p$=0.001)(图6-102)。

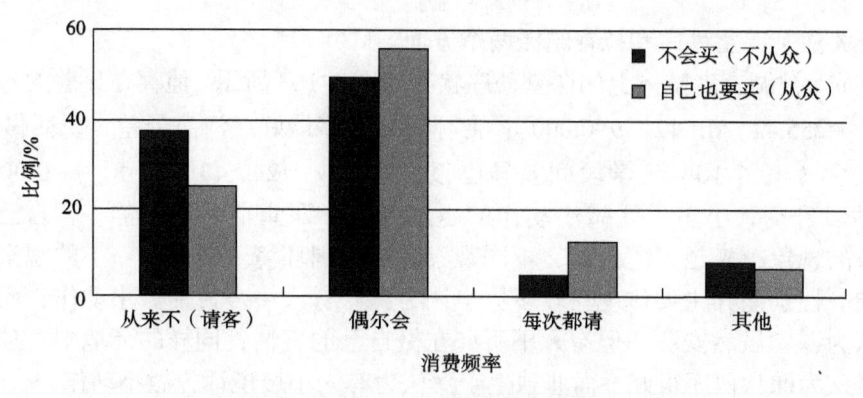

图 6-102　从众消费与人际消费

总体上说，多数被调查的未成年人的消费观念尚属适度消费，面子、冲动、从众和攀比消费等非理性消费存在但不是主导，消费的计划性、节俭性、实用性和抗诱惑性等理性消费观念基本占主导地位，但稍显不足。消费行为主要还是受理性消费观念支配，非理性消费观念虽不占主导地位，但对未成年人造成的负面影响较大。

尽管调查结果尚属乐观，但未被调查的学前儿童的消费却让人担忧。近几年，随着经济条件的提高，一些家长，尤其是孩子的隔代亲人，对幼儿的消费缺乏正确的认识和引导。主要表现在玩具和零食的消费上，买玩具没有教育目的，从众心理较强，如电视上播放光头强，就给孩子购买光头强的枪和电锯，打开开关就是粗暴的叫骂声；买零食频繁而且忽视质量，很多零食虽然味道诱人，但有害物质很多，可是隔代亲的爷爷奶奶就是喜欢买给孩子。给孩子买书也是缺乏教育目的，买了不知道想要达到什么目的。带孩子出去游玩同样很盲目，花了不少钱，却说不上对孩子有什么益处。这些孩子长大了，他们的消费观念又会怎样？他们的消费行为又如何呢？

## 第五节　未成年人的失范行为

失范行为是个体不符合其所在群体规范的行为，对于未成年人来说，就是不符合学校、社会和家庭伦理规范的行为。本调查内容主要参照中小学生日常行为规范设计，分为他人失范行为、自身失范行为和失范行为认知三个方面。

### 一、他人失范行为

对他人失范行为的觉察，也是未成年人对所在群体亚文化认知的一部分。我们主要关注了课堂秩序和拉帮结派两个方面。

首先，被调查者整体上的课堂秩序状况如图 6-103 所示。但存在显著的省区差异（$\chi^2$=255.42，df=12，$p$=0.000）：吉林课堂秩序最好，河南最差，说话做小动作的最多（图 6-104）。学段间差异也很显著（$\chi^2$=247.43，df=8，$p$=0.000）：随着学段升高，小声说话做小动作的越来越少，课堂似乎很安静，但自己做自己的事的现象越来越多。另外，不同观察者对周围环境（课堂秩序）的观察结果也不同。性别差异主要体现在较多男生认为课堂有人小声说话做小动作，而更多女生认为课堂虽然安静，但有人不听课在做自己的事情；同样的环境中，独生子女更多认为课堂秩序很好，而非独生子女认为有人小声说话，做小动作。

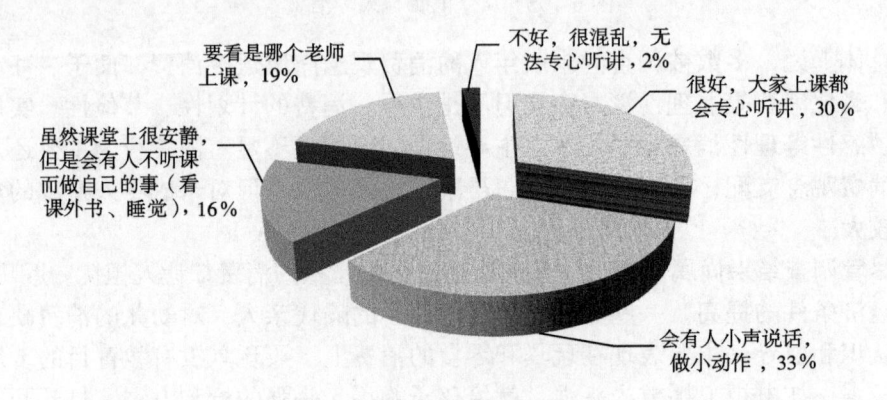

图 6-103 课堂秩序状况

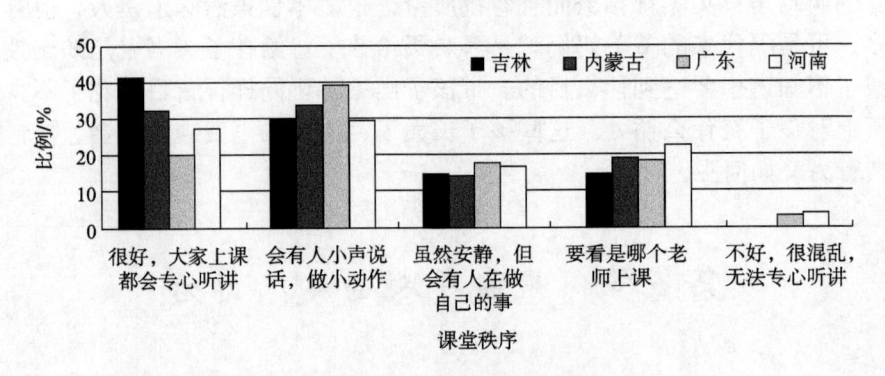

图 6-104 课堂秩序的省区差异

其次，拉帮结派现象各地均有存在，尤以内蒙古最多（$\chi^2$=161.01，df=9，$p$=0.000）。不同学段差异很大，初高中的拉帮结派现象显著多于小学（$\chi^2$=177.34，df=6，$p$=0.000）（图 6-105）。

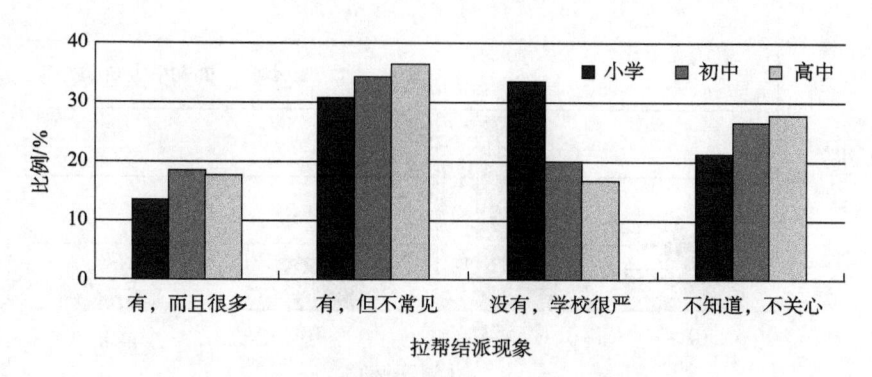

图 6-105　拉帮结派现象在不同学段的分布

## 二、自身失范行为

自身失范行为是学生对自身不符合家庭、学校和社会规范的行为的自我报告。我们主要考察上课做小动作、考试时因他人要求而传纸条和是否烫染过夸张发型三个方面，因涉及社会赞许性、自尊和隐私问题，该部分结果仅作参考使用。

上课做小动作是较轻微但直接影响学习的失范行为，多数学生都有过此类现象（偶尔、有时、经常共 72.5%）。但各省区间差异极大（ $\chi^2$ =303.54, df=9, $p$ =0.000 ）：北方两省区有更多人选择了从不做小动作，而广东、河南有更多的人选择了偶尔做小动作，总体上说，河南学生上课小动作最多（图 6-106）。随着学段升高，越来越多的孩子开始做小动作（ $\chi^2$ =407.15，df=6，$p$ =0.000）（图 6-107）。另外，喜欢做小动作的男生多于女生（ $\chi^2$ =15.77，df=3，$p$ =0.001），这也符合我们平时的印象。

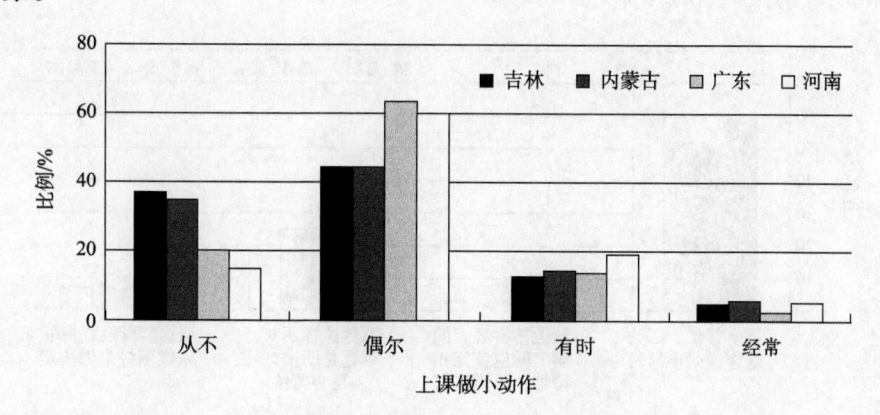

图 6-106　上课做小动作的省区差异

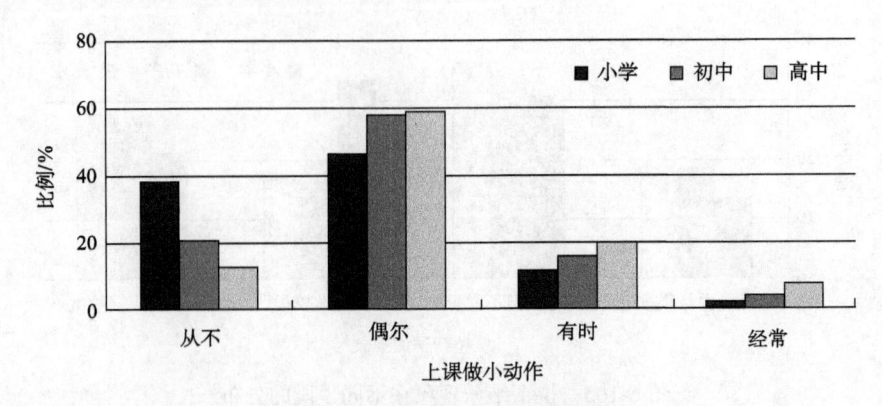

图 6-107　上课做小动作的学段差异

考场传递纸条则是较为严重的失范行为,只有 60.2%的孩子明确表明不会这么做,其他的均有可能选择做出违规行为。省区差异极显著($\chi^2$=166.30,df=9,$p$=0.000)(图 6-108):广东孩子明确表示不会这么做的比例最高(72.4%),而且做不做看关系而定的比例也最低。城乡差异也达到显著水平($\chi^2$=48.10,df=3,$p$=0.000):城市孩子更多选择不会这么做。独生子女也更多地选择不帮这种忙($\chi^2$=24.09,df=3,$p$=0.000),其模式类似于城市孩子和广东孩子的选择,或许三者间存在某种内在联系。但随着学段升高,选择不会帮忙的越来越少,因各种原因选择帮忙的都越来越多($\chi^2$=423.35,df=6,$p$=0.000)(图 6-109)。这与社会的主流文化不无关系,各种成人考试中作弊现象非常普遍,随着孩子们成长,对主流文化接触得越多,被污染得越严重。但幸运的是,随着父母受教育水平的提高,越来越多的孩子选择了不作弊($\chi^2 s$=37.40,22.14;df$s$=6;$ps$=0.000)(图 6-110)。

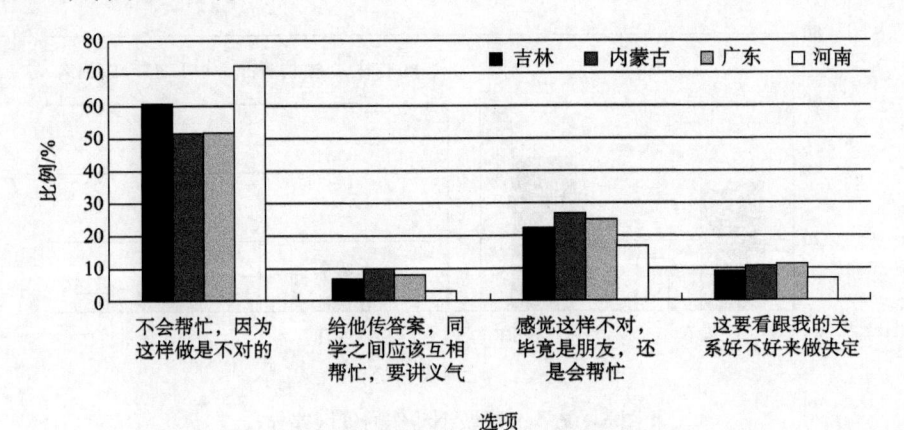

图 6-108　考试中会不会因他人要求而传纸条(省区差异)

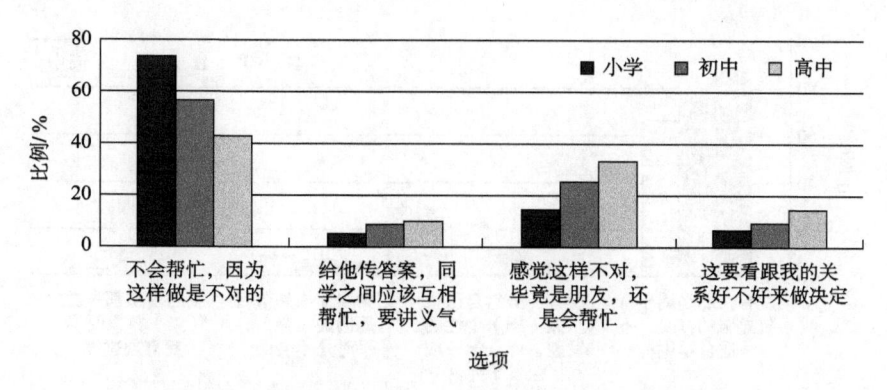

图 6-109　考试中会不会因他人要求而传纸条（学段差异）

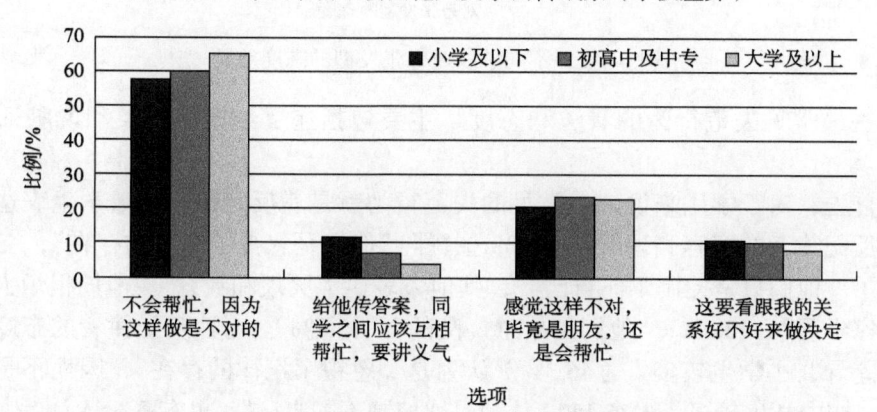

图 6-110　父母受教育水平对考试传纸条的影响

关于是否烫染过夸张发型，绝大多数学生都没有做过，但也有极少数一直都烫染（2.2%），另有 15.2%的学生很想烫染，但因学校或家长不允许而作罢。这里面广东又是一个特例，认为夸张发型属于奇装异服的不适合学生的显著少于其他省份，而很想烫染最终作罢者又显著高于其他省份（$\chi^2$=36.02, df=9, $p$=0.000）。但令人诧异的是农村很想烫染最终作罢者，以及实际烫染过的比例都显著高于城市，而认为不适合学生的又显著少于城市（$\chi^2$=16.07, df=3, $p$=0.001）。随着学段升高，认为夸张发型属于奇装异服的不适合学生的越来越少，而很想烫染最终作罢者，以及实际烫染过的都越来越多（$\chi^2$=148.35, df=6, $p$=0.001）（图 6-111）。随着孩子长大，其心理和行为各方面也越来越接近成人，对夸张发型也越来越能宽容和接受。从这一点上说，农村孩子是否更为成熟？抑或是更希望张扬自己？

### 三、失范行为认知

失范行为认知是指对失范行为的看法和态度，这里我们调查的是未成年人

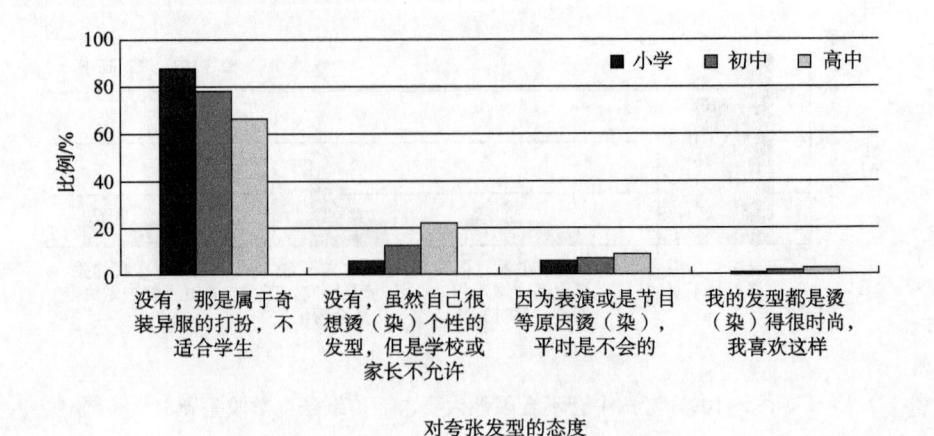

图 6-111　不同学段对夸张发型的态度差异

对一些最常见失范行为的看法和态度，主要包括违反纪律、打架和说脏话三个方面。

首先，对于学生来说，最常见的失范行为就是违反纪律。多数学生表达了对于违反纪律者的宽容和理解（38.4%选择了"他们是忽视了纪律的存在"，31.9%选择了"他们只是控制不住自己"），其他人表达了厌烦和敌意（"他们很烦人，影响大家学习"，16.0%；"他们是故意捣乱的"，13.7%）。对违反纪律者的态度存在年龄差异，小学生较多人（46.3%）认为是"忽视了纪律的存在"，因而不是故意为之；初中学生较多人（35.1%）认为是"控制不了自己"，也有不少人认为是"忽视了纪律的存在"；而高中生更多的人认为是"控制不了自己（41.5%）"和"忽视了纪律的存在（31.9%）"，选择故意为之的比例更小（11.9%）。也就是说，随着孩子不断成熟，他们越来越多地认识到，违反纪律的人可能并非故意，他们可能没意识到已经违反纪律，或虽然意识到了，但缺乏控制能力。这一态度实际上投射了孩子们对自身违反纪律这一失范行为的归因，也就是说，他们多数情况下的失范行为并非故意捣乱。这提示教育工作者，尽量不要把孩子违反纪律归因为不良动机。

另外发现，独生子女对于违反纪律行为相对更多的是宽容和理解，而非独生子女则更多的是厌烦和敌视（$\chi^2 = 31.67$，df=3，$p=0.000$）（图 6-112）。这一点乍一看不可思议，但如果把上述归因看作是自身行为违反纪律行为原因的投射的话，就容易理解了：独生子女更容易忽视纪律的存在或更可能缺乏对自己的控制，因而违反纪律；非独生子女可能对纪律有更清晰的认识，也更清楚违反纪律会惹人烦，如果违反纪律，那么他们更可能是出于故意为之。

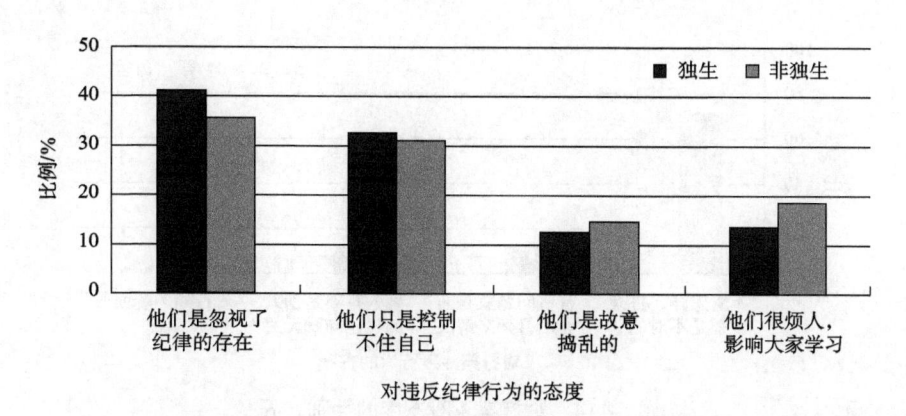

第六章　调研分析：未成年人亚道德文化剪影　215

图 6-112　是否独生对违反纪律行为的态度

父母受教育水平也会显著影响孩子对违反纪律的看法，二者的共同点，是随着父母受教育水平的提高，归因为故意犯错的比例下降了。这也暗示着，父母受教育水平越高，孩子的敌意性归因可能会越小。

其次，我们关注了未成年人对打架斗殴的看法。大多数孩子们（76.7%）都认为"不管怎样，打架都是不对的"，但也有少数采取认同或漠视的态度（"有些问题就是需要用打架来解决"，9.7%；"别人打架是别人的事，与我无关"，10.3%），极少数甚至认为"看打架的场面很刺激（3.4%）"。但这一看法存在着非常显著的省区差异（$\chi^2=62.67$, df=9, $p=0.000$）：广东孩子更多反对打架，内蒙古孩子更多认为打架场面很刺激或采取漠视态度。需要教育管理者关注的是，随着学段升高，反对打架的比例降低了，而认同和漠视者比例都显著上升了（图 6-113）。性别差异也很显著（$\chi^2=72.67$, df=3, $p=0.000$），女生更多地反对打架，而男生认同、漠视和感到刺激的比例均较女生高（图 6-114）。另外，父母受教育水平也影响孩子对打架的态度，主要表现在随着父母受教育水平提高，越来越多的孩子们认为打架不对，越来越少的孩子认为打架场面很刺激。

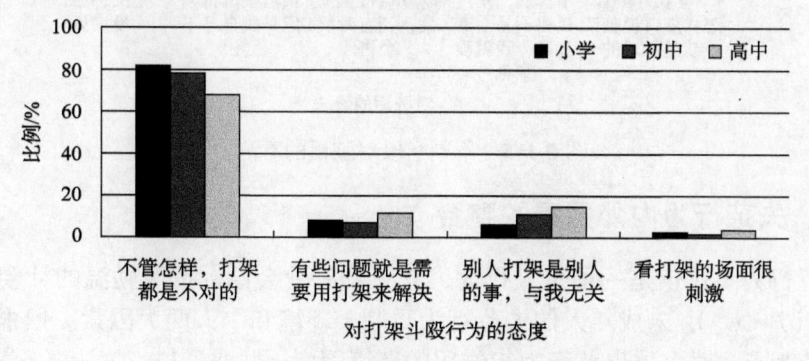

图 6-113　不同学段对打架斗殴行为的态度

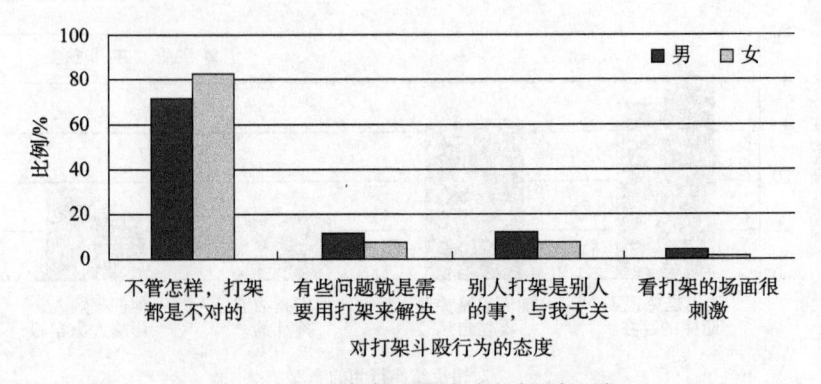

图 6-114　对打架斗殴态度的性别差异

最后，对脏话的看法。表达不喜欢脏话的占绝大多数（83.6%），但也有 6.6% 的孩子觉得带脏字的口头禅很流行，自己有时也会讲。随着学段升高，孩子们似乎越来越"世故圆滑"：明确认为说脏话不对的越来越少，即使不喜欢也不发表意见的越来越多，这种变化已达到显著水平（$\chi^2$=232.94，df=8，$p$=0.000）（图 6-115）。性别和是否独生差异也极为（$\chi^2 s$=65.25，13.93；df$s$=4；$ps$=0.000），女孩和非独生子女反对脏话的态度更为明确，而男孩和独生子女对脏话更为包容，或者更为"圆滑"。随着父母受教育水平提高，越来越多的孩子们明确表明，虽然脏话可能很流行，但自己不会讲脏话（$\chi^2 s$=34.58，24.44；df$s$=8；$ps$=0.000，0.002）。

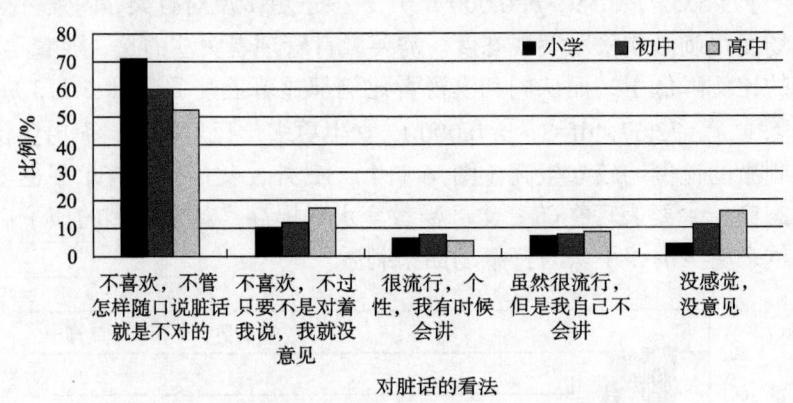

图 6-115　不同学段对脏话的看法

## 四、失范行为内外因素的整合

失范行为不仅仅是一种个人行为，它更具有社会性。按照勒温的社会行为公式（$B=f(P·E)$），未成年人的失范行为受制于环境和个人两大因素。但根据格式塔学派的观点，对个体失范行为起作用的环境因素，并非严格意义上的客观环境，而主要是主观的社会环境认知。在本书中，环境变量 $E$ 就是对他人失范行为的主观觉察，主要包括课堂秩序和拉帮结派两个方面。个人因素 $P$ 中，最直接的因素就是对失范行为的态度或认知，这里主要包括对违反纪律、打架和说脏话三个方面的态度认知。作为因变量的失范行为，我们这里仅以上课做小动作为例，尝试给出其行为公式。对于上课做小动作，我们在调查中记录的是等级数据，可近似作为连续变量处理，以此为因变量，做多元回归分析。仍然根据石森昌的处理方法[1]，首先把各个分类自变量转换为哑变量，分别单独做回归，并按 $R^2$ 排序，然后分层逐一纳入方程，每一步都观察 $R^2$ 改变是否显著，不显著则剔除，最后结果如表6-13、表6-14所示。

表6-13 模型汇总

| 模型 | $R$ | $R^2$ | 调整后的 $R^2$ | 标准估计的误差 | $R^2$更改 | $F$ 更改 | df$_1$ | df$_2$ | 显著性 $F$ 更改 |
|---|---|---|---|---|---|---|---|---|---|
| 1 | 0.378[a] | 0.143 | 0.142 | 0.718 | 0.143 | 93.580 | 10 | 5 603 | 0.000 |

注：a 表示预测变量：（常量），看待脏话_3 流行但我不会，看待违纪_3 他们不自控，课堂秩序状况_1 很好都专心，看待打架_3 看打架很刺激，看待脏话_2 不喜欢不反对，拉帮结派现象_3 没有，学校很严，课堂秩序状况_2 安静但不听课，看待打架_1 打架不对，看待违纪_1 他们不知道，看待脏话_1 不喜欢反对

表6-14 多元回归分析表

| 模型中的变量 | 非标准化系数 B | 标准误差 | 标准化系数 试用版 | $t$ | 显著性 |
|---|---|---|---|---|---|
| （常量） | 2.446 | 0.029 |  | 84.759 | 0.000 |
| 课堂秩序状况_1 很好都专心 | -0.319 | 0.022 | -0.188 | -14.247 | 0.000 |
| 课堂秩序状况_2 安静但不听课 | 0.085 | 0.027 | 0.040 | 3.101 | 0.002 |
| 拉帮结派现象_3 没有，学校很严 | -0.141 | 0.023 | -0.079 | -6.150 | 0.000 |
| 看待违纪_1 他们不知道 | -0.074 | 0.024 | -0.045 | -3.109 | 0.002 |
| 看待违纪_3 他们不自控 | 0.097 | 0.025 | 0.056 | 3.919 | 0.000 |
| 看待打架_1 打架不对 | -0.118 | 0.023 | -0.072 | -5.172 | 0.000 |
| 看待打架_3 看打架很刺激 | 0.272 | 0.059 | 0.059 | 4.611 | 0.000 |
| 看待脏话_1 不喜欢反对 | -0.385 | 0.028 | -0.241 | -13.807 | 0.000 |
| 看待脏话_2 不喜欢不反对 | -0.180 | 0.036 | -0.078 | -5.064 | 0.000 |
| 看待脏话_3 流行但我不会 | -0.193 | 0.042 | -0.066 | -4.569 | 0.000 |

因为方程较为复杂，这里不再整理成公式。从表6-14中我们可得出如下结果。

（1）能从学习环境中认识到课堂秩序状况很好，觉得大家都很专心的学生，其本身小动作就会较大幅度减少。因此提示我们，面对上课做小动作的同学，重要的不是如何制止他做小动作，而是如何营造一种气氛，让他意识到"课堂秩序状况很好，大家都很专心"，这一气氛是真实的还是主观的并不重要，只要学生能

---

[1] 石森昌. 使用 SPSS 进行回归分析应注意的一个问题[J]. 统计教育学报，2006，8：16-17.

感受到这种气氛，上课做小动作就会大幅减少。但相反的是，如果意识到"课堂安静但很多同学不听课"，观察者的小动作就会增多。

（2）如果学生认识到学校没有拉帮结派现象，因为学校管得很严，他们的课堂小动作也会有较大幅度的降低。拉帮结派与课堂小动作之间可能并非直接的因果关系，二者可能都是学校管理的产物。

（3）如果认为违纪者是不知道或不自控而违反纪律，实际上都可以视为是自身态度的投射，但二者对课堂小动作的预测方向完全相反。如果是因不知道而违反纪律，可以推断如果知道，就不会违反纪律；那么要想减少课堂小动作，就要让未成年人对自己的行为有所觉察。不仅仅是有所觉察，还要有所控制，因为在本书中已经发现，自己认为那些违纪者是不自控而为之的未成年人本身的课堂小动作就多。管理训练是一种能有效提高自我监督和控制的行为主义疗法，其核心就是通过强化来加强学生的自我监控：首先教师给学生课堂行为以评估并强化（如口头鼓励等）；训练一段时间后，让学生猜测教师会如何评估，猜对了才给以强化；最后逐渐去掉强化，这时学生已经学会对自己课堂行为的监控了。

（4）如果认为打架不对，孩子们课堂小动作就少；如果认为打架很刺激，课堂小动作就多。对打架的看法与自己课堂小动作似乎并没有什么必然关系，但在更深刻的心理层面上，二者可能存在紧密联系，它们可能都是某种价值观或尚未形成体系的单一观念或观念组合的产物。

（5）对于说脏话的看法，只要是不喜欢，或者明确表明自己不会说，都意味着较少的课堂小动作。与对打架的看法类似，对说脏话的不认可与较少的课堂小动作都是文明的表现，它们背后有着更深层的原因，如父母职业、家族文化氛围、宗教信仰等。尤其是后者，直接决定着上述各种变量。可惜的是，我们研究中并未涉及该变量，也无法对此做出考察，甚至是即使设计了该变量，也未必能得出可靠的结果。

## 第六节 未成年人的生命观

生命观包括对生命价值的认知、热爱的体验和尊重的态度，在逐一分析未成年人生命观这三个方面的现状后，我们深入探索生命观形成的原因，以及生命观对个体自身及他人的影响。

### 一、人生价值认知

人生价值认知是对自己活着的意义的思考。在对"人活着是为了什么"这一问题上，多数（63.9%）孩子选择了"做一个有益于社会的人"，也有人选择"做一个普通人，平凡地过完一生"（13.6%），少数人选择"尽可能的享乐，死了就什么都没有了"（6.7%）和"说不清楚，没有考虑过"（10.0%）。城乡孩子间对该问题的选择存在显著差异（$\chi^2$=43.52，df=4，$p$=0.000），城市孩子比农村更多选择了享乐和说不清，农村孩子更多选择了做普通人和有益社会的人。更值得关注的一个现象是，随着学段的升高，选择享乐的越来越多，选择有益社会的越来越少（$\chi^2$=220.70，df=8，$p$=0.000）（图6-116）。

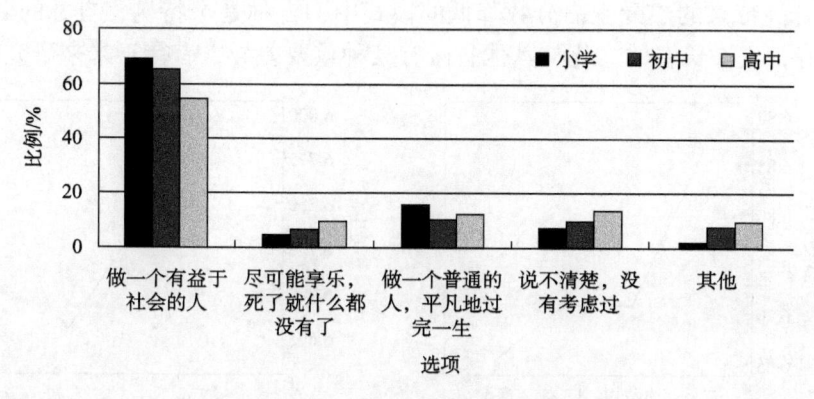

图6-116 人生价值认知的学段差异

## 二、热爱生命

我们调查了未成年人对小动物、大自然和街上的流浪狗的态度，以此代表他们对生命的热爱。

对于小动物，绝大多数孩子选择了喜欢或非常喜欢（41.4%，46.1%），只有极少数选择了一点也不喜欢（2.8%）。对于大自然，更多的孩子做了相同的选择（44.5%，50.2%），选择一点也不喜欢的只占1.3%，但这些孩子更值得我们关注。内蒙古、吉林的孩子做出的选择较为极端（一点不喜欢的更多，非常喜欢的也更多），而广东与河南的孩子选择较为中庸（选择喜欢的比例相对吉林和内蒙古来说更高）。

为了考察其他人口统计学变量对孩子们喜欢动物和热爱自然的影响，我们把这两个变量相加之和视为连续变量，代表对生命的热爱，命名为"热爱生命"，作为因变量；以省区、城乡、学段、性别、独生子女、父亲文化水平和母亲文化水平作为自变量，进行单因素方差分析，结果发现省区、城乡、学段、性别和母亲受教育水平主效应显著（$ps$=0.023，0.041，0.000，0.000，0.047），学段×省、学段×性别、学段×母亲受教育水平、城乡×性别交互作用显著（$ps$=0.004，0.034，0.022，0.000），如图6-117~图6-121所示：吉林、城市、小学、女孩和母亲受教育水平较高的孩子热爱生命得分都较高,其他的得分较低。值得关注的是,随着学段升高,孩子们热爱生命的得分越来越低,但随着母亲受教育水平越来越高,得分会越来越高。交互作用显示(图6-122~图6-125):①城市相对较高的热爱生命分数主要是女孩带来的,这个符合我们的日常经验,城市女孩比农村女孩更喜欢小动物;②学段升高带来的热爱生命分数降低,主要也是女孩带来的;③学段升高带来的热爱生命分数降低,其中降幅最大的母亲受教育水平最高的孩子,可能是由于其极限水平本身较高,母亲受教育水平最低的孩子仍保持最低水平;④学段升高带来的热爱生命分数降低的模式中,吉林是个特例,吉林的调查地主要为长春,或许长春的文化与其他省区有某种重要差异,有待于未来研究去发掘。

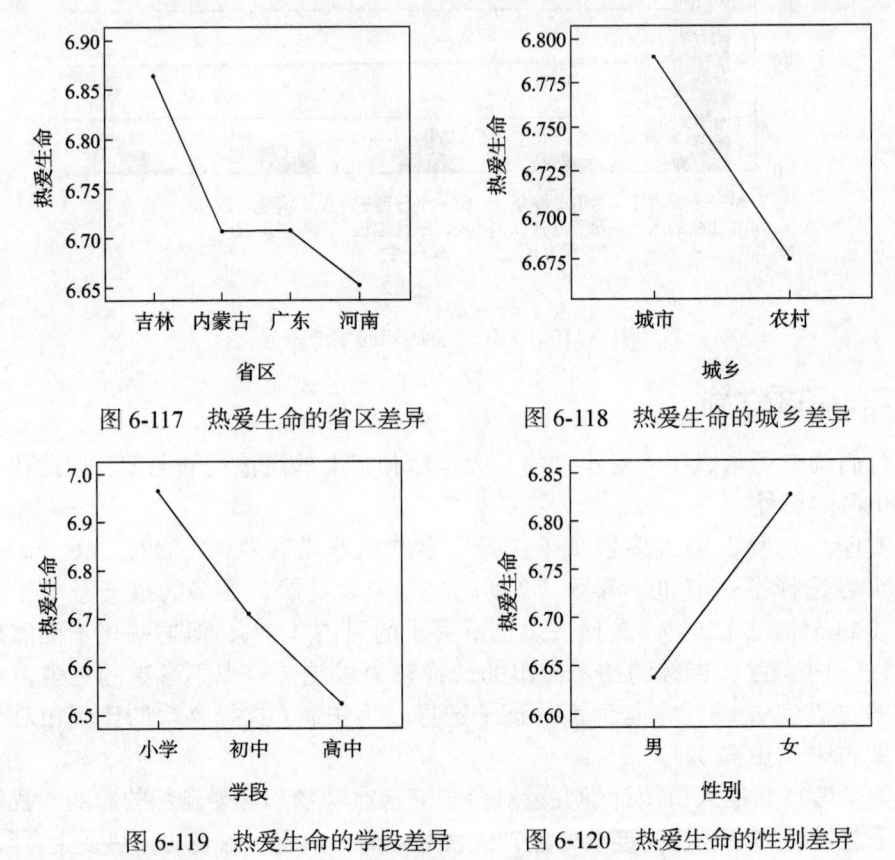

图 6-117 热爱生命的省区差异

图 6-118 热爱生命的城乡差异

图 6-119 热爱生命的学段差异

图 6-120 热爱生命的性别差异

## 三、尊重生命

尊重生命是在认识到生命价值的基础上,对生命的尊重。

首先,践踏草坪、摘折花木等行为可以反映个体对其他生命的尊重程度。绝大多数孩子们都能认识到"花草也有生命,这样做是不对的"(87.6%)。其中,

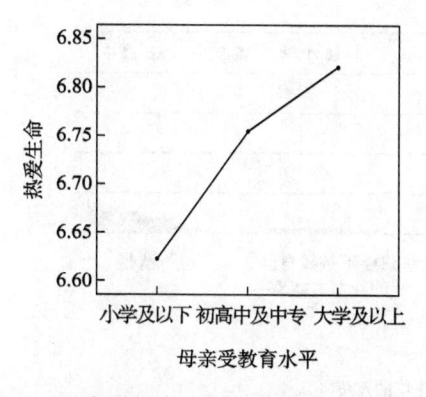

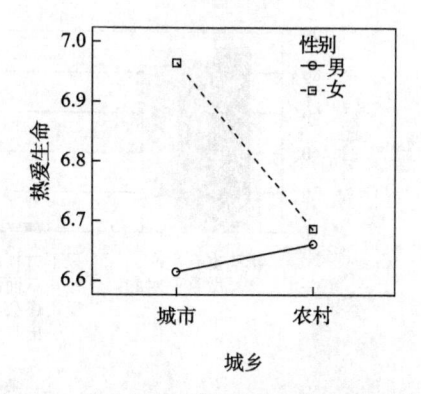

图 6-121　母亲受教育水平对热爱生命的影响　图 6-122　城乡与性别在热爱生命上的交互作用

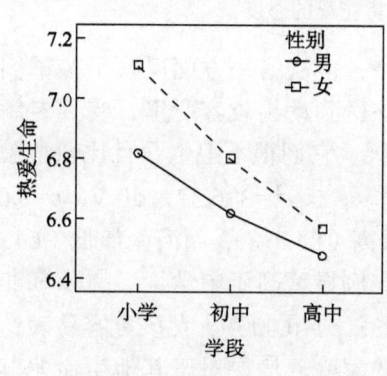

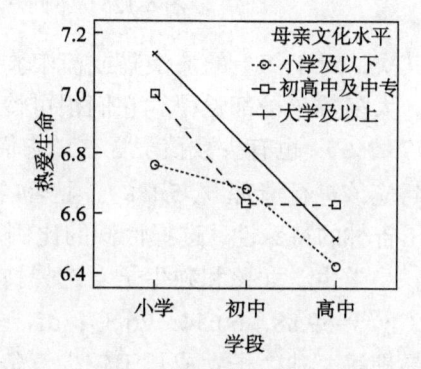

图 6-123　学段与性别在热爱生命上的交互作用　图 6-124　学段与母亲文化水平在热爱生命上的交互作用

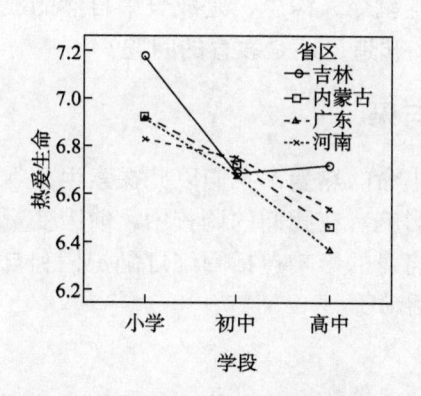

图 6-125　学段与省区在热爱生命上的交互作用

女孩选择该选项的比例较高（$\chi^2$=61.29，df=3，$p$=0.000）。但让人深思的是，小学生选择该选项的比例显著高于中学（$\chi^2$=83.94，df=6，$p$=0.000），学段越高，越少尊重花草吗？其他选项比例虽小，但也从反面展示了这一趋势，如图 6-126 所示。

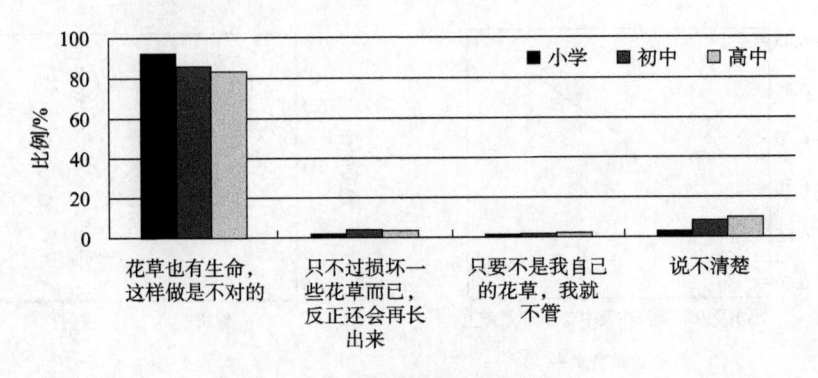

图 6-126　不同学段对摘折花草的态度

其次，对于街上的流浪猫或流浪狗的看法，也从另一方面反映了孩子们的生命观。大多数孩子都觉得"它们很可怜，应该送到动物收容所里，受到专门的照顾"（73.3%），也有少数孩子觉得"它们很讨厌，它们很不卫生而且比较危险，有关部门应该进行清理"（5.1%）。显著的省区差异（$\chi^2$=336.37，df=9，$p$=0.000）重现了吉林的特殊性，选择怜悯的比例吉林最高（84.0%），而河南最低（64.0%）。同样，小学生、女孩和独生子女选择怜悯的比例显著高于中学生、男孩和非独生子女（$\chi^2 s$=69.88，60.54，26.53；df$s$=6，3，3；$ps$=0.000）。女孩更容易表达爱心这容易理解，独生子女成长于较少竞争气氛的家庭环境，对于其他生命尤其是与自己不会构成竞争的流浪猫狗，更多表现出怜悯，也是可以理解的。而小学生表达怜悯比例高于初高中生就令人深思，是成长中自然的成熟表现，还是考虑问题更加现实？是社会环境的塑造，还是教育的问题？

### 四、生命观的因与果

生命观的核心是对生命的热爱，我们以此探索生命观形成的原因，以及生命观对个体自身及他人的影响。在我们的调查中，前因变量包括生命探索、自我归因和生命教育；对个体自身的影响包括闯红灯翻护栏和自杀行为等；助人行为包括经常助人和参加爱心活动等。

（一）前因

生命观的前因变量是指所有影响个体生命观形成的因素，除了上述已经考察过的人口统计学变量，这里进一步探索其他影响因素。

首先我们直接调查了未成年人自己对这些影响因素的归因。调查显示，选择"自己的性格"的最多（57%），其次是父母及家庭的影响、学校的教育、实践活动、社会上的公益广告和朋友的影响（48%、35%、26%、24%和24%）。但这种自我归因存在较大的群体差异，如图 6-127 所示。吉林、内蒙古更多人认为自己的生命观来自学校教育和实践活动，而广东、河南更多人认为受自己的性格和社会公益广告的影响。城市孩子更多认为自己性格影响最大。随着学段升高，越来越多的人归因于自身性格因素，归因于学校、父母和朋友影响的也随学段上升而增多。

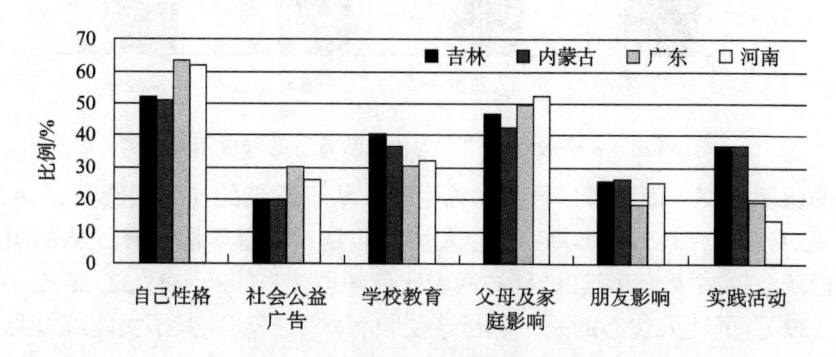

未成年人生命观的影响因素

图 6-127　各省区未成年人生命观的影响因素

在学校影响中，直接的影响源就是学校开展的生命教育，如关于生命的由来和意义、生态保护、禁毒宣传、防艾滋病等知识的教育，以及安全防范知识的学习等。绝大多数学校都进行过生命教育（93.1%），经常进行教育的约占 1/3，其中吉林远远高于其他省区（52.4%，$\chi^2$=331.00, df=9, $p$ = 0.000），小学、独生子女和女生比中学生、非独生子女和男生更多（$\chi^2 s$=309.27, 21.18, 42.98, df$s$=6, 3, 3, $ps$=0.000）；随着母亲文化水平升高，其子女所在学校进行生命教育的比例也越来越高，这可能是他们为子女选择了更注重生命教育的学校所致。

其次是未成年人自己进行的生命探索。多数人对"人为什么活着"的问题进行过思考或谈论（75.8%），但经常考虑的仅有 19%，从不考虑的占 24.2%，其中又以吉林选择"从不考虑"该问题的人数比例最高（31.2%，$\chi^2$=78.03, df=9, $p$=0.000）。随着学段升高，越来越多的孩子们开始考虑该问题（$\chi^2$=445.51, df=6, $p$=0.000）（图 6-128）。

（二）后果

后果变量一方面表现为危害行为，另一方面表现为助人行为。

危害行为我们主要考察了闯红灯翻护栏和自杀念头两个方面，二者的分布基本一致。在是否"有过闯红灯或为了抄近路而翻越护栏的经历"这一题目上，显著的省区差异显示了吉林的独特性（$\chi^2$=101.83, df=9, $p$=0.000），从不翻越护栏者的比例最高（67.1%），而河南则最少（55.0%）。农村、女孩、非独生子女从

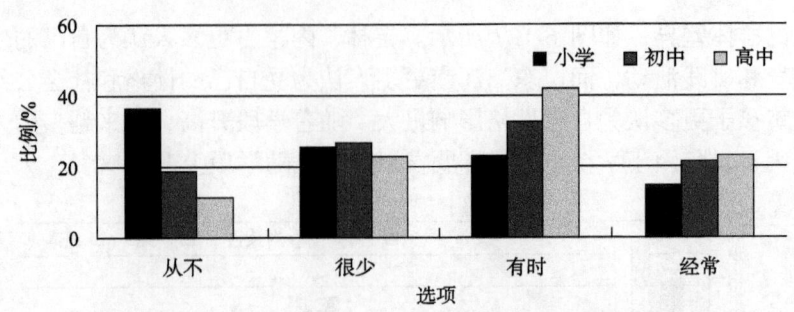

图 6-128　各学段思考"人为什么活着"的未成年人比例

不翻越的比例更高,而城市、男孩和独生子女从不翻越的比例较低($\chi^2 s$=139.49,80.24,32.47;df$s$=3;$ps$=0.000)。让人忧心的是,随着学段上升,从不闯红灯翻护栏的比例急剧减少,而闯红灯翻护栏者比例急剧上升($\chi^2$=645.22,df=6,$p$=0.000)(图 6-129)。更让人忧心的是,随母亲受教育水平提高,其子女闯红灯翻护栏的比例竟然也越来越高($\chi^2$=16.50,df=6,$p$=0.011)(图 6-130),父亲的影响也呈现该模式,但未达到显著水平。

图 6-129　闯红灯翻护栏者的学段差异

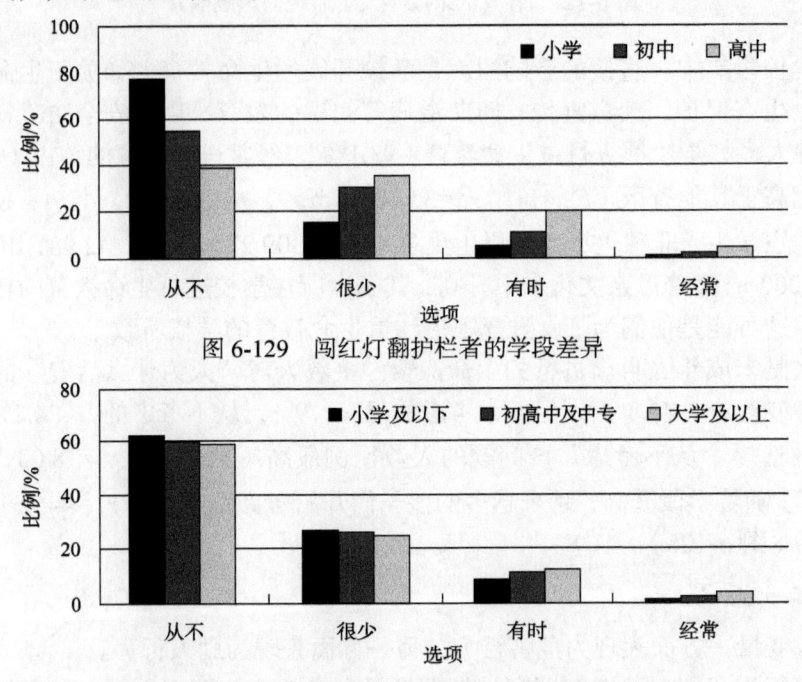

图 6-130　母亲受教育水平对子女闯红灯翻护栏的影响

作为最极端的情况,产生自杀念头是最不珍惜生命的表现。调查中,77.3%的孩子从未因感到绝望而想到自杀,但其余都曾有过,甚至经常有自杀念头的达到了 2.3%。城市、女孩更多的想到过自杀($\chi^2 s$=11.78,19.71;df$s$=3;$ps$=0.000),

而且同上述感到绝望的趋势一样，随着学段升高，更多的孩子想到过自杀（$\chi^2$=149.44，df=6，$p$=0.000）。

对于热心助人，我们调查了四个问题"你经常帮助身边的人吗？""你参加过献爱心活动吗？""你对做义工（如国外很多人义务去医院、福利院帮助困难的人）的行为是怎么看？""对待那些因为抢救落水儿童而牺牲的英雄，你的态度是"，它们实际上来自两个层面：前两个问题极显著相关（$r$ = 0.303，$p$ = 0.000），属于自身的助人行为；后两个问题极显著相关（$r$ = 0.262，$p$ = 0.000），属于对助人行为的态度；助人行为与对他人助人行为的态度间也存在极显著相关（$r$ = 0.227，$p$=0.000）。我们以此为因变量，以人口统计学变量为自变量，做 MANOVA（muti-variate analysis of variance）分析。多变量检验发现，省区、城乡、学段、性别和母亲文化主效应极显著（$ps < 0.01$），城乡×学段、学段×母亲文化、省区×学段交互作用显著（$ps < 0.05$）。为进一步简化，将助人行为与对他人助人行为的态度合并为"热心助人"，作为因变量，进行 ANOVA（analysis of variance）分析，与上述结果一致，因此这里只报告后者，如图 6-131~图 6-138 所示。显然，热心助人与热爱生命几乎展现了完全一致的显著差异模式。

（1）吉林孩子们仍然是最具古道热肠的，相比之下，河南仍旧是分数最低。

（2）城市相对于农村更高。

（3）从小学到高中，热心助人分数一路下滑。

（4）随学段升高而下滑的热心助人主要是农村孩子带来的，这可能是他们的生存环境所致。他们越来越远离自己的本乡本土，越来越在城市孩子的地盘上与城市孩子竞争，这种竞争其实是不公平的。

（5）在随学段升高而下滑的热心助人方面，母亲受教育水平在大学以上的孩子，以及吉林的孩子，更是下滑得明显，主要原因可能是他们的基础分数高（他们的小学生最具助人的热心）。这似乎提示我们，吉林和受教育水平在大学以上的母亲这两类群体的家庭教育可能非常好，但是随着孩子长大并越来越社会化的过程中，这些本来热心的孩子越来越被世俗的自利风气所熏染，因而造成了热心助人的下滑。

（三）因果结构模型

本部分内容尝试把生命观及其前因与后果变量整合为一个完整的结构模型，其中生命观以热爱生命潜变量为代表，前因变量包括生命探索和生命教育，后果变量包括危害行为和热心助人两个潜变量。通过 AMOS 18.0 建立模型，如图 6-139 所示，模型指标如表 6-15 所示。

图 6-131　热心助人的省区差异　　图 6-132　热心助人的城乡差异

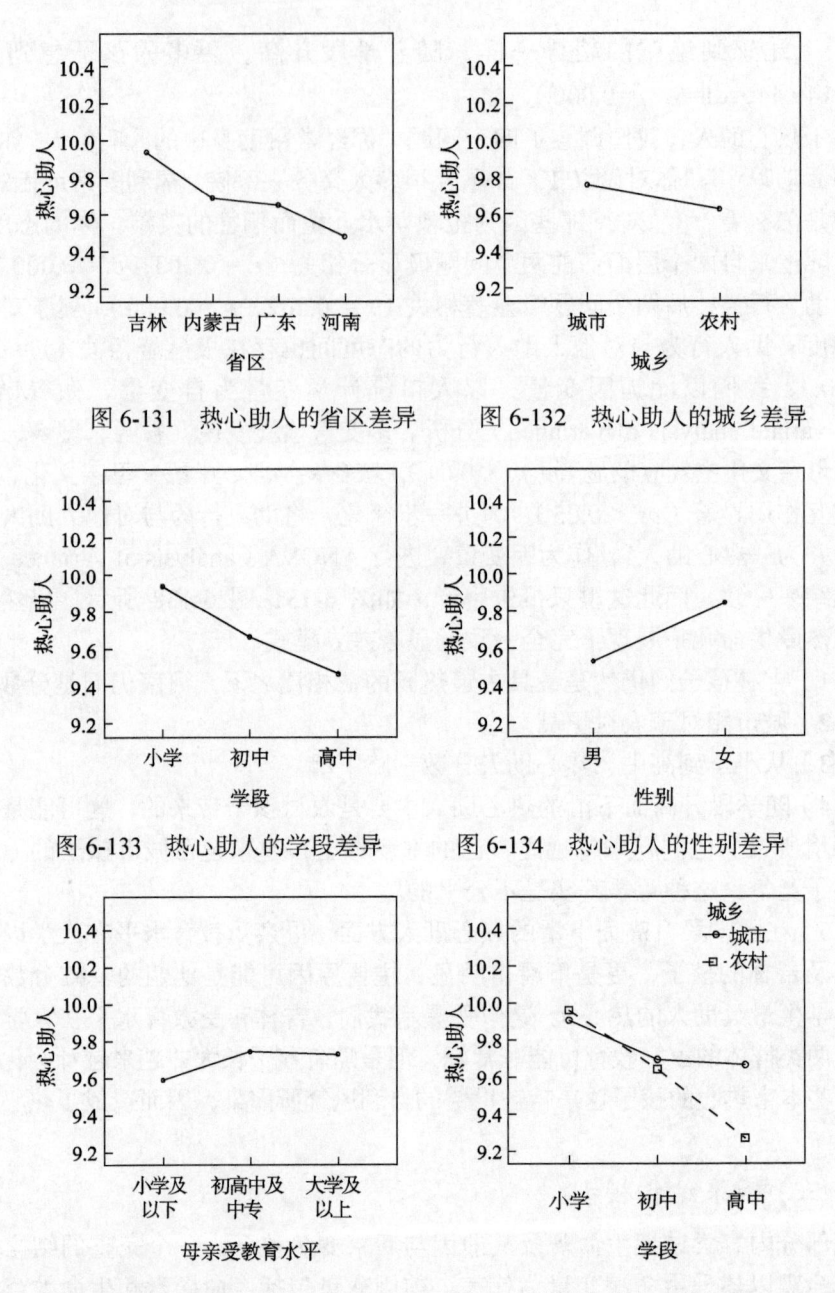

图 6-133　热心助人的学段差异　　图 6-134　热心助人的性别差异

图 6-135　母亲受教育水平对热心助人的影响　　图 6-136　学段与城乡在热心助人上的交互作用

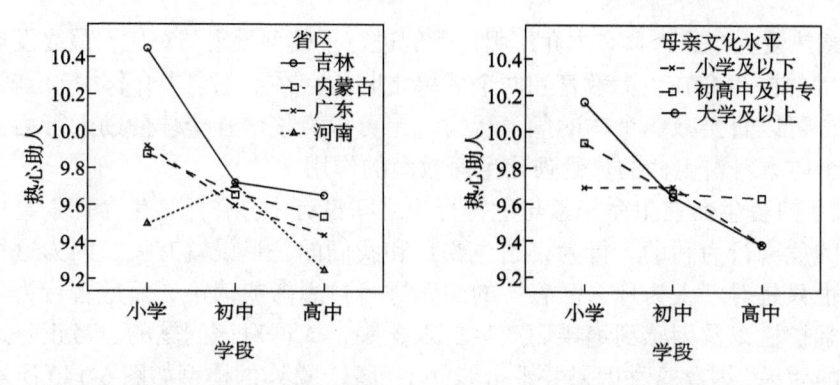

图 6-137　学段与省区在热心助人上的交互作用　　图 6-138　学段与母亲文化水平在热心助人上的交互作用

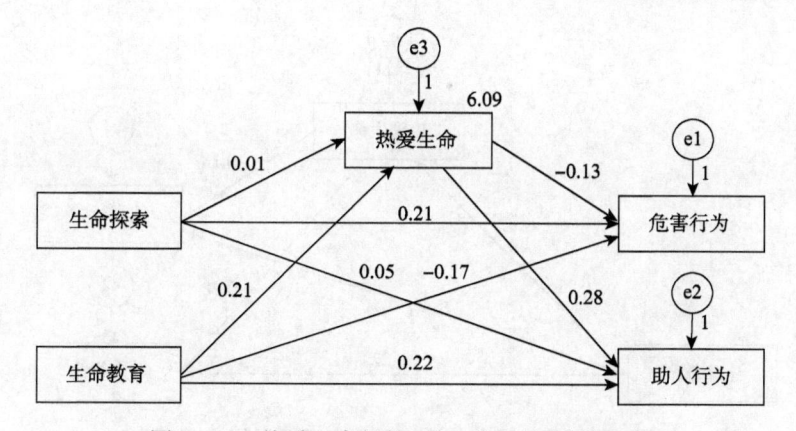

图 6-139　热爱生命的前因与后果（初始模型）

表 6-15　模型指标

| 热爱生命的前因与后果初始模型的指标 | | | Estimate | S.E. | C.R. | $p$ | Label |
| --- | --- | --- | --- | --- | --- | --- | --- |
| 热爱生命 | ← | 生命探索 | 0.010 | 0.015 | 0.661 | 0.509 | W1 |
| 热爱生命 | ← | 生命教育 | 0.212 | 0.017 | 12.391 | *** | W2 |
| 危害行为 | ← | 热爱生命 | −0.131 | 0.013 | −10.019 | *** | W3 |
| 助人行为 | ← | 热爱生命 | 0.278 | 0.012 | 22.434 | *** | W4 |
| 危害行为 | ← | 生命探索 | 0.208 | 0.014 | 14.561 | *** | W5 |
| 助人行为 | ← | 生命教育 | 0.218 | 0.016 | 13.496 | *** | W6 |
| 助人行为 | ← | 生命探索 | 0.054 | 0.014 | 4.010 | *** | W7 |
| 危害行为 | ← | 生命教育 | −0.174 | 0.017 | −10.207 | *** | W8 |

***表示 $p<0.001$

容易发现，除了生命探索与热爱生命之间关联未达到显著，其余路径均为显著。

为了探索热爱生命是否具有中介作用，我们进行了模型设定与对比，最终发现：

（1）热爱生命在生命教育和两个后果之间均存在不完全中介作用。也就是说，生命教育可以直接减弱个体的危害行为，也可以直接增强个体的助人行为，还可以通过个体本身对生命的热爱强化生命教育的作用。

（2）热爱生命在生命探索与危害行为之间没有中介作用。生命探索直接预测了个体的危害行为和助人行为，这主要是和我们的题目设置有关，因为这里的生命探索也只是对"人为什么活着"的问题进行过思考或谈论，而危害行为也只是闯红灯翻护栏以及因感到绝望而产生自杀念头，或许对该问题的思考正是这些危害行为的后果，因此这种因果关系可能并不可靠。最终的模型如图 6-140 所示（$p = 0.000$，CMIN/df = 45.261，CFI = 0.923，RMSEA = 0.088）。

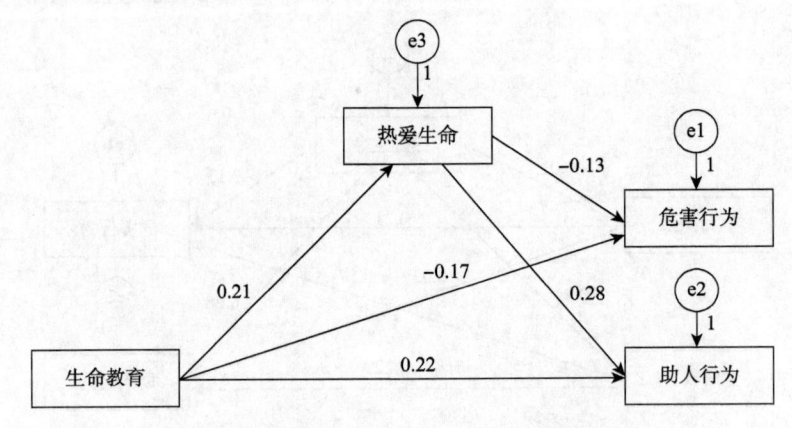

图 6-140　热爱生命的前因与后果（最终模型）

模型显示了生命教育对生命观形成及相关行为的重要影响，提示那些还没有开展生命教育的学校，不仅要注重外在的生命教育，还要尊重学生发自内心的对生命的热爱，外部的生命教育只有通过内心的对生命的热爱，才能更好地避免各种危害行为，增进学生的助人行为。

这里值得思考的是，未成年人的生命探索不能预测对生命的热爱与助人行为，却能显著预测其危害行为！到底是孩子们的未成年人时期所致，还是哪里出了严重问题？

# 第七节　小　　结

我们所考察的未成年人亚道德文化，尽管涉及了五个领域，也仅仅是未成年人亚道德文化的一个取样，尚不能说代表其整体样态，对于更为细致的亚道德文化内容更是无法涉及。即使这么五个领域，也已经构成了一个复杂的网络：每个领域在特定情境下都可能成为当前行为的主导领域，但每个领域之间都可能存在千丝万缕的联系，如图 6-141 所示。

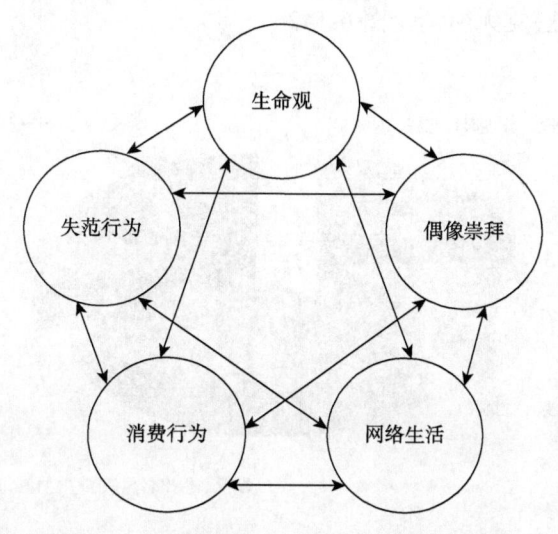

图 6-141　未成年人亚道德文化的五个领域

尽管分析时可以以任一领域为基点，逐一分析这五个领域错综复杂的关系。但稍稍排列组合一下便知，要详述 25 种组合在调查中的表现，实非易事。为方便起见，我们仅以网络生活为例，从实际的调查数据来看未成年人网络生活与其他四个领域的关联，主要分析未成年人网络生活与偶像崇拜及生命观两个方面。

## 一、未成年人的网络生活与偶像崇拜

网络生活为偶像崇拜提供了绝佳的工具，由此偶像与粉丝及大众、粉丝与粉丝、粉丝与大众之间的互动比以往任何时代都更加方便与频繁。

网络的便利促进了粉丝们的互动，更加强化了未成年人的追星行为和追星热情。甚至一个偶像不在了，这些粉丝们仍然会保留某种形式的纪念。例如，在张国荣去世十余年来，网络上对他的追忆一直不断，甚至在每年的祭日，大批国际及本地粉丝仍不约而同地汇聚到他跳楼处。

网络的便利也使得粉丝与崇拜对象间的互动更加触手可及。在某乐队的网络讨论区中，一个歌迷激动地说，该乐队来中国时她与他们合影并将这张照片发给了他们，乐队主唱竟将这张照片贴在了他们的网络空间上，歌迷高兴地说，她觉得这个乐队成员对歌迷十分体贴热情。

**230** 未成年人亚道德文化生活研究

　　反过来说，偶像崇拜也是网络生活的重要内容。在本书中，我们对未成年人调查了以下题目，涉及未成年人在网络生活中偶像崇拜的正反两个方面。

　　这里的自我丑化人物，是指网络上靠丑化自己来出名的人物，如芙蓉姐姐、凤姐等，更多的人对其表现出讨厌和鄙视，少数人表现出了喜欢和敬佩，也有相当数量的未成年人感觉无所谓（图 6-142）。

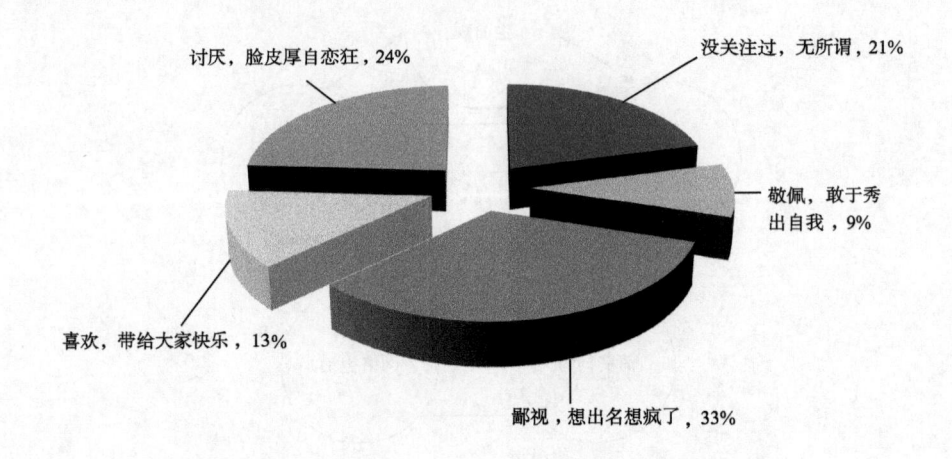

图 6-142　未成年人对网络上自我丑化人物的态度

　　对自我丑化人物的态度也存在显著的不同群体的亚文化差异。首先是城乡差异（$\chi^2$=50.54, df=4, $p$=0.000）。显然，城市孩子对自我丑化人物鄙视和讨厌的比例高于农村孩子，而农村孩子觉得喜欢和无所谓的比例高于城市孩子（图 6-143）。

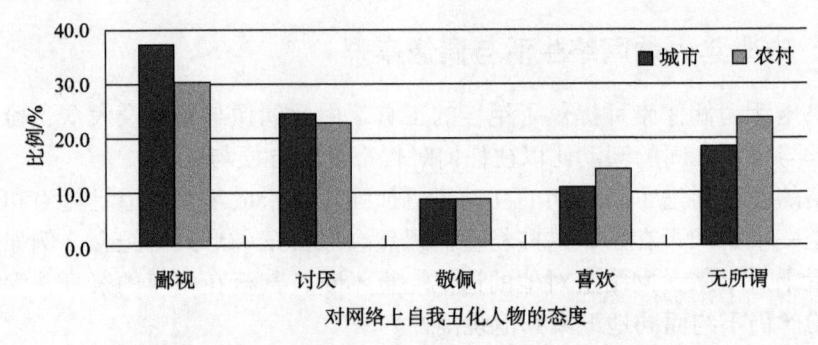

图 6-143　对网络上自我丑化人物态度的城乡差异

　　不同学段群体亚文化差异也是同样显著的（$\chi^2$=358.30, df=8, $p$=0.000），随着年龄增长，持有喜欢、敬佩和漠视态度的比例越来越低，而持有鄙视态度的人越来越多，显示出未成年人对主流文化的认同趋势（图 6-144）。

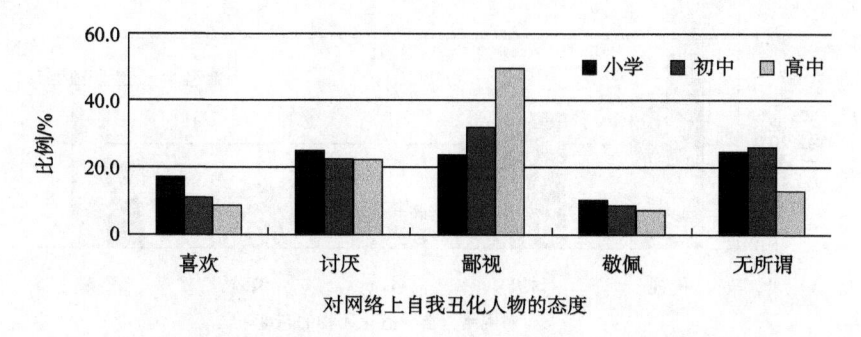

图 6-144 对网络上自我丑化人物态度的学段差异

性别间也存在显著差异（$\chi^2$=16.20，df=4，$p$=0.003）（图 6-145），主要表现在男孩更多持有更强的不认同态度（讨厌、鄙视），而女孩更多的持有喜欢、敬佩和漠视态度。进一步分析发现，最不关注此类现象的人群来自河南女孩（46.4%），而最鄙视此类现象的人群来自吉林男孩（43.5%）。

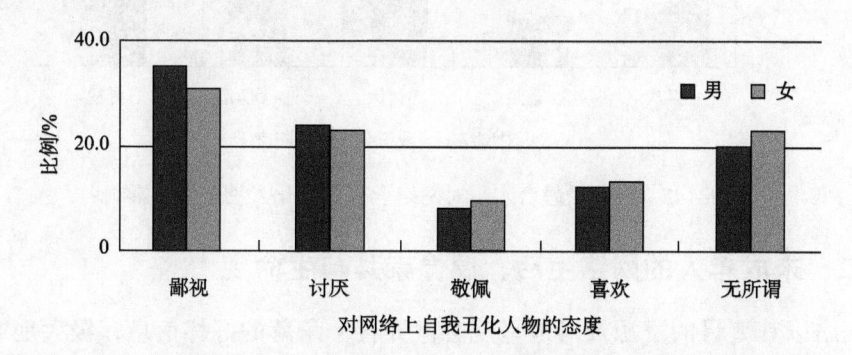

图 6-145 对网络上自我丑化人物态度的性别差异

独生子女与非独生子女对自我丑化人物的态度也存在显著差异（$\chi^2$=94.63，df=4，$p$=0.000）（图 6-146），其模式与性别差异非常类似。独生子女更多持有更强的不认同态度（讨厌、鄙视），而非独生子女更多觉得无所谓。

父母的受教育水平也显著地影响着孩子对自我丑化人物的看法（$\chi^2 s$=19.94，15.82；df$s$=8，8；$ps$=0.011，0.045）（图 6-147），父母的影响模式稍有差异。随着父母受教育水平的提高，越来越多的子女对丑化自己的人物采取漠视或鄙视的态度，而感到讨厌的未达到显著差异，感到喜欢的孩子越来越少；随着母亲受教育水平提高，对丑化自己的人感到敬佩的孩子也越来越少。或许这和中国的教育现状有关。

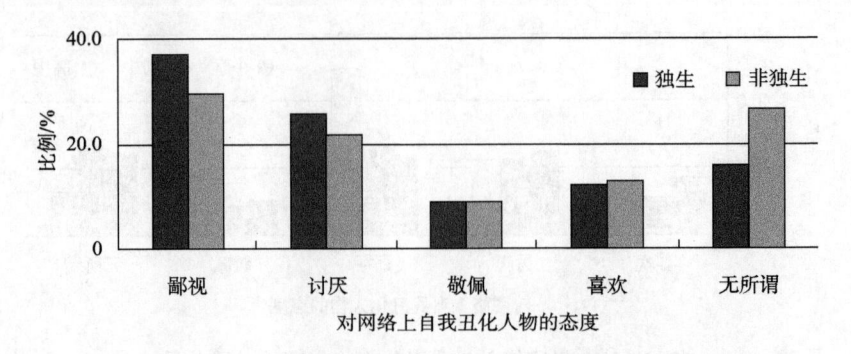

图 6-146　是否独生对网络上自我丑化人物态度的影响

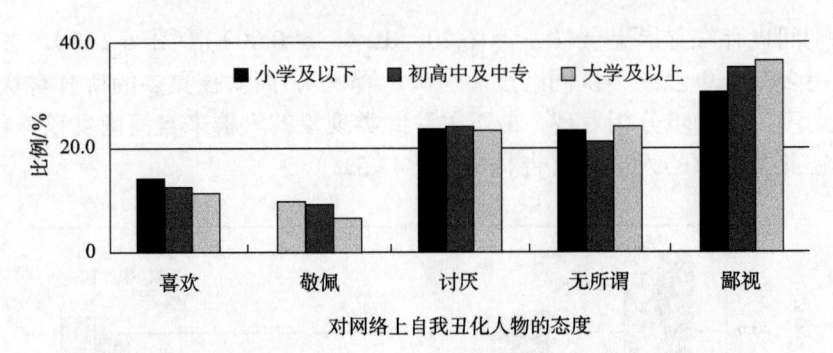

图 6-147　母亲受教育水平对网络上自我丑化人物态度的影响

## 二、未成年人的网络生活、偶像崇拜与生命观

网络以其海量的资源及时地呈现着世界各个角落的好坏信息，极大地影响着未成年人的生命观，一个孩子的生命观也在筛选和重构着这些网络信息。人们崇拜偶像时，也会慢慢同化他的价值观、他对生命的看法。如果偶像是积极向上的，他影响的群体就是积极向上的；如果偶像出了问题，就会对他所影响的群体产生较大的冲击，甚至会带来严重伤害。未成年人获取偶像信息主要是通过网络，在调查中，我们询问孩子们："温州的一个女孩因为家人不给她买张国荣的 CD，她就割腕自杀了。你怎么想？"结果如图 6-148 所示。

绝大多数未成年人都不认同这种不珍惜生命的行为，但具体反应有所差异：多数做出的是认知评价（太傻了，生命更重要），也有做出情感反应的（真可惜，生命就没了），还有做出归因反应的（缺乏亲子沟通），还有直接做出了行为选择（我不会这样做）。进一步交叉表分析发现，吉林、内蒙古两省区做出了更多的认知和情感反应，而广东与河南做出了更多的归因反应（$\chi^2$=431.46；df=12；$p$=0.000），如图 6-149 所示。

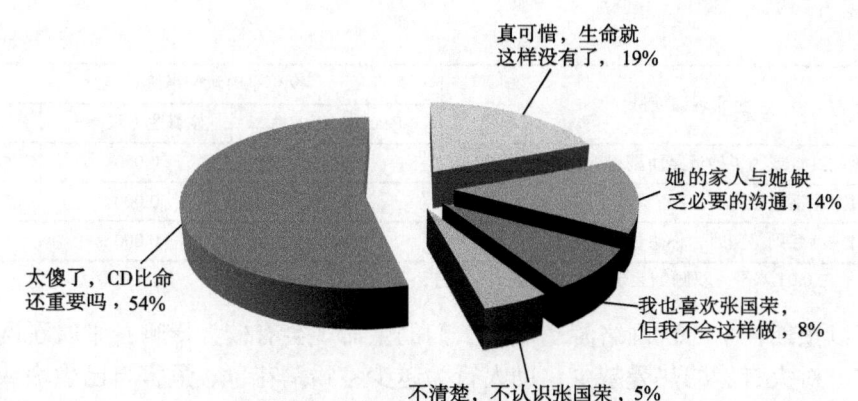

第六章　调研分析：未成年人亚道德文化剪影　233

图 6-148　关于偶像崇拜与生命观的看法

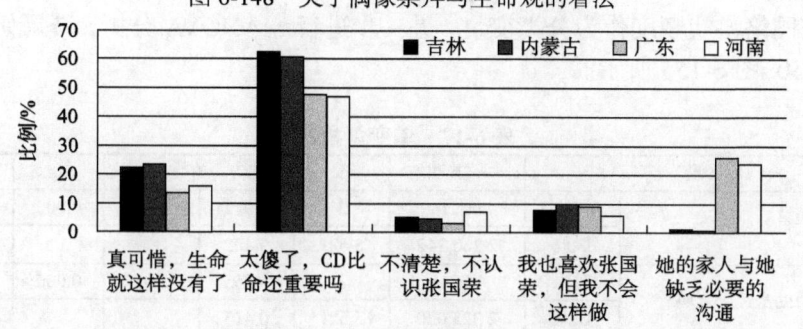

图 6-149　对自杀看法的省区差异

与独生子女相比，非独生子女做出了更多的归因反应和更少的认知反应（$\chi^2$=39.34，df=4，$p$=0.000），而且随着父母受教育水平越来越高，做出认知反应的比例越来越高，做出归因反应的比例越来越低（$\chi^2 s$=15.50，29.01；df$s$=8，8；$ps$=0.050，0.000）。

另外，我们考察了"平时玩网络游戏"的频度与生命观诸变量间的关系，结果如表 6-16 所示。

表 6-16　网络生活与生命观诸变量间的关系

| 生命观诸变量 | 9.你平时玩网络游戏吗？ | | |
|---|---|---|---|
| | Pearson 相关性 | 显著性（双侧） | $N$ |
| 1.你喜爱小动物吗？ | 0.008 | 0.533 | 5 657 |
| 2.你热爱大自然吗？ | −0.070** | 0.000 | 5 654 |
| 3.你如何看待践踏草坪、摘折花木等行为？ | 0.101** | 0.000 | 5 644 |
| 4.对于街上的流浪猫或流浪狗，你的看法是？ | 0.007 | 0.608 | 5 654 |
| 5.你经常帮助身边的人吗？ | −0.079** | 0.000 | 5 654 |
| 6.你参加过献爱心活动吗？ | −0.079** | 0.000 | 5 655 |

续表

| 生命观诸变量 | 9.你平时玩网络游戏吗? | | |
|---|---|---|---|
| | Pearson 相关性 | 显著性（双侧） | N |
| 7.你有过闯红灯或为了抄近路而翻越护栏的经历吗? | 0.194** | 0.000 | 5 655 |
| 8.你有过对生活绝望的感觉吗? | 0.107** | 0.000 | 5 652 |
| 9.当你对生活感到绝望时，你想过自杀吗? | 0.078** | 0.000 | 5 651 |

**表示在 0.01 水平（双侧）上显著相关

可以预期，平时玩网络游戏对孩子们的生命观会有较大影响：平时玩网络游戏越多，对大自然的热爱越少，助人行为越少；践踏花草、危害自己生命或感到绝望甚至产生自杀意念的越多。以上述采用等级计分的变量视为连续变量作为因变量，把网络游戏频度作为分类变量，进一步进行 MANOVA 分析，结果如表 6-17 和图 6-150～图 6-155 所示。

表 6-17 单变量检验

| 因变量 | | 平方和 | df | 均方 | F | Sig. | 偏 Eta 方 |
|---|---|---|---|---|---|---|---|
| 2.你热爱大自然吗? | 对比 | 11.918 | 3 | 3.973 | 9.880 | 0.000 | 0.005 |
| | 误差 | 2 260.242 | 5 621 | 0.402 | | | |
| 5.你经常帮助身边的人吗? | 对比 | 16.065 | 3 | 5.355 | 12.957 | 0.000 | 0.007 |
| | 误差 | 2 323.020 | 5 621 | 0.413 | | | |
| 6.你参加过献爱心活动吗? | 对比 | 32.941 | 3 | 10.980 | 18.527 | 0.000 | 0.010 |
| | 误差 | 3 331.280 | 5 621 | 0.593 | | | |
| 7.你有过闯红灯或为了抄近路而翻越护栏的经历吗? | 对比 | 151.811 | 3 | 50.604 | 83.564 | 0.000 | 0.043 |
| | 误差 | 3 403.903 | 5 621 | 0.606 | | | |
| 8.你有过对生活绝望的感觉吗? | 对比 | 61.566 | 3 | 20.522 | 25.956 | 0.000 | 0.014 |
| | 误差 | 4 444.133 | 5 621 | 0.791 | | | |
| 9.当你对生活感到绝望时，你想过自杀吗? | 对比 | 21.671 | 3 | 7.224 | 14.108 | 0.000 | 0.007 |
| | 误差 | 2 878.163 | 5 621 | 0.512 | | | |

注：F 是检验"9.你平时玩网络游戏吗？"的效应。该检验基于估算边际均值间的线性独立成对比较

该结果提示我们，要注意未成年人玩网络游戏带来的消极影响。尽管孩子们自己陈述的消极影响并不明显，但对网络生活与生命观的跨领域分析则发现，未成年人玩网络游戏给孩子们造成了许多潜在的威胁：越多沉浸在网络游戏中，越少接触真实的世界，对大自然的热爱就越少，对身边的人的帮助越少，参加献爱心活动越少，总的来说就是越不积极；从另一方面说，越多沉浸于网络游戏，闯红灯、翻护栏的行为越多，对生活绝望的频率越高，对生活绝望时想到自杀的频率也越高，总的来说，就是越消极。因此，从未成年人的身心健康成长角度看，他们越少接触网络游戏越好。

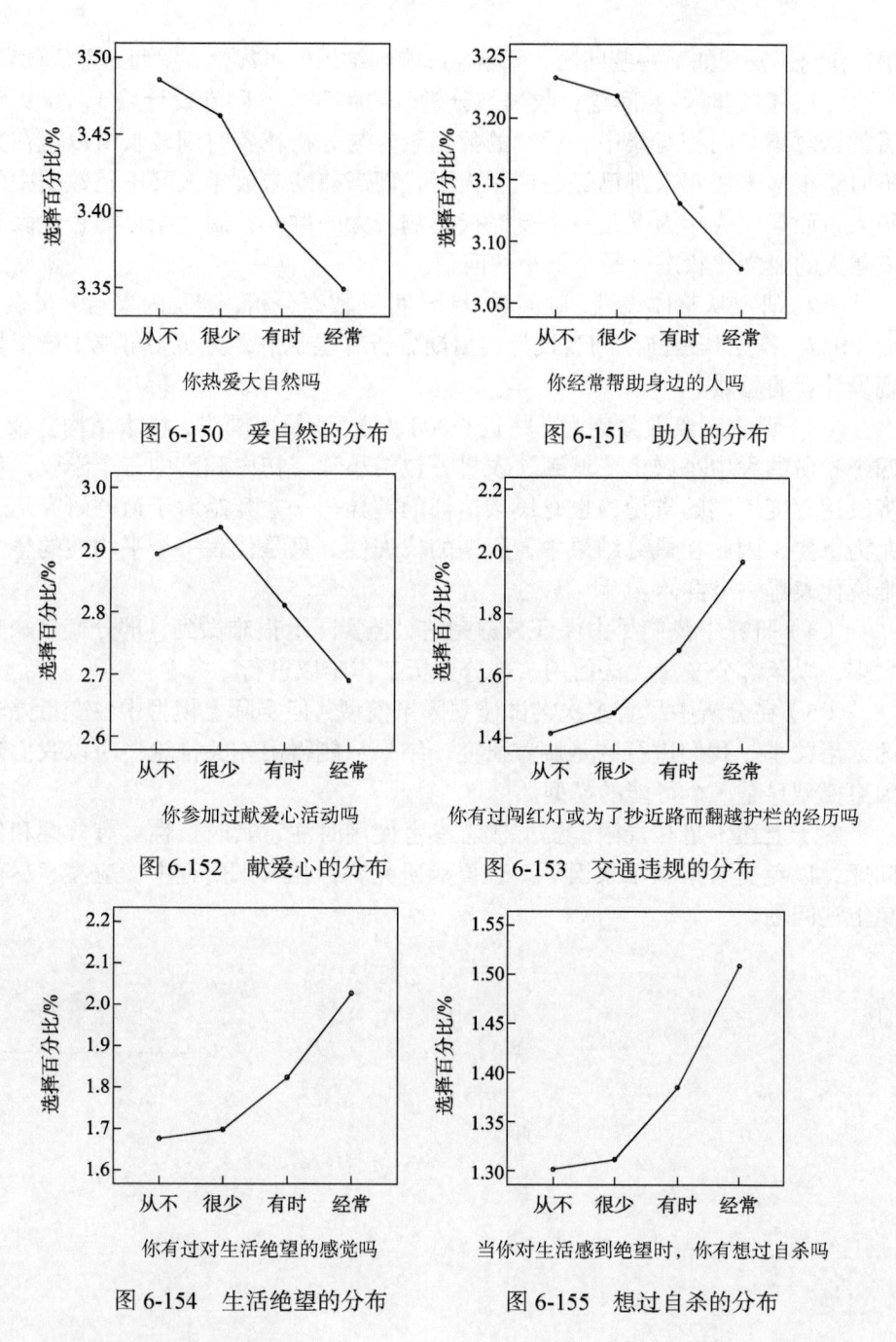

你热爱大自然吗

图 6-150　爱自然的分布

你经常帮助身边的人吗

图 6-151　助人的分布

你参加过献爱心活动吗

图 6-152　献爱心的分布

你有过闯红灯或为了抄近路而翻越护栏的经历吗

图 6-153　交通违规的分布

你有过对生活绝望的感觉吗

图 6-154　生活绝望的分布

当你对生活感到绝望时,你有想过自杀吗

图 6-155　想过自杀的分布

## 三、对研究存在的局限

本次研究虽然已经做出了上述分析,似乎已经能说明一些问题,但在分析过程中，我们还发现如下一些问题，可能会影响到结果的可靠性，罗列如下供读者参考。

（1）数据时效性问题：收集与分析时间跨度大，问卷设计始于2009年，随后数据收集时间相对集中，后续的数据录入与分析花费时间较长，以至在数据分析时，很多未成年人都已经是成年人了，而当前的未成年人又不是数据中的未成年人。而且未成年人又是一个受时代影响较大的群体，因此结果能否代表当前未成年人的亚文化状态，是个不小的问题。

（2）研究从整体设计，到问卷设计，再到数据分析，涉及的参与人员众多（将近20人），尤其是前期问卷设计与后期分析有些脱节，分析中可能不能很好地体现设计者的思路。

（3）调查对象数量庞大（将近6 000人），涉及范围广，样本结构复杂，包括四个省份的大中小城市、城镇、农村，包括小学、初中和高中三个学段，包括经济发达程度不同的省份，也有民族信仰的差异——尤其是对于道德研究，这一点尤为重要，因此在最终结果中，所谓的代表性，只是代表一个平均性的整体，很难说代表哪一个群体。

（4）研究中我们尽力保证数据完整，但实际上很难做到，部分变量缺失数据太多，以至部分变量无法使用，部分分析工作难以进行。

（5）在分析中尽管多次尝试建立因果模型，但实际上模型中各变量并非真正的因果关系。我们进行的是调查研究，结果只能得出相关推论。所以我们建立的因果模型只是一个可能的模型。

鉴于上述不足与局限，提醒读者参考使用时注意其时效性、有效性和代表性问题，以免受数据和结果误导。也提醒研究者，在未来研究中，应注意尽可能避免上述问题。

# 结　　语

## 指向公民教育的道德教育
## ——我们的教育学立场和主张

### 一、课题研究过程中的忧虑、问题与理路、框架

日益快速变化着的世界让我们对其未来越来越感到忧虑，尤其当探知到它与人们所信赖、向往和追寻的价值形态渐行渐远的时候。对"未成年人亚道德文化"的担心是这种焦虑的构成部分和思想维度，表达了我们对于世界未来样貌的思考与探索。课题所关注的是未成年人的道德成长，研究者借助系统的描述和分析展现我们对自身学术使命和社会责任的担当。

我们的调查和思考是想知道在我们看来已经变化了的世界中孩子们是怎么生活着的，又是怎么想的。伴随着课题研究的问题是"孩子们生活得怎么样？"，"是不是和我们所期望与设想、规范和引领的样子有所不同？"孩子们的生活本身和他们对生活的感觉也许都是很好的，即便是和我们所期望的样子有许多不符合，担心他们耽于网络、迷恋游戏世界，害怕他们对于自我的认知和把握日益轻忽，对于物质化的生活痴迷与追捧，对于我们多年来的信仰和认为有价值的事物以及必须继承和坚守的伦理原则、道德规范不屑一顾，我们的担心会真的发生吗？是不是一定会出现在他们身上？

在进行学理分析和研讨的过程中，我们坚持了对"未成年人亚道德文化"是这一群体在适应社会中表现出来的对成长的解释、适应方式的理解。虽然如此，无论是在未成年人的日常生活中还是在现场调研活动中，对于其生活实事的了解和判读很难有即时的文化特殊性的敏感，也很少有道德性的评价。"亚道德文化"是观察生活的特定视角和学理层面，作为被观察、审视的现实必须是生活本身。未成年人日常生活样态是先于这些学术意见的。

### 二、当今时代与未成年人道德文化

对于当今时代的理解，从对未成年人道德文化的影响来看，课题组主要从以下几个方面进行概括。

## （一）信息时代与网络社会的到来

以计算机网络为代表的信息时代的到来，给我们这个社会增添了新的色彩，在信息时代，各种信息交错复杂，不论是对的还是错的，好的还是坏的，都给未成年人的成长带来了影响。

## （二）功利的实用主义思想广为流布

唯"权"唯"利"的思想在现代社会并不少见，追逐名利、趋炎附势、崇拜利益等就是这种思想的典型表现。未成年人在这样的社会大氛围之下成长，很难做到出淤泥而不染。

## （三）消费主义日渐盛行

消费已经不是什么新名词，但是随着社会化大发展以及与国际接轨，过度消费、铺张浪费也涌入中国。在这种风气下，青少年对名牌的追逐与渴望也表现出来。

## （四）生命观的革新

生命发展不止息，我们秉持的生命观也随着社会的变迁、环境的变化，悄然革新。对人生价值的重新认识，使我们不得不重新审视我们的生命观。

## （五）个体与自我的张扬

对自我来说，个体的发展处于尤为重要的地位，新的社会文化的形成，社会氛围的变化，使得一种张扬自我个性的观念弥漫开来，很多人不再谦虚谨慎，开始极力追求自我价值的实现，追求人生的精彩。

### 三、未成年人亚道德文化的"现实风险"

（1）"唯利是图"：人们在理解和处置人际关系、社会责任、发展规划等社会事务过程中自主、自觉进行简单的经济性计算。将效益性摆在第一位置，用利益来衡量对各种关系的认知。这不是一种新的社会现象，只是在现代社会条件下更加严重、表现得异常明显，以至于成为一种广泛的社会行为。

（2）"道德沦丧"：社会道德底线和价值原则一再被突破，伦理规范混乱。究竟是社会"染黑"了我们？还是社会被我们玷污了？答案应该是不言而喻的，我们无法言说，但又了然于胸。社会道德一再降低标准，各种丑陋的事实让我们不得不重新审视我们所信仰的理念。

（3）"诚信缺失"：个体对国家、政府、公共部门、司法等社会机构失去信任，个体对日常生活环境的信任也逐渐丧失。一个国家，倘若行政体系缺乏诚信，那这个国家还有存在下去的必要吗？人与人之间连最起码的信任都荡然无存，生存怎样进行？个体对整个社会充斥着怀疑，社会活动又如何开展？

（4）"信仰缺失"：机会主义的处世哲学盛行，对于理想、崇高、价值关怀的漠然。信仰是一个人生存下去的精神支柱，支撑着我们的思想、语言以及行动。一个缺乏信仰的个体是一具行尸走肉，而一个缺乏信仰的民族就应该是一个即将毁灭的民族。这不是危言耸听，这也不是信口雌黄，这是一个不争的事实。

（5）"社会危机"：食品安全、环境污染、自然灾害频仍，群体性事件与族群冲突，上学贵、房价高、就业难对未成年人造成一定影响。各种各样的社会危机揭示的就只有一个问题，那就是社会的不稳定，生活环境的混乱，甚至是各种各样的灾难。

## 四、从"未成年人日常生活世界"到"亚道德文化"调查

当代社会转型是深刻而广泛的，从宏观结构到日常生活的细节。穿透繁纷交织的具象世界来读懂未成年人的日常生活世界，去找到那些可堪分析并建构的"未成年人亚道德文化生活"的概念丛林，课题组所要做的一项艰巨的工作就是实现"观念体系"到"日常生活世界"之间的联通。而贯通具象世界到概念丛林的工作是通过大量的概念辨析与梳理来兑现的，概念的努力实际上是要编织起我们观察、分析、描摹未成年人生活世界的理论空间。

问卷的编制是我们将理论与事实本身连缀、编织起来进行反复比照的工作，是将概念架构和生活细节进行参照、糅合、区分再到解释、筛选的过程。理论工作的序列，是围绕文化、文化生态、主流文化、亚文化、价值、价值观、道德、亚道德、德育、道德教育等概念进行的辨析、解释和建构，搭建起"未成年人亚道德文化生活"的理论体系。

课题组认为，从发生学角度来说，文化是人们主动适应系统，体现和表达了其对所处时代的解释和适应方式。不同时代的人有不同适应方式。如果从社会成员年龄分组观察人的成长及人群的自然更替，文化差异体现出不同的社会时空变化对人们现实生活世界的影响，整体上会表现出代际的隔膜与冲突，在时代总体文化特征中存在着众多的群体及相应的文化生态。未成年人亚文化是年青一代在适应社会中表现出来的，是未成年人成长过程中对成长的解释和适应方式。"未成年人亚道德文化"的研究需要观察、了解、分析年青一代的社会文化环境及他们对于自身生活世界的解释与适应方式。

借助"未成年人亚道德文化生活"的理论之维，我们才从繁复嘈杂的生活细节中筛选出来了那些最直观、最直接、最经常的习惯动作和意向性理解，借助日常生活分析系统的解释架构再逐一将这些动作、意向、语词等符号连缀成为一个个提问、一段段描述和一套套解释说明，逐次搭建起来观察的视角和领域，再到五个领域方面的那些题目和问卷。

问卷的实地调研工作，主要围绕对未成年人价值选择和价值观形成影响较大的五个典型的领域进行的，分别为上网行为、偶像崇拜、消费行为、失范行为和生命观。调研活动持续了三年多，分别在河南、内蒙古、吉林、广东等地的农村与城市几十所中小学进行了问卷调查。因调查内容多、样本大、范围广、维度细，部分调查数据的解读工作将在后续研究中进行。

仅就已经得到的事实材料和分析来看，未成年人亚道德文化生活的总体样态已经显现，在接下来的一段予以总述。

## 五、文化观照下的未成年人日常生活镜像速写

我们将自己所知的世界作为参照系，将正在发生变化的世界作为变量，来测度孩子们的生活有哪些变化。依课题选定的分析架构来看，未成年人的道德文化在以下五个方面的变化是显著的，即网络社会、消费社会、价值多元、道德失范和生命观变革。未成年人在社会生活不同领域所呈现出来的生活，就其"亚道德文化"影响而言，分别从上网行为、偶像崇拜（区分了信仰与崇拜的差异）、消费行为、问题行为和生命观现状予以描述。

### （一）网络生存与上网行为

上网已成为信息时代和网络社会中人们的日常行为。未成年人正处于人生观、价值观的形成时期，对网络社会的适应中更容易受到网络本身的负面影响。

网络媒体相对于其他媒体而言，具有自身的独特性，如娱乐性、互动性、信息搜索快捷性、网上交易便利性等，网络对生活空间的替代作用、增加的新娱乐学习空间，对正处于身心发展阶段的未成年人产生很大的诱惑，对其人生观、价值观的形成产生极大的影响，因此有必要研究未成年人的网络空间生活。

通过分析未成年人上网行为结构，如上网动机、上网时间、上网渠道、经济来源、网上行为、关注的内容、重要他人对其上网行为的影响，以及上网行为对其身心健康、学习、生活、交友的影响等，整体上调皮、成绩差、缺少管束的学生上网多。调查问卷区分了城乡、男女、父母职业、家庭状况、是否独生子女、校际办学水平等因素，分析了不同群体与这些因素之间的相关性。

### （二）典型人物与偶像崇拜

调研中我们区分了"偶像崇拜""典型人物"认同等现象中的"崇拜""认同""模仿""信仰"等概念的差异。

伴随市场社会到来，全球化对传统思想文化形成冲击，文化趋同性深化，以及西方文明中平等、民主、人权、博爱、自由等观念的传入，构成了不同于以往的未成年人成长环境。我国社会的快速发展使得个性张扬的需要成为现实，传统价值观受到猛烈冲击。"偶像崇拜"反映了人们在该过程中的主体意识状态和价值

取向。全球化对于多样化的态度使价值观多元化、世俗化成为常态,人们的自我肯定和发展欲望膨胀,传统的偶像逐步被消解。这些对未成年人的价值观形成正在发生着实际影响。此处我们将"偶像崇拜"看作是一种抵制,调查注意到了主流文化对多元化价值生态的抵触和融通。未成年人亚文化的特殊性会在自主社会中得到尊重和显现,反映着时代变迁,在其自主生活中产生。但"偶像崇拜"的盲目性、非理性化特征值得关注。

对照之前时代未成年人所接触到的"典型人物",当代未成年人对于明星的高调追捧和公开态度是需要关注的。对"偶像崇拜"现象的了解包括了偶像各项特征的态度,如相貌、形象、气质到性格特征、价值观、成功经验等。现象分析涉及的事实包括获取信息的渠道、偶像类型等,崇拜行为的表现,父母、学校、社会的理解和宽容度,并了解崇拜行为对个体行为、语言、学习、社会性发展等方面的影响等。问卷根据未成年人的自然属性如性别对其进行分类,了解其理性对待能力的发展情况。

根据对典型人物的分类情况,结合未成年人的认同方式(崇拜与否、能否理性对待等)对之进行了区分。所设计的题目用以证实或证伪之前的判断和假设。由于"典型人物"的多样与繁多,价值分析的视角多样,研究以目前进行的教育活动常规作为背景进行了分析。

### (三)消费社会与消费行为

社会的发展,由物质生产社会转为消费社会,满足了人们生活方式的丰富性,现代人开始喜欢炫耀财富,形成了奢侈、享受的消费观,把消费看成是存在的价值。青少年中也普遍存在追求时尚、喜欢攀比、贪图虚荣的消费观念。

消费观是人们对消费活动的认识,由此形成指导消费行为的思想观念。消费观受价值观、生活方式、道德观念、审美情趣四个方面因素的影响。消费时代的消费方式在影响着未成年人的行为方式和相应的价值观。课题组调查了未成年人对金钱、消费本身的理解有助于了解这种影响的性质和程度。

作为未成年人的父辈、祖辈,对传统的消费方式和对应的价值观有较好的坚持与认同。在产品过剩时代会是怎么样的境遇,以及由此引发的家庭成员代际冲突会怎么解决是需要关注的。在此涉及人们对于"奢侈""节俭"等词汇与消费方式主张的时代性解释和道德意义。

调查涉及消费的自主性,如对时尚和潮流的态度、广告的影响、是否有炫耀攀比的倾向;消费内容的范围如学习工具、沟通工具、日常用品、旅游、时尚娱乐消费、高档消费等方面。

此处区分了不同地域、不同群体的消费性,从消费观和消费心理进行考察。

## （四）行为失范及问题行为

未成年人问题行为主要指其相对于学校、社会、家庭伦理规范而言的失范现象。在此主要参照中小学生日常行为规范。

调查内容包括家庭情况（父母职业、收入水平、是否单亲、家庭氛围与教养方式）、生长环境的区域特征（如拆迁区的孩子暴躁很可能受其父母情绪的影响）、社会机构的态度（对小群体、班级等的态度），对问题行为进行分类。

从学校生活主题出发，侧重了解和分析了当代青少年较突出的问题行为。根据问题行为对相关价值规范的突破情况，了解其影响来自学校、家庭、社会、同伴或其他。

未成年人对自身行为问题的解释是分析其价值观偏失的基本途径。未成年人在生活世界解释方式上的扭曲、偏失和不正常状态，是了解失范原因的重要途径。需特别关注未成年人对自身行为的解释及归因方式，看其对规范的认同情况。

通过调查，了解了未成年人与主流文化的冲撞和青少年的适应方式。借助生活细节的分析，看到了未成年人在多重人际空间中的价值规范生态。

## （五）生命观与生命教育

课题按照人的生命价值和众生平等思想，对存在性问题进行了分析，即社会性——权力（权力意识）、自由、人权，讨论其存在的合理性。从社会和人权的角度来谈生命，生活是生命的展开，生命世界就是生活世界。分析了孩子们对生命的理解，包括对自然界动植物生命的态度、对他人生命的态度，对自己生命的珍爱程度；对别人的关心程度，对自己困难挫折的态度；等等。在这个过程中感受到传统生命观的变迁，以及人权观与人权意识的觉醒。

生命教育转向积极肯定人权的人本主义立场，体现了对生命的尊重。传统的生命观受到质疑和批判，如少数服从多数原则、不杀不足以平民愤的说辞等，体现对少数人意见和利益的尊重。

## 六、道德教育：基于文化研究的教育学立场

课题的伦理关怀和实践指向是明确与坚定的，无论是"未成年人亚道德文化生活"的理论体系建构还是"儿童日常生活世界"调查与呈现，始终是围绕如何促进未成年人的发展和教育活动的积极改进而展开的。

由此，我们在课题研究中始终坚持三个基本的教育学立场。

一是未成年人立场。准确把握和尊重"未成年人"的特征，从其特殊性来考虑和观察世界（生活方式、社会地位、思维方式等）。二是坚持生活实事在解释中的首要性。遵照科学的逻辑，坚持从具体的生活事件本身来发现和解释其对未成年人的成长意义。三是坚持研究的教育学价值立场和学术关怀。注重从青少年发展

和教育尤其是道德教育的角度看待生活细节的成长价值教育发展与未成年人成长。

研究中，我们将"德育"视为教育的道德目的。作为核心概念，"德育"是课题组教育观念的一个集合，是研究者观察和检视当前我国学校教育伦理合理性、分析评判教育活动价值领域的理论思维系统。与此相应，我们对"道德教育"的相关讨论主要是指关涉未成年人日常生活中道德领域及其价值引导的理论努力。以此观之，当前我国道德教育存在如下问题。

### （一）道德教育实践的困境

政策上的"重视"与"轻视"；道德教育方法上的训育与教化矛盾；道德教育内容与社会发展之间的不协调影响了它的实施。道德教育不仅在社会上难以推行，在校园教育中也存在一定程度的困难，直接影响了道德教育社会效能的发挥及道德教育者的信心和社会形象。

### （二）教育的道德维度缺失

当教育者以不再需要被教育而自得之时，其行为的伦理正当、行善的名义和理性的主张，都受到了广泛的质疑。未成年人的社会抵制也是普遍存在，不再情愿接受道德缺失的教育预设，对自我观念存在的合理性和正当性有着更多自信，道德教育存在的前提受到挑战。

### （三）课程改革的迷途

在价值多元的时代，道德教育课程设置及其改革的理论依据受到了冲击。标准的多样往往伴随着无休止的争论，那些看似怪异的想法被要求得到尊重。

### （四）教育者责任的推卸

针对道德教育的现实困境，课题组明确提出我们的道德教育立场。

一方面，我们以主流价值观立场为背景，充分理解和肯定未成年人日常生活的合理性及其对于成长的价值。坚持以促进未成年人成长的立场，对未成年人的生活经验进行道德分析。坚持我们对社会基本伦理规范的判断，同时兼顾多种伦理尺度，发现媒体、网络、社会中负面的影响与危害。

另一方面，我们坚持以开放态度融入当代文化与文明发展潮流。站在文化发展、民主文明的立场，以积极开放的态度融入当代世界。人类文明是多样、丰富的，未成年人的生活经验孕育着生长、创新和变化。所以应以宽容、开放的心态看未成年人的生活世界，保护、欣赏和鼓励新生事物。同时，积极探索当代我国社会的文化趋向。

站在历史与现实、理论与实践、事实与学理之间的交汇点上，我们从教育和教育者的立场将道德教育的归宿和未来定位在"公民教育"。

## 七、指向公民教育：道德教育的应然走向

面对未来，我们很想知道生长在当今时代的未成年人走进社会舞台中央的时候会以什么样的方式与之前时代的人们进行交流。为了社会本身"团结"或者说是"和谐"，价值引导或者说价值教育就是必须关注的。

课题通过对未成年人相关知识和观念的了解情况及生活状态来分析价值教育问题。未成年人日常生活经验在社会化、经济行为、价值观系统、生命意识觉醒和人权观念等综合影响下实现的，包括平等、自由、博爱的人类解放精神，这些都对未成年人的价值观的养成具有重要的教育意义。

孩子们过得好吗？他们会怎样发展，又会如何面对变动不居和日益不确定的世界？他们是自己的社会的主人吗？他们是不是必然就会掌握自己的思想和文化价值观呢？

我们的担心实际上是一种价值关怀，是教育学的立场与情怀，这自然延伸成为我们的教育主张。虽然社会的主体人群是现在正在成长的和受教育的这群人，社会也必然会由他们所构成。这么描述，绝不代表着我们就如此简单地认为社会是一个自然的历史过程，也绝不是说我们会天真地认为不同时代的人们自然而然地随着时代的变化就掌握了自己的命运。

倚重教育，把希望寄托在教育，源于我们相信教育是社会的积极力量，是有效的社会凝聚、提升、优化的机制。社会通过教育不断改变课程和一系列活动的设置，让未成年人随着我们所期待的和设想并规定好的路子走下去，成为所希望看到的样子。我们真诚希望看到他们有责任感、自主自律、能更好地把握自己的命运，以至于比较安心地相信他们会将这个世界带向更加现代、文明、自由、民主的未来。当然，面对未来，我们要以开放的心态和视野，尊重人类价值观与基本伦理原则，对世界文明进步做出更大贡献。在此基础上，进行交流对话，更快促进人本身发展。生命是共有的价值基础，没有人权观社会就没有秩序。

公民是日益变化多样、价值多元、群体分化、时空离散的时代我们不得不进行的身份设定，在一个文化的共同性逐渐减弱，价值认同的基础逐渐消失，共同的经验日渐萎缩，传统文化的成分逐渐稀薄的时代氛围中，"公民"是新的身份认同基础。我们从对于政治的依附，对于群体、组织、单位的依附到逐渐独立，社会的共同价值基础回归到我们共有的日常生活本身，作为"公民"的角色是我们共同的底色。

教育是形成我们社会的基本力量，是可以凭借的对人本身生活进行积极改造的适应系统，我们将自己期许的价值和生活样式通过教育来实现，教育承载着我们对于未来世界更稳妥的钥匙，公民教育则是对于公民养成的期许和可以凭借的重要载体。

## 八、研究者的焦虑、期盼和遗憾

经过课题组同仁的辛勤工作，我们从整体上从对未成年人亚道德的认识和思索、探究、描述、分析，再到可能生活的建构，越来越清楚地意识到未成年人的角色和身份，背后是一种文化与历史担当。

未成年人是一个变化的群体，是不断走向新的社会主体构成的社会分子，他们会改变既存世界意象，虽然这并不是自然而然的事情，文化的变迁也并非如我们自然所愿的那样必然发生。未成年人的世界是未来社会的预演，也是走向时代更替的必然力量。他们是需要我们关注的，也是需要我们尊重的，当然也是需要爱护和教育的。他们需要引导，但不必然就是如我们所设想的那样，也不必然对于即将到来的未来世界有所准备，即便是有所思考。我们的焦虑来自于对自己所处的社会世界将会以什么样的样态存在的深切思考。当今天的成年人有一天处在了社会的边缘，舞台中央的正是正在成长着的他们。

教育的努力也来自于我们的焦虑和担心，来自于我们自己都不能掌控和充分认识的现实，况且这一切变化都在加速发生。"新生代"会怎么应对，现在又是什么样的应对态度与行为模式？我们在预测，也在努力提醒着他们去注意这些变化，将这些变化的意义和价值融汇在我们所设定的教育之中。

尽管我们从理论视角到生活事件的解读努力保持了内在的一致性。从研究问题的确定到问卷编制再到实测和信息采集，尽量保持了理论尺度和价值立场的统一，熟悉各层面与维度上的解释结构。生活事件要经历多次不同水平的抽绎、归纳才足以对应到之前的预设，尽可能避免信息丢失和意义衰减，很多时候不得不借助于现场经验及对研讨过程的回想。

我们有对于理论框架的自信，方法上足够严谨，但这些探索还是比较初步的，我们期待着更多领域、更广范围、更多文化生态下的研究。

# 附　　录

## 附录1　青少年日常生活调查问卷（农村小学版）

亲爱的同学：

　　你好，我们是"青少年日常行为调查"项目组的研究人员，为全面了解大家的日常生活，我们设计了这套问卷，期待你的参与！

　　答案无对错之分，不必仔细考虑，答题方法非常简单，多数题目为单项选择题，个别题目为多项选择题，只需你在题目前面的（　）中填上答案序号A、B、C或D即可。

　　本问卷结果只作课题研究，调查不记名，不作任何评价，不会对你的个人成长和发展造成任何影响，请你真实回答每一个问题，不要有遗漏。真诚感谢你的支持与合作。

　　请选择你个人的基本情况：

　　年级：小学（4年级　5年级　6年级）　　性别（男　女）　独生子女（是　否）

　　家庭住址（农村　城市）

　　父亲文化程度（小学及以下　初中、高中及中专　大学及以上）父亲的工作是_____

　　母亲文化程度（小学及以下　初中、高中及中专　大学及以上）母亲的工作是_____

一

（　　）1. 你主要在哪里上网呢？

　　　　A.学校　B.家里　C.网吧　D.朋友或同学家里　E.手机上网　F.没有上过网

（　　）2. 你一般在什么时候上网呢？（最多可选三项）

　　　　A.上课的时候　　B.做完作业后　　C.晚上睡觉之前

　　　　D.周末及节假日　E.想上网就上，不分时间　F.没有上过网

（　　）3. 你上网主要做什么呢？（最多可选三项）

　　　　A.查找学习资料　B.玩游戏　C.聊天　D.阅读新闻

　　　　E.收发电子邮件　　F.听音乐　　G.看视频、电影　　H.其他

（　　）4. 你了解网络语言吗，如"顶"、"雷人"、"杯具"和"囧"等？

　　　　A.不了解　　B.一般了解　　C.比较了解　　D.非常了解

（　　）5. 你平时玩网络游戏吗？

　　　　A.从不　　B.很少　　C.有时　　D.经常

（　　）6. 你平时喜欢玩哪种类型的网络游戏？（可多选，最多三项）

　　　　A.角色扮演类：大话西游、魔兽世界等

　　　　B.益智休闲类：连连看、泡泡堂等

　　　　C.第一人称射击：反恐精英、穿越火线等

　　　　D.体育竞速类：实况足球、NBA 篮球、跑跑卡丁车等

　　　　E.音乐舞蹈类：QQ 炫舞、劲舞团等

　　　　F.格斗类：地下城与勇士、功夫小子等

　　　　G.模拟经营类：模拟城市、大富翁等

　　　　H.其他

　　　　I.没有玩过

（　　）7. 你对网络游戏怎么看？

　　　　A.很刺激，有成就感，可以展示自己的才华

　　　　B.放松休闲的方式，可以释放一些压力，调节心情

　　　　C.无聊，浪费时间

　　　　D.我不知道

（　　）8. 你在平时使用 QQ、飞信等工具进行网络聊天吗？

　　　　A.从不　　B.很少　　C.有时　　D.经常

（　　）9. 你平时网络聊天的主要对象是？

　　　　A.长辈、亲戚或老师

　　　　B.同学或朋友

　　　　C.陌生人

　　　　D.没有聊过

（　　）10. 你是否有过因上网而逃课的经历？

　　　　A.从不　　B.很少　　C.有时　　D.经常

（　　）11. 上网是否对你的学习成绩带来负面影响？

　　　　A.完全没有　　B.基本没有　　C.有一些　　D.影响很大

（　　）12. 你对制造电脑病毒的黑客怎么看？

　　　　A.他们很了不起，很佩服

　　　　B.这样做是不道德的，应该谴责

　　　　C.是违法的，应该由法律惩处

D.说不清楚

(  )13. 近几年来，网络上出现靠丑化自己来出名的人物，如芙蓉姐姐、凤姐等，你对这种现象怎么看？
A.喜欢，带给大家快乐
B.讨厌，脸皮厚自恋狂
C.鄙视，想出名想疯了
D.敬佩，敢于秀出自我
E.没关注过，无所谓

(  )14. 你认为上网的时候最应该具备哪些基本的道德素质？
A.诚实守信，不违法
B.可以保护自己的隐私，但不能伤害别人
C.网络是虚拟的，互相欺骗很正常
D.我不知道

## 二

(  )1. 你有喜欢的人物吗？
A.有，我一直喜欢他
B.没有，我只生活在我的世界中
C.有很多，且不固定
D.不清楚，我也不知道

(  )2. 你最喜欢的人物属于下列哪一类（限选一项）
A.政治家：毛泽东、周恩来、胡锦涛等
B.神话故事中的人物：嫦娥、女娲、后羿等
C.企业家：比尔·盖茨（微软）、马云（阿里巴巴）、张瑞敏（海尔）等
D.影视歌明星、奥运冠军：周杰伦、章子怡、刘翔等
E.科学家：杨利伟（宇航员）、陈景润（数学家）、袁隆平（科学家）等
F.虚拟人物（动漫、游戏中的角色）：铁臂阿童木、机器猫、奥特曼等
G.助人为乐的人：雷锋、赖宁
H.反社会分子：达赖喇嘛（藏独）、文强（涉黑）
I.其他

(  )3. 你认为你喜欢的人物对学习成绩的影响是：
A.他是我的动力，我的学习成绩有提高
B.有一定的影响，但不大，因为我还要以学习为主
C.没有影响，我会处理好

　　　　D.有不好的影响，成绩下降很大
（　）4. 学校宣传的榜样是你心中的榜样吗？
　　　　A.是，我会向他学习
　　　　B.是，但我会结合自身具体情况
　　　　C.不是，我是被老师逼着学习
　　　　D.对我没有影响，他只是理想中的人
（　）5. 如果老师规定你只能喜欢某些人，你的看法是：
　　　　A.不同意，老师不能强迫我们喜欢
　　　　B.同意，老师说的话就应该听从
　　　　C.无所谓，喜欢不喜欢对我没什么影响
　　　　D.不清楚，老师没有规定我们喜欢哪些人
（　）6. 你认为现代的社会还有像雷锋、赖宁这样的人吗？
　　　　A.很多　　B.有一些　　C.较少　　D.没有　　E.不知道
（　）7. 你认为，你喜欢的人物在你心中：
　　　　A.是我要学习的人，能使自己更优秀
　　　　B.我长大要成为像他那样的人
　　　　C.我只喜欢他，没什么想法
　　　　D.他们也应该有他们的生活，不要过多地关注
（　）8. 你是根据什么标准来确定你喜欢的人物？
　　　　A.外表英俊或漂亮
　　　　B.有很大的人格魅力
　　　　C.凭借自己的能力奋斗并取得成功
　　　　D.是理想中自己想成为的那种人
　　　　E.其他
（　）9. 你的老师和父母不理解你喜欢的人物，你认为原因是什么？
　　　　A.占用时间，影响学习成绩
　　　　B.浪费金钱
　　　　C.担心孩子受到负面影响
　　　　D.家长与孩子对典型人物的选择标准不同
　　　　E.其他
（　）10. 你怎样看待小沈阳、刘谦、赵薇一夜成名？
　　　　A.这是他们应该得到的，是他们努力的结果
　　　　B.是他们运气好，根本没什么本事
　　　　C.很羡慕，我也想有这样的机会成名
　　　　D.与我无关，我只要做好自己的事情就行

(    ) 11. 你同意以下哪种对雷锋的评价？
　　　　A. "学习雷锋精神"
　　　　B. "雷锋是政府为了宣传编造出来的谎言"
　　　　C. "现在哪还有雷锋啊"
　　　　D. "学习雷锋好榜样，忠于革命忠于党"
　　　　E. "要努力成为像雷锋那样有利于社会的人"
(    ) 12. 你现在仍喜欢曾经喜欢过的人物吗？
　　　　A.喜欢，他是我的目标，我会一直喜欢他
　　　　B.不喜欢，我喜欢的典型人物已经变换了
　　　　C.不清楚，现在不关心这些事情了
　　　　D.没有感觉，这些都是假的
(    ) 13. 你会用什么方法得到你喜欢的人物的资料？
　　　　A.告诉父母，让父母帮忙
　　　　B.瞒着父母，用零花钱买
　　　　C.同学之间的相互交流
　　　　D.用不正当的手段得到
(    ) 14. 你希望见到你喜欢的人物吗？
　　　　A.如果能近距离看到他，付出多大努力我都愿意
　　　　B.我经常在生活中见到他，和普通人一样
　　　　C.他们应该有他们的生活，我们不要打扰他们
　　　　D.当我非常了解他时，知道了他只是神话而已

　　　　　　　　　　　　三

(    ) 1. 你喜爱小动物吗？
　　　　A.一点也不　B.不太喜欢　C.喜欢　D.非常喜欢
(    ) 2. 你热爱大自然吗？
　　　　A.一点也不　B.不太喜欢　C.喜欢　D.非常喜欢
(    ) 3. 你如何看待践踏草坪、摘折花木等行为？
　　　　A.花草也有生命，这样做是不对的
　　　　B.只不过损坏一些花草而已，反正还会再长出来
　　　　C.只要不是我自己的花草，我就不管
　　　　D.说不清楚
(    ) 4. 对于街上的流浪猫或流浪狗，你的看法是？
　　　　A.它们很讨厌，它们很不卫生而且比较危险，有关部门应该进行处理

B.它们很可怜，应该送到动物收容所里，受到专门的照顾

　　C.社会应该给予它们更多的关注

　　D.不讨厌也不喜欢，只要不妨碍到我就行了

（　）5. 你经常帮助身边的人吗？
　　A.从不　B.很少　C.有时　D.经常

（　）6. 你参加过献爱心活动吗？
　　A.从不　B.很少　C.有时　D.经常

（　）7. 你有过闯红灯或为了抄近路而翻越护栏的经历吗？
　　A.从不　B.很少　C.有时　D.经常

（　）8. 你有过对生活绝望的感觉吗？
　　A.从不　B.很少　C.有时　D.经常

（　）9. 当你对生活感到绝望时，你有想过自杀吗？
　　A.从不　B.很少　C.有时　D.经常

（　）10. 你对于"人为什么活着"的问题进行过思考或谈论吗？
　　A.从不　B.很少　C.有时　D.经常

（　）11. 你认为人活着是为了：
　　A.尽可能地享乐，死了就什么都没有了
　　B.做一个有益于社会的人
　　C.做一个普通人，平凡地过完一生
　　D.没有考虑过
　　E.其他

（　）12. 你对做义工（如国外很多人义务去医院、福利院帮助困难的人）的行为是怎么看的？
　　A.做义工会让我们懂得珍惜生命、关爱他人
　　B.做这些没有报酬的事情，实在是太傻了
　　C.这些是好事，但是我不会去做
　　D.说不清楚

（　）13. 对待那些因为抢救落水儿童而牺牲的英雄，你的态度是：
　　A.遇到同样的情况，我会不考虑个人安危毫不犹豫地跳下去
　　B.遇到同样的情况，我首先要考虑施救的把握，选择更有效的施救措施
　　C.这些人很伟大，但是我做不到
　　D.这些人太傻了，自己的生命同样重要，这样做不值得

（　）14. 你所在的学校是否进行过生命教育（如关于生命的由来和意义、生态保护、禁毒宣传、防艾滋病等知识的教育）和安全防范知识的学习？
　　A.从不　B.很少　C.有时　D.经常

(　　)15. 在下列几个因素中，哪些因素对你形成对生命的看法有很大影响？（最多可选三项）
　　A.自己的性格及人生经历
　　B.电视、电影等媒体信息
　　C.学校的教育
　　D.父母及家庭的影响
　　E.朋友的影响
　　F.其他

## 四

(　　)1. 你平均每月有多少零花钱？
　　A.0~50元　B.50~100元　C.100~200元　D.200元以上
(　　)2. 你每月的零花钱主要来自？（最多可选三项）
　　A.父母主动给的　B.自己从家长给的餐费、车费中省的　C.压岁钱
　　D.自己劳动所得　E.爷爷奶奶等亲属或者别的亲戚给的　F.其他情况
(　　)3. 这些零用钱你主要用于？（最多可选三项）
　　A.购买书籍　B.储存起来　C.购买零食、饮料等　D.购买体育用品　E.买衣服
　　F.娱乐消费（卡拉OK、酒吧、桌球、网吧等）　G.用来参加一些捐助等爱心活动
(　　)4. 父母给你请过几门学科家教或者你上过几门所学科目的辅导班？（最多可选三项）
　　A.一门也没有　B.请语文、数学、外语三门　C.请音乐、美术艺术类
　　D.请几乎所有的学科　E.其他情况
(　　)5. 购买学习用品、日用品时，你会考虑的因素是？（最多可选三项）
　　A.用途　B.价位　C.品牌　D.质量　E.是否符合时尚潮流　F.其他
(　　)6. 你自己经常买零食吃吗？
　　A.从不　B.偶尔　C.有时　D.经常
(　　)7. 如果你手中有足够的钱，你最可能用在哪些方面？
　　A.吃喝　B.上网吧　C.穿着打扮　D.买书和学习用品　E.其他
(　　)8. 你对购买广告宣传的商品的看法是：
　　A.在经济条件允许的情况下，可以考虑　B.支持　C.不会购买
　　D.没有什么看法
(　　)9. 当你想买某样东西，却发现钱不够，你会怎样做？
　　A.回家向父母要了钱后买　B.自己攒钱买　C.借钱买　D.不买

(　　) 10. 你通常想要怎样过生日？
　　　A.请同学和朋友们到比较好的餐厅或娱乐场所消费，这样才有面子
　　　B.只要和亲人朋友在一起，怎样过都可以
　　　C.生日简简单单地庆祝一下就可以了
　　　D.不过生日，没有多大意义
(　　) 11. 同学过生日，你会送礼物吗？
　　　A.必须送　B.可以送，也可以不送　C.不需要送　D.不知道
(　　) 12. 在同伴们都买某种你并不喜欢也不需要的东西时，你会怎样做？
　　　A.不会买　B.自己也要买　C.看具体情况而定　D.自己也不清楚

## 五

(　　) 1. 你所在的班级课堂秩序好不好？
　　　A.很好，大家上课都会专心听讲
　　　B.会有人小声说话，做小动作
　　　C.虽然课堂上很安静，但是会有人不听课而做自己的事（看课外书、睡觉等）
　　　D.要看是哪个老师上课而决定
　　　E.不好，很混乱，无法专心听讲
(　　) 2. 上课时，你有做小动作的习惯吗？
　　　A.从不　B.偶尔　C.有时　D.经常
(　　) 3. 你对那些经常违反纪律的同学是什么看法？
　　　A.他们是忽视了纪律的存在
　　　B.他们是故意捣乱的
　　　C.他们只是控制不住自己
　　　D.他们很烦人，影响大家学习
(　　) 4. 你对学生打架的事是怎么看的？
　　　A.不管怎样，打架都是不对的
　　　B.有些问题就是需要用打架来解决
　　　C.别人打架是别人的事，与我无关
　　　D.看打架的场面很刺激，喜欢看
(　　) 5. 有些学生经常与一些社会上的"混混"混在一起，你对他们有什么看法？
　　　A.害怕那些人，不会与他们接近
　　　B.这样很不错，不会有人敢欺负他们
　　　C.那样很不好，会被带坏的，我才不会

D.他们很酷，羡慕他们的生活

E.那是别人的事，与我无关

（　）6.你们学校有"拉帮结派"搞小团体的现象吗？

A.有，而且很多

B.有，但不常见

C.没有，学校一向管制很严的

D.不知道，我不关心这样的事情

（　）7.你对同学带"脏字"的口头禅有什么看法？

A.不喜欢，不管怎样随口说脏话就是不对的

B.不喜欢，不过只要不是对着我说，我就没意见

C.很流行，个性，我有时候会讲

D.虽然很流行，但是我自己不会讲

E.没感觉，没意见

（　）8.考场上，坐在你后面的同学想让你给他递答案，你会怎么办呢？

A.给他传答案，同学之间应该互相帮忙，要讲义气

B.感觉这样不对，但毕竟是朋友，还是会帮忙

C.不会帮忙，因为这样做是不对的

D.这要看跟我的关系好不好来做决定

（　）9.有学生从家里偷偷拿钱出来花，你认为他父母应该怎样处理这件事？

A.不能原谅，这是偷窃行为，应该受到严厉的惩罚

B.可以原谅，他可能以前不知道这样不对，只要以后不再犯就行了

C.可以原谅，但还要受到一定的惩罚

D.是自己家的钱，拿出去花没什么，只要不拿别人家的钱就行

（　）10.你会不听教师或父母的话吗？

A.经常，我不喜欢他们老是管着我

B.有时，如果我觉得是他们不对，我会这样想

C.偶尔，他们让我做我非常不愿意做的事时

D.从没有，我一向很听从老师和家长的话

（　）11.你与同学的关系怎么样呢？

A.跟大多数人都很好，我喜欢与同学们在一起

B.有几个关系要好的同学，有共同语言

C.不太好，虽然很想跟其他同学们交流，但是不知道该怎么相处

D.不喜欢与同学们在一起，情愿自己独来独往

E.我都是跟自己要好的朋友在一起，没时间跟其他同学在一起

（　）12.在课桌上写写画画，你怎么看？

A.不应该，乱写乱画是不文明的行为
B.我发现许多文字与图画都很有意思，很好玩
C.随手在桌面上写写画画很正常，我有时候也会
D.没意见，不知道

（　）13. 为什么有那么多的学生会网络上瘾呢？你是怎么看的？（最多可选三项）

A.因为网上有很多好玩的东西，太吸引人了
B.学生的学习生活太苦了，需要在网络空间里来放松自己
C.学校和家长管得不够严，学生的自制力不好就上瘾了
D.现实生活中缺乏交流，在网络中寻求慰藉
E.我觉得网络上瘾没什么

# 附录2　青少年日常生活调查问卷（城市小学版）

亲爱的同学：

你好，我们是"青少年日常行为调查"项目组的研究人员，为全面了解大家的日常生活，我们设计了这套问卷，期待你的参与！

答案无对错之分，不必仔细考虑，答题方法非常简单，多数题目为单项选择题，个别题目为多项选择题，只需你在题目前面的（　）中填上答案序号A、B、C或D即可。

本问卷结果只作课题研究，调查不记名，不作任何评价，不会对你的个人成长和发展造成任何影响，请你真实回答每一个问题，不要有遗漏。真诚感谢你的支持与合作。

请选择你个人的基本情况：

年级：小学（4年级　5年级　6年级）　　　性别（男　　女）　独生子女（是　　否）

家庭住址（农村　　城市）

父亲文化程度（小学及以下　　初中、高中及中专　　大学及以上）　父亲的工作是_____

母亲文化程度（小学及以下　　初中、高中及中专　　大学及以上）　母亲的工作是_____

一

(　　)1. 你主要在哪里上网呢？
A.学校　B.家里　C.网吧　D.朋友或同学家里　E.手机上网　F.没有上过网

(　　)2. 你一般在什么时候上网呢？（最多可选三项）
A.上课的时候　B.做完作业后　C.晚上睡觉之前
D.周末及节假日　E.想上网就上，不分时间　F.没有上过网

(　　)3. 你上网主要做什么呢？（最多可选三项）
A.查找学习资料　B.玩游戏　C.聊天　D.阅读新闻
E.收发电子邮件　F.听音乐　G.看视频、电影　H.其他

(　　)4. 你了解网络语言吗，如"顶"、"雷人"、"杯具"和"囧"等？
A.不了解　B.一般了解　C.比较了解　D.非常了解

(　　)5. 你平时玩网络游戏吗？
A.从不　B.很少　C.有时　D.经常

(　　)6. 你平时喜欢玩哪种类型的网络游戏？（可多选，最多三项）
A.角色扮演类：大话西游、魔兽世界等
B.益智休闲类：连连看、泡泡堂等
C.第一人称射击：反恐精英、穿越火线等
D.体育竞速类：实况足球、NBA篮球、跑跑卡丁车等
E.音乐舞蹈类：QQ炫舞、劲舞团等
F.格斗类：地下城与勇士、功夫小子等
G.模拟经营类：模拟城市、大富翁等
H.其他
I.没有玩过

(　　)7. 你对网络游戏怎么看？
A.很刺激，有成就感，可以展示自己的才华
B.放松休闲的方式，可以释放一些压力，调节心情
C.无聊，浪费时间
D.我不知道

(　　)8. 你在平时使用QQ、飞信等工具进行网络聊天吗？
A.从不　B.很少　C.有时　D.经常

(　　)9. 你平时网络聊天的主要对象是？
A.长辈、亲戚或老师
B.同学或朋友
C.陌生人

D.没有聊过

( ) 10. 你是否有过因上网而逃课的经历？
A.从不　B.很少　C.有时　D.经常

( ) 11. 上网是否对你的学习成绩带来负面影响？
A.完全没有　　B.基本没有　　C.有一些　D.影响很大

( ) 12. 你对制造电脑病毒的黑客怎么看？
A.他们很了不起，很佩服
B.这样做是不道德的，应该谴责
C.是违法的，应该由法律惩处
D.说不清楚

( ) 13. 近几年来，网络上出现靠丑化自己来出名的人物，如芙蓉姐姐、凤姐等，你对这种现象怎么看？
A.喜欢，带给大家快乐
B.讨厌，脸皮厚自恋狂
C.鄙视，想出名想疯了
D.敬佩，敢于秀出自我
E.没关注过，无所谓

( ) 14. 你认为上网的时候最应该具备哪些基本的道德素质？
A.诚实守信，不违法
B.可以保护自己的隐私，但不能伤害别人
C.网络是虚拟的，互相欺骗很正常
D.我不知道

## 二

( ) 1. 你有喜欢的人物吗？
A.有，我一直喜欢他
B.没有，我只生活在我的世界中
C.有很多，且不固定
D.不清楚，我也不知道

( ) 2. 你最喜欢的人物属于下列哪一类（限选一项）
A.政治家：毛泽东、周恩来、胡锦涛等
B.神话故事中的人物：嫦娥、女娲、后羿等
C.企业家：比尔·盖茨（微软）、马云（阿里巴巴）、张瑞敏（海尔）等
D.影视歌明星、奥运冠军：周杰伦、章子怡、刘翔等

E.科学家：杨利伟（宇航员）、陈景润（数学家）、袁隆平（科学家）等

F.虚拟人物（动漫、游戏中的角色）：铁臂阿童木、机器猫、奥特曼等

G.助人为乐的人：雷锋、赖宁

H.反社会分子：达赖喇嘛（藏独）、文强（涉黑）

I.其他

（　）3. 你认为你喜欢的人物对学习成绩的影响是：

  A.他是我的动力，我的学习成绩有提高

  B.有一定的影响，但不大，因为我还要以学习为主

  C.没有影响，我会处理好

  D.有不好的影响，成绩下降很大

（　）4. 学校宣传的榜样是你心中的榜样吗？

  A.是，我会向他学习

  B.是，但我会结合自身具体情况

  C.不是，我是被老师逼着学习

  D.对我没有影响，他只是理想中的人

（　）5. 如果老师规定你只能喜欢某些人，你的看法是：

  A.不同意，老师不能强迫我们喜欢

  B.同意，老师说的话就应该听从

  C.无所谓，喜欢不喜欢对我没什么影响

  D.不清楚，老师没有规定我们喜欢哪些人

（　）6. 你认为现代的社会还有像雷锋、赖宁这样的人吗？

  A.很多　　B.有一些　　C.较少　　D.没有　　E.不知道

（　）7. 你认为，你喜欢的人物在你心中：

  A.是我要学习的人，能使自己更优秀

  B.我长大要成为像他那样的人

  C.我只喜欢他，没什么想法

  D.他们也应该有他们的生活，不要过多地关注

（　）8. 你是根据什么标准来确定你喜欢的人物？

  A.外表英俊或漂亮

  B.有很大的人格魅力

  C.凭借自己的能力奋斗并取得成功

  D.是理想中自己想成为的那种人

  E.其他

（　）9. 你的老师和父母不理解你喜欢的人物，你认为原因是什么？

  A.占用时间，影响学习成绩

B.浪费金钱

C.担心孩子受到负面影响

D.家长与孩子对典型人物的选择标准不同

E.其他

(　　)10. 你怎样看待小沈阳、刘谦、赵薇一夜成名？

A.这是他们应该得到的，是他们努力的结果

B.是他们运气好，根本没什么本事

C.很羡慕，我也想有这样的机会成名

D.与我无关，我只要做好自己的事情就行

(　　)11. 你同意以下哪种对雷锋的评价？

A."学习雷锋精神"

B."雷锋是政府为了宣传编造出来的谎言"

C."现在哪还有雷锋啊"

D."学习雷锋好榜样，忠于革命忠于党"

E."要努力成为像雷锋那样有利于社会的人"

(　　)12. 你现在仍喜欢曾经喜欢过的人物吗？

A.喜欢，他是我的目标，我会一直喜欢他

B.不喜欢，我喜欢的典型人物已经变换了

C.不清楚，现在不关心这些事情了

D.没有感觉，这些都是假的

(　　)13. 你会用什么方法得到你喜欢的人物的资料？

A.告诉父母，让父母帮忙

B.瞒着父母，用零花钱买

C.同学之间的相互交流

D.用不正当的手段得到

(　　)14. 你希望见到你喜欢的人物吗？

A.如果能近距离看到他，付出多大努力我都愿意

B.我很经常在生活中见到他，和普通人一样

C.他们应该有他们的生活，我们不要打扰他们

D.当我非常了解他时，知道了他只是神话而已

三

(　　)1. 你喜爱小动物吗？

A.一点也不　B.不太喜欢　C.喜欢　D.非常喜欢

(    ) 2. 你热爱大自然吗？
   A.一点也不　B.不太喜欢　C.喜欢　D.非常喜欢

(    ) 3. 你如何看待践踏草坪、摘折花木等行为？
   A.花草也有生命，这样做是不对的
   B.只不过损坏一些花草而已，反正还会再长出来
   C.只要不是我自己的花草，我就不管
   D.说不清楚

(    ) 4. 对于街上的流浪猫或流浪狗，你的看法是？
   A.它们很讨厌，它们很不卫生而且比较危险，有关部门应该进行处理
   B.它们很可怜，应该送到动物收容所里，受到专门的照顾
   C.社会应该给予它们更多的关注
   D.不讨厌也不喜欢，只要不妨碍到我就行了

(    ) 5. 你经常帮助身边的人吗？
   A.从不　B.很少　C.有时　D.经常

(    ) 6. 你参加过献爱心活动吗？
   A.从不　B.很少　C.有时　D.经常

(    ) 7. 你有过闯红灯或为了抄近路而翻越护栏的经历吗？
   A.从不　B.很少　C.有时　D.经常

(    ) 8. 你有过对生活绝望的感觉吗？
   A.从不　B.很少　C.有时　D.经常

(    ) 9. 当你对生活感到绝望时，你有想过自杀吗？
   A.从不　B.很少　C.有时　D.经常

(    ) 10. 你对于"人为什么活着"的问题进行过思考或谈论吗？
   A.从不　B.很少　C.有时　D.经常

(    ) 11. 你认为人活着是为了：
   A.尽可能地享乐，死了就什么都没有了
   B.做一个有益于社会的人
   C.做一个普通人，平凡地过完一生
   D.没有考虑过
   E.其他

(    ) 12. 你对做义工（如国外很多人义务去医院、福利院帮助困难的人）的行为是怎么看的？
   A.做义工会让我们懂得珍惜生命、关爱他人
   B.做这些没有报酬的事情，实在是太傻了
   C.这些是好事，但是我不会去做

D.说不清楚

（　）13. 对待那些因为抢救落水儿童而牺牲的英雄，你的态度是：
A.遇到同样的情况，我会不考虑个人安危毫不犹豫地跳下去
B.遇到同样的情况，我首先要考虑施救的把握，选择更有效的施救措施
C.这些人很伟大，但是我做不到
D.这些人太傻了，自己的生命同样重要，这样做不值得

（　）14. 你所在的学校是否进行过生命教育（如关于生命的由来和意义、生态保护、禁毒宣传、防艾滋病等知识的教育）和安全防范知识的学习？
A.从不　B.很少　C.有时　D.经常

（　）15. 在下列几个因素中，哪些因素对你形成对生命的看法有很大影响？（最多可选三项）
A.自己的性格及人生经历
B.电视、电影等媒体信息
C.学校的教育
D.父母及家庭的影响
E.朋友的影响
F.其他

## 四

（　）1. 你平均每月有多少零花钱？
A.0~50元　B.50~100元　C.100~200元　D.200元以上

（　）2. 你每月的零花钱主要来自？（最多可选三项）
A.父母主动给的　B.自己从家长给的餐费、车费中省的　C.压岁钱
D.自己劳动所得　E.爷爷奶奶等亲属或者别的亲戚给的　F.其他情况

（　）3. 这些零用钱你主要用于？（最多可选三项）
A.购买书籍　B.储存起来　C.购买零食、饮料等　D.购买体育用品　E.买衣服
F.娱乐消费（卡拉OK、酒吧、桌球、网吧等）　G.用来参加一些捐助等爱心活动

（　）4. 父母给你请过几门学科家教或者你上过几门所学科目的辅导班？（最多可选三项）
A.一门也没有　B.请语文、数学、外语三门　C.请音乐、美术艺术类
D.请几乎所有的学科　E.其他情况

（　）5. 购买学习用品、日用品时，你会考虑的因素是？（最多可选三项）
A.用途　B.价位　C.品牌　D.质量　E.是否符合时尚潮流　F.其他

(　　)6. 你自己经常买零食吃吗？
　　　A.从不　　B.偶尔　　C.有时　　D.经常

(　　)7. 如果你手中有足够的钱，你最可能用在哪些方面？
　　　A.吃喝　　B.上网吧　　C.穿着打扮　　D.买书和学习用品　　E.其他

(　　)8. 你对购买广告宣传的商品的看法是：
　　　A.在经济条件允许的情况下，可以考虑　　B.支持　　C.不会购买
　　　D.没有什么看法

(　　)9. 你认为小学生有必要买手机吗？
　　　A.有必要　　B.不必要　　C.暂时不必要　　D.不知道

(　　)10. 你认为名牌会让你高人一等吗？
　　　A.会　　B.有时会　　C.不会　　D.不清楚

(　　)11. 当你想买某样东西，却发现钱不够，你会怎样做？
　　　A.回家向父母要了钱后买　　B.自己攒钱买　　C.借钱买　　D.不买

(　　)12. 你通常想要怎样过生日？
　　　A.请同学和朋友们到比较好的餐厅或娱乐场所消费，这样才有面子
　　　B.只要和亲人朋友在一起，怎样过都可以
　　　C.生日简简单单地庆祝一下就可以了
　　　D.不过生日，没有多大意义

(　　)13. 同学过生日，你会送礼物吗？
　　　A.必须送　　B.可以送，也可以不送　　C.不需要送　　D.不知道

(　　)14. 在同伴们都买某种你并不喜欢也不需要的东西时，你会怎样做？
　　　A.不会买　　B.自己也要买　　C.看具体情况而定　　D.自己也不清楚

(　　)15. 你会在心里把自己与周围同学的家庭条件（如经济条件、父母职位、地位）进行比较吗？
　　　A.从不　　B.会进行比较　　C.偶尔会　　D.经常会

## 五

(　　)1. 你所在的班级课堂秩序好不好？
　　　A.很好，大家上课都会专心听讲
　　　B.会有人小声说话，做小动作
　　　C.虽然课堂上很安静，但是会有人不听课而做自己的事（看课外书、睡觉等）
　　　D.要看是哪个老师上课而决定
　　　E.不好，很混乱，无法专心听讲

(　　)2. 上课时，你有做小动作的习惯吗？

A.从不　B.偶尔　C.有时　D.经常

（　）3. 你对那些经常违反纪律的同学是什么看法？
A.他们是忽视了纪律的存在
B.他们是故意捣乱的
C.他们只是控制不住自己
D.他们很烦人，影响大家学习

（　）4. 你对学生打架的事是怎么看的？
A.不管怎样，打架都是不对的
B.有些问题就是需要用打架来解决
C.别人打架是别人的事，与我无关
D.看打架的场面很刺激，喜欢看

（　）5. 有些学生经常与一些社会上的"混混"混在一起，你对他们有什么看法？
A.害怕那些人，不会与他们接近
B.这样很不错，不会有人敢欺负他们
C.那样很不好，会被带坏的，我才不会
D.他们很酷，羡慕他们的生活
E.那是别人的事，与我无关

（　）6. 你们学校有"拉帮结派"搞小团体的现象吗？
A.有，而且很多
B.有，但不常见
C.没有，学校一向管制很严的
D.不知道，我不关心这样的事情

（　）7. 你对同学带"脏字"的口头禅有什么看法？
A.不喜欢，不管怎样随口说脏话就是不对的
B.不喜欢，不过只要不是对着我说，我就没意见
C.很流行，个性，我有时候会讲
D.虽然很流行，但是我自己不会讲
E.没感觉，没意见

（　）8. 考场上，坐在你后面的同学想让你给他递答案，你会怎么办呢？
A.给他传答案，同学之间应该互相帮忙，要讲义气
B.感觉这样不对，但毕竟是朋友，还是会帮忙
C.不会帮忙，因为这样做是不对的
D.这要看跟我的关系好不好来做决定

（　）9. 有学生从家里偷偷拿钱出来花，你认为他父母应该怎样处理这件事？

A.不能原谅，这是偷窃行为，应该受到严厉的惩罚

B.可以原谅，他可能以前不知道这样不对，只要以后不再犯就行了

C.可以原谅，但还要受到一定的惩罚

D.是自己家的钱，拿出去花没什么，只要不拿别人家的钱就行

(  ) 10. 你会不听教师或父母的话吗？

A.经常，我不喜欢他们老是管着我

B.有时，如果我觉得是他们不对，我会这样想

C.偶尔，他们让我做我非常不愿意做的事时

D.从没有，我一向很听从老师和家长的话

(  ) 11. 你与同学的关系怎么样呢？

A.跟大多数人都很好，我喜欢与同学们在一起

B.有几个关系要好的同学，有共同语言

C.不太好，虽然很想跟其他同学们交流，但是不知道该怎么相处

D.不喜欢与同学们在一起，情愿自己独来独往

E.我都是跟自己要好的朋友在一起，没时间跟其他同学在一起

(  ) 12. 在课桌上写写画画，你怎么看？

A.不应该，乱写乱画是不文明的行为

B.我发现许多文字与图画都很有意思，很好玩

C.随手在桌面上写写画画很正常，我有时候也会

D.没意见，不知道

(  ) 13. 为什么有那么多的学生会网络上瘾呢？你是怎么看的？（最多可选三项）

A.因为网上有很多好玩的东西，太吸引人了

B.学生的学习生活太苦了，需要在网络空间里来放松自己

C.学校和家长管得不够严，学生的自制力不好就上瘾了

D.现实生活中缺乏交流，在网络中寻求慰藉

E.我觉得网络上瘾没什么

# 附录3 青少年日常生活调查问卷（农村初中版）

亲爱的同学：

你好，我们是"青少年日常行为调查"项目组的研究人员，为全面了解大家的日常生活，我们设计了这套问卷，期待你的参与！

答案无对错之分，不必仔细考虑，答题方法非常简单，多数题目为单项选择题，个别题目为多项选择题，只需你在题目前面的（　）中填上答案序号A、B、C或D即可。

本问卷结果只作课题研究，调查不记名，不作任何评价，不会对你的个人成长和发展造成任何影响，请你真实回答每一个问题，不要有遗漏。真诚感谢你的支持与合作。

请选择你个人的基本情况：

年级：初中（1年级　2年级）　　　性别（男　　女）　　独生子女（是　　否）

家庭住址（农村　　城市）

父亲文化程度（小学及以下　　初中、高中及中专　　大学及以上）　父亲的工作是_____

母亲文化程度（小学及以下　　初中、高中及中专　　大学及以上）　母亲的工作是_____

一

（　）1. 你主要在哪里上网呢？
　　　A.学校　B.家里　C.网吧　D.朋友或同学家里　E.手机上网　F.没有上过网

（　）2. 你一般在什么时候上网呢？（最多可选三项）
　　　A.上课的时候　　B.做完作业后　　C.晚上睡觉之前
　　　D.周末及节假日　E.想上网就上，不分时间　F.没有上过网

（　）3. 你上网主要做什么呢？（最多可选三项）
　　　A.查找学习资料　B.玩游戏　C.聊天　D.阅读新闻
　　　E.收发电子邮件　F.听音乐　G.看视频、电影　H.其他

（　）4. 你对网络学习这种学习方式了解吗？
　　　A.完全不了解　B.很少了解　C.比较了解　D.非常了解

（　）5. 你平时通过网络进行学习吗？
　　　A.从不　B.很少　C.有时　D.经常

（　）6. 你认为网络学习的效果如何？
　　　A.不好　B.一般　C.很好　D.我不知道

（　）7. 你了解网络语言吗，如"顶"、"雷人"、"杯具"和"囧"等？
　　　A.不了解　B.一般了解　C.比较了解　D.非常了解

（　）8. 你在日常生活中使用网络语言吗？
　　　A.从不　B.很少　C.有时　D.经常

（　）9. 你平时玩网络游戏吗？
　　　A.从不　B.很少　C.有时　D.经常

(　　)10.你平时喜欢玩哪种类型的网络游戏？（可多选，最多三项）
　　　A.角色扮演类：大话西游、魔兽世界等
　　　B.益智休闲类：连连看、泡泡堂等
　　　C.第一人称射击：反恐精英、穿越火线等
　　　D.体育竞速类：实况足球、NBA篮球、跑跑卡丁车等
　　　E.音乐舞蹈类：QQ炫舞、劲舞团等
　　　F.格斗类：地下城与勇士、功夫小子等
　　　G.模拟经营类：模拟城市、大富翁等
　　　H.其他
　　　I.没有玩过
(　　)11.你对网络游戏怎么看？
　　　A.很刺激，有成就感，可以展示自己的才华
　　　B.放松休闲的方式，可以释放一些压力，调节心情
　　　C.无聊，浪费时间
　　　D.我不知道
(　　)12.你在平时使用QQ、飞信等工具进行网络聊天吗？
　　　A.从不　B.很少　C.有时　D.经常
(　　)13.你平时网络聊天的主要对象是？
　　　A.长辈、亲戚或老师
　　　B.同学或朋友
　　　C.陌生人
　　　D.没有聊过
(　　)14.在论坛或者聊天室里有人使用不文明语言时，你会怎样做呢？
　　　A.用同样的方式回击对方
　　　B.劝说他人使用文明语言
　　　C.置之不理
　　　D.关闭聊天或离开该论坛
(　　)15.你是否有过因上网而逃课的经历？
　　　A.从不　B.很少　C.有时　D.经常
(　　)16.上网是否对你的学习成绩带来负面影响？
　　　A.完全没有　　B.基本没有　　C.有一些　　D.影响很大
(　　)17.你对制造电脑病毒的黑客怎么看？
　　　A.他们很了不起，很佩服
　　　B.这样做是不道德的，应该谴责
　　　C.是违法的，应该由法律惩处

D.说不清楚

（　）18. 近几年来，网络上出现靠丑化自己来出名的人物，如芙蓉姐姐、凤姐等，你对这种现象怎么看？

A.喜欢，带给大家快乐

B.讨厌，脸皮厚自恋狂

C.鄙视，想出名想疯了

D.敬佩，敢于秀出自我

E.没关注过，无所谓

（　）19. 你认为上网的时候最应该具备哪些基本的道德素质？

A.诚实守信，不违法

B.可以保护自己的隐私，但不能伤害别人

C.网络是虚拟的，互相欺骗很正常

D.我不知道

## 二

（　）1. 你有喜欢的典型人物吗？

A.有，我一直喜欢他

B.没有，我只生活在我的世界中

C.有很多，且不固定

D.不清楚，我也不知道

（　）2. 你最喜欢的典型人物属于下列哪一类（限选一项）

A.政治家：毛泽东、周恩来、胡锦涛等

B.神话故事中的人物：嫦娥、女娲、后羿等

C.企业家：比尔·盖茨（微软）、马云（阿里巴巴）、张瑞敏（海尔）等

D.影视歌明星、奥运冠军：周杰伦、章子怡、刘翔等

E.科学家：杨利伟（宇航员）、陈景润（数学家）、袁隆平（科学家）等

F.虚拟人物（动漫、游戏中的角色）：铁臂阿童木、机器猫、奥特曼等

G.助人为乐的人：雷锋、赖宁

H.反社会分子：达赖喇嘛（藏独）、文强（涉黑）

I.其他

（　）3. 你认为现代的社会还有像雷锋、赖宁这样的人吗？

A.很多　　B.有一些　　C.较少　　D.没有　　E.不知道

（　）4. 你喜欢你的父母吗？会和他们发生争吵甚至离家出走吗？

A.喜欢，我非常听我父母的话，从不和我父母争吵，更不会离家出走

B.喜欢，但有时会表达自己的意见，会有小的争吵，不会离家出走
C.不喜欢，父母总让我做我不喜欢的事情，会经常地争吵，曾经离家出走过
D.不喜欢，父母没有时间照顾我，根本没有机会争吵，很想离家出走

(     ) 5. 你认为，你喜欢的典型人物在你心中：
A.是我要学习的人，能使自己更优秀
B.我长大要成为像他那样的人
C.我只喜欢他，没什么想法
D.他们也应该有他们的生活，不要过多地关注

(     ) 6. 你喜欢的典型人物对你的生活有哪些好的影响？（最多可选三项）
A.我要学习他身上的优点、技能，使我更好地成长
B.在我心情不好时，我可以把我的心里话说给他听，调节我的心情
C.在和同学交流时，有更多的交流话题
D.每当我学习压力大时，想到他能够使我放轻松
E.他所倡导的有意义的活动，我会积极参加并控制自己的不良行为
F.我能够了解社会的潮流，能够跟上时代的发展
G.没有什么影响

(     ) 7. 你喜欢的典型人物对你的生活有哪些不好的影响？（最多可选三项）
A.功课退步，花费了我大量的学习时间
B.我把父母给我的学习费用全部用来买与其相关的资料
C.上课时无法集中注意力，有时会分神想喜欢的典型人物
D.我会模仿我喜欢的偶像生活中的一些不良的生活习惯，如吸烟、喝酒
E.与父母意见不一致时，会与父母发生冲撞
F.不愿与同学交流，自己沉浸在偶像人物的世界中
G.没有什么影响

(     ) 8. 温州的一个女孩因为家人不给她买张国荣的CD，她就割腕自杀了。你怎么想？
A.真可惜，生命就这样没有了
B.太傻了，CD比命还重要吗
C.不清楚，不认识张国荣
D.我也喜欢张国荣，但我不会这样做
E.她的家人与她缺乏必要的沟通

(     ) 9. 你是根据什么标准来确定你喜欢的典型人物？
A.外表英俊或漂亮
B.有很大的人格魅力
C.凭借自己的能力奋斗并取得成功

D.是理想中自己想成为的那种人
E.其他

( ) 10. 你的老师和父母不理解你喜欢的典型人物,你认为原因是什么?
A.占用时间,影响学习成绩
B.浪费金钱
C.担心孩子受到负面影响
D.家长与孩子对典型人物的选择标准不同
E.其他

( ) 11. 你怎样看待小沈阳、刘谦、赵薇一夜成名?
A.这是他们应该得到的,是他们努力的结果
B.是他们运气好,根本没什么本事
C.很羡慕,我也想有这样的机会成名
D.与我无关,我只要做好自己的事情就行

( ) 12. 如果给你一个"一夜成名"的机会,你愿意尝试吗?
A.愿意,这样不用努力就能成功
B.可以考虑,毕竟这是一个机会
C.不愿意,我觉得没有这样的好事
D.无所谓,我从没想过这个问题

( ) 13. 你同意以下哪种对雷锋的评价?
A."学习雷锋精神"
B."雷锋是政府为了宣传编造出来的谎言"
C."现在哪还有雷锋啊"
D."学习雷锋好榜样,忠于革命忠于党"
E."要努力成为像雷锋那样有利于社会的人"

( ) 14. 你现在仍喜欢曾经喜欢过的典型人物吗?
A.喜欢,他是我的目标,我会一直喜欢他
B.不喜欢,我喜欢的典型人物已经变换了
C.不清楚,现在不关心这些事情了
D.没有感觉,这些都是假的

( ) 15. 你认为神话故事中的人物值得崇拜吗?
A.值得,神话故事中的人物是人类思想的寄托
B.不值得,神话故事中的人物是虚构的,没有意义
C.不清楚,没有考虑过
D.无所谓

( ) 16. 你会用什么方法得到你喜欢的典型人物的资料?

　　　　A.告诉父母,让父母帮忙

　　　　B.瞒着父母,用零花钱买

　　　　C.同学之间的相互交流

　　　　D.用不正当的手段得到

(　　)17. 你同学打扮得很"非主流",你能接受吗?

　　　　A.能,我很喜欢,也会模仿

　　　　B.不能,我不喜欢,非常难看

　　　　C.无所谓,与我无关

　　　　D.不清楚,不理解"非主流"的意思

(　　)18. 你认为明星的舞台形象和生活中的形象一样吗?

　　　　A.一样,明星演出是他们的本色演出

　　　　B.不一样,明星的舞台形象都是包装出来的,不是真实的

　　　　C.不清楚,不关注他们

　　　　D.有时一样,有时不一样,这是他们的自由

<h2 style="text-align:center">三</h2>

(　　)1. 你喜爱小动物吗?

　　　　A.一点也不　B.不太喜欢　C.喜欢　D.非常喜欢

(　　)2. 你热爱大自然吗?

　　　　A.一点也不　B.不太喜欢　C.喜欢　D.非常喜欢

(　　)3. 你如何看待践踏草坪、摘折花木等行为?

　　　　A.花草也有生命,这样做是不对的

　　　　B.只不过损坏一些花草而已,反正还会再长出来

　　　　C.只要不是我自己的花草,我就不管

　　　　D.说不清楚

(　　)4. 对于街上的流浪猫或流浪狗,你的看法是?

　　　　A.它们很讨厌,它们很不卫生而且比较危险,有关部门应该进行处理

　　　　B.它们很可怜,应该送到动物收容所里,受到专门的照顾

　　　　C.社会应该给予它们更多的关注

　　　　D.不讨厌也不喜欢,只要不妨碍到我就行了

(　　)5. 你经常帮助身边的人吗?

　　　　A.从不　B.很少　C.有时　D.经常

(　　)6. 你参加过献爱心活动吗?

　　　　A.从不　B.很少　C.有时　D.经常

(    ) 7. 你有过闯红灯或为了抄近路而翻越护栏的经历吗？
A.从不　B.很少　C.有时　D.经常

(    ) 8. 你有过对生活绝望的感觉吗？
A.从不　B.很少　C.有时　D.经常

(    ) 9. 当你对生活感到绝望时，你有想过自杀吗？
A.从不　B.很少　C.有时　D.经常

(    ) 10. 你对于"人为什么活着"的问题进行过思考或谈论吗？
A.从不　B.很少　C.有时　D.经常

(    ) 11. 你认为人活着是为了：
A.尽可能地享乐，死了就什么都没有了
B.做一个有益于社会的人
C.做一个普通人，平凡地过完一生
D.没有考虑过
E.其他

(    ) 12. 你对做义工（如国外很多人义务去医院、福利院帮助困难的人）的行为是怎么看？
A.做义工会让我们懂得珍惜生命、关爱他人
B.做这些没有报酬的事情，实在是太傻了
C.这些是好事，但是我不会去做
D.说不清楚

(    ) 13. 对待那些因为抢救落水儿童而牺牲的英雄，你的态度是：
A.遇到同样的情况，我会不考虑个人安危毫不犹豫地跳下去
B.遇到同样的情况，我首先要考虑施救的把握，选择更有效的施救措施
C.这些人很伟大，但是我做不到
D.这些人太傻了，自己的生命同样重要，这样做不值得

(    ) 14. 你所在的学校是否进行过生命教育（如关于生命的由来和意义、生态保护、禁毒宣传、防艾滋病等知识的教育）和安全防范知识的学习？
A.从不　B.很少　C.有时　D.经常

(    ) 15. 在下列几个因素中，哪些因素对你形成对生命的看法有很大影响？（最多可选三项）
A.自己的性格及人生经历
B.电视、电影等媒体信息
C.学校的教育
D.父母及家庭的影响
E.朋友的影响

F.其他

## 四

( ) 1. 你平均每月有多少零花钱？
　　A.0~50 元　B.50~100 元　C.100~200 元　D.200 元以上

( ) 2. 您每月的零花钱主要来自？（最多可选三项）
　　A.父母主动给的　B.自己从家长给的餐费、车费中省的　C.压岁钱
　　D.自己劳动所得　E.爷爷奶奶等亲属或者别的亲戚给的　F.其他情况

( ) 3. 这些零用钱你主要用于？（最多可选三项）
　　A.购买书籍　B.储存起来　C.购买零食、饮料等　D.购买体育用品　E.买衣服
　　F.娱乐消费（卡拉OK、酒吧、桌球、网吧等）　G.用来参加一些捐助等爱心活动

( ) 4. 你在花钱时会想到：
　　A.做好计划　B.能省就省　C.钱随便花，花了还有　D.没考虑过，想花就花

( ) 5. 父母给你请过几门学科家教或者你上过几门所学科目的辅导班？（最多可选三项）
　　A.一门也没有　B.几乎所有的学科　C.请语文、数学、外语三门
　　D.请音乐、美术艺术类　E.其他情况

( ) 6. 购买学习用品、日用品时，你会考虑的因素是？（最多可选三项）
　　A.用途　B.价位　C.品牌　D.质量　E.是否符合时尚潮流　F.其他

( ) 7. 你每月大约花多少钱来买书？
　　A.0~50 元　B.50~100 元　C.100 元以上　D.几乎不买书

( ) 8. 你经常购买的书籍有：
　　A.学习资料、学习中必须用的书　B.报纸杂志、文学著作
　　C.买自己喜欢的、想买的，不管是什么书　D.很少买书

( ) 9. 如果你手中有足够的钱，你最可能用在哪些方面？
　　A.吃喝　B.上网吧　C.穿着打扮　D.买书和学习用品　E.其他

( ) 10. 你对购买广告宣传的商品的看法是：
　　A.在经济条件允许的情况下，可以考虑　B.支持　C.不会购买
　　D.没有什么看法

( ) 11. 你认为中学生有必要买手机吗？
　　A.有必要　B.不必要　C.暂时不必要　D.不知道

( ) 12. 当你想买某样东西，却发现钱不够，你会怎样做？
　　A.回家向父母要了钱后买　B.自己攒钱买　C.借钱买　D.不买

(   ) 13. 如果你碰到想买已久的学习资料书和你特别喜欢吃的零食,而你又没有足够的钱两者都买,你会怎样做?
A.买学习书　　B.买喜欢的零食　　C.都不买　　D.不清楚

(   ) 14. 同学过生日,你会送礼物吗?
A.必须送　B.可以送,也可以不送　C.不需要送　D.不知道

(   ) 15. 在同伴们都买某种你并不喜欢也不需要的东西时,你会怎样做?
A.不会买　B.自己也要买　C.看具体情况而定　D.自己也不清楚

(   ) 16. 如果周围同学都有某种东西(如手机、MP3 之类),而你没有,你会觉得很没面子而被迫购买吗?
A.不会　　B.偶尔会　　C.会　　D.不知道,看具体情况而消费

## 五

(   ) 1. 你所在的班级课堂秩序好不好?
A.很好,大家上课都会专心听讲
B.会有人小声说话,做小动作
C.虽然课堂上很安静,但是会有人不听课而做自己的事(看课外书、睡觉等)
D.要看是哪个老师上课而决定
E.不好,很混乱,无法专心听讲

(   ) 2. 上课时,你有做小动作的习惯吗?
A.从不　B.偶尔　C.有时　D.经常

(   ) 3. 你对那些经常违反纪律的同学是什么看法?
A.他们是忽视了纪律的存在
B.他们是故意捣乱的
C.他们只是控制不住自己
D.他们很烦人,影响大家学习

(   ) 4. 你对学生打架的事是怎么看的?
A.不管怎样,打架都是不对的
B.有些问题就是需要用打架来解决
C.别人打架是别人的事,与我无关
D.看打架的场面很刺激,喜欢看

(   ) 5. 有些学生经常与一些社会上的"混混"混在一起,你对他们有什么看法?
A.害怕那些人,不会与他们接近
B.这样很不错,不会有人敢欺负他们

C.那样很不好，会被带坏的，我才不会

D.他们很酷，羡慕他们的生活

E.那是别人的事，与我无关

（　）6.你们学校有"拉帮结派"搞小团体的现象吗？

A.有，而且很多

B.有，但不常见

C.没有，学校一向管制很严的

D.不知道，我不关心这样的事情

（　）7.你对同学带"脏字"的口头禅有什么看法？

A.不喜欢，不管怎样随口说脏话就是不对的

B.不喜欢，不过只要不是对着我说，我就没意见

C.很流行，个性，我有时候会讲

D.虽然很流行，但是我自己不会讲

E.没感觉，没意见

（　）8.考场上，坐在你后面的同学想让你给他递答案，你会怎么办呢？

A.给他传答案，同学之间应该互相帮忙，要讲义气

B.感觉这样不对，但毕竟是朋友，还是会帮忙

C.不会帮忙，因为这样做是不对的

D.这要看跟我的关系好不好来做决定

（　）9.你和老师之间起过争执吗？

A.从来没有，顶撞老师是不对的

B.从来没有，虽然有时我很想与他吵，但忍住了

C.有过，那是因为我觉得老师有不对的地方

D.老师找我的茬，经常因一些事情跟老师争吵

（　）10.你在校园里看到一个男生和一个女生一起走，像是情侣的样子，你感觉？

A.学生不该谈恋爱，真看不惯

B.校园是净土，想谈恋爱别在校园，这样会给其他同学造成不好的影响

C.他们看起来很配，真羡慕

D.那是别人的事，与我无关，没什么感觉

E.谈恋爱很正常，没什么可议论的

（　）11.你对学生中的抽烟现象有什么看法？

A.学生不应该抽烟

B.有烦心事的时候抽一下也没什么

C.抽烟是成熟的一种表现，很酷

　　　　D.别人抽不抽烟与我无关
（　）12.有学生从家里偷偷拿钱出来花，你认为他父母应该怎样处理这件事？
　　　　A.不能原谅，这是偷窃行为，应该受到严厉的惩罚
　　　　B.可以原谅，他可能以前不知道这样不对，只要以后不再犯就行了
　　　　C.可以原谅，但还要受到一定的惩罚
　　　　D.是自己家的钱，拿出去花没什么，只要不拿别人家的钱就行
（　）13.为什么有那么多的学生会网络上瘾呢？你是怎么看的？（最多可选三项）
　　　　A.因为网上有很多好玩的东西，太吸引人了
　　　　B.学生的学习生活太苦了，需要在网络空间里来放松自己
　　　　C.学校和家长管得不够严，学生的自制力不好就上瘾了
　　　　D.现实生活中缺乏交流，在网络中寻求慰藉
　　　　E.我觉得网络上瘾没什么
（　）14.你会不听教师或父母的话吗？
　　　　A.经常，我不喜欢他们老是管着我
　　　　B.有时，如果我觉得是他们不对，我会这样想
　　　　C.偶尔，他们让我做我非常不愿意做的事时
　　　　D.从没有，我一向很听从老师和家长的话
（　）15.你与同学的关系怎么样呢？
　　　　A.跟大多数人都很好，我喜欢与同学们在一起
　　　　B.有几个关系要好的同学，有共同语言
　　　　C.不太好，虽然很想跟其他同学们交流，但是不知道该怎么相处
　　　　D.不喜欢与同学们在一起，情愿自己独来独往
　　　　E.我都是跟自己要好的朋友在一起，没时间跟其他同学在一起

## 附录4　青少年日常生活调查问卷（城市初中版）

亲爱的同学：

　　你好，我们是"青少年日常行为调查"项目组的研究人员，为全面了解大家的日常生活，我们设计了这套问卷，期待你的参与！

　　答案无对错之分，不必仔细考虑，答题方法非常简单，多数题目为单项选择题，个别题目为多项选择题，只需你在题目前面的（　）中填上答案序号A、B、C或D即可。

本问卷结果只作课题研究，调查不记名，不作任何评价，不会对你的个人成长和发展造成任何影响，请你真实回答每一个问题，不要有遗漏。真诚感谢你的支持与合作。

请选择你个人的基本情况：

年级：初中（1年级　2年级）　　性别（男　　女）　独生子女（是　　否）

家庭住址（农村　　城市）

父亲文化程度（小学及以下　　初中、高中及中专　　大学及以上）　父亲的工作是_____

母亲文化程度（小学及以下　　初中、高中及中专　　大学及以上）　母亲的工作是_____

一

（　　）1. 你主要在哪里上网呢？
　　　A.学校　B.家里　C.网吧　D.朋友或同学家里　E.手机上网　F.没有上过网

（　　）2. 你一般在什么时候上网呢？（最多可选三项）
　　　A.上课的时候　　B.做完作业后　　C.晚上睡觉之前
　　　D.周末及节假日　E.想上网就上，不分时间　F.没有上过网

（　　）3. 你上网主要做什么呢？（最多可选三项）
　　　A.查找学习资料　B.玩游戏　C.聊天　D.阅读新闻
　　　E.收发电子邮件　F.听音乐　G.看视频、电影　H.其他

（　　）4. 你对网络学习这种学习方式了解吗？
　　　A.完全不了解　B.很少了解　C.比较了解　D.非常了解

（　　）5. 你平时通过网络进行学习吗？
　　　A.从不　B.很少　C.有时　D.经常

（　　）6. 你认为网络学习的效果如何？
　　　A.不好　B.一般　C.很好　D.我不知道

（　　）7. 你了解网络语言吗，如"顶"、"雷人"、"杯具"和"囧"等？
　　　A.不了解　B.一般了解　C.比较了解　D.非常了解

（　　）8. 你在日常生活中使用网络语言吗？
　　　A.从不　B.很少　C.有时　D.经常

（　　）9. 你平时玩网络游戏吗？
　　　A.从不　B.很少　C.有时　D.经常

（　　）10. 你平时喜欢玩哪种类型的网络游戏？（可多选，最多三项）
　　　A.角色扮演类：大话西游、魔兽世界等

B.益智休闲类：连连看、泡泡堂等
C.第一人称射击：反恐精英、穿越火线等
D.体育竞速类：实况足球、NBA篮球、跑跑卡丁车等
E.音乐舞蹈类：QQ炫舞、劲舞团等
F.格斗类：地下城与勇士、功夫小子等
G.模拟经营类：模拟城市、大富翁等
H.其他
I.没有玩过

（　）11.你对网络游戏怎么看？
A.很刺激，有成就感，可以展示自己的才华
B.放松休闲的方式，可以释放一些压力，调节心情
C.无聊，浪费时间
D.我不知道

（　）12.你在平时使用QQ、飞信等工具进行网络聊天吗？
A.从不　B.很少　C.有时　D.经常

（　）13.你平时网络聊天的主要对象是？
A.长辈、亲戚或老师
B.同学或朋友
C.陌生人
D.没有聊过

（　）14.在论坛或者聊天室里有人使用不文明语言时，你会怎样做呢？
A.用同样的方式回击对方
B.劝说他人使用文明语言
C.置之不理
D.关闭聊天或离开该论坛

（　）15.你是否有过因上网而逃课的经历？
A.从不　B.很少　C.有时　D.经常

（　）16.上网是否对你的学习成绩带来负面影响？
A.完全没有　B.基本没有　C.有一些　D.影响很大

（　）17.你对制造电脑病毒的黑客怎么看？
A.他们很了不起，很佩服
B.这样做是不道德的，应该谴责
C.是违法的，应该由法律惩处
D.说不清楚

(　　) 18. 近几年来，网络上出现靠丑化自己来出名的人物，如芙蓉姐姐、凤姐等，你对这种现象怎么看？
　　　A.喜欢，带给大家快乐
　　　B.讨厌，脸皮厚自恋狂
　　　C.鄙视，想出名想疯了
　　　D.敬佩，敢于秀出自我
　　　E.没关注过，无所谓

(　　) 19. 你认为上网的时候最应该具备哪些基本的道德素质？
　　　A.诚实守信，不违法
　　　B.可以保护自己的隐私，但不能伤害别人
　　　C.网络是虚拟的，互相欺骗很正常
　　　D.我不知道

## 二

(　　) 1. 你有喜欢的典型人物吗？
　　　A.有，我一直喜欢他
　　　B.没有，我只生活在我的世界中
　　　C.有很多，且不固定
　　　D.不清楚，我也不知道

(　　) 2. 你最喜欢的典型人物属于下列哪一类（限选一项）
　　　A.政治家：毛泽东、周恩来、胡锦涛等
　　　B.神话故事中的人物：嫦娥、女娲、后羿等
　　　C.企业家：比尔·盖茨（微软）、马云（阿里巴巴）、张瑞敏（海尔）等
　　　D.影视歌明星、奥运冠军：周杰伦、章子怡、刘翔等
　　　E.科学家：杨利伟（宇航员）、陈景润（数学家）、袁隆平（科学家）等
　　　F.虚拟人物（动漫、游戏中的角色）：铁臂阿童木、机器猫、奥特曼等
　　　G.助人为乐的人：雷锋、赖宁
　　　H.反社会分子：达赖喇嘛（藏独）、文强（涉黑）
　　　I.其他

(　　) 3. 你认为现代的社会还有像雷锋、赖宁这样的人吗？
　　　A.很多　　B.有一些　　C.较少　　D.没有　　E.不知道

(　　) 4. 你喜欢你的父母吗？会和他们发生争吵甚至离家出走吗？
　　　A.喜欢，我非常听我父母的话，从不和我父母争吵，更不会离家出走
　　　B.喜欢，但有时会表达自己的意见，会有小的争吵，不会离家出走

C.不喜欢，父母总让我做我不喜欢的事情，会经常地争吵，曾经离家出走过
D.不喜欢，父母没有时间照顾我，根本没有机会争吵，很想离家出走

（　）5. 你认为，你喜欢的典型人物在你心中：
A.是我要学习的人，能使自己更优秀
B.我长大要成为像他那样的人
C.我只喜欢他，没什么想法
D.他们也应该有他们的生活，不要过多地关注

（　）6. 你喜欢的典型人物对你的生活有哪些好的影响？（最多可选三项）
A.我要学习他身上的优点、技能，使我更好地成长
B.在我心情不好时，我可以把我的心里话说给他听，调节我的心情
C.在和同学交流时，有更多的交流话题
D.每当我学习压力大时，想到他能够使我放轻松
E.他所倡导的有意义的活动，我会积极参加并控制自己的不良行为
F.我能够了解社会的潮流，能够跟上时代的发展
G.没有什么影响

（　）7. 你喜欢的典型人物对你的生活有哪些不好的影响？（最多可选三项）
A.功课退步，花费了我大量的学习时间
B.我把父母给我的学习费用全部用来买与其相关的资料
C.上课时无法集中注意力，有时会分神想喜欢的典型人物
D.我会模仿我喜欢的偶像生活中的一些不良的生活习惯，如吸烟、喝酒
E.与父母意见不一致时，会与父母发生冲撞
F.不愿与同学交流，自己沉浸在偶像人物的世界中
G.没有什么影响

（　）8. 温州的一个女孩因为家人不给她买张国荣的CD，她就割腕自杀了。你怎么想？
A.真可惜，生命就这样没有了
B.太傻了，CD比命还重要吗
C.不清楚，不认识张国荣
D.我也喜欢张国荣，但我不会这样做
E.她的家人与她缺乏必要的沟通

（　）9. 你是根据什么标准来确定你喜欢的典型人物？
A.外表英俊或漂亮
B.有很大的人格魅力
C.凭借自己的能力奋斗并取得成功
D.是理想中自己想成为的那种人

E.其他

( ) 10. 你的老师和父母不理解你喜欢的典型人物，你认为原因是什么？
A.占用时间，影响学习成绩
B.浪费金钱
C.担心孩子受到负面影响
D.家长与孩子对典型人物的选择标准不同
E.其他

( ) 11. 你对网上关于国家领导人称呼的改变有什么看法？
A.不礼貌，我们应该尊重他们
B.无所谓，名字只是个称呼
C.挺好的，我们感觉挺亲近的
D.没关注过，无所谓

( ) 12. 你怎样看待小沈阳、刘谦、赵薇一夜成名？
A.这是他们应该得到的，是他们努力的结果
B.是他们运气好，根本没什么本事
C.很羡慕，我也想有这样的机会成名
D.与我无关，我只要做好自己的事情就行

( ) 13. 如果给你一个"一夜成名"的机会，你愿意尝试吗？
A.愿意，这样不用努力就能成功
B.可以考虑，毕竟这是一个机会
C.不愿意，我觉得没有这样的好事
D.无所谓，我从没想过这个问题

( ) 14. 你同意以下哪种对雷锋的评价？
A."学习雷锋精神"
B."雷锋是政府为了宣传编造出来的谎言"
C."现在哪还有雷锋啊"
D."学习雷锋好榜样，忠于革命忠于党"
E."要努力成为像雷锋那样有利于社会的人"

( ) 15. 有人喜欢达赖喇嘛、陈水扁、文强，你认为：
A.我也喜欢他们，他们实现了自身的价值
B.我不喜欢他们，对不好的行为要坚决打击
C.不清楚，我不知道他们是谁
D.无所谓，各人有各人的生活方式

( ) 16. 你现在仍喜欢曾经喜欢过的典型人物吗？
A.喜欢，他是我的目标，我会一直喜欢他

B.不喜欢,我喜欢的典型人物已经变换了

C.不清楚,现在不关心这些事情了

D.没有感觉,这些都是假的

(　) 17.你认为神话故事中的人物值得崇拜吗?

A.值得,神话故事中的人物是人类思想的寄托

B.不值得,神话故事中的人物是虚构的,没有意义

C.不清楚,没有考虑过

D.无所谓

(　) 18.你会用什么方法得到你喜欢的典型人物的资料?

A.告诉父母,让父母帮忙

B.瞒着父母,用零花钱买

C.同学之间的相互交流

D.用不正当的手段得到

(　) 19.你同学打扮得很"非主流",你能接受吗?

A.能,我很喜欢,也会模仿

B.不能,我不喜欢,非常难看

C.无所谓,与我无关

D.不清楚,不理解"非主流"的意思

(　) 20.你认为明星的舞台形象和生活中的形象一样吗?

A.一样,明星演出是他们的本色演出

B.不一样,明星的舞台形象都是包装出来的,不是真实的

C.不清楚,不关注他们

D.有时一样,有时不一样,这是他们的自由

## 三

(　) 1.你喜爱小动物吗?

A.一点也不　B.不太喜欢　C.喜欢　D.非常喜欢

(　) 2.你热爱大自然吗?

A.一点也不　B.不太喜欢　C.喜欢　D.非常喜欢

(　) 3.你如何看待践踏草坪、摘折花木等行为?

A.花草也有生命,这样做是不对的

B.只不过损坏一些花草而已,反正还会再长出来

C.只要不是我自己的花草,我就不管

D.说不清楚

(　　)4. 对于街上的流浪猫或流浪狗，你的看法是？
　　　A.它们很讨厌，它们很不卫生而且比较危险，有关部门应该进行处理
　　　B.它们很可怜，应该送到动物收容所里，受到专门的照顾
　　　C.社会应该给予它们更多的关注
　　　D.不讨厌也不喜欢，只要不妨碍到我就行了

(　　)5. 你经常帮助身边的人吗？
　　　A.从不　　B.很少　　C.有时　　D.经常

(　　)6. 你参加过献爱心活动吗？
　　　A.从不　　B.很少　　C.有时　　D.经常

(　　)7. 你有过闯红灯或为了抄近路而翻越护栏的经历吗？
　　　A.从不　　B.很少　　C.有时　　D.经常

(　　)8. 你有过对生活绝望的感觉吗？
　　　A.从不　　B.很少　　C.有时　　D.经常

(　　)9. 当你对生活感到绝望时，你有想过自杀吗？
　　　A.从不　　B.很少　　C.有时　　D.经常

(　　)10. 你对于"人为什么活着"的问题进行过思考或谈论吗？
　　　A.从不　　B.很少　　C.有时　　D.经常

(　　)11. 你认为人活着是为了：
　　　A.尽可能地享乐，死了就什么都没有了
　　　B.做一个有益于社会的人
　　　C.做一个普通人，平凡地过完一生
　　　D.没有考虑过
　　　E.其他

(　　)12. 你对做义工（如国外很多人义务去医院、福利院帮助困难的人）的行为是怎么看？
　　　A.做义工会让我们懂得珍惜生命、关爱他人
　　　B.做这些没有报酬的事情，实在是太傻了
　　　C.这些是好事，但是我不会去做
　　　D.说不清楚

(　　)13. 对待那些因为抢救落水儿童而牺牲的英雄，你的态度是：
　　　A.遇到同样的情况，我会不考虑个人安危毫不犹豫地跳下去
　　　B.遇到同样的情况，我首先要考虑施救的把握，选择更有效的施救措施
　　　C.这些人很伟大，但是我做不到
　　　D.这些人太傻了，自己的生命同样重要，这样做不值得

（　　）14. 你所在的学校是否进行过生命教育（如关于生命的由来和意义、生态保护、禁毒宣传、防艾滋病等知识的教育）和安全防范知识的学习？

A.从不　B.很少　C.有时　D.经常

（　　）15. 在下列几个因素中，哪些因素对你形成对生命的看法有很大影响？（最多可选三项）

A.自己的性格及人生经历

B.电视、电影等媒体信息

C.学校的教育

D.父母及家庭的影响

E.朋友的影响

F.其他

## 四

（　　）1. 你平均每月有多少零花钱？

A.0~50元　B.50~100元　C.100~200元　D.200元以上

（　　）2. 您每月的零花钱主要来自？（最多可选三项）

A.父母主动给的　B.自己从家长给的餐费、车费中省的　C.压岁钱
D.自己劳动所得　E.爷爷奶奶等亲属或者别的亲戚给的　F.其他情况

（　　）3. 这些零用钱你主要用于？（最多可选三项）

A.购买书籍　B.储存起来　C.购买零食、饮料等　D.购买体育用品　E.买衣服
F.娱乐消费（卡拉OK、酒吧、桌球、网吧等）　G.用来参加一些捐助等爱心活动

（　　）4. 父母给你请过几门学科家教或者你上过几门所学科目的辅导班？（最多可选三项）

A.一门也没有　B.请语文、数学、外语三门　C.请音乐、美术艺术类
D.请几乎所有的学科　E.其他情况

（　　）5. 你在花钱时会想到：

A.做好计划　B.能省就省　C.钱随便花，花了还有　D.没考虑过，想花就花

（　　）6. 购买学习用品、日用品时，你会考虑的因素是？（最多可选三项）

A.用途　B.价位　C.品牌　D.质量　E.是否符合时尚潮流　F.其他

（　　）7. 你每月大约花多少钱来买书？

A.0~50元　B.50~100元　C.100元以上　D.几乎不买书

（　　）8. 你经常购买的书籍有：

A.学习资料、学习中必须用的书　B.报纸杂志、文学著作

C.买自己喜欢的、想买的，不管是什么书　　D.很少买书

（　）9. 如果你手中有足够的钱，你最可能用在哪些方面？
A.吃喝　　B.上网吧　　C.穿着打扮　　D.买书和学习用品　　E.其他

（　）10. 你对购买广告宣传的商品的看法是：
A.在经济条件允许的情况下，可以考虑　　B.支持　　C.不会购买
D.没有什么看法

（　）11. 你认为中学生有必要买手机吗？
A.有必要　　B.不必要　　C.暂时不必要　　D.不知道

（　）12. 你认为名牌会让你高人一等吗？
A.会　B.有时会　C.不会　D.不清楚

（　）13. 当你想买某样东西，却发现钱不够，你会怎样做？
A.回家向父母要了钱后买　　B.自己攒钱买　　C.借钱买　　D.不买

（　）14. 你有用自己的零花钱去外出旅行的经历吗？
A.有　　B.没有　　C.想过，没条件　　D.争取以后有条件时去

（　）15. 你通常想要怎样过生日？
A.请同学和朋友们到比较好的餐厅或娱乐场所消费，这样才有面子
B.只要和亲人朋友在一起，怎样过都可以
C.生日简简单单地庆祝一下就可以了
D.不过生日，没有多大意义

（　）16. 同学过生日，你会送礼物吗？
A.必须送　　B.可以送，也可以不送　　C.不需要送　　D.不知道

（　）17. 在同伴们都买某种你并不喜欢也不需要的东西时，你会怎样做？
A.不会买　　B.自己也要买　　C.看具体情况而定　　D.自己也不清楚

（　）18. 你会在心里把自己与周围的同学的家庭条件（如经济条件、父母职位、地位）进行比较吗？
A.从不　　B.会进行比较　　C.偶尔会　　D.经常会

（　）19. 如果周围同学都有某种东西（如手机、MP3 之类），而你没有，你会觉得很没面子而被迫购买吗？
A.不会　　B.偶尔会　　C.会　　D.不知道，看具体情况而消费

五

（　）1. 你所在的班级课堂秩序好不好？
A.很好，大家上课都会专心听讲
B.会有人小声说话，做小动作

C.虽然课堂上很安静，但是会有人不听课而做自己的事（看课外书、睡觉等）
D.要看是哪个老师上课而决定
E.不好，很混乱，无法专心听讲

（　　）2. 上课时，你有做小动作的习惯吗？
A.从不　B.偶尔　C.有时　D.经常

（　　）3. 你对那些经常违反纪律的同学是什么看法？
A.他们是忽视了纪律的存在
B.他们是故意捣乱的
C.他们只是控制不住自己
D.他们很烦人，影响大家学习

（　　）4. 你对学生打架的事是怎么看的？
A.不管怎样，打架都是不对的
B.有些问题就是需要用打架来解决
C.别人打架是别人的事，与我无关
D.看打架的场面很刺激，喜欢看

（　　）5. 有些学生经常与一些社会上的"混混"混在一起，你对他们有什么看法？
A.害怕那些人，不会与他们接近
B.这样很不错，不会有人敢欺负他们
C.那样很不好，会被带坏的，我才不会
D.他们很酷，羡慕他们的生活
E.那是别人的事，与我无关

（　　）6. 你们学校有"拉帮结派"搞小团体的现象吗？
A.有，而且很多
B.有，但不常见
C.没有，学校一向管制很严的
D.不知道，我不关心这样的事情

（　　）7. 你对同学带"脏字"的口头禅有什么看法？
A.不喜欢，不管怎样随口说脏话就是不对的
B.不喜欢，不过只要不是对着我说，我就没意见
C.很流行，个性，我有时候会讲
D.虽然很流行，但是我自己不会讲
E.没感觉，没意见

（　　）8. 考场上，坐在你后面的同学想让你给他递答案，你会怎么办呢？
A.给他传答案，同学之间应该互相帮忙，要讲义气

B.感觉这样不对，但毕竟是朋友，还是会帮忙
C.不会帮忙，因为这样做是不对的
D.这要看跟我的关系好不好来做决定

（　）9. 你和老师之间起过争执吗？
A.从来没有，顶撞老师是不对的
B.从来没有，虽然有时我很想与他吵，但忍住了
C.有过，那是因为我觉得老师有不对的地方
D.老师找我的茬，经常因一些事情跟老师争吵

（　）10. 你在校园里看到一个男生和一个女生一起走，像是情侣的样子，你感觉？
A.学生不该谈恋爱，真看不惯
B.校园是净土，想谈恋爱别在校园，这样会给其他同学造成不好的影响
C.他们看起来很配，真羡慕
D.那是别人的事，与我无关，没什么感觉
E.谈恋爱很正常，没什么可议论的

（　）11. 你对学生中的抽烟现象有什么看法？
A.学生不应该抽烟
B.有烦心事的时候抽一下也没什么
C.抽烟是成熟的一种表现，很酷
D.别人抽不抽烟与我无关

（　）12. 你烫（染）过比较夸张的发型吗？
A.没有，那是属于奇装异服的打扮，不适合学生
B.没有，虽然自己很想烫（染）个性的发型，但是学校或家长不允许
C.因为表演或是节假日等原因烫（染）过，平时是不会的
D.我的发型一直都烫（染）得很时尚，我喜欢这样

（　）13. 有学生从家里偷偷拿钱出来花，你认为他父母应该怎样处理这件事？
A.不能原谅，这是偷窃行为，应该受到严厉的惩罚
B.可以原谅，他可能以前不知道这样不对，只要以后不再犯就行了
C.可以原谅，但还要受到一定的惩罚
D.是自己家的钱，拿出去花没什么，只要不拿别人家的钱就行

（　）14. 为什么有那么多的学生会网络上瘾呢？你是怎么看的？（最多可选三项）
A.因为网上有很多好玩的东西，太吸引人了
B.学生的学习生活太苦了，需要在网络空间里来放松自己
C.学校和家长管得不够严，学生的自制力不好就上瘾了

　　　　D.现实生活中缺乏交流,在网络中寻求慰藉
　　　　E.我觉得网络上瘾没什么
(　　)15. 你会不听教师或父母的话吗?
　　　　A.经常,我不喜欢他们老是管着我
　　　　B.有时,如果我觉得是他们不对,我会这样想
　　　　C.偶尔,他们让我做我非常不愿意做的事时
　　　　D.从没有,我一向很听从老师和家长的话
(　　)16. 你与同学的关系怎么样呢?
　　　　A.跟大多数人都很好,我喜欢与同学们在一起
　　　　B.有几个关系要好的同学,有共同语言
　　　　C.不太好,虽然很想跟其他同学们交流,但是不知道该怎么相处
　　　　D.不喜欢与同学们在一起,情愿自己独来独往
　　　　E.我都是跟自己要好的朋友在一起,没时间跟其他同学在一起

## 附录5　青少年日常生活调查问卷(高中版)

亲爱的同学:

　　你好,我们是"青少年日常行为调查"项目组的研究人员,为全面了解大家的日常生活,我们设计了这套问卷,期待你的参与!

　　答案无对错之分,不必仔细考虑,答题方法非常简单,多数题目为单项选择题,个别题目为多项选择题,只需你在题目前面的(　)中填上答案序号A、B、C或D即可。

　　本问卷结果只作课题研究,调查不记名,不作任何评价,不会对你的个人成长和发展造成任何影响,请你真实回答每一个问题,不要有遗漏。真诚感谢你的支持与合作。

　　请选择你个人的基本情况:

　　年级:高中(1年级　2年级)　　性别(男　女)　独生子女(是　否)

　　家庭住址(农村　城市)

　　父亲文化程度(小学及以下　初中、高中及中专　大学及以上)　父亲的工作是_____

　　母亲文化程度(小学及以下　初中、高中及中专　大学及以上)　母亲的工作是_____

# 一

（　　）1. 你主要在哪里上网呢？
　　A.学校　B.家里　C.网吧　D.朋友或同学家里　E.手机上网　F.没有上过网

（　　）2. 你一般在什么时候上网呢？（最多可选三项）
　　A.上课的时候　　B.做完作业后　　C.晚上睡觉之前
　　D.周末及节假日　E.想上网就上，不分时间　F.没有上过网

（　　）3. 你上网主要做什么呢？（最多可选三项）
　　A.查找学习资料　B.玩游戏　C.聊天　D.阅读新闻
　　E.收发电子邮件　F.听音乐　G.看视频、电影　H.其他

（　　）4. 你对网络学习这种学习方式了解吗？
　　A.完全不了解　B.很少了解　C.比较了解　D.非常了解

（　　）5. 你平时通过网络进行学习吗？
　　A.从不　B.很少　C.有时　D.经常

（　　）6. 你认为网络学习的效果如何？
　　A.不好　B.一般　C.很好　D.我不知道

（　　）7. 你了解网络语言吗，如"顶"、"雷人"、"杯具"和"囧"等？
　　A.不了解　B.一般了解　C.比较了解　D.非常了解

（　　）8. 你在日常生活中使用网络语言吗？
　　A.从不　B.很少　C.有时　D.经常

（　　）9. 你平时玩网络游戏吗？
　　A.从不　B.很少　C.有时　D.经常

（　　）10. 你平时喜欢玩哪种类型的网络游戏？（可多选，最多三项）
　　A.角色扮演类：大话西游、魔兽世界等
　　B.益智休闲类：连连看、泡泡堂等
　　C.第一人称射击：反恐精英、穿越火线等
　　D.体育竞速类：实况足球、NBA篮球、跑跑卡丁车等
　　E.音乐舞蹈类：QQ炫舞、劲舞团等
　　F.格斗类：地下城与勇士、功夫小子等
　　G.模拟经营类：模拟城市、大富翁等
　　H.其他
　　I.没有玩过

（　　）11. 你对网络游戏怎么看？
　　A.很刺激，有成就感，可以展示自己的才华
　　B.放松休闲的方式，可以释放一些压力，调节心情

C.无聊，浪费时间

D.我不知道

( ) 12. 你在平时使用 QQ、飞信等工具进行网络聊天吗？

A.从不　B.很少　C.有时　D.经常

( ) 13. 你平时网络聊天的主要对象是？

A.长辈、亲戚或老师

B.同学或朋友

C.陌生人

D.没有聊过

( ) 14. 在论坛或者聊天室里有人使用不文明语言时，你会怎样做呢？

A.用同样的方式回击对方

B.劝说他人使用文明语言

C.置之不理

D.关闭聊天或离开该论坛

( ) 15. 你是否有过因上网而逃课的经历？

A.从不　B.很少　C.有时　D.经常

( ) 16. 上网是否对你的学习成绩带来负面影响？

A.完全没有　B.基本没有　C.有一些　D.影响很大

( ) 17. 你对制造电脑病毒的黑客怎么看？

A.他们很了不起，很佩服

B.这样做是不道德的，应该谴责

C.是违法的，应该由法律惩处

D.说不清楚

( ) 18. 近几年来，网络上出现靠丑化自己来出名的人物，如芙蓉姐姐、凤姐等，你对这种现象怎么看？

A.喜欢，带给大家快乐

B.讨厌，脸皮厚自恋狂

C.鄙视，想出名想疯了

D.敬佩，敢于秀出自我

E.没关注过，无所谓

( ) 19. 你认为上网的时候最应该具备哪些基本的道德素质？

A.诚实守信，不违法

B.可以保护自己的隐私，但不能伤害别人

C.网络是虚拟的，互相欺骗很正常

D.我不知道

## 二

( ) 1. 你有喜欢的典型人物吗？
　　A.有，我一直喜欢他
　　B.没有，我只生活在我的世界中
　　C.有很多，且不固定
　　D.不清楚，我也不知道

( ) 2. 你最喜欢的典型人物属于下列哪一类（限选一项）
　　A.政治家：毛泽东、周恩来、胡锦涛等
　　B.神话故事中的人物：嫦娥、女娲、后羿等
　　C.企业家：比尔·盖茨（微软）、马云（阿里巴巴）、张瑞敏（海尔）等
　　D.影视歌明星、奥运冠军：周杰伦、章子怡、刘翔等
　　E.科学家：杨利伟（宇航员）、陈景润（数学家）、袁隆平（科学家）等
　　F.虚拟人物（动漫、游戏中的角色）：铁臂阿童木、机器猫、奥特曼等
　　G.助人为乐的人：雷锋、赖宁
　　H.反社会分子：达赖喇嘛（藏独）、文强（涉黑）
　　I.其他

( ) 3. 你认为现代的社会还有像雷锋、赖宁这样的人吗？
　　A.很多　　B.有一些　　C.较少　　D.没有　　E.不知道

( ) 4. 你喜欢你的父母吗？会和他们发生争吵甚至离家出走吗？
　　A.喜欢，我非常听我父母的话，从不和我父母争吵，更不会离家出走
　　B.喜欢，但有时会表达自己的意见，会有小的争吵，不会离家出走
　　C.不喜欢，父母总让我做我不喜欢的事情，会经常地争吵，曾经离家出走过
　　D.不喜欢，父母没有时间照顾我，根本没有机会争吵，很想离家出走

( ) 5. 你认为，你喜欢的典型人物在你心中：
　　A.是我要学习的人，能使自己更优秀
　　B.我长大要成为像他那样的人
　　C.我只喜欢他，没什么想法
　　D.他们也应该有他们的生活，不要过多地关注

( ) 6. 你喜欢的典型人物对你的生活有哪些好的影响？（最多可选三项）
　　A.我要学习他身上的优点、技能，使我更好地成长
　　B.在我心情不好时，我可以把我的心里话说给他听，调节我的心情
　　C.在和同学交流时，有更多的交流话题
　　D.每当我学习压力大时，想到他能够使我放轻松
　　E.他所倡导的有意义的活动，我会积极参加并控制自己的不良行为

F.我能够了解社会的潮流，能够跟上时代的发展
G.没有什么影响

( ) 7. 你喜欢的典型人物对你的生活有哪些不好的影响？（最多可选三项）
A.功课退步，花费了我大量的学习时间
B.我把父母给我的学习费用全部用来买与其相关的资料
C.上课时无法集中注意力，有时会分神想喜欢的典型人物
D.我会模仿我喜欢的偶像生活中的一些不良的生活习惯，如吸烟、喝酒
E.与父母意见不一致时，会与父母发生冲撞
F.不愿与同学交流，自己沉浸在偶像人物的世界中
G.没有什么影响

( ) 8. 温州的一个女孩因为家人不给她买张国荣的CD，她就割腕自杀了。你怎么想？
A.真可惜，生命就这样没有了
B.太傻了，CD比命还重要吗
C.不清楚，不认识张国荣
D.我也喜欢张国荣，但我不会这样做
E.她的家人与她缺乏必要的沟通

( ) 9. 你是根据什么标准来确定你喜欢的典型人物？
A.外表英俊或漂亮
B.有很大的人格魅力
C.凭借自己的能力奋斗并取得成功
D.是理想中自己想成为的那种人
E.其他

( ) 10. 你的老师和父母不理解你喜欢的典型人物，你认为原因是什么？
A.占用时间，影响学习成绩
B.浪费金钱
C.担心孩子受到负面影响
D.家长与孩子对典型人物的选择标准不同
E.其他

( ) 11. 你对网上关于国家领导人称呼的改变有什么看法？
A.不礼貌，我们应该尊重他们
B.无所谓，名字只是个称呼
C.挺好的，我们感觉挺亲近的
D.没关注过，无所谓

( ) 12. 你怎样看待小沈阳、刘谦、赵薇一夜成名？

A.这是他们应该得到的,是他们努力的结果
B.是他们运气好,根本没什么本事
C.很羡慕,我也想有这样的机会成名
D.与我无关,我只要做好自己的事情就行

(　　)13. 如果给你一个"一夜成名"的机会,你愿意尝试吗?
A.愿意,这样不用努力就能成功
B.可以考虑,毕竟这是一个机会
C.不愿意,我觉得没有这样的好事
D.无所谓,我从没想过这个问题

(　　)14. 你同意以下哪种对雷锋的评价?
A."学习雷锋精神"
B."雷锋是政府为了宣传编造出来的谎言"
C."现在哪还有雷锋啊"
D."学习雷锋好榜样,忠于革命忠于党"
E."要努力成为像雷锋那样有利于社会的人"

(　　)15. 有人喜欢达赖喇嘛、陈水扁、文强,你认为:
A.我也喜欢他们,他们实现了自身的价值
B.我不喜欢他们,对不好的行为要坚决打击
C.不清楚,我不知道他们是谁
D.无所谓,各人有各人的生活方式

(　　)16. 你现在仍喜欢曾经喜欢过的典型人物吗?
A.喜欢,他是我的目标,我会一直喜欢他
B.不喜欢,我喜欢的典型人物已经变换了
C.不清楚,现在不关心这些事情了
D.没有感觉,这些都是假的

(　　)17. 你认为神话故事中的人物值得崇拜吗?
A.值得,神话故事中的人物是人类思想的寄托
B.不值得,神话故事中的人物是虚构的,没有意义
C.不清楚,没有考虑过
D.无所谓

(　　)18. 如果你在北京、香港、上海等大城市居住,在吃饭、娱乐时经常见到自己喜欢的典型人物,你还会喜欢他们吗?
A.喜欢,我会一直喜欢他的
B.不喜欢,天天见到就不稀罕
C.不清楚,没有办法想象

D.无所谓，我喜欢他们不是为了见到他们

## 三

( ) 1. 你喜爱小动物吗？
A.一点也不　B.不太喜欢　C.喜欢　D.非常喜欢

( ) 2. 你热爱大自然吗？
A.一点也不　B.不太喜欢　C.喜欢　D.非常喜欢

( ) 3. 你如何看待践踏草坪、摘折花木等行为？
A.花草也有生命，这样做是不对的
B.只不过损坏一些花草而已，反正还会再长出来
C.只要不是我自己的花草，我就不管
D.说不清楚

( ) 4. 对于街上的流浪猫或流浪狗，你的看法是？
A.它们很讨厌，它们很不卫生而且比较危险，有关部门应该进行处理
B.它们很可怜，应该送到动物收容所里，受到专门的照顾
C.社会应该给予它们更多的关注
D.不讨厌也不喜欢，只要不妨碍到我就行了

( ) 5. 你经常帮助身边的人吗？
A.从不　B.很少　C.有时　D.经常

( ) 6. 你参加过献爱心活动吗？
A.从不　B.很少　C.有时　D.经常

( ) 7. 你有过闯红灯或为了抄近路而翻越护栏的经历吗？
A.从不　B.很少　C.有时　D.经常

( ) 8. 你有过对生活绝望的感觉吗？
A.从不　B.很少　C.有时　D.经常

( ) 9. 当你对生活感到绝望时，你有想过自杀吗？
A.从不　B.很少　C.有时　D.经常

( ) 10. 你对于"人为什么活着"的问题进行过思考或谈论吗？
A.从不　B.很少　C.有时　D.经常

( ) 11. 你认为人活着是为了：
A.尽可能地享乐，死了就什么都没有了
B.做一个有益于社会的人
C.做一个普通人，平凡地过完一生
D.没有考虑过

E.其他

( ) 12. 你对做义工（如国外很多人义务去医院、福利院帮助困难的人）的行为是怎么看？
 A.做义工会让我们懂得珍惜生命、关爱他人
 B.做这些没有报酬的事情，实在是太傻了
 C.这些是好事，但是我不会去做
 D.说不清楚

( ) 13. 对待那些因为抢救落水儿童而牺牲的英雄，你的态度是：
 A.遇到同样的情况，我会不考虑个人安危毫不犹豫地跳下去
 B.遇到同样的情况，我首先要考虑施救的把握，选择更有效的施救措施
 C.这些人很伟大，但是我做不到
 D.这些人太傻了，自己的生命同样重要，这样做不值得

( ) 14. 你所在的学校是否进行过生命教育（如关于生命的由来和意义、生态保护、禁毒宣传、防艾滋病等知识的教育）和安全防范知识的学习？
 A.从不　B.很少　C.有时　D.经常

( ) 15. 在下列几个因素中，哪些因素对你形成对生命的看法有很大影响？（最多可选三项）
 A.自己的性格及人生经历
 B.电视、电影等媒体信息
 C.学校的教育
 D.父母及家庭的影响
 E.朋友的影响
 F.其他

# 四

( ) 1. 你的家庭平均月收入是？
 A.1 000元以下　B.1 000~2 000元　C.2 000~5 000元　D.5 000元以上

( ) 2. 你平均每月有多少零花钱？
 A.0~100元　B.100~200元　C.200~500元　D.500元以上

( ) 3. 您每月的零花钱主要来自？（最多可选三项）
 A.父母主动给的　B.自己从家长给的餐费、车费中省的　C.压岁钱
 D.自己劳动所得　E.爷爷奶奶等亲属或者别的亲戚给的　F.其他情况

( ) 4. 这些零用钱你主要用于？（最多可选三项）
 A.购买书籍　B.储存起来　C.购买零食、饮料等　D.购买体育用品　E.买衣服

F.娱乐消费（卡拉OK、酒吧、桌球、网吧等） G.用来参加一些捐助等爱心活动

（　）5. 父母给你请过几门学科家教或者你上过几门所学科目的辅导班?（最多可选三项）
A.一门也没有　　B.请语文、数学、外语三门　　C.请音乐、美术艺术类
D.请几乎所有的学科　　E.其他情况

（　）6. 你在花钱时会想到：
A.做好计划　B.能省就省　C.钱随便花，花了还有　D.没考虑过，想花就花

（　）7. 购买学习用品、日用品时，你会考虑的因素是?（最多可选三项）
A.用途　B.价位　C.品牌　D.质量　E.是否符合时尚潮流　F.其他

（　）8. 你每月大约花多少钱来买书？
A.0~50元　B.50~100元　C.100元以上　D.几乎不买书

（　）9. 你经常购买的书籍有：
A.学习资料、学习中必须用的书　B.报纸杂志、文学著作
C.买自己喜欢的、想买的，不管是什么书　D.很少买书

（　）10. 如果你手中有足够的钱，你最可能用在哪些方面？
A.吃喝　B.上网吧　C.穿着打扮　D.买书和学习用品　E.其他

（　）11. 你对购买广告宣传的商品的看法是：
A.在经济条件允许的情况下，可以考虑　B.支持　C.不会购买
D.没有什么看法

（　）12. 你认为中学生有必要买手机吗？
A.有必要　B.不必要　C.暂时不必要　D.不知道

（　）13. 你认为名牌会让你高人一等吗？
A.会　B.有时会　C.不会　D.不清楚

（　）14. 当你想买某样东西，却发现钱不够，你会怎样做？
A.回家向父母要了钱后买　B.自己攒钱买　C.借钱买　D.不买

（　）15. 你有用自己的零花钱去外出旅行的经历吗？
A.有　B.没有　C.想过，没条件　D.争取以后有条件时去

（　）16. 你过生日或者有值得庆贺的事情时会请同学吃饭吗？
A.从来不　B. 偶尔会　C.每次都请　D.其他

（　）17. 在同伴们都买某种你并不喜欢也不需要的东西时，你会怎样做？
A.不会买　B.自己也要买　C.看具体情况而定　D.自己也不清楚

（　）18. 你会在心里把自己与周围的同学的家庭条件（如经济条件、父母职位、地位）进行比较吗？
A.从不　B.会进行比较　C.偶尔会　D.经常会

(　)19. 如果周围同学都有某种东西（如手机、MP3 之类），而你没有，你会觉得很没面子而被迫购买吗？
　　　A.不会　　B.偶尔会　　C.会　　D.不知道，看具体情况而消费

## 五

(　)1. 你所在的班级课堂秩序好不好？
　　　A.很好，大家上课都会专心听讲
　　　B.会有人小声说话，做小动作
　　　C.虽然课堂上很安静，但是会有人不听课而做自己的事（看课外书、睡觉等）
　　　D.要看是哪个老师上课而决定
　　　E.不好，很混乱，无法专心听讲

(　)2. 上课时，你有做小动作的习惯吗？
　　　A.从不　B.偶尔　C.有时　D.经常

(　)3. 你对那些经常违反纪律的同学是什么看法？
　　　A.他们是忽视了纪律的存在
　　　B.他们是故意捣乱的
　　　C.他们只是控制不住自己
　　　D.他们很烦人，影响大家学习

(　)4. 你对学生打架的事是怎么看的？
　　　A.不管怎样，打架都是不对的
　　　B.有些问题就是需要用打架来解决
　　　C.别人打架是别人的事，与我无关
　　　D.看打架的场面很刺激，喜欢看

(　)5. 有些学生经常与一些社会上的"混混"混在一起，你对他们有什么看法？
　　　A.害怕那些人，不会与他们接近
　　　B.这样很不错，不会有人敢欺负他们
　　　C.那样很不好，会被带坏的，我才不会
　　　D.他们很酷，羡慕他们的生活
　　　E.那是别人的事，与我无关

(　)6. 你们学校有"拉帮结派"搞小团体的现象吗？
　　　A.有，而且很多
　　　B.有，但不常见
　　　C.没有，学校一向管制很严的

　　　　D.不知道，我不关心这样的事情

（　　）7. 你对同学带"脏字"的口头禅有什么看法？
　　　　A.不喜欢，不管怎样随口说脏话就是不对的
　　　　B.不喜欢，不过只要不是对着我说，我就没意见
　　　　C.很流行，个性，我有时候会讲
　　　　D.虽然很流行，但是我自己不会讲
　　　　E.没感觉，没意见

（　　）8. 考场上，坐在你后面的同学想让你给他递答案，你会怎么办呢？
　　　　A.给他传答案，同学之间应该互相帮忙，要讲义气
　　　　B.感觉这样不对，但毕竟是朋友，还是会帮忙
　　　　C.不会帮忙，因为这样做是不对的
　　　　D.这要看跟我的关系好不好来做决定

（　　）9. 你和老师之间起过争执吗？
　　　　A.从来没有，顶撞老师是不对的
　　　　B.从来没有，虽然有时我很想与他吵，但忍住了
　　　　C.有过，那是因为我觉得老师有不对的地方
　　　　D.老师找我的茬，经常因一些事情跟老师争吵

（　　）10. 你在校园里看到一个男生和一个女生一起走，像是情侣的样子，你感觉？
　　　　A.学生不该谈恋爱，真看不惯
　　　　B.校园是净土，想谈恋爱别在校园，这样会给其他同学造成不好的影响
　　　　C.他们看起来很配，真羡慕
　　　　D.那是别人的事，与我无关，没什么感觉
　　　　E.谈恋爱很正常，没什么可议论的

（　　）11. 你对学生中的抽烟现象有什么看法？
　　　　A.学生不应该抽烟
　　　　B.有烦心事的时候抽一下也没什么
　　　　C.抽烟是成熟的一种表现，很酷
　　　　D.别人抽不抽烟与我无关

（　　）12. 你烫（染）过比较夸张的发型吗？
　　　　A.没有，那是属于奇装异服的打扮，不适合学生
　　　　B.没有，虽然自己很想烫（染）个性的发型，但是学校或家长不允许
　　　　C.因为表演或是节假日等原因烫（染）过，平时是不会的
　　　　D.我的发型一直都烫（染）得很时尚，我喜欢这样

（　　）13. 有学生从家里偷偷拿钱出来花，你认为他父母应该怎样处理这件事？

　　　　A.不能原谅,这是偷窃行为,应该受到严厉的惩罚

　　　　B.可以原谅,他可能以前不知道这样不对,只要以后不再犯就行了

　　　　C.可以原谅,但还要受到一定的惩罚

　　　　D.是自己家的钱,拿出去花没什么,只要不拿别人家的钱就行

(　　)14.为什么有那么多的学生会网络上瘾呢?你是怎么看的?(最多可选三项)

　　　　A.因为网上有很多好玩的东西,太吸引人了

　　　　B.学生的学习生活太苦了,需要在网络空间里来放松自己

　　　　C.学校和家长管得不够严,学生的自制力不好就上瘾了

　　　　D.现实生活中缺乏交流,在网络中寻求慰藉

　　　　E.我觉得网络上瘾没什么

(　　)15.你与同学的关系怎么样呢?

　　　　A.跟大多数人都很好,我喜欢与同学们在一起

　　　　B.有几个关系要好的同学,有共同语言

　　　　C.不太好,虽然很想跟其他同学们交流,但是不知道该怎么相处

　　　　D.不喜欢与同学们在一起,情愿自己独来独往

　　　　E.我都是跟自己要好的朋友在一起,没时间跟其他同学在一起